# DIREITO DISCIPLINÁRIO INTERNACIONAL
Estudos sobre a formação, profissionalização, disciplina, transparência, controle e responsabilidade da função pública
Volume 1

# DERECHO DISCIPLINARIO INTERNACIONAL
Estudios sobre formación, profesionalización, disciplina, transparencia, control y responsabilidad de la función pública
Tomo I

Martha Lucía Bautista Cely
Raquel Dias da Silveira
Coordenadoras/Coordinadoras

*Prefácio*
Antonio Augusto Junho Anastasia

*Presentación*
Rafael Enrique Ostau de Lafont Pianeta

# DIREITO DISCIPLINÁRIO INTERNACIONAL
Estudos sobre a formação, profissionalização, disciplina, transparência, controle e responsabilidade da função pública
Volume 1

# DERECHO DISCIPLINARIO INTERNACIONAL
Estudios sobre formación, profesionalización, disciplina, transparencia, control y responsabilidad de la función pública
Tomo I

Belo Horizonte

2011

© 2011 Editora Fórum Ltda.

É proibida a reprodução total ou parcial desta obra, por qualquer meio eletrônico, inclusive por processos xerográficos, sem autorização expressa do Editor.

Conselho Editorial

Adilson Abreu Dallari
André Ramos Tavares
Carlos Ayres Britto
Carlos Mário da Silva Velloso
Carlos Pinto Coelho Motta
Cármen Lúcia Antunes Rocha
Cesar Augusto Guimarães Pereira
Clovis Beznos
Cristiana Fortini
Dinorá Adelaide Musetti Grotti
Diogo de Figueiredo Moreira Neto
Egon Bockmann Moreira
Emerson Gabardo
Fabrício Motta
Fernando Rossi
Flávio Henrique Unes Pereira

Floriano de Azevedo Marques Neto
Gustavo Justino de Oliveira
Inês Virgínia Prado Soares
Jorge Ulisses Jacoby Fernandes
José Nilo de Castro
Juarez Freitas
Lúcia Valle Figueiredo (*in memoriam*)
Luciano Ferraz
Lúcio Delfino
Márcio Cammarosano
Maria Sylvia Zanella Di Pietro
Ney José de Freitas
Oswaldo Othon de Pontes Saraiva Filho
Paulo Modesto
Romeu Felipe Bacellar Filho
Sérgio Guerra

Luís Cláudio Rodrigues Ferreira
Presidente e Editor

Coordenação editorial: Olga M. A. Sousa
Revisão: Marcelo Belico
Bibliotecária: Lissandra Ruas Lima – CRB 2851 – 6ª Região
Capa e projeto gráfico: Walter Santos
Diagramação: Derval Braga

Av. Afonso Pena, 2770 – 15º/16º andares – Funcionários – CEP 30130-007
Belo Horizonte – Minas Gerais – Tel.: (31) 2121.4900 / 2121.4949
www.editoraforum.com.br – editoraforum@editoraforum.com.br

| | |
|---|---|
| D598 | Direito disciplinário internacional: estudos sobre a formação, profissionalização, disciplina, transparência, controle e responsabilidade da função pública = Derecho disciplinario internacional: estudios sobre formación, profesionalización, disciplina, transparencia, control y responsabilidad de la función pública / Coordenadoras/Coordinadoras: Martha Lucía Bautista Cely; Raquel Dias da Silveira; prefácio de Antonio Augusto Junho Anastasia; presentación de Rafael Enrique Ostau de Lafont Pianeta. Belo Horizonte: Fórum, 2011. |
| | v. 1 : Título português<br>t. I : Título espanhol<br>v. 1; t. I : 464 p.<br>ISBN 978-85-7700-446-1 |
| | 1. Administração Pública. 2. Licitação pública. 3. Contratos administrativos. 4. Direito disciplinário. 5. Direito ambiental. I. Bautista Cely, Martha Lucía. II. Silveira, Raquel Dias da. III. Anastasia, Antonio Augusto Junho. IV. Lafont Pianeta, Rafael Enrique Ostau de. |
| | CDD: 341.31<br>CDU: 35 |

Informação bibliográfica deste livro, conforme a NBR 6023:2002 da Associação Brasileira de Normas Técnicas (ABNT):

BAUTISTA CELY, Martha Lucía; SILVEIRA, Raquel Dias da (Coord.). *Direito disciplinário internacional*: estudos sobre a formação, profissionalização, disciplina, transparência, controle e responsabilidade da função pública = *Derecho disciplinario internacional*: estudios sobre formación, profesionalización, disciplina, transparencia, control y responsabilidad de la función pública. Belo Horizonte: Fórum, 2011. v. 1, t. I, 464 p. ISBN 978-85-7700-446-1.

# Sumário

Prefácio
**Antonio Augusto Junho Anastasia** ................................................................ 15

Presentación
**Rafael Enrique Ostau de Lafont Pianeta** ...................................................... 19

## Parte I
## Necessidade e Justificativa para a Construção de uma Dogmática Específica e Autônoma para a Disciplina da Função Pública: Direito Disciplinário

### ¿Direito Disciplinário?
**Raquel Dias da Silveira** ............................................................................... 25
1     Justificativa da obra ............................................................................. 25
2     Alguns esclarecimentos sobre o primeiro volume de *Direito disciplinário internacional* ...................................................................... 30
3     Direito disciplinário ............................................................................. 33
4     Conclusão .............................................................................................. 36
      Referências ............................................................................................ 37

### ¿Direito Disciplinário Brasileiro?
**Luísa Cristina Pinto e Netto** ....................................................................... 41
1     Nota introdutória ................................................................................. 41
2     Tratamento da função pública no Brasil ............................................ 42
3     Algumas discussões inadiáveis sobre a função pública brasileira ..... 44
4     A importância do estudo especializado da função pública .............. 54
5     Pistas para a construção de um "Direito Disciplinário" brasileiro .... 57
      Referências ............................................................................................ 64

## A Multidisciplinaridade como Elemento Essencial ao Entendimento da Burocracia

**Belmiro Valverde Jobim Castor** ... 69
1 Considerações iniciais ... 69
2 A multidimensionalidade da burocracia ... 70
3 Burocracias públicas e privadas ... 73
4 A contribuição da contabilidade ao entendimento das burocracias ... 76
5 A contribuição da engenharia de produção ... 77
6 Outras áreas de contribuição das ciências exatas ... 79
7 A psicologia e o entendimento das burocracias ... 79
8 A sociologia e as burocracias ... 80
9 A Teoria dos Sistemas e uma visão integrativa das burocracias ... 82
10 A título de sumário e conclusão ... 83
Referências ... 84

## A Burocracia e a Disciplina Jurídica no Estado de Direito Democrático e Social

**Rogério Gesta Leal** ... 87
1 Notas introdutórias ... 87
2 Aspectos constitutivos da Burocracia com fenômeno social e de poder ... 87
3 Conformações constitutivas do Estado Contemporâneo e suas implicações para além da burocracia institucional ... 93
4 Considerações finais ... 97
Referências ... 101

## Ética e Moralidade na Função Pública

**Mara Angelita Nestor Ferreira** ... 105
1 Introito ... 105
2 Necessária distinção entre ética e moral ... 106
3 As relações entre ética e função pública ... 108
3.1 Ética e moralidade administrativa ... 109
3.2 Ética e a função pública ... 110
3.3 Aspectos da moralidade administrativa ... 112
4 Conclusão ... 116
Referências ... 118

### Parte II
## Experiência Nacional e Estrangeira sobre o Magistério do Direito Disciplinário

## Autonomía del Derecho Disciplinario

**Jorge Enrique Martínez Bautista** ... 123

# Principios del Derecho Disciplinario

**Javier Ernesto Sheffer Tuñón** .......................................................... 133
1 Ideas iniciales básicas ................................................................. 133
2 Concepto de principio jurídico ................................................... 134
3 Noción de procedimiento administrativo ................................. 135
3.1 Finalidades del procedimiento administrativo ......................... 138
4 Principios del Derecho Disciplinario ........................................ 139
4.1 Aclaración ..................................................................................... 139
4.2 Principios rectores ....................................................................... 141
4.2.1 Debido proceso legal ................................................................... 141
4.2.1.1 Debido proceso y tutela efectiva en el Derecho Disciplinario .......... 144
4.2.2 Presunción de inocencia ............................................................. 146
4.2.3 Legalidad: tipicidad de las causales y sanciones correspondientes... 147
4.2.4 Proporcionalidad entre el hecho cometido y la sanción aplicada.... 149
4.2.5 La visión del Derecho Disciplinario de modo orgánico
y preventivo ................................................................................. 150
Bibliografía ................................................................................... 152

# Ámbito Subjetivo del Derecho Disciplinario Público en Venezuela

**Carlos Luis Carrillo Artiles** .................................................................. 155
1 Antecedentes ................................................................................. 155
2 El procedimiento disciplinario y su dual naturaleza ............... 157
3 Sujetos disciplinables y sujetos excluidos de la responsabilidad
disciplinaria en Venezuela ......................................................... 159
4 Estatutos disciplinarios en Venezuela ....................................... 161
Bibliografía ................................................................................... 163

# El Derecho Disciplinario de los Funcionarios Públicos en España

**Marta Franch i Saguer** ......................................................................... 165
1 Concepto y marco jurídico del derecho disciplinario .............. 165
2 Marco regulador del poder disciplinario de la Administración .... 168
3 Los principios generales de la potestad sancionadora de la
administración en el ámbito del derecho disciplinario ........... 170
3.1 Principios de legalidad y tipicidad ........................................... 172
3.1.1 Introducción ................................................................................. 172
3.1.2 La reserva de ley y su alcance en el derecho disciplinario .............. 173
3.2 Principio de irretroactividad de las disposiciones sancionadoras
no favorable .................................................................................. 175
3.3 Principio *non bis in idem* ............................................................ 176
3.4 Principio de culpabilidad ........................................................... 179
3.5 Principio de proporcionalidad ................................................... 180
3.6 La necesidad de un procedimiento disciplinario ..................... 182
4 La clasificación de las faltas disciplinarias .............................. 184
5 Determinación y clases de sanciones disciplinarias ................ 185
Bibliografía ................................................................................... 186

## O Estudo do Direito da Função Pública: Avaliação e Perspectivas
**Florivaldo Dutra de Araújo** ... 189
1     O estudo da função pública no contexto do Direito Administrativo ... 189
2     Lacunas atuais no estudo da função pública ... 191
3     Contribuições da Universidade Federal de Minas Gerais ... 196
    Referências ... 199

## Estado Actual del Derecho Disciplinario en Colombia
**Edgardo José Maya Villazón** ... 203
1     El debate ... 205
2     Aspectos internacionales ... 206
3     El deber funcional ... 209
4     La hermenéutica de la Ley 734 de 2002 ... 211
5     El problema de la culpabilidad ... 213

## Confederación Internacional de Derecho Disciplinario
**Rafael Enrique Ostau de Lafont Pianeta** ... 217

## Instituto Colombiano de Derecho Disciplinario (ICDD)
**Jesús Alejandro Garzón Rincón** ... 223

## Historia, Propósitos y Actividades del Colegio de Derecho Disciplinario, Control Gubernamental y Gestión Pública, A.C.
**Pablo Eleazar Moreno Moreno** ... 229

Parte III

# Conteúdos Centrais do Direito Disciplinário: Função Pública em Sentido Orgânico ou Subjetivo, Regime Jurídico, Disciplina, Formação, Profissionalização, Transparência, Controle e Responsabilidade

## A Relação Jurídica de Função Pública e as suas Particularidades
**Ana Fernanda Neves** ... 239
    Introdução ... 239

| | | |
|---|---|---|
| 1 | A relação jurídica de função pública | 240 |
| 1.1 | O conceito de função pública | 240 |
| 1.2 | A laboralização da função pública | 241 |
| 1.2.1 | A prestação de serviço na função pública como uma relação laboral | 241 |
| 1.2.2 | As causas da laboralização da função pública | 241 |
| 1.3 | A tipologia de vínculos e a natureza da relação jurídica de função pública | 242 |
| 1.4 | Os sujeitos da relação jurídica de função pública | 242 |
| 1.4.1 | O empregador público | 242 |
| 1.4.2 | O trabalhador | 243 |
| 1.5 | O objecto da relação jurídica de função pública | 244 |
| 1.5.1 | O objecto mediato da relação jurídica de função pública | 244 |
| 1.5.2 | O objecto imediato da relação jurídica de função pública | 244 |
| 2 | As especificidades da relação jurídica da função pública | 246 |
| 2.1 | As fontes do Direito da função pública | 246 |
| 2.2 | Os princípios da relação jurídica de função pública | 247 |
| 2.2.1 | Princípios relativos à relação com o empregador público | 247 |
| 2.2.1.1 | O princípio da prossecução do interesse público | 247 |
| 2.2.1.2 | O princípio da separação do poder político | 248 |
| 2.2.1.3 | O princípio da igualdade | 249 |
| 2.2.2 | Princípios relativos à relação com a comunidade | 251 |
| 2.2.2.1 | O princípio do serviço aos administrados | 251 |
| 2.2.2.2 | O princípio do mérito | 252 |
| 2.2.2.3 | O princípio da responsabilidade | 252 |
| | Conclusões | 253 |
| | Referências | 254 |

## A Função Pública em Sentido Orgânico ou Subjetivo no Brasil e a Consequente Dimensão de Eficácia do Regime Jurídico-Administrativo

| | | |
|---|---|---|
| **Luis Manuel Fonseca Pires** | | 257 |
| 1 | A construção de uma sociedade livre, justa e solidária | 257 |
| 2 | O regime jurídico-administrativo e a função administrativa em sentido orgânico ou subjetivo no Brasil | 260 |
| 2.1 | Eficiência e o seu conteúdo semântico junto à função administrativa | 263 |
| 2.1.1 | As prioridades | 263 |
| 2.1.2 | Os "novos patamares": a universalidade e a atualização técnica e/ou científica | 264 |
| 2.1.3 | Profissionalização | 265 |
| 2.2 | Moralidade administrativa e os seus paradigmas éticos | 267 |
| 2.2.1 | O eixo metodológico: a coerência | 268 |
| | Referências | 269 |

## Sujeição Especial e Regime Jurídico da Função Pública no Estado de Direito Democrático e Social

**Carolina Zancaner Zockun** ..... 271
1 Do Estado Social e Democrático de Direito no Brasil ..... 271
2 Das relações de especial sujeição ..... 274
3 Quais são estas relações, do ponto de vista doutrinário? ..... 275
4 Concretamente, quais são as relações de sujeição especial? ..... 277
5 Existem ainda hoje, frente ao Estado de Direito, as relações de sujeição especial? ..... 277
6 Da relação Estado-servidor como relação de sujeição especial ..... 280
Referências ..... 281

## Educação para a Administração Pública

**Leonardo Carneiro Assumpção Vieira** ..... 285
1 Colocação do tema ..... 285
2 A educação para a administração pública como imperativo organizacional ..... 286
2.1 A alienação funcional do servidor público ..... 287
2.2 Merecimento e educação para a administração pública ..... 289
3 A educação para a administração pública como programa governamental ..... 291
3.1 Organização da educação para a administração pública como indicador de profissionalização ..... 293
3.2 Panorama da educação para a administração pública no Brasil ..... 295
3.3 O caso do bacharelado em Administração Pública da Fundação João Pinheiro no contexto das experiências brasileiras em educação para a administração pública ..... 298
4 Considerações finais ..... 299
Referências ..... 300

## La Responsabilidad Disciplinaria como Instrumento de Transparencia y Eficiencia de la Gestión Pública

**Miriam Mabel Ivanega** ..... 303
1 La Administración Pública en la actualidad. Cuestiones de ética, transparencia y eficiencia ..... 303
1.1 Ética y transparencia ..... 305
1.2 Eficacia y eficiencia ..... 310
2 Disciplina y responsabilidad de los funcionarios públicos ..... 311
3 Reflexiones ..... 316
Bibliografía ..... 317

## El Control Interno Disciplinario en Colombia

**Martha Lucía Bautista Cely** ..... 321
1 Control disciplinario externo ..... 326
2 Control disciplinario interno ..... 327
3 Conclusiones ..... 335

## La Incidencia del Control Preventivo en la Potestad Disciplinaria
**Domingo J. Sesin** ........................................................................ 337

1 Introducción ................................................................................. 337
2 Tribunal de Cuentas: noción conceptual y tipología ............... 338
3 Función administrativa. Control externo. Imparcial. Técnico.
  Independencia funcional ............................................................ 339
4 Tipos de control ........................................................................... 340
5 Control de legitimidad o, más precisamente, de juridicidad ... 341
6 La importancia del control previo o *a priori* ......................... 342
7 El control de gestión: noción conceptual ................................. 346
8 Naturaleza del control de gestión ............................................. 346
9 Diferencias del control de gestión con el de legalidad
  o juridicidad ................................................................................ 347
10 Exigencia de planificación en la actividad de gestión ............ 347
11 La reforma italiana mediante la Ley n. 14/1994 ...................... 347
12 Concepto de economicidad, eficiencia y eficacia .................... 348
13 El control de juridicidad ampliado también abarca el control
   de gestión, eficacia, eficiencia y economicidad ...................... 349
14 El control integral no debe implicar un control absoluto:
   posible invasión en la división de poderes .............................. 350
15 Conclusiones ................................................................................ 352
   Bibliografía .................................................................................. 354

## Controle de Meios e de Resultados da Gestão Pública e as Contribuições do Direito Disciplinário para a Eficiência Administrativa
**Rodrigo Pironti Aguirre de Castro** .............................................. 357

1 Introdução .................................................................................... 357
2 Controle de meios e de resultados e as contribuições do Direito
  Disciplinário ............................................................................... 358
3 Conclusão ..................................................................................... 365
  Referências ................................................................................... 366

## Perspectivas del Control Judicial del Acto Administrativo Disciplinario en Colombia
**Rafael Enrique Ostau de Lafont Pianeta** .................................... 369

1 Consideraciones sobre el Derecho Disciplinario ..................... 369
2 Estructura del régimen disciplinario vigente en lo administrativo
  y en lo judicial ............................................................................ 372
3 Elementos de la actuación administrativa disciplinaria y el
  control de legalidad de los actos administrativos disciplinarios ..... 378
4 Hacia un nuevo concepto del control contencioso sobre la
  actuación disciplinaria ............................................................... 381
5 El recurso especial de control de legalidad sobre las decisiones
  disciplinarias ............................................................................... 383

## Competência para o Controle Judicial de Questões Oriundas da Função Pública em Face da Dualidade dos Regimes Jurídicos no Brasil e os Desafios para a Construção de uma Dogmática Autônoma
**Ney José de Freitas** ... 387
1  Introdução ... 387
2  Regimes jurídicos dos servidores públicos no Brasil ... 388
2.1  Regime estatutário ... 389
2.2  Regime de emprego público ... 391
3  Dualidade de regimes jurídicos: unicidade jurisdicional: questões controvertidas ... 392
4  Considerações finais ... 401
   Referências ... 402

## La Ley Disciplinaria y el Derecho Sancionador
**Carlos Arturo Gómez Pavajeau** ... 405
1  Inexistencia del principio de legalidad ... 406
2  La constitucionalización del asunto y la entrada en vigencia del principio de legalidad ... 409
3  La independización y autonomización del Derecho Disciplinario a través de los procesos legislativos ... 414
   Bibliografía ... 416

## Direito Disciplinário Continente: Direito Disciplinar como Parcela de Conteúdo, Aplicável nos Regimes Estatutário e Contratual
**Daniel Ferreira** ... 419
1  Considerações introdutórias: ¿Direito Disciplinário? ... 419
2  Função pública e agente público: cargo, emprego e órgão público ... 420
3  Vínculo profissional dos "servidores estatais": titulares de cargos públicos e ocupantes de empregos públicos ... 422
4  A questão dos ocupantes de cargos comissionados e dos ocupantes de empregos para atender necessidade temporária de excepcional interesse público ... 423
5  Os agentes políticos e sua não submissão ao direito disciplinário por falta de profissionalização da atividade e de subordinação hierárquica ... 425
6  O "direito disciplinar" sobre o manto do estatuto e da CLT: a retomada da peculiar Lei nº 8.745/1993 como exemplo e modelo ... 428
7  À guisa de conclusão: "Direito Disciplinar" e "Direito Disciplinário" ... 431
   Referências ... 432

# Processo Administrativo como Instrumento do Direito Disciplinar

**Romeu Felipe Bacellar Filho** ........................................................................ 435
1     Introdução ........................................................................... 435
2     Administração Pública brasileira na Constituição de 1988 ............. 436
3     Procedimento e processo administrativo tributário ..................... 438
4     Princípios de direito administrativo: fronteiras e implicações
ou a principiologia da processualidade administrativa ................... 440
5     Conclusão ............................................................................ 442
     Referências .......................................................................... 444

# ¿La Tipicidad en Materia Disciplinaria, un Presupuesto Legal Arbitrario?

**Carmen Teresa Castañeda Villamizar** ............................................................ 447

# Aspectos sobre a Responsabilidade Civil do Servidor

**Clovis Beznos** ................................................................................................. 453

Sobre os Autores ............................................................................................. 461

# Prefácio

Recebi, com alegria, o lisonjeiro convite para prefaciar esta obra, organizada, com inteligência e esmero, pelas Doutoras Raquel Dias da Silveira e Martha Lucía Bautista Cely, certo de que seria mesmo despicienda qualquer apresentação vestibular à obra, na medida em que o brilhantismo dos autores e dos textos aqui coligidos dá mostra cabal de seu mérito científico, dispensando de pleno as linhas aqui percorridas a modo de um *avant-propos*. A obra, intitulada *Direito disciplinário internacional*, bem poderia ser denominada *Direito da função pública*, porquanto a plêiade de conteúdos abordados vai além dos limites do controle, da correição e da responsabilidade, transbordando para a ampla gama de possibilidades de investigações científicas que nos oferece o regime jurídico aplicável à função pública.

Quando se tem em mente o direito disciplinário é preciso, todavia, ir além. Urge que se compreenda o regime disciplinar no contexto normativo mais amplo do regime jurídico da função pública, que, aliás, entre nós, admite uma pluralidade de significações, dando, um cem-dobro de vezes, margem a equivocidades. É assim que me permito tratar, aqui, da função pública em sua acepção mais ampla, que é o âmago do cargo, o conjunto de suas atribuições e o regime que se lhe impõe, sem adentrar à espécie função pública, *tertium genus* entre cargo e emprego, que exsurge como figura de transição para o regime jurídico único imposto pela Carta Constitucional de 1988.

Dentre nós, o estudo pioneiro de Themístocles Brandão Cavalcanti, *Direito e processo disciplinar*, de meados do século passado, começa a delinear a tônica emancipatória do direito disciplinário enquanto ramo epistemologicamente autônomo da ciência do direito, propondo os lineamentos de uma teoria geral da função pública.

Os países legatários da tradição francesa do direito administrativo, que remonta a Louis XIV e a Napoleão I, têm como âmago da disciplina a *puissance publique* e sua consectária: a *fonction publique*. Esse grupo de países, no qual se encartam, no contexto europeu continental, Espanha, Portugal, Itália, Bélgica e os Países Baixos, têm como uma das centralidades de sua organização administrativa o quadro estatutário de seu serviço público. Com Louis XV, França já experimenta um primeiro estágio de evolução, mediante o estabelecimento das escolas de formação do alto funcionariado, como testemunha a *École des Ponts et Chaussées*, fundada em 1747. Com a Revolução, o sistema dos ofícios ministeriais é suprimido, permanecendo o sistema da *fonction publique*, arrimado nos comissariados e seus comissários, que, gradativamente, vão amealhando as garantias, oponíveis ao arbítrio político, as quais, modernamente, integram o patrimônio jurídico da função pública. O sistema gaulês conhece sua plenitude nas imediações do *Héxagone*, caminhando para a construção de uma processualidade propriamente administrativa, que se consubstancia nos Conselhos de Estado, presentes em França, nos Países Baixos, Bélgica e Itália, a exercer uma jurisdição administrativa cumulativamente consultiva e contenciosa.

O transbordamento do direito administrativo de matriz francesa para a península ibérica, notadamente para Portugal, traz consigo matizes diversos, que vão se manifestar na aclimatação que se faz dos institutos. É assim que, em Portugal, a 1933, Marcello Caetano concorre para a cátedra de Professor Extraordinário do grupo de Ciências Políticas da Faculdade de Direito de Lisboa defendendo a tese *Do poder disciplinar no direito administrativo português*, destacando do conjunto de poderes administrativos que revestem de juridicidade o poder estatal disciplinar, sob uma ótica marcadamente inovadora, ainda que preserve as matrizes da teoria estatutária.

Se em França as chagas revolucionárias e os ranços de um *Ancien Régime* mais pronunciado contribuem para a construção teórica de um regime para a *fonction publique* — de cunho institucionalista-organicista, com Hauriou, ou de cunho pronunciadamente estatutário, com Duguit — em Portugal, com Marcello Caetano, o regime disciplinar alcança outros foros, na medida em que passa a integrar a força motriz do desenvolvimento administrativo, pois a razão de ser desse poder disciplinar não é outra senão o interesse de desenvolvimento e progresso contínuo da Administração Pública, em outras palavras, o poder disciplinar, como elemento central do regime da Função Pública, passa à esfera transcendental da Administração.

A doutrina nacional, com propriedade, tem se debruçado sobre o estudo do direito disciplinar como sub-ramo do direito disciplinário, tomando como objeto de estudo a falta disciplinar, seus elementos constitutivos, a aplicação do devido processo legal e o alcance do controle judicial da aplicação da sanção disciplinar na perspectiva da entronização da teoria da adequabilidade normativa de Klaus Günther. Ocupam o ponto central das discussões científicas os limites de uma pretensa discricionariedade administrativa, com o fito de cristalizar o elemento jurídico da relação estatutária de sujeição.

A complexificação da atividade administrativa está, pois, a exigir uma ampliação dos horizontes do direito disciplinário. De uma parte, a conformação jurídica da função pública merece ser expandida para além de seu tradicional núcleo que é a relação jurídica estatutária que se estabelece entre Estado e servidor. O moderno direito administrativo, a passos lentos e cautelosos, tem incorporado ao ordenamento figuras e categorias jurídicas até então impensáveis no contexto de sua rigidez histórica. Contratos de prestação de serviços, organizações da sociedade civil de interesse público, delegações de poderes de autoridade são exemplos pinçados de sobressalto de um panorama em que a cooperação e conjugação de papéis entre atores públicos e privados no desenvolvimento das finalidades do serviço público ganha corpo. A modernização que se busca empreender na seara administrativa reclama a intervenção do direito, para balizar um processo de imbricação de encargos, que implica a ativação de responsabilidades privadas e partilha de responsabilidades públicas. A clássica técnica concessionária já não se mostra apta, porque obsoleta, a corresponder às expectativas sociais. As novas técnicas de *contracting out* ou mesmo a autoadministração — já conhecida dos tributaristas mas causadora de espécie aos administrativistas — instam-nos a redimensionar os cânones da função pública, porquanto sua configuração tradicional começa a esmaecer diante da fulgurante aparição de novos institutos, categorias e figuras jurídicas.

Para além dos limites definidos pelo regime estatutário, que bem contornam a relação jurídica entabulada entre servidor e Estado, exsurgem questões de coordenadas mais amplas, que derivam de uma estrutura institucional diversa, que vai se distanciando de um quadro mais frugal e próprio ao direito da função pública. A agência concertada de sindicatos, associações e entidades representativas dá a toada, que conhecemos na lide cotidiana do direito administrativo, dos novos atores institucionais não se submetidos ao regime originário, que supõe como única a relação vertical estatuída pela lei. O surgimento de um terceiro ator institucional, enquanto pessoa coletiva, afasta os pressupostos fáticos, derribando e expondo as debilidades de um direito quiçá anacrônico. Se o direito disciplinar de matriz estatutária dá conta da relação funcional típica, um panorama mais ampliado, que inclua com maior nitidez os atores institucionais, reclama uma dogmática mais consentânea à nova realidade de cariz coletivo. As novas modalidades de exercício do *imperium* instam-nos a oferecer um tratamento deontológico próprio, sob pena de negar-se, por obsolescência e imprestável flacidez, a si mesmo. Em um aspecto ainda mais estrito, a dimensão procedimental do direito disciplinário, se vem sendo plasmada na forja do Estado de Direito, parece desconhecer, a uma, lição fundamental da teoria pura kelseniana, ao privilegiar a dimensão punitiva em detrimento da dimensão premial e, a duas, as palavras históricas do romano Paulo, insculpidas nas Pandectas justinianeias: *non omne quod licet, honestum est.*

Nesse passo, a obra que ora se oferece ao leitor, estudioso do direito, acadêmico, profissional e estudante vem suprir não uma lacuna, mas um abismo olímpico entre o tratamento doutrinário das questões atinentes à função pública e sua realidade palpitante no seio do Estado. Nos idos do século XIX, o jurista britânico Henry James Sumner Maine publicava seu *Ancient Law*, que antecipou, com clarividência quase divinatória, a tendência segundo a qual o direito ocidental tende a substituir o unilateral imposto pelo bilateral negociado, isto é, ruma para privilegiar a contratualidade em detrimento do estatuto. Por óbvio, o estatuto não será substituído ali onde é necessário, no âmbito das relações para as quais foi concebido. O estatuto, enquanto definidor do norte das relações próprias à função pública, não abarca, entretanto, a inteireza dos desafios que se põe ao Estado. Inspirados, de modo consciente ou não, por esse norte, os prestigiados e festejados autores que ilustram esse volume dão a tônica do re-pensar dogmático da função pública.

Aqueles que acorram às contribuições aqui perfilhadas encontrarão aquilo que de mais atual e rigoroso existe em matéria de direito da função pública, podendo sorver cada lição de abalizados autores, nacionais e estrangeiros, todos irmanados em propósito nobre: fazer progredir o direito, a ciência e o Estado.

Belo Horizonte, 15 de março de 2011.

**Antonio Augusto Junho Anastasia**
Professor de Direito Administrativo da
Universidade Federal de Minas Gerais.
Governador do Estado de Minas Gerais.

# Presentación

Para la Confederación Internacional de Derecho Disciplinario, que me honro en presidir, resulta de las más trascendente importancia el haber prohijado la concepción y producción del texto *Derecho disciplinario internacional*, Tomo I, que en esta oportunidad se presenta no solo ante el mundo jurídico de la hermana República del Brasil, sino también ante el concierto de las Naciones, como expresión inequívoca del propósito que nos asiste desde todas las latitudes en cuanto a la necesidad de contribuir a la debida formación y profesionalización de quienes tienen la alta responsabilidad de actuar en nombre del Estado, los Servidores Públicos, bajo el postulado inquebrantable del cumplimiento pleno del Ordenamiento Jurídico.

En el mundo de hoy no cabe duda en cuanto a que una objetiva concepción del Estado Social y Democrático de Derecho, impone con mayor exigencia la satisfacción de las necesidades más apremiantes de la comunidad y la tutela efectiva de los derechos de los asociados, como supuestos determinantes de un orden jurídico consecuente con la realidad social en la que él se aplica y como elementos esenciales de una convivencia pacífica estable.

Las consecuencias que generan los supuestos y elementos anteriormente referenciados, se identifican con la misión preponderante que se le atribuye a las Administraciones Públicas en sus relaciones con los Administrados, en cuanto a propiciar el logro de los fines esenciales del Estado mediante la verificación de las competencias ejercidas por quienes ostentan el carácter de autoridades públicas.

Por su parte, la mencionada y necesaria verificación competencial de los Servidores del Estado ha justificado histórica y filosóficamente la existencia de la denominada "Potestad Disciplinaria", entendida esta bajo la consideración de que le corresponde a las Autoridades Estatales exigirles con criterio de jerarquía a sus servidores, el cumplimiento de sus deberes, el sometimiento a las prohibiciones que se les establezca y el no abuso de sus derechos, bajo el apremio de ser investigados y eventualmente sancionados por las infracciones en las que incurran al transgredir con sus comportamientos tales responsabilidades.

La administración tiene la obligación de asegurar el correcto funcionamiento de los servicios a su cargo. Para lograrlo es menester que pueda exigir a los funcionarios el cumplimiento estricto de sus deberes y eventualmente sancionar a quienes cometan faltas. Dentro del régimen estatutario que regula la función pública, ese poder jurídico es de principio.[1]

Ahora bien, el ejercicio de la Potestad Disciplinaria fundamenta su razón de ser, así como su instrumentalización, en el establecimiento de un conjunto de reglas ordenadas y orientadas a permitir el cumplimiento de los fines que con aquella se persigue, premisa que a su vez sustenta la existencia del denominado "Derecho Disciplinario", sobre cuya definición y propósitos esenciales es posible encontrar elementos comunes de carácter normativo, doctrinario y jurisprudencial, pero igualmente es recurrente la multiplicidad de conceptos diferenciales sobre su naturaleza, su objeto y sus relaciones con las demás áreas del Derecho.

En efecto, entre otros aspectos, suele controvertirse si el Derecho Disciplinario pertenece al Derecho Administrativo o al Derecho Penal, o si por el contrario puede considerarse como un área jurídica autónoma; si es esencial o eventualmente sancionador; y si las decisiones disciplinarias son o no controlables judicialmente, todo lo cual reafirma lo valioso de la actividad académico- intelectual que en esta oportunidad nos convoca.

Sin perjuicio de lo expuesto y sobre la base de admitir los altos niveles que ha alcanzado la degradación de la ética y la moral de los Servidores del Estado en muchos de nuestros países, la Confederación Internacional de Derecho Disciplinario comporta dentro de sus objetivos el de estimular el estudio, enseñanza y difusión del Derecho Disciplinario, con absoluto respeto a la conceptualización propia de cada Estado, pero con la idea de generar puntos de encuentro e intercambio de experiencias que permitan combatir con firmeza las prácticas corruptas de unas minorías incrustadas en las estructuras de las Administraciones Públicas. La tarea es ardua y debe ser permanente.

Estos razonamientos resaltan con mucha más notoriedad la importancia de la obra jurídica que me enaltece presentar y que en un primer volumen compendia profundos y aleccionadores estudios de connotados e ilustres juristas de Brasil, Argentina, Venezuela, Panamá, Portugal, España y Colombia, los que en desarrollo del objetivo

---

[1] Enrique Sayagues Laso, cita en *Derecho administrativo disciplinario*, de Gustavo Humberto Rodríguez (Bogotá, D.C.: Librería del Profesional, 1989. p. 7).

Internacional de este trabajo asumen con un gran aporte intelectual el análisis de la problemática que plantea el Derecho Disciplinario, particularmente en relación con:

a) La necesidad y justificación de observar el Derecho Disciplinario como un área específica y autónoma del Derecho;

b) Las experiencias Nacionales y Extranjeras sobre el Derecho Disciplinario;

c) Los contenidos fundamentales del Derecho Disciplinario.

Sin perjuicio de que los temas específicos tratados por los expositores mantengan y propongan continuar el debate sobre los conceptos emitidos en cada uno de ellos, es evidente que el contenido de este texto constituye una enriquecedora contribución al estudio del Derecho Disciplinario, bajo los perfiles del Derecho Comparado, motivo por el cual se ha de convertir en forma inmediata en objeto de estudio y de consulta tanto a nivel académico como profesional, consideración que destaca los esfuerzos organizacionales y editoriales en la producción de la obra y que reafirma la reconocida trayectoria jurídica del pueblo Brasilero y especialmente de la comunidad jurídica del Estado de Minas Gerais, así como de su capital Belo Horizonte.

**Rafael Enrique Ostau de Lafont Pianeta**
Presidente de la Confederación Internacional de Derecho Disciplinario.

## Parte I

# Necessidade e Justificativa para a Construção de uma Dogmática Específica e Autônoma para a Disciplina da Função Pública: Direito Disciplinário

# ¿DIREITO DISCIPLINÁRIO?

## Raquel Dias da Silveira

**Sumário:** 1 Justificativa da obra – 2 Alguns esclarecimentos sobre o primeiro volume de *Direito disciplinário internacional* – 3 Direito disciplinário – 4 Conclusão – Referências

## 1 Justificativa da obra

Este primeiro artigo da obra *Direito disciplinário internacional: estudos sobre a formação, profissionalização, disciplina, transparência, controle e responsabilidade da função pública* (Volume 1) tem o intuito de apresentar o tema à comunidade jurídica, relatando meu contato com a matéria, bem como relacionar os autores que participam deste trabalho.

Por indicação de Miriam Mabel Ivanega, da Argentina, recebi de Pablo Eleazar Moreno Moreno o convite para participar do *2º Congreso Internacional de Derecho Disciplinario*, promovido pelo *Colegio de Derecho Disciplinario, Control Gubernamental y Gestión Pública*, A.C., que se realizou na Cidade do México nos dias 7, 8 e 9 de setembro de 2010.

Pensando tratar-se exclusivamente de um congresso sobre sanções disciplinares aplicáveis aos servidores públicos, tentei fazer alguma conexão com um tema que me é muito caro — a profissionalização da função pública —, razão pela qual escolhi abordar a demissão de servidor público estável por má avaliação de desempenho no Brasil.

A caminho do México, e revendo a legislação infraconstitucional daquele país, pude perceber que o condão da avaliação de desempenho como processo legitimador do direito fundamental dos servidores públicos à carreira, o qual eu defendia,[1] já era concebido por eles desde 2003.[2] Chamou-me a atenção, ao menos no ordenamento jurídico, o

---

[1] SILVEIRA. Avaliação de desempenho dos servidores públicos: análise da Lei Federal nº 11.784/2008. *A&C – Revista de Direito Administrativo & Constitucional*, p. 119.

[2] *Ley de Planeación*, de 5.01.1983, alterada em 23.5.2002, 10.4.2003 (*Ley del Servicio Profesional de Carrera en la Administración Pública Federal*) e 13.6.2003.

grau de avanço da profissionalização da função pública nos Estados Unidos do México, em comparação ao Brasil.

Iniciados os trabalhos do congresso, tive a grata satisfação de conhecer Martha Lucía Bautista Cely, Diretora Executiva do *Instituto Colombiano de Derecho Disciplinario* e Secretária-Geral da *Confederación Internacional de Derecho Disciplinario*, criada por professores, doutrinadores, advogados e servidores públicos de Colômbia, Venezuela, México e Argentina, em 2009, com o fim de subsidiar, fortalecer e expandir a especialidade e a autonomia do direito disciplinário nos mais diversos países.

Tomei ciência de que, na Colômbia, o direito disciplinário, há alguns anos, é ministrado como ramo autônomo em relação ao direito penal e ao direito administrativo. Contudo, confesso, num primeiro momento, não percebi grande relevância nesse tratamento do tema no Brasil.

Assistindo às palestras, todas de inegável nível cultural e acadêmico,[3] três delas me tocaram de forma especial, certamente pela abordagem: lembro-me de Rafael Enrique Ostau de Lafont Pianeta, da Colômbia, defendendo que o Estado, para ter legitimidade para punir, deve, antes, profissionalizar o servidor. Carlos Luis Carrillo Artiles, da Venezuela, valendo-se de simbolismo didático, fez menção ao comportamento de um pai que procura formar o patrimônio ético e moral do filho, a fim de explicar o caráter educativo do direito disciplinário a partir de ideias de formação e preservação do bom servidor. Carlos Arturo Gómez Pavajeau, por sua vez, enfatizou a necessidade de ampliação do objeto do direito disciplinário, aduzindo a formação e profissionalização como direito disciplinário preventivo.

Destarte, as ideias de formação e profissionalização da função pública restaram reconhecidas como essenciais a esse "ramo" do direito, assim como as de disciplina, transparência e controle, já pugnadas por Miriam Mabel Ivanega, da Argentina, de modo que, associadas à noção de responsabilidade dos agentes públicos, estivesse constituído o núcleo do direito disciplinário. Desde então, comecei a aceitar a necessidade de um direito disciplinário brasileiro.

Na verdade, durante os três dias em que se realizou tal congresso, algumas questões foram fundamentais para meu convencimento.

Primeiro, o reconhecimento de que a dinâmica e as necessidades da função pública, em sentido subjetivo (refiro-me à classificação de

---

[3] Algumas se encontram publicadas no sítio eletrônico do *Colegio de Derecho Disciplinario, Control Gubernamental y Gestión Pública, A.C.* Disponível em: <http://www.colegiodederechodisciplinario.com>. Acesso em: 21 mar. 2011.

Celso Antônio Bandeira de Mello sobre agentes públicos),[4] não se regem exclusivamente pelo direito administrativo. É certo que essa relação especial de sujeição[5] explica-se pelo direito administrativo. Contudo, uma vez constituída, a relação de função pública em sentido subjetivo[6] demanda conhecimentos de direito constitucional, direito do trabalho, direito internacional público,[7] direito penal e outros "ramos" do direito, sem falar da necessária multidisciplinaridade, no mínimo, entre sociologia, antropologia, filosofia, psicologia, ciências politicas, ciências contábeis e ciência da administração.[8]

---

[4] Segundo o autor, agente público é "quem quer que desempenhe funções estatais, *enquanto as exercita*" (BANDEIRA DE MELLO. *Curso de direito administrativo*, p. 245). Explica o jurista: "Esta expressão — agentes públicos — é a mais ampla que se pode conceber para designar genérica e indistintamente os sujeitos que servem ao Poder Público como instrumentos expressivos de sua vontade ou ação, ainda quando o façam apenas ocasional ou episodicamente" (p. 244).

[5] Ruy Cirne Lima define a relação de administração como a "relação jurídica que se estrutura ao influxo de uma finalidade cogente" (*Princípios de direito administrativo*, p. 105-106). Diz o autor: "Na administração, o dever e a finalidade são predominantes". Ernst Forsthoff explica que as relações jurídicas entre a Administração e os particulares são definidas por lei: "De estos deberes cuyo objeto es una conducta general, legalmente prescrita como ordenada, deben distinguirse aquellos que se refieren a un determinado hacer, tolerar u omitir" (*Tratado de derecho administrativo*, p. 254-255). Paulo Roberto Ferreira Motta, ao seu turno, complementa: "Desta distinção, entre sujeição geral e especial, derivam dois outros institutos jurídicos fundamentais para a exata compreensão da regulação. Refiro-me ao conceito de dever e obrigação, cuja importância para a diferenciação, no campo do direito subjetivo do Estado exigir uma prestação, comissiva ou omissiva, é fundamental" (*Regulação e universalização dos serviços públicos*: análise crítica da regulação da energia elétrica e das telecomunicações, p. 63). O mesmo autor aduz que os regimes de sujeição geral e de sujeição especial correspondem, respectivamente, ao poder de polícia em sentido amplo, condicionando e delineando, por meio do direito, a liberdade e a propriedade dos cidadãos, na disciplina de direitos subjetivos privados, e ao poder de polícia em sentido estrito, que pode ser exercido de forma geral e abstrata ou concreta e específica mediante regulamentos. Ambos os regimes de sujeição da Administração Pública destinam-se a prevenir e a obstaculizar o desenvolvimento de atividades dos particulares, eventualmente, contrastantes com os interesses sociais (MOTTA. *Regulação e universalização dos serviços públicos de energia elétrica e telecomunicações*, p. 57).

[6] Conforme explicação dada por Silva Cimma (*Derecho administrativo chileno y comparado*: la función pública, p. 111). Para o autor, a função pública compreende todas as atividades desenvolvidas pelo elemento humano da administração do Estado para colocar em funcionamento o serviço público. Para maior exatidão sobre a função pública de que estou falando, acrescente-se a explanação de Héctor Jorge Escola (*El interés público como fundamento del derecho administrativo*, p. 87), para quem a função pública abarca todas as atribuições do Estado, embora, por razões didáticas e metodológicas, a doutrina a venha restringindo ao cumprimento de atividades administrativas.

[7] Sergio García Ramírez fala que o direito laboral, gênero ao que pertence o direito burocrático, tem seu fundamento normativo na Constituição Política dos Estados Unidos Mexicanos de 1917 (*Derechos de los servidores públicos*, p. 1). A organização constitucional do trabalho é um aporte do direito mexicano ao constitucionalismo universal.

[8] Apenas a título de explanação, porque a ideia será mais bem explorada em outros trabalhos que integram esta obra, é impossível aprofundar o exame de temas da profissionalização

Em segundo, o direito pode ser dividido, para fins metodológicos e acadêmicos, apenas no que toca ao regime jurídico de direito público (o regime jurídico administrativo, por excelência) e ao regime jurídico de direito privado, com o reconhecimento indubitável do influxo de um em outro no Estado de Direito Social e Democrático em que o direito se funda na ideia de Constituição Política.[9]

Gabino Fraga aponta como critério idôneo para distinguir o regime de direito público e o regime de direito privado as esferas de ação do Estado e dos indivíduos, sendo o direito público o regulador das instituições onde se manifesta a ordenação da vida social, enquadrada na organização hierárquica do Estado, e o direito privado, em senda contrária, o regulador das instituições em que, na ordenação da vida social, o Estado não incorpora na sua estrutura.[10] O cerne dessa distinção é o interesse coletivo que condiz com os fins estabelecidos pelo Estado.

Quando se fala em autonomia de determinado "ramo" do direito público, em verdade se está cogitando sua especialização para efeitos

---

da função pública, como carreira e mobilidade funcional, por exemplo, sem a necessária compreensão de gestão de pessoas nas organizações. É mister aduzir, contudo, uma ressalva, para a qual transcrevo as lições de Marcus Vinicius Soares Siqueira e Ana Magnólia Mendes: "A gestão, inclusive de pessoas, tem papel singular na modernização do Estado, a fim de garantir a implementação adequada das mais diversas políticas públicas. Rever estruturas, torná-las mais leves, flexíveis e horizontalizadas são ações fundamentais para estabelecer uma máquina pública que cumpra efetivamente as suas funções. (...) É necessário verificar o que faz, ou não, sentido ser importado do setor privado, tendo em vista a especificidade do setor público, que possui uma lógica própria. Há também a necessidade de se refletir sobre o impacto dessas mudanças na subjetividade do servidor público e quanto a ideologia gerencial e a pressão da gestão atual podem prejudicar as relações de trabalho nas organizações públicas, ao invés de desenvolvê-las" (Gestão de pessoas no setor público e a reprodução do discurso do setor privado. *Revista do Serviço Público*, p. 241-250). Quero registrar, ainda, minha ressalva em torno da pura e simples preocupação com a eficiência nas organizações públicas. Tal como advertem Eduardo Pinto Pessoa Sobrinho e José de Nazaré Teixeira Dias, do ponto de vista do serviço público e da fiel satisfação dos cidadãos, a eficiência na gestão de pessoas tem que ser utilizada com muita cautela. Citando Lawrence Asa Appley, eles recordam que "a eficiência como fim é um perigo; mas como sub-produto do moral é uma justa recompensa". Segundo os autores, "a eficiência é menos um objetivo da administração de pessoal do que o resultado que se obtém quanto os objetivos atraz enunciados são alcançados" (PESSOA SOBRINHO; DIAS. *Princípios de administração de pessoal*, p. 16-17).

[9] No mesmo sentido: BACELLAR FILHO. *Direito administrativo e o novo Código Civil*, p. 37.

[10] FRAGA. *Derecho administrativo*, p. 81-86. O autor não olvida quatro outros critérios também apontados pela doutrina para justificar essa distinção: 1) o caráter das normas de direito público que são imperativas, contendo mandatos absolutos e irrenunciáveis, enquanto o direito privado possui normas de caráter extensivo ou complementar; 2) a finalidade das normas, eis que o direito público tem o objetivo de satisfazer o interesse coletivo e o direito privado, os interesses particulares; 3) a superioridade de um dos sujeitos que intervém nas relações jurídicas regidas pelo direito público, no caso, o Estado; e 4) o objeto da relação jurídica de direito privado, que é de ordem pecuniária ou patrimonial, ao contrário das relações de direito público.

didáticos, reconhecendo-se-lhe certa cientificidade mediante uma categoria própria de princípios decorrentes diretamente da Constituição.

Isso se explica pelo fato de o chamado direito público identificar-se com um grande vértice, em cujo topo está o direito constitucional, e, no tronco, dando-lhe mobilidade, o direito administrativo. Todos os demais "ramos" do direito público — tributário, econômico, previdenciário, ambiental, urbanístico, eleitoral, penal, processual, etc. — derivam dessa estrutura. Assim, as alegadas autonomias são todas relativas, no mínimo, em face da Constituição.

Em terceiro, cabe registrar uma observação atinente aos mais recentes "ramos" do direito público, como direito econômico, ambiental, urbanístico e eleitoral. Independentemente da discussão acerca de suas autonomias, é inegável que o estudo especializado e pormenorizado de seus objetos promoveu maior desenvolvimento acadêmico a essas áreas do direito.

Esse último é, para mim, o argumento mais contundente quando penso na necessidade de um direito disciplinário: propiciar e favorecer o desenvolvimento, em âmbito legislativo, doutrinário e jurisprudencial, da função pública, em sentido subjetivo amplo, o que certamente o direito administrativo, sozinho, devido à vasta abrangência, não realizará.

De outra banda, acredito ser de maior interesse do próprio direito administrativo o desenvolvimento da função pública, no sentido que aqui se compreende, eis que os agentes públicos deverão estar efetivamente preparados e profissionalizados, cientes de sua disciplina e suas responsabilidades, para o bom desempenho de atividades como serviço público, fomento, poder de polícia e outras funções típicas de Estado.

Por esses três motivos, convenci-me da necessidade de uma disciplina específica que visasse à promoção do desenvolvimento da função pública.

Ciente de que este não seria um trabalho fácil e que enormes desafios hão de ser enfrentados, certamente eu não estaria disposta a aceitá-lo não fosse, primeiro, ter presenciado, nos meus cinco anos de graduação em Direito na Universidade Federal de Minas Gerais, o esforço acadêmico de Isabel Vaz e João Bosco Leopoldino da Fonseca, ambos sucessores de Washington Peluso Albino de Souza, para fortalecerem o estudo do direito econômico como "ramo" autônomo em relação ao direito administrativo e à economia, e, ainda, se não fosse testemunha e, mesmo, fruto, de outro empenho, o de Florivaldo Dutra de Araújo, que há mais de dez anos mantém a disciplina de Direito da Função Pública na pós-graduação *stricto sensu* da mesma instituição, buscando o aperfeiçoamento de institutos da função pública brasileira a partir do estudo do direito comparado. Não bastassem essas razões, em me declarando discípula de Paulo Neves de Carvalho, eu deveria ter a mente e o coração abertos, ao menos, para estudar o direito disciplinário — pois só estudando é que se tem condições de aceitar ou refutar sua autonomia, atentando sempre, por evidente, para a ordem constitucional brasileira.

E, assim, ato seguinte ao encerramento do *2º Congreso Internacional de Derecho Disciplinario*, realizou-se a reunião da *Confederación Internacional de Derecho Disciplinario* em 10.9.2010, ocasião em que tive o privilégio de ser convidada para integrar a entidade como membro honorário e representante brasileira. Nessa oportunidade me comprometi, como primeiro passo para difundir o estudo do tema no Brasil, a publicar, com auxílio da Editora Fórum, obra coletiva envolvendo autores nacionais e estrangeiros, sobre direito disciplinário internacional. A ideia foi, de imediato, abraçada pela confederação, por intermédio de Martha Lucía Bautista Cely, co-coordenadora desta obra, que se incumbiu de centralizar os convites aos coautores, o recebimento e a consequente organização dos trabalhos.

## 2 Alguns esclarecimentos sobre o primeiro volume de *Direito disciplinário internacional*

Esta obra foi planejada e dividida, metodologicamente, em três partes: na primeira, procura-se demonstrar a necessidade e a justificativa de uma dogmática específica e/ou autônoma para disciplinar a função pública ética e responsável, o direito disciplinário; na segunda, mostra-se o estágio de avanço e os progressos já obtidos com a experiência nacional e estrangeira no magistério do direito disciplinário; na terceira, lançam-se os contornos e as bases ideológicas do direito disciplinário: formação, profissionalização, disciplina, transparência, controle e responsabilidade da função pública.

Para elaboração do sumário, escolha e divisão dos temas, pude contar com o auxílio de dois colegas, Daniel Ferreira e Luísa Cristina Pinto e Netto, do Brasil. Nossa intenção foi, dentre os autores brasileiros, reunir aqueles que muito já produziram sobre função pública, aliando a intrepidez dos jovens com a necessária temperança dos professores mais experientes.

Justificam-se, portanto, como representantes brasileiros, neste trabalho, juristas como Rogério Gesta Leal e suas reflexões sobre o

Estado de Direito Democrático e Social e a burocracia; Romeu Felipe Bacellar Filho, que possui um dos mais notáveis trabalhos sobre processo administrativo disciplinar no Brasil; Clovis Beznos e o tema da responsabilidade; Ney José de Freitas, cuja obra desperta para a necessidade de revisão do regime trabalhista em face do regime jurídico administrativo; e Florivaldo Dutra de Araújo, a quem solicitei que retratasse sua experiência na cátedra de Direito da Função Pública na Universidade Federal de Minas Gerais. Este primeiro volume conta com a participação de reconhecido especialista em administração pública, Belmiro Valverde Jobim Castor, a quem roguei tratasse da multidisciplinaridade entre direito e demais ramos do conhecimento para a construção da burocracia. Além desses, Luísa Cristina Pinto e Netto, que se dedica ao tema direitos humanos e servidores públicos, ficou incumbida de justificar, em face de inúmeras situações jurídicas carecedoras de melhor regulação, por que precisamos de um direito disciplinar no Brasil; Leonardo Carneiro Assumpção Vieira, que tem um dos melhores trabalhos sobre mérito na função pública, incumbiu-se de retratar a importância da educação para a formação e profissionalização de agentes públicos, ressaltando a experiência da Escola de Governo da Fundação João Pinheiro "Paulo Neves de Carvalho", em Minas Gerais; Mara Angelita Nestor Ferreira tratou do tema já analisado em sua dissertação de Mestrado, a ética na administração pública; Carolina Zancaner Zockun, que vem se dedicando no doutoramento ao estudo do regime de sujeição especial, um dos temas mais carecedores de atenção no Brasil, cuidou da sujeição especial e do regime jurídico da função pública sob o paradigma do Estado de Direito Social e Democrático; Luis Manuel Fonseca Pires, Juiz de Direito do Estado de São Paulo e um dos professores mais respeitados da "jovem guarda" da escola paulista de direito administrativo, aceitou o encargo de explicar a função pública no Brasil em face do regime jurídico administrativo; Rodrigo Pironti Aguirre de Castro, de reconhecida inclinação ao tema do controle interno, salientou a importância do controle de meios e do controle de resultados em matéria de função pública; e Daniel Ferreira, doutor em sanções administrativas e autor de uma das melhores obras sobre o assunto no Brasil, cuidou de algumas peculiaridades do regime disciplinar nas relações de natureza estatutária e contratual, como parcela da competência do direito disciplinário.

Cumpre, todavia, um esclarecimento preliminar: nem todos os autores brasileiros que escrevem nesta obra defendem a necessidade de autonomia ou de especialização do direito disciplinário. Os brasileiros que dela participam justificam-se em face de contribuições que já emprestaram ao desenvolvimento da função pública brasileira. Espera-se justamente que, a partir desta obra, esses e outros autores brasileiros se debrucem sobre o estudo do direito disciplinário e, com a autenticidade necessária, demonstrem quais os contornos desse direito no Brasil.

Quanto aos autores estrangeiros e seus respectivos temas, a escolha ficou a cargo da *Confederación Internacional de Derecho Disciplinario*, por intermédio de Martha Lucía Bautista Cely, que priorizou o convite aos juristas que participaram do 2º *Congreso Internacional de Derecho Disciplinario*.

Para falar da *Confederación Internacional de Derecho Disciplinario* e da necessidade de um Código de Direito Disciplinário Internacional que disponha sobre formação, profissionalização, disciplina, transparência, controle e responsabilidade da função pública, conta-se com a participação de seu presidente, Rafael Enrique Ostau de Lafont Pianeta, da Colômbia. A demonstração da autonomia do direito disciplinário foi atribuída a Jorge Enrique Martínez Bautista, também da Colômbia. Seguindo o tema por ele versado no aludido congresso, Javier Ernesto Sheffer Tuñón, do Panamá, discorreu sobre alguns dos princípios que informam o direito disciplinário. Carlos Luis Carrillo Artiles, da Venezuela, ao seu turno, mostrou o âmbito subjetivo do direito disciplinário, enfrentando a particularidade dos titulares de mandato. O Presidente do *Colegio de Derecho Disciplinario, Control Gubernamental y Gestión Pública*, A.C., do México, Pablo Eleazar Moreno Moreno, elucidou história, propósitos e atividades dessa entidade, enquanto Jesús Alejandro Garzón Rincón abordou o *Instituto Colombiano de Derecho Disciplinario*. Edgardo José Maya Villazón discorreu sobre a autonomia do ensino do direito disciplinário na Colômbia. Como representante de Portugal, Ana Fernanda Neves tratou da relação de função pública e suas especificidades, mostrando os influxos da relação laboral, independentemente da natureza do vínculo jurídico. Da Espanha, Martha Franch i Saguer mostrou o estágio em que se encontra o direito disciplinário em seu país. Carlos Arturo Gómez Pavajeau, da Colômbia, esclareceu a relação entre direito sancionador e direito disciplinário. Miriam Mabel Ivanega, da Argentina, retratou o direito disciplinário como instrumento de transparência, eficiência e participação democrática na gestão pública. A necessidade e a importância do controle prévio foram enfatizadas por Domingo J. Sesin, também da Argentina. Ainda, em matéria de controle, Martha Lucía Bautista Cely enfocou o controle interno da potestade disciplinária na Colômbia. E, finalmente,

Carmen Teresa Castañeda Villamizar, também da Colômbia, questiona se a tipicidade seria como pressuposto legal em matéria disciplinária.

Outro esclarecimento fundamental: não se conseguiu, evidentemente, exaurir o rol de autores brasileiros que escrevem sobre formação, profissionalização, disciplina, transparência, controle e responsabilidade da função pública e cujas obras são de leitura obrigatória para a construção do direito disciplinário internacional. Certamente, a confederação, outrossim, não o fez em âmbito internacional.

Por outro lado, também não foi possível esgotar todos os temas relevantes à função pública no sentido subjetivo, a fim de demonstrar a necessidade do direito disciplinário.

Por esses motivos, restou acordado com a Editora Fórum que este seria, tão somente, o primeiro volume de uma série de trabalhos que se pretende realizar e publicar em parceria com a *Confederación Internacional de Derecho Disciplinario* sobre o tema em questão.

## 3 Direito disciplinário

Como consequência do Estado de Direito Social e Democrático, da constante participação da sociedade na tomada de decisões por parte do Estado, da procedimentalização das ações da Administração Pública e da crescente atuação em contraditório dos interessados na elaboração de atos administrativos, o direito disciplinário começa a desenvolver-se de forma concomitante em diversos países, não obstante seja cediço que, na Colômbia, o tratamento doutrinário, legislativo e jurisprudencial sobre o tema alcançou notável progresso, ao ponto de se lhe conferir autonomia tanto em face do direito penal, como do direito administrativo.

Carlos Arturo Gómez Pavajeau mostra que a doutrina colombiana erigiu o direito disciplinário como uma dogmática autônoma e independente em relação ao direito penal e ao direito administrativo, fundada, essencialmente, sobre os pilares da hierarquia, competência e disciplina.[11] Diz o autor que a jurisprudência do Conselho de Estado da Colômbia delineou claramente a ideia de um direito disciplinário autônomo e independente, liberando-se dos prejuízos de patrocinar uma responsabilidade objetiva ou de equiparar as categorias dogmáticas às do direito penal.

---

[11] GÓMEZ PAVAJEAU. *Dogmática del derecho disciplinario*, p. 66.

Edgardo José Maya Villazón, ao seu turno, salienta a existência de um Código de Direito Disciplinário Único naquele país.[12] Na jurisprudência, o autor ressalta que a síntese dos pronunciamentos da Corte Constitucional possibilita três conclusões: 1) o legislador é o único autorizado constitucionalmente a determinar as condutas constitutivas de faltas disciplinárias; 2) direito punitivo e direito disciplinário compartilham os fundamentos constitucionais que constam como garantias judiciais para que o Estado exerça sua potestade sancionadora; e 3) as normas disciplinárias têm, por regra geral, caráter de normas de reenvio.

Não se olvida, entretanto, como salientado, que o direito disciplinário advenha da relação de sujeição especial que a Administração Pública exerce sobre seus agentes.[13] Ou seja, ele nasce da chamada potestade disciplinária. Esta, ao seu turno, como todo "poder" administrativo, mostra Celso Antônio Bandeira de Mello, é meramente instrumental para a execução de determinado dever prescrito pela finalidade da ordem jurídica.[14]

Por essa razão, ao direito disciplinário concebeu-se, de início, caráter eminentemente sancionatório e disciplinar no tocante às infrações cometidas por agentes públicos, contrárias aos deveres e responsabilidades estatutários.

Miriam Mabel Ivanega, explicando esse caráter "aflitivo" do direito disciplinário, dada a debilitação que produz na esfera jurídica dos agentes públicos, aponta-lhe três características: a) a competência administrativa de ditar normas que delineiam o tipo de infração e os limites da sanção, ainda que mediante normas gerais, como consequência da remissão regulamentária; b) a prerrogativa de a Administração decidir sobre a imposição de sanção, determinando seu conteúdo; e c) a faculdade de a Administração autoexecutar a mesma sanção, diante do princípio da autotutela executiva.[15] Explica a autora que o vínculo

---

[12] Cf. MAYA VILLAZÓN. Estado Actual del Derecho Disciplinario en Colombia. CONGRESO INTERNACIONAL DE DERECHO DISCIPLINARIO, 2., Também publicado neste livro.

[13] A propósito, cf. GÓMEZ PAVAJEAU. *Dogmática del derecho disciplinario*, p. 136-137.

[14] Celso Antônio Bandeira de Mello, rebatendo o caráter autoritário do direito administrativo, explicita que seus institutos "organizam-se em torno do dever de servir à coletividade, do encargo de atender a necessidades gerais, sendo elas — e só elas — justificativas para o exercício da autoridade" (*Curso de direito administrativo*, p. 45). Mais adiante, o mesmo autor complementa: "o Poder, no Direito Público atual, só aparece, só tem lugar, como algo ancilar, rigorosamente instrumental e na medida estrita em que é requerido como via necessária e indispensável para tornar possível o cumprimento do dever e atingir a finalidade legal" (p. 46).

[15] IVANEGA. Reflexiones acerca del derecho disciplinario: potestad disciplinaria y derecho de defensa: la situación en el sistema nacional argentino. CONGRESO INTERNACIONAL DE DERECHO DISCIPLINARIO, 2.

entre o poder sancionador e o poder disciplinário é uma relação de gênero e espécie que deve respeitar as características próprias de cada uma, em particular pelos fins que perseguem e os direitos que lhes são afetos. Miriam Mabel Ivanega também mostra que a independência do direito disciplinário advém da necessidade de submeter o respectivo poder às bases da juridicidade, de modo a refletir o equilíbrio entre os direitos dos agentes públicos e a eficiência e eficácia da organização administrativa. O direito disciplinário, segundo a autora, não se assenta nem no direito penal, nem no direito administrativo, mas em princípios gerais de direito.

Hodiernamente, como disse Edgardo José Maya Villazón, a ordem protegida pelo direito disciplinário refere-se à organização administrativa, ao serviço público e ao funcionamento essencial de um Estado que está a serviço do cidadão.[16] Tem por fim o direito disciplinário salvaguardar a dignidade e o cumprimento escorreito da função pública.

Mediante tal premissa, reconhece-se a necessidade de se afirmar o caráter preventivo do direito disciplinário, voltado, antes de tudo, para a formação e profissionalização dos agentes públicos, tornando-os cientes de sua disciplina, impondo-lhes uma conduta ética e transparente, sujeitando-os a todas as formas de controle previstas pelo direito e aplicando-lhes a devida responsabilidade, quando couber. Daí porque se falar em ampliação do núcleo ou do objeto do direito disciplinário atual, ao ponto de nele incluir a investigação de temas como formação, profissionalização, disciplina, ética, transparência, controle e responsabilidade da função pública.

Afinal, como fundamento da culpabilidade e, por consequência, da responsabilidade, tem-se a inexigibilidade de conduta diversa. Quer dizer, a consciência do ilícito afeta a natureza antijurídica do comportamento.[17] Nessa seara, tenho comigo que só se pode exigir conduta diversa de infrações que geram responsabilidade se o servidor tiver prévio conhecimento de sua disciplina. Esse conhecimento não pode ser tratado como presunção pelo Direito, a partir da formalização do vínculo (no Brasil, mediante assinatura do termo de posse, em se tratando de regime estatutário, ou celebração do contrato de trabalho, quando se estiver diante de regime trabalhista). Se, por um lado, existe para o servidor

---

[16] MAYA VILLAZÓN. Estado Actual del Derecho Disciplinario en Colombia. CONGRESO INTERNACIONAL DE DERECHO DISCIPLINARIO, 2.

[17] GÓMEZ PAVAJEAU. *Dogmática del derecho disciplinario*, p. 492.

público o dever de informar-se, existe, muito mais, para o Estado, o dever de profissionalizar seu pessoal. A profissionalização, sob o ponto de vista do servidor, é direito público subjetivo e, do Estado, obrigação. Somente a partir do momento em que o Estado coloca à disposição do servidor instrumentos de profissionalização é que o servidor passa a compartilhar com ele o *munus* pelo aperfeiçoamento e pela necessária informação e capacitação. Portanto, a máxima de que a ninguém é defeso alegar o desconhecimento do direito não se aplica aos servidores públicos a que o Estado não deu a oportunidade de se profissionalizarem, como determina a Constituição.[18]

# 4 Conclusão

Diante do que foi dito, é de se indagar, todavia: se os conteúdos centrais do direito disciplinário (formação, profissionalização, disciplina, transparência, controle e responsabilidade dos agentes públicos) já vinham sendo tratados pela doutrina administrativista na perspectiva do direito da função pública, por que se falar em direito disciplinário?

Porque esses temas, na medida em se apresentam como decisivos para a construção da boa administração do Estado, correspondem a anseio universal.

A propósito, veja-se que a Organização das Nações Unidas tem, reiteradamente, manifestado inquietude em relação ao problema da corrupção. A campanha, lançada em 6.11.2009,[19] trouxe como lema "a corrupção é um crime contra o desenvolvimento". Dedicou-se, inclusive, a data de 6 de dezembro como o Dia Internacional de Combate à Corrupção.[20] E, nesse compasso, convém registrar que o Brasil é signatário da *Convenção das Nações Unidas contra a corrupção*,[21] oriunda da Resolução nº 55/61, de 4.12.2000, formalizada em 15.12.2003, em Mérida, no México.

---

[18] O fundamento do direito público subjetivo dos servidores à profissionalização decorre dos princípios da impessoalidade, da boa administração pública (que implica prevenção, precaução e responsabilidade do poder público), da moralidade administrativa, da valorização do trabalho social prestado pelo servidor, da dignidade da pessoa humana, da proibição de retrocesso de direitos fundamentais, da segurança jurídica, da boa-fé, entre outros.

[19] NOVA campanha da ONU: a corrupção é um crime contra o desenvolvimento. *UNODC – United Nations Office on Drugs and Crime.*

[20] Em 2005, a ONU lançou no Brasil a campanha "Corrupção, você pode detê-la". Cf. ONU lança campanha contra a corrupção no Brasil. Portal *Terra*.

[21] Disponível em: <http://www.onu-brasil.org.br/doc_contra_corrup.php>. Acesso em: 21 mar. 2011.

Os países que subscrevem esse documento reconhecem que a corrupção deixou de ser um problema local para se converter em fenômeno transnacional, uma vez que afeta todas as sociedades e economias, motivando, pois, uma cooperação internacional na prevenção. No mesmo documento, reconhece-se que o combate à corrupção demanda enfoque amplo e multidisciplinar e, nesse contexto, penso eu, exsurge a necessidade de "ramo" do direito próprio e específico.

Há ainda núcleo comum a esses temas, nos mais diversos países, eis que todos eles se voltam ao paradigma dos direitos humanos, em sua perspectiva internacional. Pode-se afirmar, com isso, que o direito disciplinário também tem como fim a garantia do direito fundamental ao desenvolvimento humano pessoal e profissional dos agentes públicos, bem como ao desenvolvimento da sociedade em geral, na medida em que esta se beneficia com melhores serviços prestados pela Administração. Conclui-se, destarte, que o mote do direito disciplinário é direta e também reflexamente o interesse público.

Todos esses temas extrapolam, por certo, as fronteiras físicas dos Estados, para corresponder a uma preocupação da sociedade universal. Tem-se, portanto, a explicação para se aderir à denominação direito disciplinário: a padronização de uma nomenclatura internacional referente à construção de novo "ramo" do direito que vise efetivamente a servir ao propósito de regular a formação, a profissionalização, a disciplina, a transparência, o controle e a responsabilidade dos agentes públicos.

Edificar o direito disciplinário pressupõe ultrapassar os valiosos aportes do direito da função pública oriundos do direito administrativo, somando-os a subsídios de "ramos" do direito, notadamente do direito constitucional, e, mesmo, de outros campos do conhecimento. Ele demandará também intensa colaboração entre os Estados, com vistas à melhor definição e compreensão desse núcleo central de temas aplicáveis à função pública.

É apenas o começo; o importante é querer estar a caminho.

## Referências

BACELLAR FILHO, Romeu Felipe. *Direito administrativo e o novo Código Civil*. Belo Horizonte: Fórum, 2007.

BANDEIRA DE MELLO, Celso Antônio. *Curso de direito administrativo*. 27. ed. rev. e atual. até a Emenda Constitucional 64, de 4.2.2010. São Paulo: Malheiros, 2010.

ESCOLA, Héctor Jorge. *El interés público como fundamento del derecho administrativo*. Buenos Aires: Depalma, 1989.

FORSTHOFF, Ernst. *Tratado de derecho administrativo*. Trad. de la 5. ed. alemana por Legaz Lacambra, Garrido Falla y Gómez de Ortega y Junge. Madrid: Instituto de Estudios Politicos, 1958.

FRAGA, Gabino. *Derecho administrativo*. 47. ed. rev. y actual. por Manuel Fraga. México: Porrúa, 2009.

GARCÍA RAMÍREZ, Sergio. *Derechos de los servidores públicos*. México: Instituto Nacional de Administración Pública; Universidad Autónoma de México – Instituto de Investigaciones Jurídicas, 2002.

GÓMEZ PAVAJEAU, Carlos Arturo. *Dogmática del derecho disciplinario*. 3. ed. actual. Bogotá: Universidad Externado de Colombia, 2004.

IVANEGA, Miriam Mabel. Reflexiones acerca del derecho disciplinario: potestad disciplinaria y derecho de defensa: la situación en el sistema nacional argentino. CONGRESO INTERNACIONAL DE DERECHO DISCIPLINARIO, 2., Disponível em: <http://www.colegiodederechodisciplinario.com/IICongreso_Internacional.html>. Acesso em: 21 mar. 2011.

LIMA, Ruy Cirne. *Princípios de direito administrativo*. 7. ed. revista e reelaborada por Paulo Alberto Pasqualini. São Paulo: Malheiros, 2007.

MAYA VILLAZÓN, Edgardo José. Estado Actual del Derecho Disciplinario en Colombia. CONGRESO INTERNACIONAL DE DERECHO DISCIPLINARIO, 2., Disponível em: <http://www.colegiodederechodisciplinario.com/IICongreso_Internacional.html>. Acesso em: 21 mar. 2011.

MOTTA, Paulo Roberto Ferreira. *Regulação e universalização dos serviços públicos*: análise crítica da regulação da energia elétrica e das telecomunicações. Belo Horizonte: Fórum, 2009.

MOTTA, Paulo Roberto Ferreira. *Regulação e universalização dos serviços públicos de energia elétrica e telecomunicações*. 2002. Tese (Doutorado em Direito do Estado) – Faculdade de Direito, Universidade Federal do Paraná, Curitiba, 2002.

NOVA campanha da ONU: a corrupção é um crime contra o desenvolvimento. *UNODC – United Nations Office on Drugs and Crime*, Vienna, 6 nov. 2009. Disponível em: <http://www.unodc.org/southerncone/pt/frontpage/2009/11/06-nova-campanha-da-onu-a-corrupcao-e-um-crime-contra-o-desenvolvimento.html>. Acesso em: 21 mar. 2011.

ONU lança campanha contra a corrupção no Brasil. Portal *Terra*, São Paulo, 8 dez. 2005. Disponível em: <http://noticias.terra.com.br/brasil/crisenogoverno/interna/0,,OI789293-EI5297,00.html>. Acesso em: 21 mar. 2011.

PESSOA SOBRINHO, Eduardo Pinto; DIAS, José de Nazaré Teixeira. *Princípios de administração de pessoal*. Rio de Janeiro: Departamento de Imprensa Nacional, 1949.

SILVA CIMMA, Enrique. *Derecho administrativo chileno y comparado*: la función pública. Santiago de Chile: Editorial Jurídica de Chile, 1993.

SILVEIRA, Raquel Dias da. Avaliação de desempenho dos servidores públicos: análise da Lei Federal nº 11.784/2008. *A&C – Revista de Direito Administrativo & Constitucional*, v. 9, n. 37, p. 115-131, jul./set. 2009.

SIQUEIRA, Marcus Vinicius Soares; MENDES, Ana Magnólia. Gestão de pessoas no setor público e a reprodução do discurso do setor privado. *Revista do Serviço Público*, v. 60, n. 3, p. 241-250, jul./set. 2009.

---

Informação bibliográfica deste texto, conforme a NBR 6023:2002 da Associação Brasileira de Normas Técnicas (ABNT):

SILVEIRA, Raquel Dias da. ¿Direito disciplinário?. *In*: BAUTISTA CELY, Martha Lucía; SILVEIRA, Raquel Dias da (Coord.). *Direito disciplinário internacional*: estudos sobre a formação, profissionalização, disciplina, transparência, controle e responsabilidade da função pública = *Derecho disciplinario internacional*: estudios sobre formación, profesionalización, disciplina, transparencia, control y responsabilidad de la función pública. Belo Horizonte: Fórum, 2011. v. 1, t. I, p. 25-39. v. 1: Título Português, t. I: Título Espanhol. ISBN 978-85-7700-446-1.

# ¿DIREITO DISCIPLINÁRIO BRASILEIRO?

## Luísa Cristina Pinto e Netto

**Sumário: 1** Nota introdutória – **2** Tratamento da função pública no Brasil – **3** Algumas discussões inadiáveis sobre a função pública brasileira – **4** A importância do estudo especializado da função pública – **5** Pistas para a construção de um "Direito Disciplinário" brasileiro – Referências

## 1 Nota introdutória

O título do presente artigo, propositadamente colocado entre pontos de interrogação invertidos, muito diz sobre a proposta de reflexão que ora se submete ao debate. Em primeiro lugar, o título traz a indagação acerca da necessidade do estudo especializado da função pública, ou seja, da concepção de um *"Direito Disciplinário"* brasileiro como ramo específico do nosso Direito Administrativo. Em segundo lugar, a utilização dos pontos de interrogação invertidos, como é próprio do idioma espanhol, explica a adesão inicial à expressão *Direito Disciplinário*, em vez de *Direito da Função Pública* — que parece mais adequada ao cenário brasileiro e ao conteúdo que se pretende inserir neste possível ramo especial —; trata-se de adotar a expressão corrente em diversos países latino-americanos objetivando o estreitamento dos laços acadêmicos e científicos.[1]

---

[1] Quanto à denominação a ser escolhida, se Direito da Função Pública ou Direito Disciplinário, só o tempo permitirá uma determinação, pois, se a favor da segunda pesa, como se disse, a intenção de aproximação com a tradição seguida em diversos países latino-americanos, a favor da primeira parece pesar sua maior amplitude denotativa relativamente ao conteúdo que se pretende inserir neste ramo especializado do Direito Administrativo, bem como a já larga produção doutrinária encontrada em países europeus como a França, a Espanha e a Alemanha. Nestes países, como se verá, com suas idiossincrasias, são adotadas expressões similares a *Direito da Função Pública*. Em Portugal, como será referido, também se encontra a denominação *Direito da Função Pública*. Não se trata, por óbvio, de preferir uma expressão usada na Europa a uma expressão usada na América Latina; trata-se de buscar a nomenclatura que melhor reflita o objeto de estudo que se tem em mira.

Sem desconhecer a proposta de construção de um ramo autônomo do Direito para o estudo da disciplina da função pública, que inclusive transcenda os Direitos nacionais, como vem sendo defendido por diversos autores, o que se pretende é levantar questões que ajudem a refletir sobre a viabilidade do estudo específico da função pública no âmbito do Direito Administrativo brasileiro. Em outras palavras, objetiva-se analisar a necessidade e a conveniência de conceber o que aqui se vai chamar de "Direito Disciplinário" como um ramo especial do Direito Administrativo, dedicado ao estudo da função pública não apenas no que tange aos aspectos disciplinares.

Com este escopo, inicia-se a exposição gizando um breve panorama do tratamento conferido à função pública no Brasil, seguido da indicação sumária de algumas discussões que se reputam inadiáveis sobre a matéria. Este diagnóstico incipiente é traçado na tentativa de justificar a necessidade do estudo especializado, mostrando-se a importância desta especialização para enfrentar os *desassossegos da função pública brasileira*.[2] Por fim, partindo destas premissas, são apontadas, também de forma incipiente e provisória, pistas para a construção do Direito Disciplinário brasileiro.

## 2 Tratamento da função pública no Brasil

Uma rápida pesquisa nos principais manuais de Direito Administrativo da atualidade revela que a função pública vem sendo abordada conjuntamente com as outras disciplinas do Direito Administrativo brasileiro, não se concebe nem se desenvolve a função pública como objeto do Direito Administrativo a merecer estruturação dogmática especializada. Neste cenário, ainda que se verifique a relevância conferida à função pública, observa-se que diversas questões estruturantes da sua disciplina e estudo são negligenciadas.

O que se encontra, em linhas gerais, é a delimitação do que se entende por integrantes da função pública, ou seja, os agentes públicos em sentido amplo, seguida de classificações das diversas espécies de agentes. Soma-se a isso a indicação do regime jurídico majoritariamente aplicável, com o que se buscam, nas normas constitucionais, as diretrizes acerca do ingresso, do sistema remuneratório, dos direitos, deveres e vedações, bem como se tangencia a questão previdenciária. Também é comum encontrar

---

[2] A expressão foi colhida em: NEVES. Os "desassossegos" de regime da função pública. *Revista da Faculdade de Direito da Universidade de Lisboa*, p. 49-69.

um desenvolvimento sumário acerca da responsabilidade dos agentes públicos e do "processo" administrativo disciplinar.[3]

Para além deste tratamento, inserido no panorama geral do Direito Administrativo, há várias obras monográficas que se dedicam a aspectos pontuais da relação de função pública, muitas vezes impulsionadas, como se percebe, pelas demandas concretas do cotidiano.[4]

Sem questionar a qualidade do tratamento doutrinário conferido à função pública brasileira, o que importa é perceber a ausência de sistematicidade e especificidade de que padece tal tratamento. Quer na abordagem genérica, quer na abordagem monográfica, não se encontra um esforço sistematizador voltado à explicitação de princípios próprios da disciplina da função pública que, embora descendendo dos princípios do Direito Administrativo, lhe confira identidade e forneça as bases de uma construção dogmática consistente.[5]

Estes espaços não ocupados pela construção teórica são também verificados na atuação legislativa; para além dos estatutos da função pública, existentes em diversos entes políticos da federação brasileira, não se editaram diplomas normativos sistematizadores de questões fundamentais, como, por exemplo, o ingresso na função pública, nem tampouco se atualizaram inúmeros aspectos dos estatutos diante da ordem constitucional inaugurada em 1988 e de sua evolução.

O propósito desta proposta de reflexão acerca do estudo específico da função pública no Brasil não é, de forma alguma, direcionar uma crítica generalizada à doutrina brasileira e aos autores que se dedicam ao tema. Diversamente, objetiva-se debater como, a partir das contribuições já existentes, se pode avançar no sentido da edificação de um ramo especial do Direito Administrativo, dedicado ao estudo

---

[3] Com conteúdo próximo, embora nem sempre com posições coincidentes sobre os diversos temas, cf., dentre outros, DI PIETRO. *Direito administrativo*, p. 442 *et seq.*; CARVALHO FILHO. *Manual de direito administrativo*, p. 487 *et seq.*; BANDEIRA DE MELLO. *Curso de direito administrativo*. 19. ed., p. 226 *et seq.*; MEDAUAR. *Direito administrativo moderno*, p. 258 *et seq.*; e JUSTEN FILHO. *Curso de direito administrativo*, p. 565 *et seq.*

[4] Devido ao grande número de obras com as características indicadas, não se vai fazer aqui um inventário delas. Pode-se, não obstante, encontrar inúmeros títulos, quer nas indicações bibliográficas dos manuais sobre a matéria, quer em *sites* de bibliotecas ou mesmo editoras jurídicas. Neste cenário dos estudos monográficos sobre a função pública, é imperioso registrar a existência de diversos trabalhos que resultam da inclusão, no Programa de Pós-graduação *stricto sensu* Faculdade de Direito da Universidade Federal de Minas Gerais, por iniciativa do Professor Doutor Florivaldo Dutra de Araújo, de uma disciplina dedicada à função pública. Um inventário destes trabalhos pode ser buscado em: <http://www.pos.direito.ufmg.br/index.asp>.

[5] Neste ponto, é de destacar ROCHA. *Princípios constitucionais dos servidores públicos*, onde se encontra um esforço sistematizador de princípios da função pública.

da função pública, que se insira confortavelmente no Direito de um Estado de Direito Democrático e Social.[6]

## 3 Algumas discussões inadiáveis sobre a função pública brasileira[7]

Diante do que foi gizado acerca do tratamento dado à função pública no Brasil, é conveniente apontar algumas discussões sobre o tema que se reputam inadiáveis. Considerando, por um lado, o caráter dinâmico da realidade administrativa em que se insere a função pública e, por outro, a provisoriedade das formulações científicas, os aspectos da função pública que reclamam enfrentamento sempre serão inúmeras e merecerão abordagens das mais diversas, não só jurídicas.

Certamente, dentre estes aspectos há várias questões que militam em favor do estudo específico da função pública pelo prisma da ciência jurídica, demonstrando sua utilidade e necessidade teórica e prática. Com a advertência de não se pretender exaurir a enumeração de tais questões, nem tampouco de organizá-las segundo sua natureza mais teórica ou prática, mais geral ou específica, serão apontadas algumas das mais importantes, quais sejam:

(i) a definição do âmbito e do(s) regime(s) jurídico(s) da função pública:

---

[6] Sobre o Estado de Direito Democrático e Social e seus princípios estruturantes, *vide*, dentre muitos: NETTO. *O princípio de proibição de retrocesso social*, especialmente p. 124 *et seq.*; NOVAIS. *Contributo para uma teoria do Estado de Direito*: do Estado de direito liberal ao Estado social e democrático de direito, p. 210-213; NOVAIS. *Os princípios constitucionais estruturantes da República Portuguesa*, p. 44; e OTERO. *O poder de substituição em direito administrativo*: enquadramento dogmático-constitucional, v. 2, p. 526, 586, 592.

No quadro do Estado de Direito Democrático e Social arquitetado pela CRB/88, urge empreender, como propôs Paulo Otero no cenário lusitano, "um esforço de reelaboração conceitual, revendo alguns quadros tradicionais de entendimento do sentido do Direito Administrativo herdados algumas vezes de forma acrítica do Estado Liberal e do Estado Corporativo, desfazendo mitos e afastando preconceitos, procedendo, em consequência, a uma necessária reordenação das matérias do próprio programa e conteúdos da disciplina (...)" (*Direito administrativo*: relatório, p. 24). Entende-se que, quanto à função pública a necessidade deste esforço se mostra ainda mais premente, como observamos especificamente em NETTO. *A contratualização da função pública*; e em NETTO. A volta do regime jurídico único: algumas discussões inadiáveis sobre a função pública brasileira. *A&C – Revista de Direito Administrativo & Constitucional*, p. 201-240.

[7] O título desta seção se aproxima do título que utilizamos em NETTO. A volta do regime jurídico único: algumas discussões inadiáveis sobre a função pública brasileira. *A&C – Revista de Direito Administrativo & Constitucional*, p. 201-240; não se trata, no entanto, de uma repetição do mesmo conteúdo, pois naquele artigo teve-se em mira a natureza do regime jurídico da função pública e aqui são indicadas discussões inadiáveis numa consideração mais ampla da função pública.

- mais de 20 anos após a promulgação da Constituição de 1988 (CRB/88) ainda não há uma definição consistente acerca do âmbito da função pública, falta explorar a existência, na CRB/88, da imposição ou não de um regime específico para a função pública, com sua justificação, explicitando a abrangência de tal regime, ou seja, urge esclarecer se a CRB/88 erigiu uma reserva constitucional de função pública e qual a sua extensão;
- se há a referida reserva, insta partir dela e definir a natureza do regime jurídico que comporta para a função pública, enfrentando a tão falada mas tão mal resolvida imposição de "regime jurídico único";[8]
- igualmente carente de enfrentamento é a *laboralização* da função pública, que, mesmo diante de negações teóricas, vem acontecendo e reclama, assim, ser balizada em termos dogmáticos sem desconhecer a realidade e partindo de uma leitura constitucional não cristalizada por dogmas herdados de outros modelos estatais; esta *laboralização* mostra que se deve analisar a (in)adequação do Direito do Trabalho à função pública, bem como a (im)possibilidade de convivência de regimes distintos de prestação de trabalho na Administração Pública, o que acaba por revelar a necessidade de perquirir a aproximação e a influência recíproca entre estes regimes;

(ii) a explicitação dos parâmetros constitucionais para a disciplina infraconstitucional da função pública, mormente a partir da procedimentalização e jusfundamentalização[9] da atividade administrativa, impostas constitucionalmente:
- mesmo diante de uma Constituição que é pródiga na consagração de direitos fundamentais, o tratamento doutrinário, legislativo e jurisprudencial da função pública resiste à sua eficácia irradiante, mantendo certa impermeabilidade em relação à procedimentalização e jusfundamentalização da atividade administrativa;

---

[8] Para uma aproximação a esta questão, cf. NETTO. A volta do regime jurídico único: algumas discussões inadiáveis sobre a função pública brasileira. *A&C – Revista de Direito Administrativo & Constitucional*, p. 201-240.

[9] O *discurso dos direitos* parece estar sofrendo uma "inflação" no Brasil, mas muitas vezes é vazio de consequências e inconsistente. Frequentemente se invocam a dignidade da pessoa humana e os direitos fundamentais, poucas são as ocasiões em que, pelo contrário, daí se extraem, em termos dogmáticos e com coerência, as consequências normativas da posição central ocupada pelos direitos fundamentais na ordem jurídica do Estado de Direito Democrático e Social. Demonstração disso é a situação do direito de greve na seara da função pública.

- muitas searas da função pública não são procedimentalizadas, não permitindo a participação dos interessados, persistindo a lógica da decisão unilateral hermética e o desrespeito aos direitos fundamentais procedimentais;
- a consagração de direitos fundamentais como a sindicalização e a greve no regime constitucional da função pública não encontra reflexo no seu regime infraconstitucional, que coloca entraves inaceitáveis à sua eficácia plena;

(iii) o enfrentamento de diversas questões relativas ao ingresso na função pública, com destaque para a sistematização e regulação do concurso público e do estágio probatório:

- quanto ao ingresso na função pública, mormente por meio de concurso público, avultam os problemas a reclamar soluções constitucionalmente adequadas, como o direito à nomeação em determinadas condições, os parâmetros e exigências admissíveis para a seleção, a formação do júri do concurso, a validade do certame e sua prorrogação, os procedimentos prévios à sua abertura;
- o estágio probatório igualmente suscita importantes questões, a começar pelo longo lapso previsto constitucionalmente, passando, ainda, pela necessidade de se disciplinar o seu cumprimento em situações especiais como o novo concurso para o mesmo cargo ou cargo de atividades semelhantes na mesma ou em outra pessoa integrante da Administração;

(iv) a análise de diversos direitos encartáveis na relação de função pública, seja por expressa ou implícita previsão constitucional, seja pela ausência de entrave jurídico ao seu reconhecimento:

- quanto à sindicalização e à greve, já se indicou, urge adequar a disciplina infraconstitucional à previsão constitucional destes direitos fundamentais na seara da função pública de modo a lhes garantir eficácia plena;
- corolários destes direitos seriam a negociação[10] e contratação coletivas, amoldáveis aos diversos tipos de relação de função pública, como esclarecem os exemplos de outros países;[11]
- pelo prisma subjetivo, há que explicitar e disciplinar os reflexos das previsões constitucionais de carreira e profissionalização, garantindo os direitos daí decorrentes;

---

[10] É de anotar a recente ratificação, pelo Brasil, da Convenção n. 151 da Organização Internacional do Trabalho.

[11] A este respeito, *vide* ARAÚJO. *Conflitos coletivos e negociação na função pública*: contribuição ao tema da participação em direito administrativo.

- para além disto, para ficar apenas com mais este exemplo, parece imprescindível, se se quer uma Administração democrática e eficiente, abrir espaços e regulá-los juridicamente para a participação dos integrantes da função pública; estes direitos de participação devem servir quer à proteção de interesses próprios, quer à colaboração com a Administração para a consecução de seus fins;

(v) a necessidade de adequação da regulação jurídica da função pública para receber aportes interdisciplinares aptos a viabilizar e fortalecer a concretização dos objetivos e princípios da administração pública do Estado de Direito Democrático e Social;

- a garantia, pelo prisma subjetivo, de direitos decorrentes da profissionalização e da carreira, bem como de outras situações de vantagem para os integrantes da função pública, não deve obscurecer a necessidade de, também pelo prisma objetivo da organização administrativa, permear a regulação jurídica da função pública de influxos interdisciplinares consentâneos com a ordem jurídica e voltados a potencializar a consecução dos princípios e objetivos da administração pública do Estado de Direito Democrático e Social;

- ciências voltadas à gestão das organizações e das pessoas, por exemplo, podem fornecer importantes instrumentos para tornar realmente efetivas as previsões constitucionais acerca da carreira e da profissionalização, além da imposição de eficiência, levando em conta as inúmeras peculiaridades do vasto universo da função pública;

- com as necessárias adequações, deve-se, por exemplo, começar a analisar as potencialidades da organização mais flexível dos cargos e carreiras, não só com base em atribuições, mas também em competências (no sentido que a ciência da administração empresta ao termo);

- outra questão que urge enfrentar é a mobilidade funcional, seja entre carreiras (o acesso), seja mesmo entre diversas pessoas da Administração Pública;[12]

- também a questão remuneratória na função pública deve sofrer estes influxos, sem fragilização unilateral de direitos, favorecendo o mérito e a gestão eficiente, por meio, por

---

[12] Consulte-se, sobre o acesso, SILVEIRA. *Profissionalização da função pública.*

exemplo, da contratualização de metas, da instituição de gratificações temporárias e parcelas remuneratórias variáveis;

(vi) a adequação das normas disciplinares ao arcabouço jusfundamental, respeitando-se as exigências procedimentais e materiais que este impõe:

- nas diversas esferas de responsabilização a que se sujeitam os integrantes da função pública não se verifica com igual intensidade a observância das vinculações jusfundamentais;
- para além de questões procedimentais, as normas disciplinares previstas nos estatutos, na maior parte das vezes, não atendem ao requisito da tipicidade, que aos poucos vai se erigindo como exigência comum ao chamado Direito Administrativo Sancionador; desrespeita-se, desta forma, a vedação de excesso na vertente da determinabilidade, imposta pelos direitos fundamentais.[13]

A enumeração exemplificativa de aspectos cujo enfrentamento se mostra urgente no cenário da função pública brasileira, ainda que feita sem grande preocupação de rigor sistemático, deixa transparecer uma questão de fundo que perpassa o tratamento da matéria no Brasil: a concepção de função pública herdada do Estado Liberal. Em grandes linhas, segundo esta concepção, a relação de função pública é uma relação de especial sujeição que coloca o particular na condição de agente público integrante de um órgão, inserindo-o no organismo público; no interior deste organismo, a Administração tem amplos poderes de determinação da disciplina aplicável; a inserção do particular no organismo público esmaece a sua condição de sujeito de direitos, colocando em destaque a sua condição de meio para a realização das tarefas públicas; a relação de função pública tem caráter unilateral estatutário, é disciplinada e deve poder ser alterada unilateralmente pelo Poder Público, sempre tendo em conta o interesse público; disciplinas outras voltadas a reger as relações de trabalho travadas entre privados não são adequadas para reger a relação de função pública.[14]

---

[13] Sobre a determinabilidade, numa análise crítica da Lei de Improbidade Administrativa, cf. NETTO. Breves reflexões sobre a Lei de Improbidade administrativa à luz dos direitos fundamentais. *Direito Público – Revista Jurídica da Advocacia-Geral do Estado de Minas Gerais*, p. 141-157.

[14] Para maiores desenvolvimentos, consulte-se NETTO. *A contratualização da função pública*; e NETTO. A volta do regime jurídico único: algumas discussões inadiáveis sobre a função pública brasileira. *A&C – Revista de Direito Administrativo & Constitucional*, p. 201-240.

Sem desconstruir esta concepção de função pública, empreendendo uma crítica consistente da teoria estatutária tal como defendida entre nós — o que não significa, sem mais, o seu abandono total —, parece inviável avançar no sentido de arquitetar uma disciplina da função pública consentânea com as imposições advindas da ordem constitucional de um Estado de Direito Democrático e Social. Esta desconstrução passa, necessariamente, (i) pela revisitação da ideia de interesse público; (ii) pelo abandono da noção de impermeabilidade do Estado; (iii) pela releitura da teoria do órgão; (iv) pela superação da figura clássica da relação de especial sujeição; (v) pela procedimentalização e jusfundamentalização da administração pública; e (vi) pela compreensão contemporânea da figura do contrato.[15]

É preciso superar a noção de interesse público como sempre inconciliável e excludente dos interesses privados, determinado monopolisticamente pelo Estado e utilizado como fundamento e justificativa para a adoção de relação estatutária, com disciplina fixada unilateralmente pelo Estado. Sem igualar interesses públicos e privados, urge considerar a possibilidade de convivência destas duas ordens de interesses que muitas vezes "andam a par ou em situação de mistura",[16] sem, tampouco, despir o Estado dos necessários poderes para a sua equação.[17] É, ainda, imperioso assinalar que, mais que interesses privados, há os direitos fundamentais a reclamar e balizar a consecução do interesse público.

Para explicar a pretensa subordinação reforçada do agente público, invocam-se a noção de relação de especial sujeição e a teoria do órgão, juntamente com a impermeabilidade da pessoa estatal.[18] A doutrina clássica, com estes fundamentos, compreendia a relação de função

---

[15] Não se vai aqui esmiuçar cada um destes pontos. Para a crítica à teoria estatutária com mais detalhe, *vide* NETTO. *A contratualização da função pública*, especialmente p. 133 *et seq.*; e NETTO. A volta do regime jurídico único: algumas discussões inadiáveis sobre a função pública brasileira. *A&C – Revista de Direito Administrativo & Constitucional*, p. 209 *et seq.*

[16] ESTORNINHO. *A fuga para o direito privado*: contributo para o estudo da actividade de direito privado da Administração Pública, p. 149.

[17] Para desenvolvimentos destas questões, consultem-se NETTO. *A contratualização da função pública*, p. 142 *et seq.*; ANTUNES. *Para um direito administrativo de garantia do cidadão e da administração*: tradição e reforma, p. 77-95; ARAÚJO. *Conflitos coletivos e negociação na função pública*: contribuição ao tema da participação em direito administrativo, p. 92-112; e VILHENA. *O contrato de trabalho com o Estado*.

[18] Sobre a relação de especial sujeição, *vide*, entre muitos: BANDEIRA DE MELLO. *Curso de direito administrativo*. 12. ed., p. 702-704; SOUSA. *La función pública como relación especial de derecho administrativo*, p. 49-50; FERNANDES. *Autonomia colectiva dos trabalhadores da administração*: crise do modelo clássico de emprego público, p. 146, nota 456; e NEVES. *Relação jurídica de emprego público*: movimentos fractais, diferença e repetição, p. 79 *et seq.*

pública como um domínio situado no âmbito interno da Administração, cuja disciplina restava livre da incidência de limites oriundos do ordenamento jurídico geral e permanecia refratária à incidência plena dos direitos fundamentais. O agente situava-se em uma seara impermeável ao Direito, onde a disciplina a que se submetia era fixada unilateralmente pelo Poder Público, tomando em conta o interesse público.[19]

A construção tradicional da teoria do órgão, usada para explicar a atuação do agente perante terceiros — situação em que este aparece "presentando" o Estado —, torna mais patente a dissolução do agente, como sujeito, no seio estatal, fazendo com que aja e decida como se fosse o próprio Estado. É necessário reinterpretar esta construção da teoria do órgão de forma a compreender que o agente, mesmo após a investidura, que lhe permite atuar "presentando" o Estado externamente, mantém a sua qualidade de sujeito de direito. A juridicização e a jusfundamentalização da administração pública, ou seja, sua permeabilidade pelo Direito e pelos direitos fundamentais, sinalizam contrariamente à manutenção de uma "versão clássica" da teoria do órgão, impondo compreender o agente apenas como elemento subjetivo do órgão, mutável e contingente. Nesta perspectiva, percebe-se que o particular não perde a sua qualidade de sujeito de direito — indivíduo, cidadão, trabalhador —, apenas adquire, ao lado desta, uma outra, a de agente público, elemento subjetivo do órgão estatal, que lhe permite agir externamente como Estado, mantendo, ainda assim, sua condição de pessoa juridicamente diversa em face deste mesmo Estado.[20]

Para além da reinterpretação proposta, mostra-se inadiável o afastamento da construção clássica da relação de especial sujeição[21] — seja de forma absoluta, seja em favor de uma concepção consentânea com o modelo estatal atual[22] —; por força, paulatinamente, da

---

[19] FERNANDES. *Autonomia colectiva dos trabalhadores da administração*: crise do modelo clássico de emprego público, p. 146-147; MONCADA. As relações especiais de poder no direito português. *In*: MONCADA. *Estudos de direito público*, p. 224.

[20] FERNANDES. *Autonomia colectiva dos trabalhadores da administração*: crise do modelo clássico de emprego público, p. 83-84; SOUSA. *La función pública como relación especial de derecho administrativo*, p. 196.

[21] FERNANDES. *Autonomia colectiva dos trabalhadores da administração*: crise do modelo clássico de emprego público, p. 148; NETTO. *A contratualização da função pública*, p. 218 *et seq.*; NEVES. *Relação jurídica de emprego público*: movimentos fractais, diferença e repetição, p. 84 *et seq.*

[22] Há registros de construções contemporâneas da relação de especial sujeição, consentâneas com o quadro de um Estado de Direito Democrático e Social, em MONCADA. As relações especiais de poder no direito português. *In*: MONCADA. *Estudos de direito público*, p. 226-231; e SOUSA. *La función pública como relación especial de derecho administrativo*, p. 43. Para uma aproximação crítica à noção de relação de especial sujeição, rejeitando este conceito e citando vasta bibliografia alemã (berço do conceito), consulte-se CORREIA. As relações

juridicização do âmbito interno do Estado,[23] da constitucionalização e da jusfundamentalização da ordem jurídica e da atuação do Estado, pouco se pode sustentar em prol de uma subordinação agravada do agente público. O Estado de Direito Democrático e Social torna intolerável qualquer concepção da relação de função pública fora de quadros jurídicos;[24] a relação de função pública é relação jurídica travada entre sujeitos de direito que não perdem esta qualidade. Subordinação jurídica na função pública somente pode indicar o dever de bom cumprimento das funções, de caráter profissional, eventualmente reforçado por compromissos de honra, lealdade e diligência relativos à função; incabível uma subordinação de caráter pessoal ou aos fins políticos ou ideológicos do Estado.[25] Se a ótica do poder e da sujeição se adequava ao modelo de Administração próprio do Estado Liberal, não combina com as exigências do Estado de Direito Democrático e Social, que reclama transparência, eficiência e participação do agente público.

Neste modelo estatal, a consagração dos direitos fundamentais não só como posições subjetivas judicialmente exigíveis, mas igualmente como vetores axiológicos máximos da ordem jurídica, como normas objetivas fundantes que se irradiam para toda a ordem jurídica e vinculam todos os Poderes estatais, reforça a qualidade dos agentes públicos de sujeitos portadores de direitos fundamentais inclusive na relação de função pública.[26] A eficácia irradiante dos direitos fundamentais não poupa a organização administrativa nem tampouco as relações que se travam no seu interior.[27] Por isso, cogita-se da jusfundamentalização da atividade administrativa, sendo necessário, no estudo da função pública, retirar as consequências específicas para a sua disciplina.[28]

---

jurídicas de prestação de cuidados pelas unidades de saúde do serviço nacional de saúde. *In*: SANTOS *et al*. *Direito da saúde e da bioética*, especialmente p. 45 *et seq*. Ainda sobre a *besonderes Gewaltverhältniss*, *vide* CORREIA. *Legalidade e autonomia contratual nos contratos administrativos*, p. 71.

[23] SOUSA. *La función pública como relación especial de derecho administrativo*, p. 159.

[24] NETTO. *A contratualização da função pública*, p. 117-132.

[25] FERNANDES. *Autonomia colectiva dos trabalhadores da administração*: crise do modelo clássico de emprego público, p. 177.

[26] Entende-se que a dimensão objetiva dos direitos fundamentais reforça a validade da sua dimensão subjetiva. Robert Alexy cita, nessa linha, o *Mitbestimmungsurteil* do BVerfGE (Grundrechte als subjektive Rechte und als objektive Normen. *Der Staat*, p. 60 *et seq*.). Em sentido próximo, cf. STERN. Idee und Elemente eines Systems der Grundrechte. *In*: ISENSEE; KIRCHHOF (Hrsg.). *Handbuch des Staats Rechts*, Bd. 5, p. 68-69; e SARLET. *A eficácia dos direitos fundamentais*, p. 160-171.

[27] Sobre a eficácia irradiante dos direitos fundamentais, com indicações bibliográficas, *vide* NETTO. *O princípio de proibição de retrocesso social*, p. 34 *et seq*.

[28] Neste ponto, imprescindível mencionar os direitos de sindicalização e de greve, consagrados na CRB/88 e que, por força da visão unilateral estatutária ultrapassada ainda vigente entre

Este fenômeno da jusfundamentalização da administração pública não aparece isolado no movimento de superação da noção de impermeabilidade estatal, se faz acompanhar da procedimentalização da atividade administrativa, que significa "a submissão desta atividade a parâmetros normativos vinculantes que guiam o seu desenvolvimento, disciplinando a atuação dos diversos agentes e órgãos públicos envolvidos e a intervenção dos particulares interessados".[29] O alargamento e a diversificação da atividade administrativa, ocorridos com a suplantação do modelo de Estado Liberal, bem como as exigências democráticas do modelo estatal atual explicam a necessidade de permear o *iter* de formação da vontade da Administração pela participação dos interessados, assim como de regular juridicamente este *iter*.[30] A concepção do procedimento como "estrutura de relacionamento e matriz de interação entre Administração e particulares"[31] — incluídos os integrantes da função pública — reclama a participação dos agentes públicos, sob diversos títulos e de diversas maneiras, na preparação das decisões administrativas que lhes possam vir a afetar, servindo, por um lado, como mais uma garantia jusfundamental e, por outro, quebrando a visão unilateral autoritária que informa o modelo estatutário.[32]

De outro giro, a origem já longínqua da noção de contrato, umbilicalmente ligada à autonomia da vontade e, assim, a relações de coordenação, poderia obscurecer a viabilidade de convivência entre subordinação e relação contratual. Não obstante, é inegável que as relações contratuais podem conter situações subordinativas, aliás presentes

---

nós, não encontram reflexo pleno na disciplina infraconstitucional da função pública. Igualmente, resguardadas algumas exceções, não se encontram na doutrina formulações que retirem as consequências necessárias desta consagração constitucional. Criticando esta situação, consulte-se NETTO. *A contratualização da função pública*, especialmente p. 251 *et seq.*; e NETTO. A volta do regime jurídico único: algumas discussões inadiáveis sobre a função pública brasileira. *A&C – Revista de Direito Administrativo & Constitucional*, p. 223 *et seq. Vide*, ademais, ARAÚJO. *Conflitos coletivos e negociação na função pública*: contribuição ao tema da participação em direito administrativo.

[29] NETTO. *Participação administrativa procedimental*: natureza jurídica, garantias, riscos e disciplina adequada, p. 37.

[30] Sobre a procedimentalização da atividade administrativa e a afirmação de um princípio do devido procedimento equitativo, propugnado por José Manuel Sérvulo Correia, com indicações bibliográficas, *vide* NETTO. *Participação administrativa procedimental*: natureza jurídica, garantias, riscos e disciplina adequada, especialmente p. 37 *et seq.*

[31] CORREIA. Prefácio. *In*: NETTO. *Participação administrativa procedimental*: natureza jurídica, garantias, riscos e disciplina adequada.

[32] Para uma abordagem mais detalhada da procedimentalização e da participação na seara da função pública, *vide* NETTO. A volta do regime jurídico único: algumas discussões inadiáveis sobre a função pública brasileira. *A&C – Revista de Direito Administrativo & Constitucional*, p. 224 *et seq.*

nas relações jurídicas em geral.[33] Esta possibilidade de disciplina de relações de subordinação jurídica por meio de instrumentos contratuais corrobora que afirmações, ainda comuns, acerca de uma subordinação mais agravada do agente público, essencialmente diversa da dos trabalhadores privados, refletem uma visão simplista e ultrapassada, que precisa ser superada pela análise crítica.[34] Esta superação é necessária ainda que não se defenda uma ampla *contratualização da função pública*, pois abre caminho para a adoção, mesmo que pontual, de instrumentos consensuais na disciplina da função pública, o que se reputa imprescindível em um contexto constitucional que consagra os direitos de sindicalização e greve.[35]

Como se assinalou, entende-se que diversos dilemas vividos pela função pública brasileira remontam à noção de função pública herdada do Estado Liberal, que, mesmo que subrepticiamente, ainda perpassa o seu tratamento. A superação desta noção e a construção de uma compreensão da função pública consentânea com os quadros do Estado de Direito Democrático e Social colocam-se como ponto de partida da edificação de um "Direito Disciplinário" brasileiro.[36]

De fato, tantas e tão importantes questões — aqui lançadas para provocar o debate — colocam o Direito Administrativo numa encruzilhada, ou bem segue no sentido da sua negação ou da aplicação de soluções antiquadas e inadequadas, ou bem as enfrenta pelo estudo sistemático e especializado. A primeira alternativa coloca o risco de que enveredemos para a *administração paralela* de que cogita Agustín Gordillo.[37] A segunda, como se percebe, pelo menos parece oferecer a possibilidade de construção do instrumental necessário para enfrentar tais questões.

---

[33] GOTTSCHALK. *Norma pública e privada no direito do trabalho*, p. 13; VILHENA. *O contrato de trabalho com o Estado*, p. 66-67, 75, nota 12; DELGADO. *Introdução ao direito do trabalho*: relações de trabalho e relação de emprego, p. 32-33; SÜSSEKIND *et al. Instituições de direito do trabalho*, v. 1, p. 249.

[34] OTERO. *Conceito e fundamento da hierarquia administrativa*, p. 57-58, 233.

[35] A discussão acerca da adoção de um modelo contratual para a função pública encontra-se em NETTO. *A contratualização da função pública*; e NETTO. A volta do regime jurídico único: algumas discussões inadiáveis sobre a função pública brasileira. *A&C – Revista de Direito Administrativo & Constitucional*, p. 201-240.

[36] Neste ponto, é de anotar que outras figuras do nosso Direito Administrativo refletem noções próprias do Estado Liberal. O estudo da função pública como se propõe pode impulsionar o desenvolvimento do Direito Administrativo brasileiro no sentido de sua melhor adequação ao Estado de Direito Democrático e Social. Sobre a importância da relação entre o Direito Administrativo geral e o especial na concepção do Direito Administrativo como sistema, *vide* SCHMIDT-ASSMANN. *La teoría general del derecho administrativo como sistema*: objeto y fundamentos de la construcción sistemática, p. 10 *et seq.*

[37] GORDILLO. *La administración paralela*: el parasistema jurídico-administrativo.

# 4 A importância do estudo especializado da função pública

A brevíssima exposição acerca do tratamento da função pública brasileira e a igualmente breve indicação de algumas discussões que se reputam inadiáveis nesta seara abrem caminho para a afirmação da importância do estudo especializado da função pública. Nesse caminho poder-se-ia buscar afirmar a autonomia científica de um Direito da Função Pública. Não é esta, no entanto, a senda que se vai trilhar, mas sim a de edificar o Direito da Função Pública, aqui chamado *Direito Disciplinário*, como um ramo especial do Direito Administrativo.[38]

Um tratamento científico do Direito deve obedecer a certas condições de cientificidade, quais sejam, (i) explicar o objeto de estudo; (ii) organizá-lo; (iii) produzir sobre ele proposições universais; e (iv) buscar a verdade[39] destas proposições e das teorias em que se inserem. A construção científica deve explicar seu objeto organizando-o, isto é, realizar um "processo de racionalização organizativa" deste objeto, categorizando seus dados, arrumando-os em espécies segundo as semelhanças e diferenças, fornecendo o que David Duarte chama de uma "nova configuração do objeto através de uma reordenação racional dos seus dados".[40] Considerando estas condições, colocam-se para a ciência jurídica as tarefas de (i) criação de normas de decisão, (ii) determinação e descrição das normas, (iii) sistematização das normas, (iv) construção de conceitos normativos.[41]

Observando estas condições e visando à realização destas tarefas, parte-se, por certo, do Direito como um conjunto unitário de normas. Não obstante, objetivando a sua melhor realização, pode-se também persegui-las tomando em conta específicas áreas deste conjunto, organizando-se

---

[38] Esta é a proposta inicial que se submete à reflexão e à crítica, o Direito da Função Pública como parte específica, como sub-ramo, do Direito Administrativo. Pode ser que o desenvolvimento do estudo da função pública venha a desembocar efetivamente na estruturação de uma disciplina autônoma. Por ora, entende-se mais adequado pensar o Direito da Função Pública como área específica do Direito Administrativo.

[39] Sobre a verdade no contexto científico, consulte-se DUARTE. *A norma de legalidade procedimental administrativa*: a teoria da norma e a criação de normas de decisão na discricionaridade instrutória, p. 39 *et seq.*

[40] A exposição acerca das condições de cientificidade baseia-se fielmente em DUARTE. *A norma de legalidade procedimental administrativa*: a teoria da norma e a criação de normas de decisão na discricionaridade instrutória, p. 36 *et seq.* Deve-se assinalar que não se trata, por ora, de encampar o tratamento normativista assumido pelo autor.

[41] Também estas tarefas foram colhidas em DUARTE. *A norma de legalidade procedimental administrativa*: a teoria da norma e a criação de normas de decisão na discricionaridade instrutória, p. 47 *et seq.*

e sistematizando-se normas agrupadas segundo um critério determinado, formulando os pertinentes conceitos normativos e adaptando os conceitos normativos gerais às suas especificidades. Trata-se da especialização da ciência jurídica, que segue critérios convencionais e desemboca em diversas ciências jurídicas especiais.[42]

O Direito Administrativo é, neste quadro, uma ciência jurídica especial que tem por objeto um conjunto de normas decotado do conjunto geral das normas jurídicas e cuja delimitação explica-se por diversos critérios.[43] No campo desta ciência jurídica especial é viável continuar o processo de especialização. Como se vê, não se trata de autonomizar de forma absoluta conjuntos de normas como objeto da ciência jurídica, mas sim de identificar, no ordenamento jurídico, conjuntos de normas merecedores, segundo um critério convencional, de construção científica particularizada.[44] Como explica David Duarte, o critério de especialização deve ser escolhido por "facilitar o manuseamento dos sentidos deônticos que o ordenamento compreende", o que costuma ocorrer com os critérios baseados na proximidade temática das normas.[45]

É com estas premissas que se afirma a conveniência da especialização da construção científica no âmbito da função pública, concebendo-se, para além do Direito Administrativo Geral, áreas específicas, dentre as quais deve figurar o Direito da Função Pública ou *Direito Disciplinário*.

A proposta não é nova. Parece refletir o que já é assentado em algumas tradições jurídicas europeias, nomeadamente a alemã, na qual se cogita correntemente do chamado Direito Administrativo Geral (*Allgemeines Verwaltungsrecht*) ao lado do Direito Administrativo Especial (*Besonderes Verwaltungsrecht*), no qual são encartadas diversas matérias,[46] podendo destacar-se o Direito da Função Pública (*Beamtenrecht*).[47]

---

[42] DUARTE. *A norma de legalidade procedimental administrativa*: a teoria da norma e a criação de normas de decisão na discricionaridade instrutória, p. 50-51, nota 61.

[43] Para uma aproximação a critérios de delimitação do Direito Público e do Direito Administrativo, *vide* WOLFF; BACHOF; STOBER. *Direito administrativo*, v. 1, p. 264 *et seq.*

[44] Como adverte Eberhard Schmidt-Assmann, não se deve conceber "a parte geral do Direito Administrativo e a parte especial" como esferas rigidamente separadas (*La teoría general del derecho administrativo como sistema*: objeto y fundamentos de la construcción sistemática, p. 14).

[45] DUARTE. *A norma de legalidade procedimental administrativa*: a teoria da norma e a criação de normas de decisão na discricionaridade instrutória, p. 51, nota 61.

[46] Há uma esclarecedora exposição sobre o Direito Administrativo Econômico e seu ensino universitário na Alemanha em STOBER. *Direito administrativo econômico geral*, p. 1 *et seq.*

[47] SCHMIDT-ASSMANN. *La teoría general del derecho administrativo como sistema*: objeto y fundamentos de la construcción sistemática, p. 13. Registram, criticamente, a existência desta distinção na Alemanha WOLFF; BACHOF; STOBER. *Direito administrativo*, v. 1, p. 252

Também merece ser citada a tradição francesa, tida como o berço do Direito Administrativo brasileiro, na qual se trata o Direito da Função Pública (*Droit de la fonction publique*) como ramo do Direito Público.[48]

A estruturação do estudo e ensino do Direito Administrativo a partir da delimitação do Direito Administrativo Geral ao lado do Direito Administrativo Especial (ou de Direitos Administrativos Especiais) também não é desconhecida em Portugal, tendo sido proposta, dentre outros, pelos professores Paulo Otero[49] e João Caupers,[50] ainda que não se indique expressamente a função pública como âmbito especial do Direito Administrativo.[51]

No Brasil, apesar de não se encontrar este desenvolvimento estruturado explicitamente a partir de um Direito Administrativo Geral, é possível identificar alguns movimentos de cissiparidade, pelos quais se tem afirmado, com mais ou menos ênfase, a especialidade — ou

---

*et seq.* Verifica-se em manuais alemães dedicados ao *Direito administrativo geral* a ausência da abordagem da função pública, como exemplificam MAURER. *Allgemeines Verwaltungsrecht*; e ACHTERBERG. *Allgemeines Verwaltungsrecht*. Este último também coteja *allgemeines Verwaltungsrecht* e *besonderes Verwaltungsrecht*, elencando diversas "regiões" (Gebiete) do *besonderes Verwaltungsrecht*, dentre as quais se encontra o *Dienstrecht* (ACHTERBERG. *Allgemeines Verwaltungsrecht*, p. 23 *et seq.*).

[48] Vejam-se neste sentido, dentre outros, PLANTEY. *Traité pratique de la fonction publique*; AUBY *et al. Droit de la fonction publique*: État, collectivés locales, hôpitaux; AUBIN. *Droit de la fonction publique*; DELAMARRE. *Droit de la fonction publique*: toutes catégories; DORD. *Droit de la fonction publique*; e THOMAS-TUAL. *Droit de la fonction publique de l'État*. É interessante observar que na França há, tradicionalmente, um ministério que se ocupa da função pública. Há um grande manancial de informações, não só pelo prisma jurídico, disponível em: <http://www.fonction-publique.gouv.fr>.
Também na Espanha encontram-se obras dedicadas ao estudo da função pública, como exemplificam Palomar Olmeda (*Derecho de la función pública*: régimen jurídico de los funcionarios públicos); e Sánchez Morón (*Derecho de la función pública*).

[49] OTERO. *Direito administrativo*: relatório, p. 233. O autor não menciona o Direito da Função Pública como ramo especial do Direito Administrativo, mas é interessante verificar que, à p. 360, propõe, como conteúdo específico, o estudo da função pública, destacando os princípios gerais da função pública.

[50] CAUPERS. *Introdução ao direito administrativo*, p. 65-66.

[51] Encontra-se disponível na internet o programa de uma disciplina de Direito da Função Pública, de responsabilidade do Professor Doutor Wladimir Augusto Correia Brito, aparentemente lecionada na Escola de Direito da Universidade do Minho, para o 5º do curso de Direito entre 2007 e 2008: <http://wladimirbrito.tripod.com>. Insta, ainda, registrar a existência da seguinte publicação: OLIVEIRA, António Cândido de. Programa de uma disciplina de direito da função pública. *Scientia Ivridica*, Escola de Direito, Universidade do Minho, n. 294, set./dez. 2002 — à qual não se teve acesso. Por outro lado, consultou-se QUADROS. Apreciação do relatório apresentado para provas de agregação em ciências jurídicas públicas pela Escola de Direito da Universidade do Minho sobre o programa, os conteúdos e os métodos de ensino de uma disciplina de direito da função pública pelo Doutor António Cândido Macedo de Oliveira. *Revista da Faculdade de Direito da Universidade de Lisboa*, p. 1689-1697. Por meio desta última publicação, verificou-se que a disciplina proposta não se destinava ao curso de Direito.

mesmo a autonomia — de certos âmbitos, como o Direito Urbanístico, o Direito Ambiental, o Direito Regulatório.[52] Trilhar o caminho da construção de um Direito Administrativo Especial ao lado do Direito Administrativo Geral, sem perder de vista as peculiaridades da ordem jurídica nacional, é o que se propõe, por ora, no sentido de especializar o estudo da função pública na dogmática brasileira.[53] Isto implica, em termos de ciência jurídica, observar as condições apontadas acima e implementar os objetivos indicados, perseguindo a estruturação de uma dogmática específica a partir de um tronco comum, o Direito Administrativo. Em termos científicos a empreitada não parece inviável e em termos da realidade brasileira, como adiantado, indicia um desenvolvimento relevante e urgente.[54]

## 5 Pistas para a construção de um "Direito Disciplinário" brasileiro

Partindo do que restou assentado, seja relativamente à necessidade e conveniência do estudo da função pública como ramo especial do Direito Administrativo, seja com relação às demandas concretas que este estudo visa a atender, deve-se começar a empreender o esforço estruturador desta disciplina. É fácil perceber a inviabilidade de esgotar, neste breve ensaio, a complexa tarefa de lançar as bases para a edificação de um "Direito Disciplinário" brasileiro, realizando aqueles objetivos anteriormente indicados para uma ciência jurídica especial. Busca-se, mais singelamente, apontar algumas pistas para esta construção.

Não se vai retomar aqui toda a plêiade de discussões sobre a função pública brasileira que se indicaram anteriormente como sendo inadiáveis. Elas devem figurar, juntamente com as observações acerca da criação de ciências jurídicas especiais, como pano de fundo para o que se vai expor.

---

[52] Retratando situação similar em Portugal, *vide* CAUPERS. *Introdução ao direito administrativo*, p. 66.

[53] Como referido anteriormente, nesta primeira reflexão, parece ser esta uma proposta consistente e adequada ao desenvolvimento atual da dogmática jus-administrativista brasileira. Não se quer com isto dizer que este seja o único caminho viável para o estudo especializado da função pública, nem tampouco que esta proposta não seja passível de evolução.

[54] Como escreve Eberhard Schmidt-Assmann, em outro contexto, "constitui uma alta missão da ciência do Direito administrativo identificar, e cultivar, esses novos âmbitos de referência" (*La teoría general del derecho administrativo como sistema*: objeto y fundamentos de la construcción sistemática, p. 13).

Neste ponto, um primeiro esclarecimento a ser feito refere-se, novamente, à denominação *Direito Disciplinário*; tal nomenclatura poderia sugerir uma delimitação que abarcasse apenas as normas disciplinares relativas à função pública. Não é o que se pretende, por diversas razões. Por ora, basta enunciar que a insuficiência do tratamento dogmático (que se reflete nas e reflete as jurisprudência e produção legislativa) da função pública no cenário brasileiro não se resume às questões disciplinares, vai muito além disso, como gizado, trazendo a lume a necessidade de erigir um âmbito específico de estudo mais abrangente. Ademais disso, o esforço de estruturação deste âmbito, com a consequente indicação de um objeto, sistematização das normas, construção de conceitos, explicitação de princípios, afigura-se-nos mais consistente se se parte da noção nuclear de relação jurídica de função pública, noção esta que não reduz seu campo operativo às questões disciplinares.

Feito este esclarecimento, deve-se tentar uma aproximação ao objeto do *Direito Disciplinário*, como se intui, partindo da função pública em sentido subjetivo, isto é, do "conjunto das diversas espécies de agentes públicos".[55] Nesse quadro, concebe-se, numa primeira reflexão, o Direito Disciplinário como disciplina especial, encartada no Direito Administrativo, que tem por objeto o estudo do sistema de normas jurídicas que regulam as relações de função pública,[56] ou seja, as relações jurídicas[57] travadas, a diversos títulos, entre os integrantes

---

[55] ARAÚJO. *Conflitos coletivos e negociação na função pública*: contribuição ao tema da participação em direito administrativo. *Vide*, ademais, MOURA. *Função pública*: regime jurídico, direitos e deveres dos funcionários e agentes, v. 1, p. 15; e NETTO. *A contratualização da função pública*, p. 16 *et seq*. Percebe-se que a própria definição de função pública mostra a dificuldade de delimitação deste objeto, como observou Neves (*Relação jurídica de emprego público*: movimentos fractais, diferença e repetição, p. 21 *et seq*.).

[56] Não se trata de defender a utilização da figura da relação jurídica como conceito base do Direito Disciplinário, apenas de indicar seus confins. Sobre o papel da relação jurídica no Direito Administrativo, *vide* CORREIA. As relações jurídicas de prestação de cuidados pelas unidades de saúde do serviço nacional de saúde. *In*: SANTOS *et al*. *Direito da saúde e da bioética*, p. 15 *et seq*.

[57] As relações de função pública são relações jurídicas administrativas com especificidades. A definição de relação jurídica administrativa adotada é a de José Manuel Sérvulo Correia: "sistema complexo de situações jurídicas activas e passivas, interligadas em termos de reciprocidade, regidas pelo Direito Administrativo e tituladas pela Administração e por particulares ou apenas por diversos pólos finais de imputação pertencentes à própria Administração" (As relações jurídicas de prestação de cuidados pelas unidades de saúde do serviço nacional de saúde. *In*: SANTOS *et al*. *Direito da saúde e da bioética*, p. 18) Considerando que o autor se refere à relação jurídica administrativa como categoria da dogmática do Direito Administrativo Geral (p. 21), parece viável especializá-la na construção da relação jurídica de função pública, específica do Direito Disciplinário. Mais uma vez é este autor, com arrimo em Marcelo Rebelo de Sousa e Sofia Galvão, que indica a direção, pois "é o conteúdo que empresta uma fisionomia própria à relação jurídica".

do universo dos agentes públicos e as pessoas jurídicas que compõem a Administração Pública.[58]

Quanto à produção de normas sobre a função pública e mesmo quanto às manifestações jurisprudenciais, por certo, muito poderá ser dito. No entanto e sem perder de vista que o objeto da ciência jurídica são as normas, o objetivo, neste primeiro ensaio, é abrir caminhos para o desenvolvimento do Direito Disciplinário no âmbito da ciência jurídica. Por isto, centrar-se-ão os esforços na indicação das matérias essenciais a serem estudadas, em certa medida independentemente da existência da normação correspondente,[59] mas sempre tendo como parâmetro as balizas constitucionais colocadas pela Constituição de 1988.

Para lançar as bases do Direito Disciplinário, não se devem olvidar os importantes aportes a serem fornecidos pela pesquisa histórica e comparada, ou seja, pelos antecedentes da matéria e pelo Direito Comparado.[60] Deve-se ainda buscar, numa etapa propedêutica, elucidar os pontos de encontro do Direito Disciplinário com os outros ramos do Direito, com destaque para o Direito Administrativo, de que faz parte, e do Direito Constitucional, de que descende.[61] No âmbito do Direito Administrativo, certamente o tema da organização administrativa e do desempenho das atividades administrativas-fim exigem maior atenção quando do estudo da função pública, tendo em vista sua forte imbricação.[62] Quanto ao Direito Constitucional, imperioso construir

---

[58] Paralelamente à ciência jurídica, no sentido de ramo do Direito, sub-ramo do Direito Administrativo, tem-se, correlatamente, o Direito Disciplinário constituído pelo sistema de normas jurídicas que regulam as relações jurídicas de função pública. Já se percebe que as delimitações avançadas não estão isentas de críticas. Ilustrativas, nesse sentido, são as observações, relativamente ao Direito Administrativo Econômico, encontradas em Stober (*Direito administrativo econômico geral*, p. 7-8). A tarefa é repleta de dificuldades. Dificuldades estas que são potenciadas pelas alterações por que vem continuamente passando a configuração da Administração Pública. Junte-se a isto, no cenário brasileiro, a multiplicidade envolvida pela composição da federação brasileira, com entes políticos tão díspares.

[59] Poderia causar espécie dizer que o Direito Disciplinário tem como objeto as normas que disciplinam a função pública e agora afirmar que se deve fazer a *indicação das matérias essenciais a serem estudadas neste ramo, em certa medida independentemente da existência da normação correspondente*. Não há contradição nestas afirmativas. O que se quer dizer é que o estudo da função pública, ainda que partindo das normas postas, deve transcendê-las; a estruturação de um ramo específico de estudo não o faz prisioneiro das normas pertinentes postas, devendo buscar a construção sistemática que também aponte aspectos a serem normatizados, aspectos criticáveis e assim por diante.

[60] Sobre a importância do enfoque histórico e da perspectiva comparatística, servem, para a função pública, as observações de Vital Moreira acerca da organização administrativa (MOREIRA. *Organização administrativa*: programa, conteúdos e métodos de ensino, p. 41-42).

[61] Por certo, também se devem procurar os importantes pontos de interseção e influência mútua entre Direito Disciplinário e Direito do Trabalho.

[62] O perfil contemporâneo do Estado enquanto organização realmente assinala a necessidade de o estudo da função pública levar em conta a "revolução organizatória" vivida na

um Direito Disciplinário, como afirmou Paulo Otero relativamente ao Direito Administrativo, "num contexto metodológico de 'diálogo' com o Direito Constitucional",[63] o que se pode traduzir, em linhas gerais, pela necessidade de colher na Constituição e no Direito Constitucional os parâmetros para a disciplina da função pública, partindo das normas que regulam especificamente a atividade administrativa, mas não só, pois as vinculações constitucionais para esta disciplina transcendem tais normas, sendo urgente explicitarem-se, por exemplo, as vinculações jusfundamentais incidentes sobre a função pública.

É também na senda da colocação das bases do Direito Disciplinário que se deve evidenciar a abertura para os influxos provindos de outras áreas do saber, com destaque para as diversas ciências que se dedicam ao estudo da gestão de pessoas e organizações, bem como da administração pública, além da ética.

Na edificação do Direito Disciplinário, forçoso partir dos seus princípios ordenadores em direção aos seus aspectos mais concretos, tendo por escopo construir tais princípios e apontar as suas mais importantes exceções, sistematizar os aspectos comuns encontrados repetidamente de modo a estruturar o arcabouço principiológico deste ramo, com destaque para os seus princípios específicos.[64]

Com apoio neste arcabouço e com os olhos voltados para as condições e tarefas da ciência jurídica, insta, fixado o "âmbito de relevância operativa" do Direito Disciplinário,[65] explicar e organizar o seu objeto de estudo, determinando, descrevendo e sistematizando as normas regentes das relações de função pública e formulando os pertinentes conceitos normativos, com o fim de realizar permanentemente o "processo de racionalização organizativa" deste objeto.[66]

Como chave de fecho, urge inserir o Direito Disciplinário, enquanto estudo da função pública, no contexto de diversas mudanças e desafios colocados para o Direito Administrativo, apontando os vetores de sua evolução e desenvolvimento.

---

Administração, considerando as "novas fronteiras da Administração pública", bem como as formas hodiernas de consecução das tarefas-fim da Administração. As expressões destacadas foram colhidas em Moreira (*Organização administrativa*: programa, conteúdos e métodos de ensino, p. 16-17).

[63] OTERO. *Direito administrativo*: relatório, p. 213.

[64] O raciocínio foi desenvolvido tendo por base a apresentação feita em Otero (*Direito administrativo*: relatório, p. 208 *et seq.*).

[65] Parafraseando o que escreveu Otero (*Direito administrativo*: relatório, p. 210).

[66] DUARTE. *A norma de legalidade procedimental administrativa*: a teoria da norma e a criação de normas de decisão na discricionaridade instrutória, p. 36 *et seq.*, 47 *et seq.*

Com estas premissas e observações, numa enumeração preliminar e não exaustiva, poder-se-ia cogitar dos seguintes tópicos[67] a comporem um plano geral de estudo sistematizado da função pública no cenário brasileiro:[68]

(i) Noções introdutórias e basilares:
   a) fundamentos históricos da disciplina da função pública;
   b) conceito e abrangência do Direito Disciplinário;
   c) relação do Direito Disciplinário com as outras ciências jurídicas especiais e com outras áreas do saber;
   d) a função pública e sua disciplina jurídica no Direito Comparado;

(ii) Fontes do Direito Disciplinário (ou do Direito da função pública):
   a) a Constituição: o estatuto constitucional da função pública;
   b) a Lei;
   c) as normas infra-legais;
   d) o costume;
   e) fontes internacionais;

(iii) Princípios e objetivos do Direito Disciplinário:
   a) princípios constitucionais (implícitos e explícitos);
   b) princípios de construção doutrinária e jurisprudencial;
   c) objetivos do Direito Disciplinário;
   d) princípios do Direito Administrativo e da Administração Pública e seus reflexos sobre o Direito Disciplinário;

(iv) Conceitos basilares do Direito Disciplinário:
   a) conceito de função pública;
   b) conceito de relação jurídica de função pública;
   c) principais concepções da relação jurídica de função pública;

---

[67] Tenta-se apresentar aqui um plano geral da disciplina que deve, por óbvio, ser desenvolvido e detalhado. Além disso, a enumeração de tópicos explicitada somente poderia ser provisória. Em primeiro lugar, devido ao caráter incipiente do presente ensaio. Em segundo lugar, entende-se que qualquer plano de uma disciplina deve manter-se aberto a adaptações e melhorias.

[68] Para esta apresentação preliminar e provisória de matérias a comporem a edificação do Direito Disciplinário uma infinidade de obras teria que ser consultada. Considerando o teor diminuto e incipiente deste ensaio, recorreu-se, basicamente, à sistematização da matéria encontrada em: PLANTEY. *Traité pratique de la fonction publique*; AUBY *et al. Droit de la fonction publique*: État, collectivés locales, hôpitaux; AUBIN. *Droit de la fonction publique*; DELAMARRE. *Droit de la fonction publique*: toutes catégories; DORD. *Droit de la fonction publique*; THOMAS-TUAL. *Droit de la fonction publique de l'État*; MOURA. *Função pública*: regime jurídico, direitos e deveres dos funcionários e agentes, v. 1; e no endereço eletrônico <http://wladimirbrito.tripod.com/id69.html>. É de referir que se recorreu principalmente, por uma questão de acesso em tempo hábil para a elaboração do ensaio, a obras francesas, o que poderia ser criticável. Não obstante, tentou-se colher aí referências que passaram por um filtro crítico e de adequação às necessidades do cenário brasileiro.

(v) Relação jurídica de função pública:
- a) sujeitos:
  - a.1) espécies;
  - a.2) características;
- b) especificidades da relação jurídica de função pública:
  - b.1) relativamente aos sujeitos;
  - b.2) relativamente ao conteúdo;
  - b.3) relativamente à disciplina jurídica: necessidade de uma disciplina específica?
- c) disciplina da relação jurídica de função pública:
  - c.1) objetivos da disciplina;
  - c.2) imposições constitucionais incidentes sobre a disciplina da relação jurídica de função pública:
    - c.2.1) relativas aos direitos fundamentais dos agentes públicos;
    - c.2.2) relativas à administração pública;
    - c.2.3) relativas à prestação de trabalho subordinado;
- d) tipos de relação jurídica de função pública e seus regimes jurídicos;
- e) âmbito de aplicação dos diversos tipos de relação jurídica de função pública;
- f) adoção do modelo trabalhista;

(vi) Constituição da relação jurídica de função pública:
- a) disciplina do ingresso na função pública:
  - a.1) os procedimentos concursais e de seleção;
  - a.2) as nomeações sem concurso;
- b) condições para a estabilização da relação jurídica de função pública:
  - b.1) estágio probatório;
  - b.2) avaliação;

(vii) Desenvolvimento da relação jurídica de função pública:
- a) inserção da atividade dos agentes públicos na organização administrativa;
- b) carreiras;
- c) gestão do pessoal;
- d) profissionalização e formação;
- e) mobilidade;
- f) avaliação;

(viii) Direitos e deveres dos sujeitos da relação jurídica de função pública:
- a) direitos fundamentais dos agentes públicos;

b) direitos de fundamento legal;
c) direitos:
  c.1) de acesso à função pública;
  c.2) remuneratórios;
  c.3) relativos à carreira e à profissionalização;
  c.4) relativos às condições de prestação de trabalho;
  c.5) de exercício coletivo;
  c.6) previdenciários;
d) deveres e vedações dos agentes públicos;
e) deveres e poderes da Administração Pública;
(ix) Regime disciplinar:
  a) objetivos e princípios do regime disciplinar da função pública;
  b) espécies de responsabilidade;
  c) garantias dos membros da função pública na esfera disciplinar:
    c.1) procedimentais;
    c.2) materiais;
  d) deontologia na função pública;
(x) Extinção da relação jurídica de função pública:
  a) formas;
  b) efeitos;
  c) garantias;
(xi) Desafios da disciplina da relação jurídica de função pública;
(xii) Vetores de desenvolvimento e evolução do Direito Disciplinário.

Vertebrado sobre estas diretrizes ou sobre aquelas que o seu estudo for apontando, o Direito Disciplinário brasileiro deve ser visto, mais do que como novidade importada de outros quadrantes, como oportunidade de construção dogmática adequada à função pública do Estado de Direito Democrático e Social; uma função pública profissionalizada, com direitos assegurados, participativa, eficiente e responsável, apta a contribuir com a atividade administrativa para a garantia dos postulados deste modelo estatal, a serviço da dignidade da pessoa humana.[69]

---

[69] A menção à dignidade da pessoa humana não se faz como mero recurso retórico, tem por fundamento a sua compreensão jurídica como norma de base do sistema jusfundamental. Para aproximações a esta compreensão, com indicações bibliográficas, consultem-se: NETTO. *O princípio de proibição de retrocesso social*; e BITENCOURT NETO. *O direito ao mínimo para uma existência digna*.

# Referências

ACHTERBERG, Norbert. *Allgemeines Verwaltungsrecht.* 2. Aufl. München: C. F. Beck, 1986.

ALEXY, Robert. Grundrechte als subjektive Rechte und als objektive Normen. *Der Staat*, 29. Band, Heft 1, 1990.

ANTUNES, Luís Filipe Colaço. *Para um direito administrativo de garantia do cidadão e da administração*: tradição e reforma. Coimbra: Almedina, 2000.

ARAÚJO, Florivaldo Dutra de. *Conflitos coletivos e negociação na função pública*: contribuição ao tema da participação em direito administrativo. 1998. 462 f. Tese (Doutorado em Direito Administrativo) – Faculdade de Direito, Universidade Federal de Minas Gerais, Belo Horizonte, 1998.

AUBIN, Emmanuel. *Droit de la fonction publique.* 4ᵉ éd. Paris: Gualino, 2010.

AUBY, Jean-Marie *et al. Droit de la fonction publique*: État, collectivés locales, hôpitaux. 5ᵉ éd. Paris: Dalloz, 2005.

BANDEIRA DE MELLO, Celso Antônio. *Curso de direito administrativo.* 19. ed. rev. e atual. até a Emenda Constitucional 47, de 5.7.2005. São Paulo: Malheiros, 2005.

BANDEIRA DE MELLO, Celso Antônio. *Curso de direito administrativo.* 12. ed. rev. ampl. e atual. até a Emenda Constitucional 24, de 9.12.1999. São Paulo: Malheiros, 2000.

BITENCOURT NETO, Eurico. *O direito ao mínimo para uma existência digna.* Porto Alegre: Livraria do Advogado, 2010.

CARVALHO FILHO, José dos Santos. *Manual de direito administrativo.* 15. ed. rev. ampl. e atual. Rio de Janeiro: Lumen Juris, 2006.

CAUPERS, João. *Introdução ao direito administrativo.* 9. ed. Lisboa: Âncora, 2007.

CORREIA, José Manuel Sérvulo. As relações jurídicas de prestação de cuidados pelas unidades de saúde do serviço nacional de saúde. *In*: SANTOS, António Marques dos *et al. Direito da saúde e da bioética*. Lisboa: Associação Académica da Faculdade de Direito de Lisboa, 1996.

CORREIA, José Manuel Sérvulo. *Legalidade e autonomia contratual nos contratos administrativos*. Coimbra: Almedina, 1987.

CORREIA, José Manuel Sérvulo. Prefácio. *In*: PINTO E NETTO, Luísa Cristina. *Participação administrativa procedimental*: natureza jurídica, garantias, riscos e disciplina adequada. Belo Horizonte: Fórum, 2009.

DELAMARRE, Manuel. *Droit de la fonction publique*: toutes catégories. 2ᵉ éd. actualisée. Paris: Vuibert, 2008.

DELGADO, Mauricio Godinho. *Introdução ao direito do trabalho*: relações de trabalho e relação de emprego. 3. ed. rev. e ampl. São Paulo: LTr, 2001.

DI PIETRO, Maria Sylvia Zanella. *Direito administrativo*. 18. ed. São Paulo: Atlas, 2005.

DORD, Olivier. *Droit de la fonction publique*. Paris: PUF, 2007.

DUARTE, David. *A norma de legalidade procedimental administrativa*: a teoria da norma e a criação de normas de decisão na discricionaridade instrutória. Coimbra: Almedina, 2006.

ESTORNINHO, Maria João. *A fuga para o direito privado*: contributo para o estudo da actividade de direito privado da Administração Pública. Coimbra: Almedina, 1999.

FERNANDES, Francisco Liberal. *Autonomia colectiva dos trabalhadores da administração*: crise do modelo clássico de emprego público. Coimbra: Coimbra Ed., 1995.

GORDILLO, Agustín. *La administración paralela*: el parasistema jurídico-administrativo. Madrid: Civitas, 1982.

GOTTSCHALK, Egon Felix. *Norma pública e privada no direito do trabalho*. Edição fac-similada. São Paulo: Saraiva, 1995.

JUSTEN FILHO, Marçal. *Curso de direito administrativo*. São Paulo: Saraiva, 2005.

MAURER, Hartmut. *Allgemeines Verwaltungsrecht*. 16. Aufl. München: C. F. Beck, 2006.

MEDAUAR, Odete. *Direito administrativo moderno*. 10. ed. rev. e atual. São Paulo: Revista dos Tribunais, 2006.

MONCADA, Luís S. Cabral de. As relações especiais de poder no direito português. *In*: MONCADA, Luís S. Cabral de. *Estudos de direito público*. Coimbra: Coimbra Ed., 2001.

MOREIRA, Vital. *Organização administrativa*: programa, conteúdos e métodos de ensino. Coimbra: Coimbra, 2001.

MOURA, Paulo Veiga e. *Função pública*: regime jurídico, direitos e deveres dos funcionários e agentes. Coimbra: Coimbra Ed., 1999. v. 1.

NETTO, Luísa Cristina Pinto e. *A contratualização da função pública*. Belo Horizonte: Del Rey, 2005.

NETTO, Luísa Cristina Pinto e. A volta do regime jurídico único: algumas discussões inadiáveis sobre a função pública brasileira. *A&C – Revista de Direito Administrativo & Constitucional*, v. 9, n. 37, p. 201-240, jul./set. 2009.

NETTO, Luísa Cristina Pinto e. Breves reflexões sobre a Lei de Improbidade administrativa à luz dos direitos fundamentais. *Direito Público – Revista Jurídica da Advocacia-Geral do Estado de Minas Gerais*, n. 1/2, p. 141-157, jan./dez. 2010.

NETTO, Luísa Cristina Pinto e. *O princípio de proibição de retrocesso social*. Porto Alegre: Livraria do Advogado, 2010.

NETTO, Luísa Cristina Pinto e. *Participação administrativa procedimental*: natureza jurídica, garantias, riscos e disciplina adequada. Belo Horizonte: Fórum, 2009.

NEVES, Ana Fernanda. Os "desassossegos" de regime da função pública. *Revista da Faculdade de Direito da Universidade de Lisboa*, v. 41, n. 1, p. 49-69, 2000.

NEVES, Ana Fernanda. *Relação jurídica de emprego público*: movimentos fractais, diferença e repetição. Coimbra: Coimbra Ed., 1999.

NOVAIS, Jorge Reis. *Contributo para uma teoria do Estado de direito*: do Estado de direito liberal ao Estado social e democrático de direito. Coimbra: Almedina, 2006.

NOVAIS, Jorge Reis. *Os princípios constitucionais estruturantes da República Portuguesa*. Coimbra: Coimbra Ed., 2004.

OLIVEIRA, António Cândido de. Programa de uma disciplina de direito da função pública. *Scientia Ivridica*, Escola de Direito, Universidade do Minho, n. 294, set./dez. 2002.

OTERO, Paulo. *Conceito e fundamento da hierarquia administrativa*. Coimbra: Coimbra Ed., 1992.

OTERO, Paulo. *Direito administrativo*: relatório. Coimbra: Coimbra Ed., 2001.

OTERO, Paulo. *O poder de substituição em direito administrativo*: enquadramento dogmático-constitucional. Lisboa: Lex, 1995. 2 v.

PALOMAR OLMEDA, Alberto. *Derecho de la función pública*: régimen jurídico de los funcionarios públicos. 7. ed. Madrid: Dykinson, 2003.

PLANTEY, Alain. *Traité pratique de la fonction publique*. 3e éd. revue et augmentée. Paris: LGDJ, 1971.

QUADROS, Fausto de. Apreciação do relatório apresentado para provas de agregação em ciências jurídicas públicas pela Escola de Direito da Universidade do Minho sobre o programa, os conteúdos e os métodos de ensino de uma disciplina de direito da função pública pelo Doutor António Cândido Macedo de Oliveira. *Revista da Faculdade de Direito da Universidade de Lisboa*, p. 1689-1697, 2001.

ROCHA, Cármen Lúcia Antunes. *Princípios constitucionais dos servidores públicos*. São Paulo: Saraiva, 1999.

SÁNCHEZ MORÓN, Miguel. *Derecho de la función pública*. 5. ed. Madrid: Tecnos, 2008.

SARLET, Ingo Wolfgang. *A eficácia dos direitos fundamentais*. 9. ed. rev. atual. e ampl. Porto Alegre: Livraria do Advogado, 2008.

SCHMIDT-ASSMANN, Eberhard. *La teoría general del derecho administrativo como sistema*: objeto y fundamentos de la construcción sistemática. Trad. de Mariano Bacigalupo *et al*. Madrid: Marcial Pons, 2003.

SILVEIRA, Raquel Dias da. *Profissionalização da função pública*. Belo Horizonte: Fórum, 2009.

SOUSA, Nuno J. Vasconcelos Albuquerque. *La función pública como relación especial de derecho administrativo*. Porto: Almeida e Leitão, 2000.

STERN, Klaus. Idee und Elemente eines Systems der Grundrechte. *In*: ISENSEE, Josef; KIRCHHOF, Paul (Hrsg.). *Handbuch des Staats Rechts*. 2. Aufl. Heidelberg: Müller, 2000. Bd. 5.

STOBER, Rolf. *Direito administrativo económico geral*. Trad. de António Francisco de Sousa. Lisboa: Universidade Lusíada, 2008.

SÜSSEKIND Arnaldo *et al*. *Instituições de direito do trabalho*. 17. ed. atual. até 30.4.97 por Arnaldo Süssekind e João de Lima Teixeira Filho. São Paulo: LTr, 1997. 2 v.

THOMAS-TUAL, Béatrice. *Droit de la fonction publique de l'État*. Paris: Ellipses, 2005.

VILHENA, Paulo Emílio Ribeiro de. *O contrato de trabalho com o Estado*. São Paulo: LTr, 1975.

WOLFF, Hans Julius; BACHOF, Otto; STOBER, Rolf. *Direito administrativo*. Trad. de António F. de Sousa. 11. ed. rev. Lisboa: Fundação Calouste Gulbekian, 2006. v. 1.

---

Informação bibliográfica deste texto, conforme a NBR 6023:2002 da Associação Brasileira de Normas Técnicas (ABNT):

NETTO, Luísa Cristina Pinto e. ¿Direito disciplinário brasileiro?. *In*: BAUTISTA CELY, Martha Lucía; SILVEIRA, Raquel Dias da (Coord.). *Direito disciplinário internacional*: estudos sobre a formação, profissionalização, disciplina, transparência, controle e responsabilidade da função pública = *Derecho disciplinario internacional*: estudos sobre formación, profesionalización, disciplina, transparencia, control y responsabilidad de la función pública. Belo Horizonte: Fórum, 2011. v. 1, t. I, p. 41-67. v. 1: Título Português, t. I: Título Espanhol. ISBN 978-85-7700-446-1.

# A Multidisciplinaridade como Elemento Essencial ao Entendimento da Burocracia

**Belmiro Valverde Jobim Castor**

**Sumário: 1** Considerações iniciais – **2** A multidimensionalidade da burocracia – **3** Burocracias públicas e privadas – **4** A contribuição da contabilidade ao entendimento das burocracias – **5** A contribuição da engenharia de produção – **6** Outras áreas de contribuição das ciências exatas – **7** A psicologia e o entendimento das burocracias – **8** A sociologia e as burocracias – **9** A Teoria dos Sistemas e uma visão integrativa das burocracias – **10** A título de sumário e conclusão – Referências

## 1 Considerações iniciais

Este texto analisa a importância de uma visão multidisciplinar para o entendimento das burocracias e a influência de diferentes áreas da ciência e do conhecimento nos estudos a respeito desse tipo de organização. Os tópicos seguintes tratarão das contribuições de diferentes áreas disciplinares para esse fim, bem como de sua interação. E como se dirige principalmente a leitores interessados nas burocracias públicas, o texto inclui também uma apreciação dos aspectos sociopolíticos e históricos que são especialmente importantes para o entendimento das organizações pertencentes ao poder público ou que agem em seu nome.

Um esclarecimento quanto à nomenclatura empregada: embora o termo "burocracia" seja utilizado no singular para expressar o tipo-ideal weberiano de organização, as expressões no plural "burocracias" e "burocracias públicas" serão utilizadas neste texto para referir-se a organizações que se enquadrariam nas categorias descritas por Max Weber, caracterizando-se pelo caráter legal e formal das normas e regulamentos a serem obedecidos; por comunicações formalizadas;

pela divisão racional do trabalho; impessoalidade nas relações e decisões; hierarquização da autoridade; rotinização de processos e procedimentos; valorização da competência técnica e meritocracia; profissionalização dos membros; e previsibilidade no funcionamento.

## 2 A multidimensionalidade da burocracia

Desde que Max Weber formulou a sua teoria a respeito da burocracia como o sistema de administração guiado por princípios racionais e legais — em contraposição a outros modelos, baseados na tradição e no personalismo do carisma, por exemplo — essa forma de organização passou a ser um dos pontos centrais de interesse dos estudiosos dos fenômenos administrativos em todo o mundo. Ao longo de uma longa trajetória que começa, por assim dizer, no século XVIII, quando Jean-Claude Marie Vincent, Seigneur de Gournay, cunhou a palavra francesa *bureaucratie* a partir de *bureau*, traduzível por "escritório" e do grego *kratia*, "poder, autoridade, lei", o termo seria utilizado "para indicar a influência crescente dos escritórios e da administração na atividade humana" (HOUAISS, 2001, p. 532). Dessa maneira, o modelo burocrático de organização e administração que passou a ser extensivamente utilizado nas grandes empresas e nos sistemas de gestão pública em todo o mundo, passou, igualmente, a polarizar o interesse acadêmico em seu entendimento.

Ao longo do tempo, o trabalho de desenvolvimento teórico na área das organizações e da administração, constatou que o entusiasmo weberiano pela burocracia deveria ser temperado pela experiência concreta e assim, o campo de estudos foi sendo progressivamente ampliado e enriquecido com subsídios que vinham de diferentes áreas para entender a organização do trabalho, a eficiência dos processos produtivos, os tempos necessários para sua execução, a distribuição racional das tarefas, a gestão dos estoques e o controle financeiro; na psicologia, os estudiosos da burocracia foram encontrar elementos para compreender o papel dos indivíduos dentro das organizações, suas motivações, comportamentos e ações, bem como a interação entre seus valores e os valores organizacionais; a sociologia contribuiu e contribui para o entendimento das organizações como sistemas políticos e sistemas de controle social; enquanto nas diversas abordagens baseadas na Teoria dos Sistemas os estudiosos foram pesquisar as formas pelas quais as realidades complexas podem ser entendidas e modificadas de uma maneira integrada e globalmente coerente.

Essa multiplicidade de abordagens levou à constatação de que as organizações burocráticas eram (e são) vulneráveis a uma série de patologias, tais como o formalismo exagerado, o ritualismo, a super-conformidade com as regras, a complicação processual. No caso das burocracias públicas, essas patologias se refletiram na ineficiência governamental e no entendimento distorcido dos poderes do estado e de seus agentes no trato com o cidadão.

É preciso notar, como sugeriu Martins (1998), que, na realidade, essa apreciação negativa alcançaria apenas uma dimensão do estudo da burocracia, a *organizacional*, deixando de lado uma segunda dimensão no trabalho de Max Weber, a *política*. Em outras palavras, os críticos teriam se concentrado na sociologia organizacional weberiana e deixado de lado a sua sociologia política, o que seria um equívoco na medida em que "antes de mais nada, burocracia é poder" (MOTTA; BRESSER-PEREIRA, 1980). Se a aquisição e o exercício do poder são territórios da política, as burocracias devem ser entendidas também nessa perspectiva.

Outras apreciações das dimensões burocráticas foram mais longe. Gareth Morgan, em *Imagens da organização*, propôs uma série de metáforas para descrever diversas maneiras de se abordar uma organização:

- *Organizações enquanto máquinas* – entender a organização como um conjunto de partes mecanicamente encadeadas para atingir um determinado objetivo ou realizar determinadas tarefas. Representa a prevalência do pensamento mecanicista presente nos estudos e pesquisas de influência taylorista;
- *Organizações enquanto organismos naturais* – a metáfora assemelha as organizações (que são entes sociais) a seres da natureza, encontrando na biologia muitos elementos explicativos de sua dinâmica. A ênfase é na organização sistêmica e nos mecanismos de adaptação das organizações ao ambiente externo;
- *Organizações entendidas enquanto cérebros que processam informações* – enfatiza-se nesse a capacidade das organizações em se constituírem em "organizações que aprendem" (*learning organizations*);
- *Organizações enquanto culturas* – enfatizando, como o nome sugere, os aspectos culturais, os fenômenos culturais-organizacionais, os contextos e as culturas e subculturas corporativas;
- *Organizações enquanto sistemas políticos* – abordagem em que se destacam as questões ligadas aos interesses, aos conflitos, ao exercício e à distribuição do poder dentro das organizações;
- *Organizações enquanto prisões psíquicas* – em que aspectos psicológicos ligados à construção de arquétipos, a preferência por

determinadas maneiras de pensar, os impactos da sexualidade reprimida e da família patriarcal se projetam nas características de uma dada organização; e

- *Organizações enquanto fluxo e transformação* – em que a tônica é o entendimento dos processos de mudança, o estudo da lógica do caos e da complexidade, o processo dialético, etc.

Portanto, para se entender uma burocracia, não é suficiente abordar apenas seus atributos visíveis, sua estrutura organizativa ostensiva ou a distribuição visível de suas posições de autoridade e responsabilidade, e sim buscar uma compreensão multidimensional e multidisciplinar que englobe sua dinâmica de funcionamento, a ação dos indivíduos e grupos humanos formais e informais dentro dela, as formas pelas quais percebe e interpreta a realidade à sua volta, as maneiras pelas quais se relaciona com outras organizações e o ambiente externo em geral, as formas pelas quais adquire, processa e utiliza informações e gera conhecimento, etc.

Outra maneira de sistematizar as diferentes abordagens dos fenômenos organizacionais consiste em identificar as diferentes "escolas" de pensamento a respeito do assunto. Bertero e Keinert (1994) identificam sete dessas "escolas" de pensamento organizacional como as que geraram influências mais significativas no desenvolvimento das teorias a respeito do funcionamento das burocracias:

a) a Teoria Clássica ou da Administração Científica;
b) o Behaviorismo;
c) o Estruturalismo;
d) a Teoria dos Sistemas;
e) a Administração por Objetivos;
f) a Estratégia Empresarial; e
g) a Epistemologia [da Organização e da Administração].

Evidentemente, essa classificação pode ser discutida à exaustão e mesmo contestada, mas essa discussão não será empreendida aqui. O que se quer enfatizar é que o campo de estudo é amplo, multifacetado e necessita de influxos teóricos de várias áreas. É evidente que não existem limites precisos entre uma área científica e outra e que portanto é impossível delimitar claramente a contribuição de cada uma. Por exemplo, ao utilizar métodos quantitativos para medir fenômenos psicológicos ou sociológicos, o pesquisador estará recorrendo à matemática, à psicologia e à sociologia simultaneamente e é impossível determinar qual a área que contribuiu mais para o entendimento do fenômeno pesquisado. Da mesma maneira, ao aplicar conceitos associados ao entendimento dos fenômenos e das organizações como sistemas, necessariamente se estará importando conceitos oriundos da biologia e da física para entender os fenômenos sociais. É importante ressaltar que essas contribuições não obedeceram nem obedecem a uma cronologia rígida. É comum incorrer nesse engano, pois, em determinados momentos ou épocas, a influência de uma corrente de pensamento sobre outras é tão grande que parece haver quase que uma unidade de pensamento, até que outras escolas de pensamento venham a se impor. Foi o que parecia ter ocorrido com a chamada "administração científica", de Taylor e seus seguidores, fortemente influenciada por princípios e técnicas de produção fabril, em que a engenharia fornecia a maior parte dos conceitos utilizados. Quando os advogados de uma abordagem centrada nos indivíduos e nos grupos sociais passou a ter um papel importante no estudo das organizações e de sua administração, pareceu a muitos que a administração científica havia perdido seu valor e atualidade. Na realidade, isso não aconteceu e a nova abordagem não "substituiu" a visão taylorista da empresa; o que ocorreu nesse e em muitos outros casos é a sobreposição e a mistura entre diferentes enfoques teóricos. No século XXI, um século após o advento do taylorismo, muitos aspectos do processo produtivo ainda são guiados por princípios e técnicas que Taylor defendia. Da mesma maneira, a emergência da chamada Abordagem Sociotécnica nos anos 1950-60 ilustra bem a combinação entre dois enfoques: os advogados dessa abordagem entendiam o processo produtivo como formado simultaneamente por componentes humanos e sociais de uma parte e de elementos técnicos de outra, que estão em constante interação.

Portanto, a escolha das contribuições que proponho abaixo é meramente indicativa, não obedece a cronologias rígidas e não tem nenhuma pretensão de ser exaustiva.

## 3 Burocracias públicas e privadas

Antes de abordar essas contribuições teóricas no entanto, é fundamental analisar um aspecto central da discussão que se refere às características intrínsecas das burocracias e às distinções entre as organizações burocráticas privadas e públicas.

Burocracias públicas diferem de burocracias privadas em essência? A natureza de umas é intrinsecamente diferente da natureza das outras? Guerreiro Ramos afirma que não, que "a burocracia não tem natureza, tem história" e que "conferir-lhe atributos fixos e imutáveis é incidir num erro de perspectiva histórica" (RAMOS, 1966). Para Ramos, cuja opinião compartilho, uma organização burocrática não se distingue de outras em sua essência e sim nas formas que tomam em diferentes contextos sociais, políticos e históricos. Não há diferenças de *natureza* entre, por exemplo, uma organização burocrática privada e uma burocracia pública: ambas terão atributos organizacionais e administrativos próprios muito semelhantes e se desenvolverão de maneira muito parecida. O que variará será o contexto sociopolítico e histórico em que elas existirão. Organizações privadas sofrerão muito menos limitações do que burocracias públicas se as leis do país determinarem que assim seja: enquanto no primeiro caso, poderão fazer tudo aquilo que a lei não proíbe, no caso das organizações públicas, elas só poderão fazer aquilo que a lei lhes permite ou determina. Mas, em sua essência, não apresentarão diferenças significativas.

Grandes empresas privadas costumam ser organizadas de maneira muito parecida com o tipo ideal burocrático cunhado por Weber e não diferem substancialmente de organizações do setor governamental em sua dinâmica: ambas buscam a impessoalidade das decisões e ações, baseiam-se na especialização do trabalho, na formalização exaustiva dos atos de gestão, na minuciosa descrição das atribuições, responsabilidades e da autoridade e assim por diante.

Isso não impede que uma constante atualização tecnológica modifique formas e maneiras de produzir e de gerenciar, com maior automação de processos e de decisões, delegação de poderes e adoção de novas ferramentas de gestão. No entanto, as mudanças estão sempre condicionadas às circunstâncias sociopolíticas em que as empresas operam. A mesma empresa operando na China e no Brasil é profundamente diferente em um caso ou no outro em função das características locais, mas isso não altera sua natureza como burocracias.

Por seu turno, duas burocracias públicas podem ser profundamente diferentes em sua atuação em função de circunstâncias sociopolíticas e históricas diversas. Tome-se como exemplo, a organização governamental no Brasil no período que vai de 1930 ao final da década de oitenta em comparação com a estrutura organizacional atual. No primeiro caso, estaremos falando de um conjunto de organizações extremamente poderoso, dotado de vastos poderes de intervenção econômica e social; no segundo, de um Estado menos atuante, despido de muitos poderes que teve no passado. No entanto, a essência burocrática em ambos os períodos é a mesma.

Bresser-Pereira (2005) afirma que a administração pública brasileira, ao longo de sua história, obedeceu a dois modelos básicos: o *patrimonialista*, que "confundia o patrimônio público com o privado", e o modelo *burocrático*, introduzido a partir de 1930 pelos modernizadores da era varguista (1930-1945, 1951-1954).[1] A implementação desse "modelo burocrático" se deu a partir da segunda metade da década de trinta e se desenvolveu em duas vertentes principais: a modernização da burocracia tradicional, mediante a edição de leis racionalizadoras da gestão de pessoal, a introdução da meritocracia e de sistemas mais modernos de elaboração e gestão orçamentária e administrativa no setor público, etc.; e a criação de um grande aparato paraestatal, composto de autarquias, empresas total ou parcialmente pertencentes ao Estado e fundações. Como pano de fundo, uma decisão sociopolítica de natureza estratégica: o fortalecimento do setor público brasileiro para agir como o grande condutor do processo de modernização econômica e social do país.

Com base nessas premissas, o aparelho estatal brasileiro cresceu continuamente ao longo das décadas seguintes e no início da década de oitenta, além de um enorme poder legal e regulatório das atividades privadas, o Estado brasileiro tinha, também, características monopolistas ou quase-monopolistas em diversas áreas da atividade empresarial: na produção de aço, de petroquímicos e outros insumos industriais; na telefonia e nas comunicações; no crédito; no transporte marítimo e ferroviário; na produção de manufaturas sofisticadas como aeronaves, etc.

A década de 1970 marcou o auge da influência do Estado na vida nacional e de sua importância institucional. A partir de então, por uma série de circunstâncias sociais, políticas, econômicas e financeiras, o Estado brasileiro viu sua capacidade de atuação e intervenção seriamente abaladas por falta de condições para financiar e gerir o enorme aparato estatal que havia sido criado ao longo dos cinquenta anos anteriores e assim, iniciou-se uma etapa de desinvestimento público (privatizações) e de redução agressiva do papel do Estado na economia e na sociedade que se prolonga até os dias de hoje.

No Plano de Reforma da Gestão Pública de 1995/98, de cuja concepção esteve encarregado na qualidade de Ministro da Administração Federal e Reforma do Estado, Bresser-Pereira propôs que se evoluísse do modelo burocrático para o que denominou de "administração pública gerencial" ou "modelo da gestão pública". Passados quinze anos dessa proposta, houve alterações consideráveis na morfologia do setor

---

[1] Lima Junior (1998) observa que o chamado "modelo burocrático" seria melhor caracterizado como "modelo híbrido", pois mesclava elementos característicos da burocracia weberiana com inovações administrativas extraídas de outros modelos, como é o caso das autarquias e das empresas estatais como braços de atuação governamental.

público brasileiro: o aparato empresarial estatal de produção de bens e serviços econômicos foi quase que totalmente privatizado; o Terceiro Setor, nomenclatura que compreende organizações não estatais que atuam na prestação de serviços públicos ou quase-públicos, ganhou grande visibilidade; os mecanismos de governança foram aperfeiçoados e reforçados. No entanto, ainda não se pode dizer que o Brasil tenha superado o modelo burocrático (ou híbrido) e adotado intensamente o modelo gerencial. Ao contrário, o setor público brasileiro se assemelha a um arquipélago de organizações regidas por princípios "gerenciais" em um oceano de organizações e de processos burocráticos tradicionais.

Estabelecido, portanto, que não existem distinções essenciais entre burocracias e sim diferenças vinculadas às circunstâncias sociopolíticas e históricas em que elas operam, podemos avançar para discutir os subsídios de várias áreas do conhecimento e da ciência ao entendimento delas.

## 4 A contribuição da contabilidade ao entendimento das burocracias

As contribuições das ciências exatas, especialmente da matemática ao estudo das burocracias e de sua dinâmica, são amplas e diversificadas. A primeira é, sem dúvida, a contabilidade, o registro sistemático de todos fatos e elementos relevantes do funcionamento de uma organização de maneira uniforme e comparável, expressos em um único tipo de unidade, o dinheiro. Não existisse esse sistema unificador de registros (possibilitando a análise, a tomada de decisões e o acompanhamento do resultado das ações empreendidas pela organização) e seria impossível avaliar os custos e resultados dos processos de produção e das operações empresariais em geral.

Durante muito tempo, a contabilidade empresarial foi vista apenas como um sistema passivo de registro, mantida apenas para cumprir exigências legais e regulamentares das autoridades públicas para possibilitar o controle por parte do fisco, dos acionistas externos, etc. Porém, hoje em dia, os poderes analíticos da contabilidade são amplamente reconhecidos e nenhuma empresa de qualquer tipo ou tamanho poderia — mesmo que não houvesse exigências legais para sua existência — gerir eficazmente o curso dos negócios sem o auxílio das ferramentas da contabilidade.

O desenvolvimento da eletrônica digital e das ferramentas de TI (Tecnologia da Informação) ampliaram significativamente a utilidade das informações contáveis, na medida em que permitiram o gerenciamento integrado e simultâneo de diferentes aspectos do funcionamento da organização: o comportamento das vendas, os custos de produção, de administração e de financiamento, o gerenciamento dos estoques e do fluxo de recebíveis e muitos outros aspectos, como acontece com a utilização dos assim denominados ERP (*Enterprise Resources Planning*),[2] ou de outras ferramentas de contabilidade gerencial.

Adicionalmente, o papel da contabilidade ganha importância singular no capitalismo moderno, caracterizado pela distinção entre investidores e empreendedores pois à medida que uma empresa cresce e ganha em complexidade, as funções dentro dela se diferenciam: em vez do empresário empreendedor, que é a um tempo o fornecedor da tecnologia, do trabalho e do dinheiro que financia o seu funcionamento, passa-se a uma crescente diferenciação entre os que produzem (empresários) e os que financiam a produção e o funcionamento do empreendimento produtivo: os capitalistas, investidores e banqueiros. Se não existir um sistema confiável, inteligível e comparável de registro de atos e fatos que sejam expressos de maneira uniforme (em valores monetários), não haveria base para que tais pessoas e organizações financiadoras pudessem tomar suas próprias decisões sobre a alocação de seus recursos. Daí porque não ser exagero afirmar que a contabilidade está na base mesma do mercado de capitais e de financiamentos e daquilo que modernamente se convencionou chamar de *governança corporativa*.

## 5 A contribuição da engenharia de produção

Se tomarmos como ponto de partida o início do século XX, quando o interesse pelo estudo da administração empresarial ganhou contornos de ciência com as contribuições de Frederick W. Taylor e do grupo da chamada "administração científica", que incluía figuras notáveis como Henry Gantt e Frank Gilbreth, observaremos que os estudos e pesquisas daquela época estavam voltados quase que exclusivamente para o estudo da eficiência produtiva e a organização "racional" dos processos de trabalho. O foco era exclusivamente ampliar o rendimento do trabalhador e da produção, planejando o trabalho, especializando as funções, reduzindo os esforços desnecessários e as tarefas ineficientes.

Na realidade, eram teorias desenvolvidas para o trabalho nas fábricas, para a produção de bens industriais ou a realização de

---

[2] Em português: SIGE (Sistemas Integrados de Gestão Empresarial).

atividades essencialmente manuais, mas sua transposição para o ambiente dos escritórios foi um passo natural e inevitável. Por que não — pensavam os que realizaram essa transposição — aplicar técnicas e métodos que se mostraram tão eficientes para acelerar e melhorar o trabalho fabril, para igualmente aperfeiçoar o trabalho nos escritórios? E assim, boa parte das teorias de organização e administração dos escritórios foi simplesmente decalcada de técnicas utilizadas nas linhas de montagem industrial.

Essa aplicação de princípios e técnicas de eficiência fabril no trabalho burocrático é demonstrada pela importância dada ao estudo dos fluxos de trabalho, a descrição detalhada das funções, a padronização de materiais e de móveis e equipamentos e a definição precisa das estruturas organizacionais e dos seus limites de atuação, bem como a clara definição de regras para as comunicações entre os membros da organização.

Na burocracia pública não foi diferente como demonstram o trabalho de organismos de planejamento e controle administrativo em vários países, inspirados especialmente pelo exemplo norte-americano. No Brasil, por exemplo, o trabalho do DASP (Departamento Administrativo do Serviço Público), que representou a primeira tentativa moderna, cientificamente orientada, de modernização e racionalização da máquina pública brasileira foi fortemente influenciado pelas diretrizes da chamada administração científica de Frederick Taylor e seus seguidores (WAHRLICH, 1983).

Os pesquisadores e estudiosos de administração se voltaram também para as chamadas "funções do administrador" e a identificação de "princípios da administração" em que os processos de análise, decisão organização e execução do trabalho bem como a distribuição do trabalho e da autoridade em estruturas de departamentalização foram tipificados e descritos, como preliminar para a recomendação das melhores formas de administrar. Henri Fayol, um pioneiro, foi acompanhado ou sucedido nessa área por um sem-número de estudos e pesquisas de estudiosos como Gulick, Urwick, Koonts & O'Donnell, e Chester Barnard, por exemplo. Ao longo do tempo, as teorias voltadas para o estudo das organizações e de sua administração foram se diversificando e aperfeiçoando seus instrumentos de análise para fornecer os principais subsídios para essas definições.

O arcabouço conceitual mais importante para esse tipo de abordagem foi emprestado pela engenharia e, por extensão, pelas ciências exatas, pois — como já mencionado — o processo burocrático era visto por esses autores como uma mera transposição do trabalho fabril, obedecendo a mesma dinâmica. A visão mecanicista do homem e de sua contribuição no posto de trabalho em uma linha de montagem (essencialmente uma participação de natureza física, com um conteúdo intelectual nulo ou quase inexistente) foi transplantada para os escritórios, daí derivando a ênfase absoluta no controle do tempo, dos movimentos, na especificação exaustiva das tarefas e na tentativa de predeterminar ao máximo a criatividade dos membros da organização.

## 6 Outras áreas de contribuição das ciências exatas

A contribuição das ciências exatas não se esgotou aí, muito ao contrário. O estudo das variáveis tecnológicas e de suas repercussões sobre as estruturas e os processos de administração empresarial foi encontrar em estudos empíricos e em pesquisas com uso intensivo de estatísticas, as suas bases de argumentação, municiando o que veio a tomar o nome de "teorias de contingência", em que as certezas, verdades e afirmações dogmáticas a respeito da existência de *one best way* para fazer as coisas cederam lugar a uma visão relativista, em que as soluções eram vistas como não sendo melhores ou piores nelas próprias e sim na sua capacidade de se adequar às contingências encontradas em situações concretas.

Com o tempo, novas avenidas de entendimento foram surgindo com a aplicação intensiva de técnicas estatísticas, de métodos de pesquisa operacional e mais recentemente dos conceitos associados com o desenvolvimento da cibernética e da chamada Tecnologia de Informação aplicados ao entendimento da dinâmica burocrática. No entanto, a mística do cientificismo da administração, das equações infalíveis e das certezas absolutas que havia sido uma constante nos primeiros tempos, cedeu espaço a uma visão probabilística e muito mais modesta dos poderes das teorias, técnicas e métodos adotados pelos "administradores científicos" ou pelos "cientistas da administração".

## 7 A psicologia e o entendimento das burocracias

Com o aprofundamento dos estudos da administração científica e dos chamados "princípios da administração", suas limitações vieram à tona. Um dos pioneiros da chamada Escola (ou Movimento) das Relações Humanas, Elton Mayo, ao conduzir um estudo a respeito dos efeitos da iluminação adequada sobre a produtividade do pessoal empregado em uma planta industrial da Western Electric, constatou que a relação de causalidade que esperava encontrar entre iluminação adequada e o aumento produtividade, na realidade não existia na intensidade prevista. Pesquisando mais a fundo, concluiu que fatores de natureza psicológica dos indivíduos e dos grupos humanos observados durante o estudo eram muito mais importantes para explicar diferenças de rendimento e de produtividade do que as alterações físicas do ambiente de trabalho (MAYO, 2003). Essas conclusões tiveram uma grande influência na abertura de novas linhas de pesquisa para o entendimento das organizações, dessa vez focando a questão da contribuição humana ao processo produtivo.

Temas como a gestão participativa, os conflitos dentro das organizações, a liderança e o papel central dos indivíduos na geração dos produtos finais das organizações, foram desenvolvidos nas primeiras décadas do século XX por Mary Parker Follett e outros estudiosos e deram impulso a uma das áreas mais prolíficas no estudo das organizações, a que aborda o comportamento organizacional, na qual a contribuição da psicologia foi fundamental. O estudo dos fatores conscientes e inconscientes dos indivíduos, associados com as decisões e as ações organizacionais, a motivação, a liderança, a aprendizagem organizacional, a resolução de conflitos, a dinâmica dos grupos e muitos outros passaram a fazer parte obrigatória do arsenal dos estudiosos das burocracias.

Nessa perspectiva, o movimento behaviorista, que procura associar o desempenho organizacional à capacidade de gerar estímulos adequados que elicitem comportamentos desejáveis, teve e tem uma influência central. Para os behavioristas, o foco principal deveria ser a análise dos comportamentos observáveis, a partir do que poderiam ser utilizadas técnicas e processos para alterá-los se necessário ou confirmá-los e reforçá-los se conveniente. Possivelmente a figura mais conhecida dessa abordagem seja Burrus F. Skinner, que influenciou gerações de administradores com suas ideias e gerou grande controvérsia com suas proposições que parecem simplistas e mecanicistas para seus críticos, embora amplamente disseminadas na prática gerencial há várias décadas.

## 8 A sociologia e as burocracias

A socialização "pode ser entendida como o processo global pelo qual o indivíduo, nascido com possibilidades comportamentais de espectro amplo, é levado a desenvolver um comportamento bem mais restrito, de acordo com os padrões de seu grupo" (MOTTA, 1993). A sociologia contribuiu e contribui de maneira importante para o entendimento das burocracias, na medida em que seu foco é o papel das organizações na socialização dos indivíduos que a integram e, portanto, do controle social exercido por elas, englobando os aspectos de poder e autoridade e, por extensão, o processo político em que as organizações estão imersas. Na realidade, esse entendimento do processo pelo qual os valores individuais dos membros de uma burocracia são influenciados e modificados por valores e crenças enraizados na própria burocracia e vice-versa é uma das ferramentas centrais para o entendimento dos fenômenos burocráticos.

A análise sociológica das organizações tem duas perspectivas: a microssocial, que estuda as tensões decorrente das interações entre grupos e subgrupos internos de uma organização; e macrossocial, quando o foco se desloca para as tensões oriundas do relacionamento entre uma organização e o ambiente que a cerca. Teóricos como Philip Selznick, Robert King Merton, Alvin Gouldner e Michel Crozier deram importantes contribuições ao entendimento de fatores como o hiperformalismo, a aderência exagerada a regras e procedimentos que levam à impessoalidade e à falta de sensibilidade social, o conflito entre objetivos gerais de uma organização e os subobjetivos de suas partes, as tensões interpessoais dentro dos grupos de trabalho e as questões que envolvem a distribuição do poder e da autoridade dentro de uma organização.

Mais recentemente, com o desenvolvimento de novas tecnologias de informação, as burocracias tradicionais passaram e passam por profundas transformações. O trabalho realizado fora do ambiente tradicional das empresas (*SOHO – Small Office Home Office*) é hoje uma realidade para milhões de pessoas em todo o mundo, as tecnologias de comunicação permitem interações instantâneas e o desenvolvimento de trabalhos coletivos sem a presença física dos envolvidos, as linhas de comando e hierarquia se tornaram mais tênues e fluidas, as organizações em rede (*loose networks*) são cada vez mais comuns. Com isso as estruturas, as estratégias e os processos de trabalho tiveram de ser alteradas. Isso se soma às alterações sociais das últimas décadas, com a ampliação significativa do papel da mulher na força de trabalho e a obrigação legal de respeito e proteção das minorias e a adoção de padrões de equidade no ambiente de trabalho para criar um novo ambiente humano nas burocracias contemporâneas.

## 9 A Teoria dos Sistemas e uma visão integrativa das burocracias

A enumeração das diferentes contribuições ao desenvolvimento de uma ciência administrativa que permita uma compreensão adequada da dinâmica das burocracias pode ser estendida *ad nauseam* para incorporar a biologia (cujos conceitos básicos foram amplamente utilizados para subsidiar os estudos que Morgan definiu como pertencentes à metáfora das "organizações como organismos naturais"), a antropologia para o aprofundamento do estudo das culturas organizacionais, a medicina e a neurologia, que permitem analisar com maior rigor os processos mentais que levam à percepção da realidade externa, etc. O espaço destinado a este texto e seu escopo não permitem tal aprofundamento.

É importante, entretanto, analisar aqui, mesmo que brevemente, uma fonte importantíssima de contribuição para o desenvolvimento das ideias sobre as burocracias drivada da aplicação às questões organizacionais e administrativas, dos princípios da Teoria Geral dos Sistemas formulada pelo biólogo Ludwig von Bertalanffy em 1937.

*Sistemas* são definidos como "conjuntos de partes que interagem umas com as outras e buscam o mesmo objetivo" (CHURCHMAN, 1972), ou como resumiu o próprio Bertalanffy, "um conjunto de elementos em constante interação" (1968). Bertalanffy buscava uma maneira de conciliar, unificar as diferentes abordagens da ciência natural e da ciência social como uma maneira mais abrangente de estudar os campos não-físicos do conhecimento científico, formulando um conjunto de princípios unificadores entre as diferentes ciências.

Progressivamente, a utilização de *enfoques sistêmicos* para entender fenômenos complexos demonstrou sua utilidade e a utilização da Teoria Geral dos Sistemas alcançou as mais diversas áreas de investigação científica. Não foi diferente no caso do estudo das organizações e da sua administração, onde a utilização de enfoques sistêmicos ao entendimento da dinâmica burocrática, levou a considerar esse tipo de organizações como sistemas abertos, em ampla e permanente interação com o ambiente que as cerca. Essa abordagem abriu novas vias de entendimento a respeito de como funcionavam as burocracias. Autores como Katz e Kahn (1975) aplicaram os princípios dos sistemas abertos às organizações, demonstrando a clara identidade entre as duas categorias, enquanto outros se voltaram para a tipificação do trabalho das organizações sob a ótica sistêmica para explicá-las, como é o caso de Emery, Burrell e Morgan e dos membros da chamada Abordagem Sociotécnica (*Sociotechnical Systems Approach*), que fornece um exemplo eloquente da utilidade da aplicação de princípios sistêmicos às organizações. Nascida na Inglaterra nos anos cinquenta do século XX, a Abordagem Sociotécnica teve no grupo de pesquisadores do Tavistock Institute uma de suas vertentes mais importantes. Essa abordagem entende que o funcionamento de uma organização produtiva não pode ser tratado como um assunto de natureza essencialmente técnica, o que seria uma visão incompleta da realidade, na medida em que interferem no processo técnico, elementos de natureza social, ligados aos indivíduos e grupos. Igualmente, tentar reduzir o estudo dos processos produtivos a esses componentes sociais resultaria em uma visão incompleta da realidade. Daí porque seria necessário abordar as atividades de produção de uma forma tal que contemplasse ambos os enfoques: o técnico e o social.

Com base nesses pressupostos, foram desenvolvidos dezenas de pesquisas e trabalhos empíricos que levaram à formulação de princípios básicos como a autonomia responsável (de grupos e não de indivíduos); a adaptabilidade, entendida como a capacidade de flexibilizar os processos de produção para adequar-se às circunstâncias do momento; a atribuição de tarefas completas aos grupos de produção, em vez de dividir minuciosamente o trabalho entre seus membros; e a relevância do trabalho feito, de acordo com o qual, o trabalhador deve saber para que, efetivamente, sua produção contribuiu, entendendo-se como um participante importante para a geração de um resultado complexo e não como uma peça descartável na linha de produção fazendo coisas cujo significado final lhe é desconhecido.

## 10 A título de sumário e conclusão

Nos tópicos anteriores, foram apresentadas algumas das áreas de geração do conhecimento e da ciência que deram e dão contribuições relevantes para o desenvolvimento de uma ciência administrativa e organizacional. Essa enunciação nunca será completa pela simples razão de que as organizações refletem os contextos sociais, econômicos, culturais, políticos e tecnológicos da sociedade em que operam. Numa época caracterizada pela transitoriedade, pela velocidade da geração de novos conhecimentos e de novas tecnologias, e pelo desenvolvimento de novos arranjos humanos para executar as atividades de produção,

# 84 Martha Lucía Bautista Cely, Raquel Dias da Silveira (Coord.)
Direito Disciplinário Internacional – *Derecho Disciplinario Internacional*

a ciência administrativa será sempre uma obra em construção, em que as certezas e afirmações dogmáticas cederão espaço a uma visão probabilística e mutável da realidade.

## Referências

BERTALANFFY, Ludwig von. *General System Theory*: Foundations, Development, Applications. New York: Braziller, 1968.

BERTERO, Carlos Osmar; KEINERT, Tania Margarete Mezzono. A evolução da análise organizacional no Brasil, 1961-93. *Revista de Administração de Empresas – RAE*, v. 34, n. 2, p. 81-90, maio/jun. 1994.

BRESSER-PEREIRA, Luiz Carlos. Instituições, bom Estado, e reforma da gestão pública. *Revista Eletrônica sobre a Reforma do Estado – RERE*, Salvador, Instituto de Direito Público da Bahia, n. 1, mar. 2005. Disponível em: <http://www.direitodoestado.com.br>. Acesso em: 23 mar. 2011.

BURRELL, Gibson; MORGAN, Gareth. *Sociological Paradigms and Organizational Analysis*: Elements of the Sociology of Corporate Life. London: Heinemann, 1979.

CHURCHMAN, Charles West. *Introdução à teoria dos sistemas*. Trad. de Francisco M. Guimarães. 2. ed. Petrópolis: Vozes, 1972.

HOUAISS, Antônio. *Dicionário Houaiss da Língua Portuguesa*. Rio de Janeiro: Objetiva, 2001.

KATZ, Daniel; KAHN, Robert Lester. *Psicologia social das organizações*. Trad. de Auriphebo Simões. São Paulo: Atlas, 1975.

LIMA JUNIOR, Olavo Brasil de. As reformas administrativas no Brasil: modelos, sucessos e fracassos. *Revista do Serviço Público*, v. 49, n. 2, p. 5-31, abr./jun. 1998.

MARTINS, Humberto Falcão. Em busca de uma teoria da burocracia pública não-estatal: política e administração no terceiro setor. *Revista de Administração Contemporânea*, v. 2, n. 3, p. 109-128, set./dez. 1998.

MAYO, Elton. *The Human Problems of an Industrial Civilization*. London: Routledge, 2003.

MORGAN, Gareth. *Imagens da organização*. Trad. de Cecília Whitaker Bergamini e Roberto Coda. São Paulo: Atlas, 1996.

MOTTA, Fernando C. Prestes. Controle social nas organizações. *Revista de Administração de Empresas – RAE*, v. 33, n. 5, p. 68-87, set./out. 1993.

MOTTA, Fernando C. Prestes; BRESSER-PEREIRA, Luiz Carlos. *Introdução à organização burocrática*. São Paulo: Brasiliense, 1980.

RAMOS, Alberto Guerreiro. *Administração e estratégia do desenvolvimento*: elementos de uma sociologia especial da administração. Rio de Janeiro: Fundação Getulio Vargas, 1966.

WAHRLICH, Beatriz Marques de Souza. *Reforma administrativa na era de Vargas*. Rio de Janeiro: Fundação Getulio Vargas, 1983.

---

Informação bibliográfica deste texto, conforme a NBR 6023:2002 da Associação Brasileira de Normas Técnicas (ABNT):

CASTOR, Belmiro Valverde Jobim. A multidisciplinaridade como elemento essencial ao entendimento da burocracia. *In*: BAUTISTA CELY, Martha Lucía; SILVEIRA, Raquel Dias da (Coord.). *Direito disciplinário internacional*: estudos sobre a formação, profissionalização, disciplina, transparência, controle e responsabilidade da função pública = *Derecho disciplinario internacional*: estudios sobre formación, profesionalización, disciplina, transparencia, control y responsabilidad de la función pública. Belo Horizonte: Fórum, 2011. v. 1, t. I, p. 69-85. v. 1: Título Português, t. I: Título Espanhol. ISBN 978-85-7700-446-1.

# A Burocracia e a Disciplina Jurídica no Estado de Direito Democrático e Social

**Rogério Gesta Leal**

**Sumário:** 1 Notas introdutórias – 2 Aspectos constitutivos da Burocracia com fenômeno social e de poder – 3 Conformações constitutivas do Estado Contemporâneo e suas implicações para além da burocracia institucional – 4 Considerações finais – Referências

## 1 Notas introdutórias

No presente ensaio quero problematizar a importância maléfica e benéfica da burocracia na configuração do Estado Contemporâneo, verificando em que medida ela tem contribuído — positiva ou negativamente — ao modelo de Estado Democrático e Social de Direito desvelado pela Constituição Brasileira de 1988.

## 2 Aspectos constitutivos da Burocracia com fenômeno social e de poder

Max Weber, em clássico estudo sobre o evolver da relação entre Estado e Sociedade, desde sempre destacou que o direito racional, base do moderno Estado ocidental, consignou o modelo segundo o qual a tomada de decisões é remetida ao funcionário de formação profissional, o burocrata. Do ponto de vista formal, isto é, quanto à forma racional do processo jurídico, sustenta que tal direito provém do direito romano, isto é, desenvolvido na antiga cidade romana, que se diferencia da democracia e da justiça aplicadas entre os gregos.[1]

---

[1] WEBER. Sociologia do Estado. *In*: WEBER. *Economia e sociedade*: fundamentos da sociologia compreensiva, p. 1048.

Foi a burocracia bizantina que, sob Justiniano, deu ordenação a este direito racional, "pelo interesse natural do funcionário de possuir um direito sistematizado, definitivamente fixado e, por conseguinte, fácil de ensinar e de aprender".[2] O antigo processo germânico, anota Weber, era um tipo de procedimento estritamente formal, no qual a parte que se equivocasse nos ritos em uma única palavra da fórmula estava condenada à derrota, "porque a fórmula possuía significado mágico, e temiam-se funestas conseqüências mágicas. O formalismo mágico do processo germânico adaptava-se ao formalismo do direito romano, e aquele foi interpretado no sentido deste".[3]

Por outro lado, nem igreja nem burguesia, em suma, podiam aceitar formas processuais irracionais, isto é, baseadas no "desafio" de uma parte a outra ou na concepção de Deus proveniente do direito germânico. A burguesia não podia deixar as ações mercantis na dependência destas irracionalidades. Igreja e burguesia, portanto, buscaram a racionalização do direito da mesma forma.

Na verdade, segundo Weber:

> Todas as instituições características do capitalismo moderno provém de origens distintas do direito romano, como a "Carta de Renda", a ação, a letra de câmbio, a sociedade mercantil, a hipoteca e a representação, que têm origem basicamente no período medieval. A recepção do direito romano influiu decisivamente apenas enquanto criou o pensamento jurídico-formal. (...) A justiça de toda teocracia e todo absolutismo se orientou em sentido material, enquanto que a da burocracia, pelo contrário se orientou sempre em sentido jurídico-formal. (...) O direito romano foi aqui (do mesmo modo que em toda a parte) o meio que serviu à erradicação do direito material em benefício do formal.[4]

E porque isto é importante? Pelo fato de que esta excessiva importância das formas vai associada à estabilidade, certeza e segurança dos negócios, atos e fatos entabulados juridicamente, necessitando o capitalismo de um sistema de direitos e deveres que funcione tal qual uma máquina, pois assim "os pontos de vista religioso-rituais e mágicos não hão de jogar nele papel algum".[5]

---

[2] WEBER. Sociologia do Estado. *In*: WEBER. *Economia e sociedade*: fundamentos da sociologia compreensiva, p. 1049.

[3] WEBER. Sociologia do Estado. *In*: WEBER. *Economia e sociedade*: fundamentos da sociologia compreensiva, p. 1050.

[4] WEBER. Sociologia do Estado. *In*: WEBER. *Economia e sociedade*: fundamentos da sociologia compreensiva, p. 1052.

[5] WEBER. Sociologia do Estado. *In*: WEBER. *Economia e sociedade*: fundamentos da sociologia compreensiva, p. 1054.

Enfim, a evolução histórica para uma forma de Estado racional, capaz inclusive de implementar uma política econômica em moldes modernos, está em íntima conexão com o desenvolvimento do capitalismo, e ambos — Estado e capitalismo — estão calcados sobre a base oferecida pelo direito racional. "A empresa capitalista moderna repousa internamente, sobretudo, no cálculo", diz Weber, necessitando para seu funcionamento de uma "justiça e uma administração cujo funcionamento se possa calcular racionalmente, pelo menos em princípio, por normas fixas gerais, com tanta exatidão como se pode calcular o rendimento provável de uma máquina".[6]

Em face de tais cenários históricos resta fácil, para Weber, a conclusão da importância do Estado Moderno constituir-se também como administração burocrática em moldes racionais. "Tal processo veio a termo apenas no Ocidente e pautou-se pela substituição paulatina de um funcionalismo não especializado e regido por orientações mais ou menos discricionárias, por um funcionalismo especificamente treinado e politicamente orientado com base em regulamentos racionais".[7] Daí a formulação weberiana do conceito de Estado Moderno estar associada à:

> (...) associação de domínio de tipo institucional, que no interior de um território trata com êxito de monopolizar a coação física legítima como instrumento de domínio, e reúne para tal objetivo os meios materiais de exploração nas mãos de seus dirigentes, mas havendo expropriado para isso a todos os funcionários de classe autônomos, que anteriormente dispunham daqueles por direito próprio, e colocando-se a si mesmo, no lugar deles, no topo supremo.[8]

Assim, no Estado Moderno, ao contrário de formas irracionais anteriores, a administração das coisas públicas está concentrada nas mãos da burocracia, o que para Weber constitui uma racionalização política análoga à racionalização econômica viabilizada pelo capitalismo. E administração pelo funcionário burocrático, ao contrário de formas prebendárias, patriarcais ou patrimoniais, baseia-se "no emprego,

---

[6] WEBER. Sociologia do Estado. *In*: WEBER. *Economia e sociedade*: fundamentos da sociologia compreensiva, p. 1060. Alerta ainda o autor que tanto o capitalismo quanto o Estado moderno não se podem mais contentar com uma justiça simplesmente baseada num abstrato "sentido de equidade" do juiz, ou em quaisquer outros meios irracionais.

[7] WEBER. Sociologia do Estado. *In*: WEBER. *Economia e sociedade*: fundamentos da sociologia compreensiva, p. 1056. Ver também BRESSER-PEREIRA. *Democracy and Public Management Reform*: Building the Republican State, em especial o Capítulo 3 (p. 27-40).

[8] WEBER. Sociologia do Estado. *In*: WEBER. *Economia e sociedade*: fundamentos da sociologia compreensiva, p. 1062.

no soldo, pensão e ascensão, na preparação profissional e na divisão do trabalho, nas competências fixas, no formalismo documental e na subordinação e superioridade hierárquica".[9] Conforme a descrição de Weber, o funcionalismo moderno constitui-se:

> (...) em um corpo de trabalhadores intelectuais altamente qualificados e capacitados profissionalmente por meio de um prolongado treinamento especializado, com uma honra de corpo altamente desenvolvida no interesse da integridade, sem a qual gravitaria sobre nós o perigo de uma terrível corrupção ou de uma mediocridade vulgar, que ameaçaria ao mesmo tempo o funcionamento puramente técnico do aparato estatal, cuja importância, especialmente com uma socialização crescente, foi aumentando sem cessar e assim continuará.[10]

É diante da alta complexidade das questões que se alocam à responsabilidade dos poderes públicos que a implementação cotidiana das decisões hierarquicamente superiores de modo racional foi se impondo cada vez mais, fortalecendo a burocracia no sentido de gestora dos interesses comunitários — positivo da expressão.[11]

A partir destes desdobramentos, explica Weber, e em face da política partidária e eleitoral, foi necessária a separação dos funcionários do Estado em duas categorias distintas: funcionários profissionais e funcionários políticos. Historicamente, os funcionários políticos são aqueles de confiança direta do soberano, auxiliares na tomada de

---

[9] WEBER. Sociologia do Estado. *In*: WEBER. *Economia e sociedade*: fundamentos da sociologia compreensiva, p. 1064.

[10] WEBER. Sociologia do Estado. *In*: WEBER. *Economia e sociedade*: fundamentos da sociologia compreensiva, p. 1068. Ver também WEBER. A política como vocação. *In*: WEBER. *Ensaios de sociologia*.

[11] Isto também foi diagnosticado por Habermas em estudo mais antigo, ao dizer: "As intervenções do Estado na esfera privada a partir do final do século passado permitem reconhecer que as grandes massas, agora admitidas à cogestão, conseguem traduzir os antagonismos econômicos em conflitos políticos: as intervenções vão em parte ao encontro dos interesses dos economicamente mais fracos, em parte também servem para repeli-los. Uma nítida contabilidade quanto a interesses privados coletivos de um ou de outro lado não é sempre fácil de fazer em caso isolado. De um modo geral, no entanto, as intervenções do Estado, mesmo onde tenham sido obtidas contra interesses 'dominantes', estão no interesse da manutenção de um equilíbrio do sistema que não possa mais ser assegurado através do mercado-livre. Enfim, o Estado assume, além das atividades administrativas habituais, inclusive prestações de serviços que até então eram deixadas à iniciativa privada: seja confiando tarefas públicas a pessoas privadas, seja coordenando atividades econômicas privadas através de planos de metas ou se tornando, ele mesmo, ativo enquanto produtor e distribuidor. Obrigatoriamente amplia-se o setor dos serviços públicos 'porque, com o crescimento econômico, tornam-se efetivos fatores capazes de alterar a relação entre custos privados e custos sociais'" (*Mudança estrutural da esfera pública*: investigações quanto a uma categoria da sociedade burguesa, p. 174-176).

decisões políticas e que se caracterizam por sua disponibilidade frente ao interesse deste soberano, ou seja, podem ser transferidos, despedidos ou postos à disposição a qualquer momento. Já para os funcionários profissionais, a obtenção de seus cargos está diretamente ligada a uma formação especializada, a provas profissionais e ao princípio da impessoalidade, entre outros que distinguem o funcionalismo profissional moderno.

O problema é que tal premissa não tem se confirmado na experiência do Ocidente, eis que o funcionalismo estatal — na condição de burocratas do Estado —, se distanciam, em parte significativa, dos requisitos e exigências entabuladas pelo sociólogo germânico, razão pela qual, como bem lembra Jessé de Souza, a grande questão para Max Weber, quando discute estes temas, é o problema do controle daquele funcionalismo profissional, que deve dedicar-se apenas às atividades meio da administração, abstendo-se do âmbito das escolhas políticas.

> Como a dominação burocrática é inevitável nas condições da democracia de massas, pode ela apenas ser limitada nas suas funções e controlada pelo parlamento. A solução weberiana para se evitar a dominação burocrática no mau sentido é a valorização do parlamento tanto como instância selecionadora das melhores lideranças políticas quanto como instância de controle de uma burocracia que deve ser mantida sempre nos limites do exercício de funções técnicas da administração.[12]

Em todos estes níveis de problematizações há algo de comum e constante, ao menos a partir dos referenciais até então esboçados: a questão da *obrigação política* e a forma de sua operacionalização.[13]

A obrigação política de que se fala é aquela que se estabelece entre os interesses e demandas de uma comunidade e suas instituições representativas, geral e oficialmente corporificadas em pautas de políticas públicas e normas jurídicas permissivas e vedativas de comportamentos e condutas, tudo mediatizado pela expectativa do *consenso dos governados*, o que não tem se verificado na maior parte da história dos países ocidentais, em especial no Brasil.

---

[12] SOUZA. *Patologias da modernidade*: um diálogo entre Habermas e Weber, p. 134.

[13] Como informa Norberto Bobbio (*Stato, governo, società*: per una teoria generale della politica, p. 91), o tema obrigação política só é importante se se tem como certo o princípio de que a obediência é devida apenas ao comando do poder legítimo, pois, no momento em que acaba a obrigação de obedecer as leis começa o direito de resistência. Nesse sentido, os juízos sobre os limites da obediência e sobre a liceidade da resistência dependem do critério de legitimidade que a cada vez é adotado.

Assim, a legitimidade enquanto parâmetro de justificação do poder político afigura-se como representação de uma teoria dominante do Poder e sua valoração no que se refere à autoridade, dominação, soberania popular e obediência. Ocorre que esta questão tem sido subvertida, abrindo o caminho à tese de que apenas o poder efetivo é legítimo; efetivo no sentido de princípio de efetividade do direito posto (a legalidade, portanto).[14] Veja-se que o direito aqui só é considerado enquanto posto pelo Estado, perdendo-se a dimensão axiológica da matéria. Assim, a justificação do poder político sob essa acepção tem a propensão de estabilizar-se no tempo e espaço, até que sua ineficácia avance a tal ponto de oportunizar a eficácia de um ordenamento alternativo e talvez oposto ao vigente.

Por fim, enquanto a legalidade opera a condição do exercício do poder institucionalizado e da ideia de Estado de Direito, assentada numa suposta neutralidade axiológica e na universalidade de princípios *adequados* à ordem e segurança preconizados pelo ideário liberal-burguês, a *legitimidade* se estende como uma qualidade do título de poder que prescinde de uma *noção substantiva e ético-política*, cuja existencialidade move-se no espaço de crenças, convicções e princípios valorativos, bem como da inexorável necessidade da participação social na gestão dos interesses comunitários.[15] Sua força reside no interesse e na vontade autônoma e emancipada dos integrantes de uma dada organização em que a prática da obediência é transformada em adesão assegurada por consensos valorativos livremente manifestados, sem que se faça obrigatório o uso da força.[16]

Assim, "a legitimação explica a ordem institucional, atribuindo validez cognoscitiva a seus significados objetivados. A legitimação justifica a ordem institucional adjudicando dignidade normativa a seus imperativos práticos".[17] Por estas razões é que Weber proclama que outra fonte significativa da legitimidade do ordenamento jurídico é o pacto realizado entre os interessados, resgatando, de certa forma, os pressupostos das teorias contratualistas do século XVII e XVIII.[18] Dessa

---

[14] Nesse sentido, ver KELSEN. *Teoria pura do direito*. No texto fica claro como o autor restringiu a legitimidade à mera consequência da ordem jurídica posta.

[15] Ver LEAL. *Estado, Administração Pública e sociedade*: novos paradigmas.

[16] Ver WOLKMER. Uma nova conceituação crítica de legitimidade. *Cadernos de Direito Constitucional e Ciência Política*, p. 25-31. Também abordamos isto em LEAL. *Teoria do Estado*: cidadania e poder político na modernidade.

[17] BERGER; LUCKMANN. *La construcción social de la realidad*, p. 122.

[18] WEBER. *Economia e sociedade*: fundamentos da sociologia compreensiva.

forma, o sociólogo alemão parte do pressuposto de que o consenso irá evidenciar conteúdos plurais, os quais dependerão da tradição cultural, do contexto social e dos interesses dos participantes.

A legitimidade da legalidade, ao fim e ao cabo, quero sustentar, vai residir no consenso sobre a validez de conteúdos desta; porém, como esse conteúdo é variável, o único critério racional que permite a crítica racional às diversas crenças da legitimidade é a própria noção de consenso e os procedimentos ligados a ela, tema absolutamente próprio à discussão que envolve o Estado Contemporâneo enquanto Democrático e Social de Direito e o que se exige de sua burocracia.[19]

## 3 Conformações constitutivas do Estado Contemporâneo e suas implicações para além da burocracia institucional

Há certo consenso hoje no sentido de que o Estado Contemporâneo, ao longo dos tempos, vem abandonando algumas funções tradicionais e assumindo outras novas, o que o está levando a outro papel, no qual o setor público passa de produtor direto de bens e serviços para indutor e regulador do desenvolvimento; as suas principais funções aqui são a regulação, a representatividade política, a justiça e a solidariedade.[20]

Esta história tem ensinado igualmente que o mercado sozinho não garante prosperidade econômica e justiça social. De outro lado, o estatismo exagerado também privilegia o corporativismo e a ineficiência, assim como a sociedade civil organizada não tem unidade suficiente para enfrentar os desafios que a complexidade do cotidiano apresenta.

De certa forma a *teoria da escolha pública* foi, ao longo das últimas décadas, a principal crítica teórica que fundamentou a intervenção do Estado no âmbito das relações sociais (em especial na economia): a economia do bem-estar (*welfare economics*). Enquanto esta se centrava na análise dos *fracassos de mercado* que justificavam a intervenção corretora do Estado, a teoria da escolha pública veio clarificar os *fracassos do governo* e os limites da intervenção desse mesmo Estado.[21]

Veja-se que, em ambos os casos, a ideia de "fracasso" surge como referência a situações de certa forma ideais. O ideal de mercado para muitos economistas é o mercado competitivo, sem custos de

---

[19] Tema impossível de se trazer aqui. Indicamos LEAL (Org.). *A Administração Pública compartida no Brasil e na Itália*: reflexões preliminares.

[20] Conforme FALK. *On Humane Governance*: Toward a New Global Politics.

[21] Ver McLEAN. *Public Choice*: an Introduction.

transação, com informação simétrica e completa entre os agentes e onde sempre que, para certo preço, existem agentes dispostos a vender e outros dispostos a comprar, a transação se efetue. Os mercados reais não apresentam aquelas características "ideais" e daqui falar-se em "fracasso".[22]

Do mesmo modo a noção de "fracasso de governo" provém da comparação com um ideal de governo e de um ideal democrático com a realidade das atuações dos governos e dos funcionamentos das democracias. O ideal de governo, tal como implicitamente assumido pelos economistas da *welfare economics*, é o governo como se fosse *um ditador benevolente*, ou seja, um agente supostamente capaz de impor as suas políticas e capaz de conhecer e satisfazer as preferências dos cidadãos.[23]

É preciso reconhecer que esta ação do *welfare economics* nasce em face da necessidade de defesa contra as chamadas disfuncionalidades que ameaçavam o sistema capitalista do final do século XIX, cujo evolver encontrava-se em contradição com a sua própria ideia de sociedade civil que se emancipa da dominação e neutraliza o poder. "A forma de revalorização do capital em termos de economia privada só pôde manter-se graças aos correctivos estatais de uma política social e econômica estabilizadora do ciclo econômico".[24]

O ideal democrático, por seu lado, caracteriza-se por um conjunto de aspirações consubstanciadas no seguinte:

1. A ideia de que os cidadãos e o povo são soberanos e que, entre estes e os seus representantes, não há "corpos intermédios", o que pressupõe os ideais de cidadãos educados, informados e civicamente ativos;

2. O ideal de que os deputados devem ser representantes da nação (mandatos não vinculativos), e não representantes de interesses específicos de clientelas; e

3. O ideal de derrota do poder oligárquico e das elites e de eliminação dos "poderes invisíveis" (grupos secretos, ou informais dentro ou fora do aparelho de Estado).[25]

É óbvio que os fracassos aqui se impõem em demasia.

Em face de tudo isto, a principal transformação do Estado no século XXI talvez não diga respeito à redução do seu tamanho, mas na

---

[22] MUELLER. *Public Choice II*, p. 22.

[23] RIKER. *The Art of Political Manipulation*.

[24] HABERMAS. *Técnica e ciência como "ideologia"*, p. 70.

[25] BOBBIO. *O futuro da democracia*: uma defesa das regras do jogo.

sua forma de organização e gestão do processo decisório, passando de produtor direto de bens e serviços para indutor e regulador do desenvolvimento, com participação mais direta dos cidadãos nas suas decisões.[26]

Mesmo para responder a isto, necessita o Estado de reaparelhamento de quadros e serviços, eis que os problemas que têm de enfrentar precisam qualificação formativa e decisional, sob pena da ineficiência comprometer o mínimo de legitimidade que possui.

O problema é que o corpo intermediário que surgiu ao longo do tempo entre Estado e Sociedade não foi só a Administração Pública, mas algo que foi gerido dentro dela: a burocracia, como nova modalidade de poder e interesse, enquanto grupo social organizado institucionalmente. Ou seja, o insulamento do processo de tecnicização da Administração Pública contemporânea ao mesmo tempo em que foi gerando uma casta especializadíssima de serviços e servidores públicos — em face até da complexidade emergente das demandas sociais que deveria atender —, deixou de criar ferramentas e processos de controle social e político destas estruturas de gestão, as quais, por decorrência, foram se transformando em estruturas de poder privatizadas por interesses e projetos muito mais corporativos e interpessoais do que públicos e comunitários.[27]

Habermas demonstrou que, na medida em que a técnica e a ciência invadem as esferas institucionais da sociedade e do próprio governo, elas transformam as próprias instituições, desmoronando-se as antigas legitimações.[28] Indo além, lembra que Herbert Marcuse tomou como ponto de partida estas análises para demonstrar que o conceito formal da racionalidade, extraído por Max Weber da atuação racional do empresário capitalista e do trabalhador industrial, da pessoa jurídica abstrata e do funcionário moderno, e que associou a critério da ciência e da técnica, tem implicações determinadas com conteúdo próprio. E que implicações são estas?

---

[26] Como já fizemos ver em LEAL. *Estado, Administração Pública e sociedade*: novos paradigmas. Vai na mesma direção a conclusão de Habermas:
"Desde o último quartel do século XIX, fazem-se notar nos países capitalistas avançados duas tendências evolutivas: 1) um incremento da actividade intervencionista do Estado, que deve assegurar a estabilidade do sistema; e 2) uma crescente interdependência da investigação técnica, que transformou as ciências na primeira força produtiva" (*Técnica e ciência como "ideologia"*, p. 68).

[27] Ver o interessante texto de BRESSER-PEREIRA. A emergência da tecnoburocracia. *In*: BRESSER-PEREIRA. *Tecnoburocracia e contestação*.

[28] HABERMAS. *Técnica e ciência como "ideologia"*, p. 48.

Seria algo diferente do que Max Weber chamou de racionalidade como tal, pois, em nome dela, uma forma determinada de dominação política oculta surgiria: a dominação técnico-burocrática, que, sob o manto/argumento ideológico da correta eleição entre estratégias, da adequada utilização de tecnologias e da permanente instauração de sistemas (em situações *dadas* para fins *estabelecidos*), ela subtrai o entrelaçamento social, político, econômico e global de interesses em que se elegem estratégias, se utilizam tecnologias e se instauram sistemas.

Em verdade, a ação racional dirigida a fins é, segundo a sua própria estrutura, exercícios de poder. Por conseguinte, a racionalização das relações vitais segundo critérios desta racionalidade equivale a institucionalização de formas de dominação que, enquanto política, se torna irreconhecível, ou seja, a razão técnica de um sistema social de ação racional dirigida a fins não abandona o seu conteúdo político. Diz Habermas:

> Na sua crítica a Max Weber, Marcuse chega a esta conclusão: O conceito de razão técnica é talvez também em si mesmo ideologia. Não só a sua aplicação, mas já a própria técnica é dominação metódica, científica, calculada e calculante (sobre a natureza e sobre o homem). Determinados fins e interesses da dominação não são outorgados à técnica apenas posteriormente e a partir de fora, inserem-se já na própria construção do aparelho técnico; a técnica é, em cada caso, um projecto histórico-social; nele se projecta o que uma sociedade e os interesses nela dominantes pensam em fazer com os homens e com as coisas. Um tal fim de dominação é material e, neste sentido, pertence à própria forma da razão técnica.[29]

Concordo com Habermas no sentido de que a consciência tecno-crática — e a própria burocracia enquanto nova categoria social — é, por um lado, menos ideológica do que todas as precedentes, já que não opera com uma forma de poder opaca e de ofuscação, todavia porta o que o autor alemão chama de ideologia vítrea, "que faz da ciência um feitiço, é mais irresistível e de maior alcance do que as ideologias de tipo antigo, já que com a dissimulação das questões não só justifica o interesse parcial de dominação de uma determinada classe e reprime

---

[29] HABERMAS. *Técnica e ciência como "ideologia"*, p. 49. Aduz ainda o autor: "Hoje, a dominação eterniza-se e amplia-se não só mediante a tecnologia, mas como tecnologia; e esta proporciona a grande legitimação ao poder político expansivo, que assume em si todas as esferas a cultura". E mais tarde: "A forma racional da ciência e da técnica, isto é, a racionalidade materializada em sistemas de acção racional teleológica, acaba por constituir uma forma de vida, uma totalidade histórica de um mundo vital" (p. 55).

a necessidade parcial de emancipação por parte de outra classe, mas também afeta o interesse emancipador como tal do gênero humano".[30] Com tal perfil, a tecno-burocracia esteriliza as escolhas e políticas públicas dos critérios de justificação e fundamentação democráticas, despolitizando-os na medida em que as vincula às funções de um suposto sistema de ação racional dirigida a fins técnicos (e melhores, por serem técnicos, à população). Ainda mais, tal cenário vai explicitar os déficits de legitimidade, identidade e eficácia, não só das instituições tradicionais da democracia representativa (Parlamento, Poder Executivo e Poder Judiciário, participação popular através exclusivamente do escrutínio, etc.), em face do esvaziamento político-social de suas ações, dando lugar às estratégias instrumentais de gerenciamento técnico-burocrático de corporações e projetos econômicos de minorias, mas, fundamentalmente, a ausência de ocupação dos espaços de deliberação e execução do projeto emancipatório e cívico-republicano dos cidadãos constitucionalizados.

## 4 Considerações finais

A partir do que se viu até aqui, resta mais fácil a compreensão da importância que toma nos últimos anos a questão conceitual e operacional do chamado Estado Democrático e Social de Direito em todo o mundo, e em especial no Brasil, envolvendo diretamente a participação do cidadão no gerenciamento técnico e político das políticas públicas, no sentido de fazer garantir que estas efetivamente se constituam e efetivem os direitos fundamentais do tecido social. Por sua vez, encontra-se alicerçada esta cidadania na idéia de política democrática deliberativa, baseada em um modelo teórico dual, relacionado não apenas com a formação da vontade institucionalizada no complexo parlamentar, mas também com a noção de esfera pública que é reenviada a um conjunto espontaneamente gerado de arenas políticas informais, dialogicamente discursivas e democráticas, e ao próprio contexto cultural social respectivos, afigurando-se esta democracia deliberativa como uma oposição binária entre o plano formal e institucionalizado da democracia e os domínios informais (espontâneos ou articulados) de formação da opinião.[31]

---

[30] HABERMAS. *Técnica e ciência como "ideologia"*, p. 80.

[31] Lembre-se que este modelo de comunicação tem por objetivo descrever e interpretar, por um lado, a inscrição do indivíduo num contexto intersubjetivo concreto e, por outro, a

É a partir de tais reflexões que se consegue entender a importância da democracia procedural/procedimental como resultado de uma comunicação não coatada entre os sujeitos sociais, o que remete à interpretação da vida política que difere da perspectiva tecno-burocrática do Estado, enquanto garante de uma sociedade regulada pelo mecanismo do mercado e pelas liberdades privadas, concebendo o processo democrático como o resultado de compromissos entre interesses privados concorrentes (portanto, sem jamais negar os conflitos sociais, admitindo-os como próprios das relações sociais complexas), o que implica que as regras deste processo político sejam responsáveis pela sua transparência e honestidade, bem como sejam justificadas através dos direitos fundamentais, como da concepção republicana de uma comunidade ética institucionalizada no Estado, em que a deliberação se assenta num contexto cultural que garante certa comunhão de valores.[32]

Por certo que o esgarçamento da esfera pública não como lócus do Estado, mas da política, espaço em que todos os agentes sociais têm o dever e direito de participar de forma efetiva, não implica a substituição ou derrocada das esferas institucionais de representação política tradicionais (Executivo, Legislativo e Judiciário), e suas burocracias de plantão, até porque, como adverte Habermas, o poder comunicativo não pode substituir a lógica sistêmica da burocracia, e a solidariedade não pode substituir o poder administrativo, na medida em que a responsabilidade da tomada de decisão só pode ser garantida eficazmente pelo processo político institucionalizado (sob pena de anarquia desgovernada). À esfera pública esgarçada, pois, fica reservado o poder de influenciar, de forma indireta ou mesmo direta, os corpos

---

referência a uma audiência idealmente universal que incentiva os participantes a adotar posições "sim" ou "não", que transcendem os jogos de linguagem contingentes e as formas de vida particulares em que foram socializados. Ver HABERMAS. *Teoría de la acción comunicativa*.

[32] Ao fazer este debate, Habermas se vale tanto da experiência liberal quanto da republicana, da Alemanha e norte-americana. Em relação a elas, sustenta a possibilidade de uma síntese a partir de alguns elementos de cada qual, afirmando: "Discourse theory takes elements from both sides and integrates these in the concept of an ideal procedure for deliberation and decision making". Sustenta o autor, com o que concordo novamente, que as razões de justificação e fundamentação para tal síntese (enquanto superação qualitativa dos argumentos que sustentam cada uma delas) não reside nem nos direitos humanos, tal como é defendido pelas teses liberais, nem na noção de soberania popular, enquanto a substância ética de uma determinada comunidade política, tal como o republicanismo argumenta, mas remete para "the rules of discourse and forms of argumentation that borrow their normative content from the validity basis of action oriented to reaching understanding" (HABERMAS. *Communication and the Evolution of Society*, p. 62).

políticos formais, mecanismo único de legitimação do Poder Político e de seu exercício.[33]

A esfera pública aqui toma feições de um verdadeiro sistema de detecção de problemas sociais, devendo ser capaz, para ser efetiva — na perspectiva habermasiana —, de enfrentar estes problemas por si identificados. Para que desempenhe corretamente esta função, todavia, deverá "convincingly and influentially thematize them, furnish them with possible solutions, and dramatize them in such a way that they are taken up and dealt with by parliamentary complexes".[34]

Na medida em que a esfera pública não pode ser representada enquanto uma instituição social ou jurídica propriamente dita, mas sim enquanto "a network for communicating information and points of view (i.e., opinions expressing affirmative or negative attitudes)",[35] pode-se identificar uma outra função específica dela, a saber, a filtragem e a sintetização dos fluxos comunicativos e opiniões públicas tematicamente pertinentes à comunidade. Advém daqui um dos caracteres pontuais da esfera pública habermasiana que me interessa explorar neste ensaio, i.e., o fato de que, ao contrário dos sistemas de ação e conhecimento inscritos no mundo da vida (educação, família e Direito), que remetem quer para funções gerais de reprodução (cultural, socialização e integração social), quer para os aspectos de validade da ação comunicativa do quotidiano (verdade, justificação normativa e sinceridade), a esfera pública refere-se ao *espaço social* gerado pela ação comunicativa, no qual ela própria se constitui, formatando permanentemente as possibilidades de sua existência e desenvolvimento.

Tal perspectiva retira, epistemologicamente, das instâncias instituídas do poder político tradicional (burocráticas), as rédeas exclusivas da deliberação sobre a delimitação das prioridades públicas e das políticas que deverão atendê-las, bem como a forma com que serão operacionalizadas e controladas. Em outras palavras, isto evita o auto-fechamento sistêmico dos corpos políticos burocráticos, que impedem uma participação democrática mais profunda por parte dos cidadãos.

---

[33] HABERMAS. *Communication and the Evolution of Society*, p. 67. Alerta o autor: "communicative power that cannot take the place of administration but can only influence it". Vai na mesma direção Gustavo Zagrebelsky, quando afirma: "Tra società e istituzioni c'è un rapporto di implicazione poiché solo lê istituzioni possono apportare alla vita in comune quel tanto di stabilità, prevedibilità e garanzia che il gioco spontaneo delle reciproche aspettative non è in grado di assicurare". Em face disto, "le istituzioni sono innanzitutto delle stabilizzazioni (tensions stabilisées, secondo la espressione dell'antropologo Jean Przyluski) che consentano di andare al di là delle incertezze che il gioco delle reciproche aspettative soggettive può determinare" (*Essere delle istituzioni*: crisi e ridefinizione dei concetti giuridici, p. 18).

[34] HABERMAS. *Communication and the Evolution of Society*, p. 67.

[35] *Idem*, p. 69.

Como já disse em outra oportunidade,[36] está em jogo aqui uma concepção mais ampliada de Estado Democrático de Direito, associada, necessariamente, à existência de uma Sociedade Democrática de Direito, o que de certa forma resgata a tese de que o conteúdo do conceito de democracia se assenta na soberania popular (poder emanado do povo) e na participação popular, tanto na sua forma direta como indireta, configurando o que chamo de princípio participativo, ou, em outras palavras: "democratizar a democracia através da participação significa em termos gerais, intensificar a optimização das participações dos homens no processo de decisão".[37]

A densificação da democracia à sociedade brasileira implica, salvo melhor juízo, não só oportunidades materiais de acesso da população à gestão pública da comunidade, mas fundamentalmente de fórmulas e práticas de sensibilização e mobilização dos indivíduos e das corporações à participação, através de rotinas e procedimentos didáticos que levem em conta as diferenças e especificidades de cada qual.

Mas de quem é a responsabilidade neural à implementação no mínimo das condições objetivas e subjetivas destas medidas todas que estou referindo? Se tal responsabilidade não pode se encontrar exclusivamente nas mãos de um único sujeito social, porque está dispersa sobre todas as representações e presentações (individuais e coletivas) existentes, tenho que é ainda o Estado — enquanto espaço legítimo de debate público igualitário sobre o que se quer da e na sociedade — o *locus* privilegiado de impulsão à constituição de uma Sociedade Democrática de Direito, haja vista tanto os vetores axiológicos desta sociedade que já estão postos em termos constitucionais (com os direitos humanos e fundamentais explícitos e implícitos vigentes hoje no Texto Político brasileiro), como os compromissos emancipatórios republicanos, desenhados pelos princípios do mesmo Diploma Legal.

Estou falando, pois, que mais do que nunca, impõe-se hoje um Estado Democrático de Direito que opere a partir de alguns princípios de experimentação política, dentre os quais, o da garantia de igualdade de oportunidades às diferentes propostas de institucionalidade democrática, convertendo a luta democrática em luta por alternativas democráticas, contra o dogmatismo democrático.[38]

---

[36] Ver LEAL (Org.). *A Administração Pública compartida no Brasil e na Itália*: reflexões preliminares.

[37] SOARES. Participação popular no Estado: fundamentos da democracia participativa. *In*: SOARES. *Direito administrativo de participação*: cidadania, direito, Estado e Município, p. 34.

[38] Nesta direção é que vai SANTOS. Reivindicar a democracia: entre o pré-contratualismo e o pós-contratualismo. *In*: OLIVEIRA; PAOLI (Org.). *Os sentidos da democracia*: políticas

Na dicção de Boaventura ainda, quero insistir com a ideia de que o Estado como novíssimo movimento social é um Estado articulador que, não tendo o monopólio da governação, retém o *monopólio da meta-governação*, ou seja, o monopólio da articulação, fundado nos princípios constitucionais que o informam, notadamente os atinentes aos direitos e garantias fundamentais, no interior da nova organização política. A experimentação externa do Estado nas novas funções de mobilização societal deve igualmente ser acompanhada por experimentação interna, ao nível do desenho institucional que assegura com eficácia democrática essa articulação.

Há muito ainda o que discutir.

## Referências

BERGER, Peter L.; LUCKMANN, Thomas. *La construcción social de la realidad*. Trad. de Silvia Zuleta. 7. reimp. Buenos Aires: Amorrortu, 1984.

BOBBIO, Norberto. *O futuro da democracia*: uma defesa das regras do jogo. Trad. Marco Aurélio Nogueira. 4. ed. Rio de Janeiro: Paz e Terra, 1989.

BOBBIO, Norberto. *Stato, governo, società*: per una teoria generale della politica. Torino: Einaudi, 1985.

BRESSER-PEREIRA, Luiz Carlos. A emergência da tecnoburocracia. *In*: BRESSER-PEREIRA, Luiz Carlos. *Tecnoburocracia e contestação*. Petrópolis: Vozes, 1972.

BRESSER-PEREIRA, Luiz Carlos. *Democracy and Public Management Reform*: Building the Republican State. Oxford; New York: Oxford University Press, 2004.

FALK, Richard A. *On Humane Governance*: Toward a New Global Politics. Cambridge: Polity Press, 1995.

HABERMAS, Jürgen. *Communication and the Evolution of Society*. Boston: Beacon Press, 1979.

HABERMAS, Jürgen. *Mudança estrutural da esfera pública*: investigações quanto a uma categoria da sociedade burguesa. Trad. de Flávio R. Kothe. Rio de Janeiro: Tempo Brasileiro, 1984.

---

do dissenso e hegemonia global, p. 112. É preciso ter claro, no entanto, que neste novo modelo experimental de Estado e Sociedade Civil, a função do primeiro não é só garantir a igualdade de oportunidades aos diferentes projetos de institucionalidade democrática, mas deve também garantir padrões mínimos de inclusão, que tornem possível à cidadania ativa criar, monitorar, acompanhar e avaliar o desempenho dos projetos de governo e proteção da comunidade. Esses padrões mínimos de inclusão são indispensáveis para transformar a instabilidade institucional em campo de deliberação democrática.

HABERMAS, Jürgen. *Técnica e ciência como "ideologia"*. Trad. de Artur Morão. Lisboa: Edições 70, 2001.

HABERMAS, Jürgen. *Teoría de la acción comunicativa*. Trad. de Manuel Jiménez Redondo. Madrid: Taurus, 1999. 2 v.

KELSEN, Hans. *Teoria pura do direito*. Trad. de João Baptista Machado. 3. ed. Coimbra: A. Amado, 1974.

LEAL, Rogério Gesta (Org.). *A Administração Pública compartida no Brasil e na Itália*: reflexões preliminares. Santa Cruz do Sul: Edunisc, 2008.

LEAL, Rogério Gesta. *Estado, Administração Pública e sociedade*: novos paradigmas. Porto Alegre: Livraria do Advogado, 2006.

LEAL, Rogério Gesta. *Teoria do Estado*: cidadania e poder político na modernidade. 2. ed. rev. e ampl. Porto Alegre: Livraria do Advogado, 2001.

McLEAN, Iain. *Public Choice*: an Introduction. Oxford: Basil Blackwell, 1987.

MUELLER, Dennis C. *Public Choice II*: a Revised Edition of *Public Choice*. Cambridge: Cambridge University Press, 1989.

RIKER, William H. *The Art of Political Manipulation*. New Haven: Yale University Press, 1986.

SANTOS, Boaventura de Sousa. Reivindicar a democracia: entre o précontratualismo e o pós-contratualismo. *In*: OLIVEIRA, Francisco de; PAOLI, Maria Celia (Org.). *Os sentidos da democracia*: políticas do dissenso e hegemonia global. Petrópolis: Vozes, 1999.

SOARES, Fabiana de Menezes. Participação popular no Estado: fundamentos da democracia participativa. *In*: SOARES, Fabiana de Menezes. *Direito administrativo de participação*: cidadania, direito, Estado e Município. Belo Horizonte: Del Rey, 1997.

SOUZA, Jessé. *Patologias da modernidade*: um diálogo entre Habermas e Weber. São Paulo: Annablume, 1997.

WEBER, Max. A política como vocação. *In*: WEBER, Max. *Ensaios de sociologia*. Organização e introdução de Hans Heinrich Gerth e Charles Wright Mills. Trad. de Waltensir Dutra. Rio de Janeiro: Zahar, 1963.

WEBER, Max. Sociologia do Estado. *In*: WEBER, Max. *Economia e sociedade*: fundamentos da sociologia compreensiva. Trad. de Regis Barbosa e Karen Elsabe Barbosa. Brasília: Ed. UnB, 1999. v. 1.

WEBER, Max. *Economia e sociedade*: fundamentos da sociologia compreensiva. Trad. de Regis Barbosa e Karen Elsabe Barbosa. Brasília: Ed. UnB, 1999. 2 v.

WOLKMER, Antônio Carlos. Uma nova conceituação crítica de legitimidade. *Cadernos de Direito Constitucional e Ciência Política*, v. 2, n. 5, p. 25-31, out./dez. 1993.

ZAGREBELSKY, Gustavo. *Essere delle istituzioni*: crisi e ridefinizione dei concetti giuridici. Napoli: Editoriale Scientifica, 2005.

---

Informação bibliográfica deste texto, conforme a NBR 6023:2002 da Associação Brasileira de Normas Técnicas (ABNT):

LEAL, Rogério Gesta. A burocracia e a disciplina jurídica no Estado de direito democrático e social. *In*: BAUTISTA CELY, Martha Lucía; SILVEIRA, Raquel Dias da (Coord.). *Direito disciplinário internacional*: estudos sobre a formação, profissionalização, disciplina, transparência, controle e responsabilidade da função pública = *Derecho disciplinario internacional*: estudios sobre formación, profesionalización, disciplina, transparencia, control y responsabilidad de la función pública. Belo Horizonte: Fórum, 2011. v. 1, t. I, p. 87-103. v. 1: Título Português, t. I: Título Espanhol. ISBN 978-85-7700-446-1.

# Ética e Moralidade na Função Pública

## Mara Angelita Nestor Ferreira

**Sumário:** 1 Introito – **2** Necessária distinção entre ética e moral – **3** As relações entre ética e função pública – **3.1** Ética e moralidade administrativa – **3.2** Ética e a função pública – **3.3** Aspectos da moralidade administrativa – **4** Conclusão – Referências

## 1 Introito

O mundo está passando por diversas transformações — da fase "sólida" para a "líquida-moderna",[1] cuja característica primordial é a instabilidade: nada mais permanece — não há tempo para consolidação; o envelhecimento ocorre antes mesmo das estratégias terem sido apreendidas, pois tudo é muito fluido, a vida é precária, as estratégias existenciais são de curto prazo e reservadas a um projeto de vida voltado à individualidade. As inúmeras mudanças ocorridas recentemente na ordem das coisas, desdobram seus efeitos e repercutem em diversas direções. A crise afeta a relação de confiança entre cidadão e Estado. O sentimento de desconfiança é generalizado, primeiro porque o Estado não conseguiu cumprir as promessas da modernidade e, segundo, pois diante da pluralidade e complexidade contemporânea, não dá conta de promover a justiça social.

Nesse cenário de constante mutação, a Carta Magna de 1988, restou por erigir a moralidade à categoria de princípio constitucional a

---

[1] Para Zygmunt Bauman, a modernidade persiste — ser moderno implica em buscar "modernizar-se" a todo custo, tudo o que está em torno do homem, inclusive o próprio homem busca "modernizar-se". A diferença é que a modernidade não é mais "sólida", eis que em constante mutação, por isso, "líquido-moderna". Vale dizer: sociedade em que as condições sob as quais agem seus membros mudam num tempo mais curto do que aquele necessário para a consolidação, em hábitos e rotinas, das formas de agir. Segundo sua argumentação, há uma redistribuição e re-locação dos poderes modernos, configurando uma nova ordem social, mais leve e mais fluida, que inaugura outro sistema de controle. Cf. BAUMAN. *Vida líquida*.

ser observado em todos os atos produzidos na seara da Administração Pública. A produção de atos revestidos da legalidade estrita tornou-se insuficiente para o atendimento integral ao contido no *caput* do art. 37 da CF, sendo imprescindível seu acompanhamento pelos demais princípios constitucionais, quer sejam implícitos ou expressos. Por conta desta obrigação constitucional, muitos textos jurídicos[2] foram produzidos no intuito de regulamentar objetivamente o conteúdo normativo do valor moralidade, o qual pode sofrer diversas abordagens — sociológica, econômica, psicológica ou jurídica, dentre outras.

Muito se fala, se escreve e se discute sobre ética, no entanto, pouco se põe em prática,[3] especialmente no espaço público, invadido por regras de condutas ou de vedação de comportamentos (anticorrupção). A ética está na moda,[4] em regra ligada a situações onde predominaram sua ausência, especialmente quando em pauta o exercício da função pública.

## 2 Necessária distinção entre ética e moral

Utilizados equivocadamente como sinônimos, os termos *moral* e *ética*, são distintos, ainda que de origem etimológica similar.[5] Adolfo Sánchez Vázquez acredita que a confusão existente sobre os dois temas (ética e moral) ocorre por ambos estarem relacionados ao comportamento humano, ressaltando que os atos/problemas morais são práticos e específicos, incidindo somente diante do ato em concreto; ao passo que atos/problemas éticos são caracterizados pela generalidade e seu aspecto é teórico — trata-se de juízos de valor que aprovam ou desaprovam moralmente os atos, *a priori* em relação à situação concreta. Portanto, "decidir e agir numa situação concreta é problema prático-moral".[6]

---

[2] Lei de Improbidade Administrativa, Lei Federal nº 8.027/90, o Código de Ética estatuído pelo Decreto nº 1.171/94, entre outros.

[3] RODRÍGUEZ-ARANA MUÑOZ. *La dimensión ética*, p. 13.

[4] RODRÍGUEZ-ARANA MUÑOZ. *La dimensión ética*, p. 36.

[5] Moral vem do latim *mos*, e significa maneira de se comportar regulada pelo uso, costume. Ética, por sua vez vem do grego, ήθική, é o resultado da transliteração de dois vocábulos gregos: ήθος (*ethos*, com vogal grega eta) e έθος (*ethos*, com a vogal grega épsilon). O primeiro *ethos* (com a vogal eta) significa morada, costume, entendido como o espaço construído pelo homem e, portanto, espaço humano, esquema praxeológico durável, estilo de vida e ação. O segundo *ethos* (com a vogal épsilon) significa comportamento resultante da repetição dos mesmos atos, ratificação. Como resultado desta síntese de significados tem-se o termo *ethos*, entre o processo de formação do hábito e como disposição habitual para agir de certa maneira, o hábito como possessão estável. Cf. PEREIRA. *Dicionário grego-português e português-grego*.

[6] SÁNCHEZ VÁZQUEZ. *Ética*.

Já no campo da ética, que é teórico, busca-se investigar ou explicar a natureza ou fundamento das normas morais que levaram o sujeito a agir desta ou daquela maneira diante da situação real. Não é a ética que cria a moral, posto que não se presta a construir juízos de valor sobre a prática moral, cabendo-lhe, no entanto, elucidar as mudanças da moral diante da variedade, diversidade ou pluralidade; enfim, busca aclarar os fundamentos das práticas morais nas diversas épocas:

> A ética parte do fato da existência da história da moral, isto é, toma como ponto de partida a diversidade de moral no tempo, com seus respectivos valores, princípios e normas. Como teoria, não se identifica com os princípios e normas de nenhuma moral em particular e tampouco pode adotar uma atitude indiferente ou eclética diante delas. Juntamente com a explicação de suas diferenças, deve investigar o princípio que permita compreendê-las no seu movimento e no seu desenvolvimento (...) a ética deve fornecer a compreensão racional de um aspecto real, efetivo, do comportamento dos homens.[7]

Analisando criticamente tal assertiva, verifica-se que há pretensão de racionalidade ética neutra, imparcial e universal. No entanto, como a teoria ética é produzida por homens que buscam explicar fundamentos morais, na atualidade, não se admite a produção de conhecimentos desprovidos de quaisquer juízos de valor ou influências outras que permitam o desenvolvimento de uma racionalidade pura, com pretensão de neutralidade e de universalidade.

Desta forma, os valores que servem de pilar à conduta humana se alteram no espaço e tempo. De acordo com as modificações ocorridas nas condições da vida em sociedade ou nas relações de produção sobrevirão mudanças nas exigências das normas prescritas pelo comportamento coletivo. A moral possui caráter mutante que se altera em consonância às transformações e variações que se sucedem na vida em sociedade. A ética afigura-se como o direcionador do agir humano, tanto das ações individuais como coletivas — determina estilo de vida objetivando a realização individual e na comunidade sociopolítica, encaminhando os rumos da história. Porém, a liberdade e consciência pessoal podem fazer o indivíduo recusar o norte oferecido pela ética, conduzindo-o por caminhos diferentes, pois sendo livre, está ao alcance também a perdição. Desse modo, incumbe à ética a resolução dos conflitos que os indivíduos se deparam constantemente entre aceitar os rumos da

---

[7] SÁNCHEZ VÁZQUEZ. *Ética*.

construção pessoal ou da autodestruição. De acordo com Pegoraro, a justiça deve ser o núcleo de qualquer discussão ética, pois "(...) viver eticamente é viver conforme a justiça (...) que ilumina, ao mesmo tempo, a subjetividade humana (virtude da justiça) e a ordem jurídico-social (justiça como princípio ordenador da sociedade)".[8]

Mas qual o fim último da ordem ética? Infelizmente, a fluidez da contemporaneidade impede a produção de respostas prontas ou ultimadas, sendo possível, para responder a indagação, relacionar múltiplas finalidades não estanques, até porque, este tema está intimamente ligado às necessidades subjetivas do homem, sendo impossível definir objetivamente o conteúdo material do "bem" adequado ao mundo complexo e diverso.[9]

Assim, ainda que seja possível distinguir os conceitos de ética e moral, permanece a incerteza quanto ao seu conteúdo material, que, decididamente, será influenciado pelos valores que permeiam a sociedade em dado tempo e espaço.

## 3 As relações entre ética e função pública

A mediação entre função pública e ética é inevitável, até porque as questões éticas sempre estiveram no âmago das teorizações filosóficas da humanidade. Na antiguidade, ligada aos assuntos da natureza e individuais do homem; à Deus no medievo; e na modernidade, migrou ao público e à coletividade, tomando assento definitivo. A formação do Estado estruturado na tripartição de poderes propiciou a condução do debate ético para o seio da sociedade, no entanto, a preocupação das coisas éticas, no fórum da Administração Pública, vem ganhando maior espaço quando da reflexão acerca da finalidade da atuação estatal.

Portanto, a função pública restará sempre ligada à conotação teleológica, ou seja, a uma finalidade. No Brasil, onde a ordem

---

[8] PEGORARO. *Ética e justiça*, p. 11.

[9] Para Platão e Aristóteles, a finalidade da vida humana era a felicidade plena para todos os homens, pois, os demais bens consistem em meios para atingimento deste objetivo. A ética tinha dois desígnios fundamentais: (i) sobrepujar os conflitos inerentes ao homem e a sociedade em que está inserido; e (ii) calibrar os comportamentos pessoais e coletivos buscando o estabelecimento da vida feliz e uma sociedade justa; ou seja, o bem humano — aliás, "o bem é aquilo em direção ao qual todas as coisas tendem" (ARISTÓTELES. *Ética a Nicômacos*).

Já para outros filósofos como Kant e J. Rawls, o princípio universalizador do bem seria a justiça — o centro e a medida moral da conduta ética —, uma vez que "somente a justiça abre a pessoa à comunidade; ninguém é justo para si, mas em relação aos outros a justiça é a virtude da cidadania que regula toda a convivência política" (PEGORARO. *Ética e justiça*).

constitucional vigente foi erigida sobre uma base antropológica, a função administrativa tem a missão de criar ambiente próspero aos cidadãos, viabilizando o exercício de direitos e garantias fundamentais, bem como, a colaboração com a Administração na gestão dos interesses públicos. No dizer de Romeu Felipe Bacelar Filho, "se a cidadania e a dignidade da pessoa humana constituem fundamentos do Estado, o interesse perseguido com o exercício da função administrativa deve encontrar seu princípio e fim no interesse dos próprios cidadãos, tanto numa perspectiva individual, quanto coletiva",[10] pois a função primordial da Administração Pública é estar a serviço dos cidadãos, promovendo o bem-estar coletivo, uma vez que a finalidade da atuação estatal é o bem comum. Assim, quando se faz menção à ética no espaço público, imediatamente vem a mente o princípio da moralidade, que foi erigido à condição de princípio constitucional em 1988, quando da sua inserção no art. 37, *caput*. Portanto imperiosa a correlação que se estabelece, quase que imediatamente, entre a ética e moralidade administrativa.

## 3.1 Ética e moralidade administrativa

A confusão ocorrida entre os conceitos de ética e moral também ocorre em relação aos termos moral e moralidade, os quais não são unívocos, apesar de tradicionalmente serem usados em substituição ao outro. A moral versa sobre o conjunto de princípios e regras que visam regular os comportamentos humanos, é normativo, ao passo que a moralidade consiste nas relações efetivada em concreto, é real — a moralidade consiste na moral posta em ação. Trata-se, portanto de duas esferas diversas, não obstante a similitude — a moral se verifica no plano prescritivo/normativo e, a moralidade no concreto ou real.[11]

O alarido conceitual ocorre também no sistema jurídico, onde inadvertidamente, se reduz a ética ao princípio da moralidade administrativa, insculpido expressamente no art. 37 do texto constitucional. Subsumir a ética ao princípio da moralidade administrativa constitui-se num contrassenso. Não que a moralidade administrativa esteja relegada ao segundo plano, de somenos importância. Mas, se trata de reducionismo imperdoável restringir o conteúdo da ética ao referido princípio.

---

[10] BACELLAR FILHO. Profissionalização da função pública: a experiência brasileira. *Revista Brasileira de Direito Municipal – RBDM*, p. 87.

[11] SÁNCHEZ VÁZQUEZ. *Ética*, p. 65-66.

## 3.2 Ética e a função pública

Procedidos tais esclarecimentos, importante observar que tratar da ética na função pública, entendida como vetor ou direcionador da atuação quando da prestação de serviços ou atividade administrativa constitui-se em tema relevante. Aliás, a ética, gradativamente vem retomando o núcleo das discussões ligadas ao comportamento humano, atingindo, também, o espaço privado como se observa quando da análise de literatura ligada à administração de empresas.[12]

É possível verificar que em razão do processo de globalização, ainda em andamento, os cuidados com as questões ligadas à eticidade na Administração Pública se estenderam para além das fronteiras dos Estados instituídos formalmente e, atualmente abarcam entidades supranacionais e intergovernamentais[13] — daí o surgimento de diversas instituições que tem por finalidade precípua o controle ético do atuar público e privado. O Banco Mundial e o Banco Interamericano de Desenvolvimento têm realizado diversas ações destinadas ao combate à corrupção.[14] A título ilustrativo oportuno destacar que, em 2008, o Banco Mundial apresentou documento contendo os "indicadores de bom governo" em seis perspectivas (estabilidade política e abstenção da violência/terrorismo, qualidade regulatória, efetividade governamental, ordenamento jurídico, controle da corrupção e *accountability*), o qual fora realizado em realizado em 212 países e territórios entre o período de 1996 a 2007, demonstrando a preocupação com o tema em discussão.

Nesse mesmo viés, a Organização para a Cooperação e Desenvolvimento Econômico (OCDE) aprovou, em 1997, a Convenção para o Combate do Suborno de Funcionários Públicos Estrangeiros nas Transações Internacionais,[15] do qual diversos países são signatários: trata-se de instrumento que define as obrigações dos governos, das empresas, dos contadores públicos, dos advogados e da sociedade

---

[12] Peter Druker, o guru da Administração moderna, em sua obra *Desafios gerenciais para o século XXI*, reserva um capítulo para tratar da ética nas empresas, asseverando: "(...) a ética é um claro sistema de valores. E estes não variam muito — aquele que é comportamento ético numa espécie de organização ou situação continua sendo em outra espécie de organização ou situação. (...) Trabalhar numa organização cujo sistema de valores é inaceitável para uma pessoa, ou incompatível com ela, condena-a tanto à frustração como ao mau desempenho". Conclui o assunto sugerindo a realização do teste do espelho, que consiste na seguinte pergunta: "que espécie de pessoa quero ver ao me barbear ou passar batom de manhã?" (*Desafios gerenciais para o século XXI*, p. 141).

[13] CAPUTI. *La ética pública*.

[14] Informações obtidas no endereço: <http://www.bancomundial.org>.

[15] Informações obtidas no endereço: <http://www.oecd.org>.

civil das nações signatárias. O documento traz, ainda, doze princípios destinados a busca de padrão ético para a Administração Pública.[16] A Organização das Nações Unidas não se omitiu e, adotou em Assembleia-Geral de 31.10.2003, a Convenção das Nações Unidas contra a Corrupção, ratificada pelo Brasil através do Decreto nº 5.687 de 31.1.2006,[17] fixando no art. 1º, sua finalidade: a) promover e fortalecer as medidas destinadas a prevenir e combater eficientemente a corrupção; b) promover, facilitar e apoiar a cooperação internacional e a assistência técnica na prevenção e na luta contra a corrupção, incluindo a recuperação de ativos; e c) promover a integridade, a obrigação de prestar contas e a devida gestão dos assuntos e dos bens públicos. Os princípios que fundamentam a Convenção foram elucidados no art. 8º, quais sejam, combater a corrupção com integridade, honestidade e responsabilidade dos funcionários públicos, cabendo, ainda, a cada Estado, buscar a implementação de códigos ou normas de conduta para o correto, honroso e devido cumprimento das funções públicas.

Portanto, resta evidenciada a preocupação para além da estrutura do Estado-Nação, atingindo a Sociedade Civil organizada, demonstrando inquietude em relação ao tema objeto deste estudo, tornando-se o mote e a pauta de discussões de entes supranacionais. Sem adentrar à seara do campo filosófico, sobre a corrente ética a ser adotada ou aquela adequada à realidade social do homem em concreto, há que se refletir sobre o porvir de uma nova era, marcada por valores éticos apropriados à função pública, que não se divorcia da esfera privada, pois como já afirmado, o homem deve ser considerado na sua integralidade, não sendo possível seu fracionamento — ora público, quando no exercício da função pública, ora privado. Aliás, estabelecer limites estanques entre o espaço público e privado, hodiernamente, requer ousadia e coragem, pois a cada dia, as fronteiras destes espaços são marcadas pela incerteza e imprecisão.[18]

---

[16] Resumidamente os doze princípios são: (1) As normas éticas aplicáveis ao serviço público devem ser claras; (2) As normas devem estar escritas num marco jurídico; (3) Os ocupantes de cargos públicos devem receber formação em matéria ética; (4) Os ocupantes de cargos públicos devem conhecer seus direitos e obrigações; (5) A responsabilidade política deve ser real, coerente e efetiva; (6) O processo de decisão deve ser transparente e controlável; (7) Devem existir diretrizes claras nas relações entre setor público e privado; (8) Os gestores públicos devem promover um comportamento ético; (9) Políticas, procedimento e práticas de gestão devem favorecer o comportamento ético; (10) As condições de emprego devem fomentar o comportamento ético; (11) Os mecanismos devem permitir a prestação de contas; (12) Os procedimentos e sanções devem existir e serem adequados para os casos de comportamentos culpáveis. Cf. RODRÍGUEZ-ARANA MUÑOZ. *La dimensión ética*, p. 336-341.

[17] Informações obtidas no endereço: <http://www2.mre.gov.br/dai/m_5687_2006.htm>.

[18] Partindo da premissa que toso relacionamento mantido com a Administração Pública exige conduta ética, quais são os limites materiais do que público ou é privado, se o espaço público tem se ampliado, num verdadeiro movimento de "publicização do privado"?

E não poderia ser diferente, pois para o exercício do controle da função pública carece de parâmetros morais. Não se trata de uma moral comum, posto que não conserva afinidade com a índole do homem ou com uma moral comum, maculada pela liberdade individual,[19] mas, outrossim, pertence ao sistema moral fechado, ainda que derivado dos grupos sociais (que em última análise, se articula à moral comum),[20] uma vez que "reflete ou condensa uma moral extraída do conteúdo da ética socialmente afirmada, considerando esta o conjunto de valores que a sociedade expressa e pelos quais se pauta em sua conduta",[21] condensados sob a forma de princípios constitucionais, quer expressos ou implícitos.

## 3.3 Aspectos da moralidade administrativa

Quando da análise do caso concreto avaliado sob o prisma do princípio da moralidade administrativa, dois aspectos devem ser considerados — o objetivo e o subjetivo. Sob o aspecto objetivo relacionam-se a regras éticas objetivadas,[22] ou seja, preceitos qualificados como honestos ou probos, relacionando-se a comportamentos que podem afrontar a moralidade administrativa. Neste plano, a intenção do agente, que é de caráter subjetivo, é de somenos importância, uma vez que o exercício da função pública deverá pautar sua atuação orientada por padrões estabelecidos pela comunidade, sintetizado por Giacomuzzi no princípio da boa-fé.[23] Sob o manto dessa perspectiva, "a moralidade administrativa imputa essas regras éticas à Administração Pública: não diz respeito àquilo que se costuma fazer, mas àquilo que se espera que se faça, tendo em vista o juízo objetivo da sociedade sobre o certo e o honesto".[24]

O aspecto subjetivo diz respeito às pessoas que desempenham o múnus público e é este aspecto que mais nos interessa neste estudo, pois além da atuação objetiva da Administração Pública enquanto

---

[19] ROCHA. *Princípios constitucionais da Administração Pública*, p. 192.

[20] Segundo Mateus Eduardo Siqueira Nunes Bertoncini, há duas espécies de moral, a aberta, de caráter individual e a fechada, de natureza sócia, onde a moralidade administrativa se enquadraria (*Princípios de direito administrativo brasileiro*, p. 106).

[21] ROCHA. *Princípios constitucionais da Administração Pública*, p. 191.

[22] MARTINS. Princípio da moralidade administrativa. *In*: PIRES; ZOCKUN; ADRI (Coord.). *Corrupção, ética e moralidade administrativa*, p. 326.

[23] GIACOMUZZI. *A moralidade administrativa e a boa-fé da Administração Pública*: o conteúdo dogmático da moralidade administrativa.

[24] MARTINS. Princípio da moralidade administrativa. *In*: PIRES; ZOCKUN; ADRI (Coord.). *Corrupção, ética e moralidade administrativa*, p. 321.

pessoa jurídica, faz-se necessário que o agente se ajuste a padrões éticos, que tenha retidão de conduta, com vistas a evitar o desbordamento comportamental dos agentes públicos. Como o aspecto subjetivo alude ao sujeito, importante esclarecer que a moralidade administrativa não se constitui numa exigência imposta somente aos agentes públicos, mas é dever de todos, independentemente da natureza da relação jurídica entabulada — quer seja pública ou privada. Corolário, inquestionável a sujeição do privado ao princípio da moralidade administrativa, conforme advertência:

> (...) tal princípio determina que se trata a outrem do mesmo modo que se apreciaria se tratado, isto é, de modo virtuoso e honesto. O "outro", aqui, é a sociedade inteira, motivo pelo qual o princípio da moralidade exige que, fundamentada e intersubjetivamente, os atos, contratos e procedimentos administrativos venham a ser contemplados e controlados à base da orientação decisiva e substancial que prescreve o dever de a Administração Pública observar (...).[25]

O viés subjetivo da moralidade administrativa se mostra como a obrigação dos agentes públicos de comportar-se em conformidade com as regras éticas (não só o Estado, enquanto pessoa jurídica), donde deriva outro subprincípio — a probidade administrativa, que veda atos desonestos ou desleais, não só decorrentes da inobservância por parte da Administração Pública, mas também, pelos particulares.

A abordagem torna-se fundamental na medida em que esclarece algumas feições próprias à moralidade administrativa, eis que tanto o aspecto objetivo quanto o subjetivo devem passar pelo crivo da moralidade, sem o qual a atuação administrativa resta imoral, pois:

> Ainda que o agente esteja de boa-fé, é possível que a conduta se revele desleal, desonesta, objetivamente em descompasso com regras éticas; ainda que a conduta atenda (ou pareça atender) ao interesse público, é possível que o agente, motivado por corrupção, perseguição, compadrio, se revele desonesto, subjetivamente em descompasso com as regras éticas.[26]

Portanto, mesmo "que a ação do agente público não cause qualquer dano material ao erário, nem enriquecimento ilícito, a violação

---

[25] FREITAS. *O controle dos atos administrativos e os princípios fundamentais*, p. 53.
[26] MARTINS. Princípio da moralidade administrativa. *In*: PIRES; ZOCKUN; ADRI (Coord.). *Corrupção, ética e moralidade administrativa*, p. 326.

grave cometida contra princípio da moralidade já possui o condão de configurar a improbidade administrativa".[27] Não basta o respeito às normas éticas estabelecidas ou a intenção de buscar concretizar o interesse público, vez que outros valores morais devem ser agregados visando a interpretação do princípio da moralidade para além do positivismo enclausurante, e, então, conduzir às transformações necessárias ao Direito rumo ao desenvolvimento humano ao qual se dirige à realização da atividade administrativa. Sintetizando:

> A moralidade administrativa, enquanto imposição do dever de observância das regras objetivas, possui viés objetivo, impõe à Administração Pública o dever de ser leal, íntegra, honesta, e viés subjetivo, impõe ao agente público o dever de ser honesto.[28]

Desta forma, a moral administrativa se constitui em conjunto de normas que definem comportamentos, o qual deve ser acatado pelos agentes públicos, originando o valor confiança. O significado do princípio da moralidade consiste no estabelecimento de rigoroso padrão de conduta, que requer postura exemplar e comportamento compatível com a lealdade e boa-fé:

> (...) o princípio da moralidade exige condutas sérias, leais, motivadas e esclarecedoras, mesmo que não previstas na lei. Constituem, pois, violação ao princípio da moralidade a conduta adotada sem parâmetros objetivos e baseada na vontade individual do agente e o ato praticado sem a consideração da expectativa criada pela Administração.[29]

Destarte, especificamente no caso do Brasil, os fundamentos basilares da ética na função pública devem estar orientados para os mesmos fins do Estado Democrático de Direito, conforme retratado na Constituição Federal, portadora de valores ínsitos de confiança, honestidade, lealdade, boa-fé, com vistas a concretizar garantias e direitos fundamentais, bem como os direitos sociais prestacionais, mesmo porque os padrões comportamentais serão definidos pela sociedade, devidamente contextualizada no tempo e espaço. Neste sentido a afirmação:

---

[27] FREITAS. Princípio da moralidade administrativa. *In*: PIRES; ZOCKUN; ADRI (Coord.). *Corrupção, ética e moralidade administrativa*, p. 198.

[28] MARTINS. Princípio da moralidade administrativa. *In*: PIRES; ZOCKUN; ADRI (Coord.). *Corrupção, ética e moralidade administrativa*, p. 326.

[29] ÁVILA. *Teoria dos princípios*: da definição à aplicação dos princípios jurídicos.

A ética da qual se extraem os valores a serem absorvidos pelo sistema jurídico na elaboração do princípio da moralidade administrativa é aquela afirmada pela própria sociedade segundo as suas razões de crença e confiança em determinado ideal de Justiça, que ela busca realizar por meio do Estado.[30]

Ressalte-se que o conteúdo da moral comum se modifica de acordo com o movimento social, diferentemente ocorre em relação à moralidade administrativa, que não busca regular o comportamento comum do homem, mas, a conduta daquele que assume a responsabilidade de gerir a *res publica* e, como tal, a ele se estabelece um catálogo de princípios de cogente obediência. Portanto, comportamentos que ferem a moralidade pública serão considerados imorais em qualquer tempo, independentemente de estarem expressos em texto legal, uma vez que o interesse público é indisponível. Assim, a distinção é salutar e deve ser preservada.

Corolário, ética pública não se resume meramente ao bom uso do dinheiro público ou o uso abusivo (antítese do tema). Trata-se, pois, de conceito teórico que deve ser posto em prática de maneira ampla, exigindo daqueles que ocupam cargos públicos a competência — além da meramente formal, restrita à atribuição protocolar delegada pela autoridade superior hierarquicamente. A competência requisitada é a substancial, ou seja, conjunto de capacidades e habilidades necessárias ao desempenho de um múnus público específico, pois não basta somente a "boa intenção" para promover ações destinadas ao alcance do interesse público.

Nesse cenário, a profissionalização do ocupante de cargo público constitui-se no diferencial necessário a disseminar padrões éticos que conduzam a melhoria da relação cidadão x Administração. O porvir reclama a necessidade de estruturação das carreiras públicas, cuja ascensão se dê com base na "meritocracia", ou seja, por mérito do agente e não por simples intervenções político-partidárias, somado ao premente estabelecimento de instrumentos aptos a mensurar o desempenho da atuação administrativas aliadas a capacitação especializada. Todavia, de nada adianta atitudes voltadas a esta finalidade "se persistir a miserável remuneração de grande contingente de seus membros, se as injunções políticas, o nepotismo desavergonhado e a entrega de funções do alto

---

[30] ROCHA. *Princípios constitucionais da Administração Pública*, p. 191.

escalão a pessoas inescrupulosas ou de manifesta incompetência não tiver um paradeiro".[31]

Cabe lembrar, no entanto, ser de extrema valia o exercício da função pública orientado para a prestação do serviço administrativo, concebendo como o fim último de sua atuação e a razão de sua existência o cidadão. Corolário, torna-se fundamental a internalização da natureza que constitui a função pública, qual seja a concretização dos interesses da coletividade, do bem comum. Imprescindível a conscientização da função pública que está a desempenhar, bem como os desdobramentos e implicações que tal exercício demanda, pois na esfera pública não há espaço para interesse pessoal, discriminações e privilégios, próprios da vida privada.

O campo da ética pública avança mais — dilata-se para abranger o ato de elaborar leis que guardem observância para além do necessário procedimento formal, compreendendo juízo de valor sobre o conteúdo, isto é, aparelhar o Estado de ordenamento jurídico coerente com a proposta constitucional de efetivar a justiça social[32] e, quiçá, com pretensão libertadora[33] e de bondade. É reconhecer e respeitar os limites do poder sem usurpá-lo, resguardando os direitos individuais e sociais; é concretizar os direitos fundamentais prestacionais. É agir com responsabilidade na comunicação e divulgação de informações de caráter público, sem que isto implique em autopromoção pessoal do agente público ou servir para campanha publicitária político-partidária ou de trampolim para finalidades eleitoreiras.

## 4 Conclusão

Do que fora exposto, é possível inferir que existem, no Direito pátrio, diversos textos orientativos da conduta humana desejada na esfera pública quando do desempenho da função pública; contudo, nota-se a presença maciça de legislação reservada à atividade de controle administrativo, aplicação de sanção e mecanismos de combate à corrupção, ou seja, exatamente a antítese do tema.

---

[31] LOPES. *Comentários à reforma administrativa*: de acordo com as emendas constitucionais 18, de 15-02-1998 e 19, de 04-06-1998, p. 108.

[32] John Rawls (*Uma teoria da justiça*) propôs a teoria da justiça social para construção das novas bases de uma sociedade bem ordenada e equitativamente justa, cujo fundamento está alicerçado na igualdade e na distribuição equitativa dos bens produzidos, garantindo condições mínimas de subsistência a todo cidadão.

[33] Enrique Dussel (*Ética da libertação*: na idade da globalização e da exclusão) propõe a ética da libertação, veiculando uma articulação entre o critério de validade moral intersubjetiva e o critério de verdade prática de reprodução e desenvolvimento da vida humana.

Nesse cenário, os princípios constitucionais desenvolvem função relevante, desempenhando o papel decisivo na travessia a ser iniciada pela sociedade brasileira — a de construir um esteio ético que suporte o desenvolvimento humano salutar, isto é sustentável, que, indiscutivelmente deverá estar vinculado à sua essência, qual seja, o respeito à dignidade da pessoa humana — valor escolhido legitimamente pela sociedade, pois, "reflete ou condensa uma moral extraída do conteúdo da ética socialmente afirmada, considerando esta o conjunto de valores que a sociedade expressa e pelos quais se pauta em sua conduta".[34]

O homem concreto, inserido na sua realidade histórica, social, econômica, política, dentre outros aspectos, deve ser o núcleo de toda a atuação administrativa, pois imperioso que a função pública e as relações havidas entre cidadão e Administração Pública se humanizem. A vertente orientadora da humanização da função pública passa, necessariamente, pela confiança, lealdade e boa-fé que deve se presentificar em todos os atos. Não basta a mera intenção de fazer o bem ou realizar o interesse público; a época exige concretização substancial, sob pena da retórica permanecer vazia de conteúdo, que pode ser condensado num único princípio — o direito fundamental à boa Administração Pública.

Portanto, iminente a recuperação do senso ético, tendo como eixo central a pessoa humana, já que as funções públicas devem estar a serviço do bem-estar da coletividade. A dignidade do homem inserido em sua realidade concreta é o ponto inicial de qualquer fundamentação ética, como também é o fim último da pretensão. A perspectiva ética constitui-se em ingrediente imprescindível para o compromisso de solucionar os problemas dos nossos tempos.

Por isso, mais do que nunca, há que se buscar o "governo limitado às garantias dos direitos fundamentais e ao exercício da cidadania. Há que se buscar o impossível para conseguir o possível — portanto, um realismo sensato nos exige lutar pelo impossível para conseguir o possível".[35] A lição é oportuna: é tempo de edificar um ponto entre o momento inicial e as novas possibilidades, as potencialidades daquilo que não é, mas que pode vir a ser — a factibilidade. O exercício da função pública passa por esta potencialidade do que pode vir a ser, mas esta expectativa somente se concretizará com a apreensão do conceito ético pelo direito, de maneira a subsidiar todo ordenamento jurídico, tendo

---

[34] ROCHA. *Princípios constitucionais da Administração Pública*, p. 191.
[35] ANDERSON. Balanço do neoliberalismo. *In*: SADER; GENTILI (Org.). *Pós-neoliberalismo*: as políticas sociais e o Estado democrático, p. 196.

como núcleo a dignidade do homem, de forma a assegurar a manutenção, reprodução e desenvolvimento da vida humana em concreto.

A criação de organismos nacionais e internacionais especializados no combate à corrupção ou, propondo medidas específicas para o controle estatal tem se proliferado. O certo é que, grande parte das discussões prosseguem atentas a questões genéricas, reduzindo o debate aos mecanismos de controle da atuação administrativa, sem, contudo aprofundar estudos em direção à pedra angular de uma problemática de origem imêmore.

Assim, diante da crise moral que a sociedade enfrenta, propiciada, principalmente pela busca de resultados imediatistas, êxitos exclusivamente econômicos, satisfação dos interesses individuais em detrimento dos coletivos, onde o mercado tornou-se "semideus" intocável — acima do bem e do mal, falar em ética tornou-se moda — especialmente quando práticas corruptas avançam na sociedade. Todavia, a ética não pode ser uma reação à corrupção, por se constituir numa desnaturação da potestade pública, a qual, no lugar de exercitar-se com equidade, justiça e critérios de bem-estar coletivo, restam por realizar fins próprios, particulares ou de um grupo.

## Referências

ANDERSON, Perry. Balanço do neoliberalismo. *In*: SADER, Emir; GENTILI, Pablo (Org.). *Pós-neoliberalismo*: as políticas sociais e o Estado democrático. São Paulo: Paz e Terra, 1995.

ARISTÓTELES. *Ética a Nicômacos*. Trad. de Mário da Gama Kury. 2. ed. Brasília: Ed. UnB, 1992.

ÁVILA, Humberto. *Teoria dos princípios*: da definição à aplicação dos princípios jurídicos. São Paulo: Malheiros, 2003.

BACELLAR FILHO, Romeu Felipe. Ética pública, o Estado democrático de direito e os princípios consectários. *In*: PIRES, Luis Manuel Fonseca; ZOCKUN, Maurício; ADRI, Renata Porto (Coord.). *Corrupção, ética e moralidade administrativa*. Belo Horizonte: Fórum, 2008.

BACELLAR FILHO, Romeu Felipe. Profissionalização da função pública: a experiência brasileira. *Revista Brasileira de Direito Municipal – RBDM*, v. 5, n. 11, p. 87-96, jan./mar. 2004.

BAUMAN, Zygmunt. *Vida líquida*. Trad. de Carlos Alberto Medeiros. Rio de Janeiro: J. Zahar, 2007.

BERTONCINI, Mateus Eduardo Siqueira Nunes. *Princípios de direito administrativo brasileiro*. São Paulo: Malheiros, 2002.

CAPUTI, María Claudia. *La ética pública*. Buenos Aires: Depalma, 2000.

DRUCKER, Peter F. *Desafios gerenciais para o século XXI*. Trad. de Nivaldo Montingelli Jr. 3. reimp. São Paulo: Pioneira Thomson Learning, 2001.

DUSSEL, Enrique. *Ética da libertação*: na idade da globalização e da exclusão. Trad. de Ephraim Ferreira Alves, Jaime A. Clasen e Lúcia M. E. Orth. Petrópolis: Vozes, 2000.

FREITAS, Juarez. *O controle dos atos administrativos e os princípios fundamentais*. 3. ed. atual. e ampl. São Paulo: Malheiros, 2004.

FREITAS, Juarez. Princípio da moralidade administrativa. *In*: PIRES, Luis Manuel Fonseca; ZOCKUN, Maurício; ADRI, Renata Porto (Coord.). *Corrupção, ética e moralidade administrativa*. Belo Horizonte: Fórum, 2008.

GIACOMUZZI, José Guilherme. *A moralidade administrativa e a boa-fé da Administração Pública*: o conteúdo dogmático da moralidade administrativa. São Paulo: Malheiros, 2002.

LOPES, Maurício Antônio Ribeiro. *Comentários à reforma administrativa*: de acordo com as emendas constitucionais 18, de 15-02-1998 e 19, de 04-06-1998. 2. tiragem. São Paulo: Revista dos Tribunais, 1998.

MARTINS, Ricardo M. Princípio da moralidade administrativa. *In*: PIRES, Luis Manuel Fonseca; ZOCKUN, Maurício; ADRI, Renata Porto (Coord.). *Corrupção, ética e moralidade administrativa*. Belo Horizonte: Fórum, 2008.

PEGORARO, Olinto A. *Ética e justiça*. Petrópolis: Vozes, 1995.

PEREIRA, Isidro. *Dicionário grego-português e português-grego*. 7. ed. Porto: Livr. Apostolado da Imprensa, 1990.

RAWLS, John. *Uma teoria da justiça*. Trad. de Carlos Pinto Correia. Lisboa: Presença, 1993.

ROCHA, Cármen Lúcia Antunes. *Princípios constitucionais da Administração Pública*. Belo Horizonte: Del Rey, 1994.

RODRÍGUEZ-ARANA MUÑOZ, Jaime. *La dimensión ética*. Madrid: Dykinson, 2001.

SÁNCHEZ VÁZQUEZ, Adolfo. *Ética*. Trad. de João Dell'Anna. 30. ed. Rio de Janeiro: Civilização Brasileira, 2008.

---

Informação bibliográfica deste texto, conforme a NBR 6023:2002 da Associação Brasileira de Normas Técnicas (ABNT):

FERREIRA, Mara Angelita Nestor. Ética e moralidade na função pública. *In*: BAUTISTA CELY, Martha Lucía; SILVEIRA, Raquel Dias da (Coord.). *Direito disciplinário internacional*: estudos sobre a formação, profissionalização, disciplina, transparência, controle e responsabilidade da função pública = *Derecho disciplinario internacional*: estudios sobre formación, profesionalización, disciplina, transparencia, control y responsabilidad de la función pública. Belo Horizonte: Fórum, 2011. v. 1, t. I, p. 105-119. v. 1: Título Português, t. I: Título Espanhol. ISBN 978-85-7700-446-1.

## Parte II

# Experiência Nacional e Estrangeira sobre o Magistério do Direito Disciplinário

# Autonomía del Derecho Disciplinario

## Jorge Enrique Martínez Bautista

El ejercicio de la función pública a cargo de los servidores del Estado implica de éstos, necesariamente el cumplimiento y la subordinación a una serie de deberes, obligaciones y responsabilidades, sujetando su comportamiento a los principios establecidos por el Estatuto Superior, teniendo en cuenta que en nuestro Estado Social de Derecho está encaminada al servicio de los intereses generales, para lo cual es necesario observar los presupuestos de eficacia, eficiencia, igualdad, economía, imparcialidad y moralidad administrativa, entre otros, con el fin de que se logre cumplir con los cometidos estatales.

Es decir, que para que haya una respuesta del Estado a los requerimientos de los asociados, las funciones y competencias de sus servidores deben supeditarse al cumplimiento de parámetros preestablecidos por la normatividad vigente, para lograr la finalidad prevista en los distintos objetivos de la administración.

La administración pública se encarga de organizar las relaciones que se presentan entre el Estado y todos sus servidores con el propósito de alcanzar la materialización de los fines encomendados.

La inobservancia de esos supuestos de orden constitucional y legal permite al Estado ejercer su poder coercitivo para lograr que la actuación de sus agentes se ciña al ordenamiento superior, mediante el ejercicio del derecho disciplinario, que es consustancial a la organización política y necesario para garantizar la buena marcha de sus actividades y asegurar a los gobernados que su ejercicio sea en beneficio común para la protección de sus derechos y libertades.

En efecto, el Derecho Disciplinario tiene como sujeto pasivo a un agente cualificado, es decir que su aplicación se circunscribe únicamente a cierto destinatario, que para este caso especifico es el servidor público que se encuentra sometido a una relación especial de sujeción, o el particular que cumpla ciertas funciones públicas, o quien esté encargado del manejo de recursos de esta naturaleza.

La Honorable Corte Constitucional en sentencia C-417 de 1993, con ponencia del doctor Fabio Morón Díaz, determinó que hay esa relación especial de sujeción en aquellos casos en los que existe una relación laboral de subordinación entre el Estado y una persona, porque se crea una relación o supremacía especial debido a la situación particular en la cual se presenta el enlace entre la administración y la aludida persona.

Por tal motivo, el Derecho Disciplinario se erige como una importante herramienta para precaver la ocurrencia de conductas que puedan afectar el cabal cumplimiento de las tareas que se deben ejecutar en desarrollo de la gestión estatal, tornándose como absolutamente necesario e indispensable en la labor que se desarrolla en un Estado Social de Derecho, que busca garantizar la buena marcha y el buen funcionamiento de la administración pública, asegurando a los administrados que su ejercicio realmente concreta los derechos fundamentales, sociales, económicos y de distinta naturaleza que consagra el Estatuto Superior.

El Derecho Disciplinario, se estructura como parte integrante del derecho sancionador, toda vez que dentro de sus preceptos contiene normas de orden coactivo que permiten imponer los correctivos necesarios para que se dé cumplimiento a la normatividad que se ha establecido para que sus agentes cumplan sus funciones adecuadamente a favor de los asociados, de forma tal que su inobservancia puede generar una sanción, que en ciertas circunstancias conlleva a que ese sujeto pasivo pueda ser sustraído del conocimiento de tareas asignadas a la administración pública, por un periodo que en nuestro ordenamiento puede llegar a ser de veinte años y en caso extremo se puede tornar vitalicio.

Con el fin de orientar la buena marcha de la administración pública imponiendo los correctivos encaminados al cumplimiento de la normatividad a favor de la comunidad, surge a la vida jurídica el derecho disciplinario administrativo como una especialidad que forma parte integrante del derecho sancionatorio, es decir, es una rama del derecho punitivo en general.

En sentencia C-244 de 1996, la Honorable Corte Constitucional con ponencia del doctor Carlos Gaviria Díaz consideró que la acción disciplinaria se produce dentro de la relación de subordinación que existe entre el funcionario y la administración en el ámbito de la función pública y se genera por el incumplimiento de un deber o de una prohibición, o por la omisión o extralimitación de funciones, incursión en el desconocimiento de inhabilidades e incompatibilidades, etcétera y que su finalidad es garantizar el buen funcionamiento, moralidad y prestigio del organismo publico

Por ostentar esta condición sancionatoria, que se encuentra debidamente avalada por normas de carácter superior, toda vez que está consagrado como tal por la propia Constitución Política, es obvio que su origen, naturaleza, desarrollo e implementación implica el cumplimiento de las garantías sustanciales y procesales del derecho en general, dentro del ordenamiento jurídico, por lo cual el derecho disciplinario se viene consolidando como una rama propia y autónoma.

El origen constitucional del derecho disciplinario ha permitido que a pesar de su corta vigencia se hayan podido implementar sus propios principios, sus propios procedimientos, sus propias obligaciones y sus propias consecuencias jurídicas, que permiten su ejercicio autónomo sin que tenga que recurrir a otras disciplinas para poner en funcionamiento la jurisdicción sancionatoria disciplinaria ante el desconocimiento de sus especificas disposiciones, por tales circunstancias podemos predicar que al contar con normas sustantivas y de procedimentales propias, adquiere su propio cuadro normativo, que lo habilita para que se pueda aplicar de manera independiente, circunstancia esta que se corrobora con la imposición de sanciones, las cuales en materia disciplinaria son completamente diferentes de las que corresponden a otras disciplinas y que se contraen a la suspensión provisional del ejercicio de funciones públicas, la destitución del cargo desempeñado y la inhabilidad para el ejercicio de ciertas funciones públicas.

Es decir, que debido a su singular conformación especial, el Derecho Disciplinario se constituye como un ordenamiento autónomo, que solamente tiene limitación ante la posible vulneración del Estatuto Constitucional Superior y de la propia ley, la cual, debido a su particularidad, le otorga una serie de reglas y de principios que rigen específicamente la conducta disciplinaria de un sujeto cualificado.

Ese sujeto cualificado es el servidor público que por expresa disposición normativa se encuentra dentro de una relación especial de sujeción frente a la administración pública, en donde debe cumplir una serie de deberes y obligaciones, pero que a su turno le concede una serie de derechos para el cabal ejercicio de las tareas que le son asignadas.

También se encuentran dentro de esta relación especial de sujeción los particulares que cumplen funciones públicas o administran recursos públicos, entre otros, sin importar la naturaleza jurídica y el origen de la entidad en la cual desarrollan sus actividades, sino únicamente la especificidad de la función que cumplen.

La autonomía del derecho disciplinario administrativo se consolida precisamente porque cuenta con una serie de reglas y principios propios que rigen todo lo concerniente a la actuación administrativa a cargo de esa persona que se encuentra dentro de esa relación de sujeción, con la finalidad única y concreta de regular su actuar para que pueda cumplir a cabalidad las obligaciones y deberes que le ha señalado el ordenamiento jurídico, so pena de incurrir en la imposición de una sanción, por el incumplimiento de los deberes y obligaciones que le señala la ley y el reglamento, conforme lo exige el Estatuto Constitucional que establece que todos los cargos públicos deben tener asignadas específicamente sus funciones.

Por expreso mandato constitucional todo servidor público debe estar al servicio del Estado y de la comunidad, por lo cual tiene el deber de ejercer las funciones que le son asignadas, en la forma prevista, por la Constitución, la ley o por el reglamento.

Para efectos de la reglamentación de las funciones a cargo de los funcionarios públicos, es necesario tener en cuenta los artículos 122 y 123, inciso 2º, del Estatuto Superior que de manera específica determina que estos "ejercerán sus funciones en la forma prevista por la Constitución, la ley y el reglamento" y que "no habrá empleo público que no tenga funciones detalladas en ley o reglamento".

En cuanto a la responsabilidad de tales empleados públicos, el art. 124 de la carta prevé: "La ley determinará la responsabilidad de los servidores públicos".

No obstante, sin que sea factor que permita desconocer su autonomía, debemos reconocer que ante la ausencia de algunas reglas y la implementación de algunos principios que habiliten la total independencia del derecho disciplinario administrativo, el cual tiene sistematizados, elaborados y consolidados sus propios institutos sustanciales y procesales que le permiten estructurarse como una verdadera disciplina autónoma, en ciertas ocasiones se ha hecho necesario tomar algunas herramientas e instrumentos de otras especies del derecho sancionador (por ejemplo el derecho penal), para poder realizar su aplicación en algunos casos.

Por esta razón, en estos momentos podemos hablar de una absoluta autonomía del derecho disciplinario sancionador, ya que para el mismo se han estructurado conceptos propios aplicables únicamente a esta especialidad, aunque ocasionalmente se deba acudir a principios y fundamentos de carácter especial pertenecientes a instituciones del ámbito sancionador, sin que ello implique que no contamos con instituciones jurídicas propias que en un momento dado nos permitan aplicar nuestra propia normatividad disciplinaria. Por regla general, los otros ordenamientos sancionatorios también acuden a instrumentos jurídicos contenidos en otros cuerpos normativos para su total aplicación.

De especial importancia es señalar que el derecho sancionatorio disciplinario en nuestro ordenamiento jurídico, Ley 734 de 2002, está sometido al cumplimiento del principio constitucional del debido proceso, el cual se encuentra consagrado en el artículo 29 del Estatuto Superior, como norma especial que consagra el cumplimiento de las garantías sustanciales y procesales que lo conforman, garantizando así el universal principio de legalidad, en desarrollo del cual es al propio legislador a quien le corresponde determinar cuáles son las conductas o comportamientos que en cierta circunstancias y modalidades pueden atentar contra los intereses jurídicos debidamente protegidos por el ordenamiento jurídico y cuya trasgresión genera juicio de responsabilidad por atentar contra bienes e intereses jurídicos que tienen protección especial, como es en este caso el correspondiente a la recta y adecuada prestación del servicio público.

En tal virtud, dentro del marco general de competencia que por mandato superior tiene asignado el legislador, que para efectos de este trabajo se circunscribe a la autonomía del derecho sancionatorio disciplinario, es de suma importancia reiterar la responsabilidad que le atañe en la conformación legal de la norma jurídica, es decir, en su tipificación, la cual tiene por objeto y finalidad específica describir aquellos comportamientos o conductas que bajo ciertas circunstancias y modalidades pueden atentar contra ese interés jurídico protegido, por tal razón le atañe determinar en forma abstracta y objetiva el comportamiento que puede generar la infracción a ese bien, señalando consecuencialmente cual será la responsabilidad y sanción al sujeto activo de la misma.

La tipicidad es uno de los principales ingredientes o principios que han reiterado la autonomía del derecho disciplinario sancionador, precisamente por cuanto existe una verdadera especialidad en la determinación de sus normas, de su interés jurídico protegido y de los comportamientos que pueden vulnerarlo, por lo cual también se ha extendido hasta la determinación de la sanción, inclusive.

Es de suma importancia recalcar que en desarrollo de este principio se han concretado de manera clara y contundente los comportamientos, (activos, omisivos, de extralimitación, etc.), que pueden conllevar a incurrir en una falta disciplinaria, señalando cual es su correspondiente sanción, debido específicamente a los efectos negativos que puede generar a la administración pública y a la comunidad en general.

En este sentido, es necesario destacar que la tipicidad está garantizando de manera previa y objetiva el interés de proteger la adecuada prestación de las obligaciones a cargo de la administración pública, señalando igualmente cuales comportamientos atentan contra ella y cuáles son las consecuencias jurídicas de incurrir en algunas de las conductas que se encuentran tipificadas como faltas leves, graves y gravísimas.

La Corte Constitucional ha sido prolija en pronunciamientos a este respecto, en efecto, en la sentencia C-280/95, expresó:

> No sólo las faltas disciplinarias deben estar descritas en norma previa sino que además, la sanción debe estar predeterminada. Debe haber pues certidumbre normativa previa sobre la sanción a ser impuesta.

Los criterios antes expuestos aparecen reiterados en la sentencia C-310/97 en la cual se dijo:

> (...) el derecho disciplinario es una modalidad de derecho sancionatorio, por lo cual los principios del derecho penal se aplican, *mutatis mutandi* en este campo, pues la particular consagración de garantías sustanciales y procesales a favor de la persona investigada se realiza en aras del respeto de los derechos fundamentales del individuo en comento, y para controlar la potestad sancionadora del Estado.

El principio de legalidad es otro de los ingredientes importantes que orientan el proceso administrativo sancionatorio, toda vez que bajo este precepto se extiende una garantía hacia los sujetos pasivos de esta normatividad, la cual consiste en que el Estado sólo podrá entrar a deducirles responsabilidad por los hechos que se le imputan, siempre y cuando se encuentren consagradas las conductas reprochables con preexistencia a la responsabilidad que se les endilga.

Esa consagración restrictiva de comportamientos que generan responsabilidad, debe estar consagrada de una forma tal que no admita vaguedades, imprecisiones o ambigüedades que permitan la aplicación normativa de una disposición por extensión, sino que debe ser concreta y objetiva, de forma tal que haya una perfecta correlación entre la conducta realizada, la norma aplicada y la consecuencia jurídica adoptada, toda vez que como en todo derecho sancionador la carga de la prueba le corresponde al Estado.

Bajo esta consideración, en desarrollo del principio de legalidad, el trámite administrativo se debe adelantar con observancia del debido proceso, cumpliendo las etapas establecidas para el desarrollo del mismo, garantizando el derecho de contradicción y de defensa que le corresponde a todo disciplinado o cuestionado, lo cual debe estar taxativamente establecido en la ley o en el ordenamiento jurídico que con preexistencia a la ocurrencia del hecho consagra la normatividad sancionatoria en materia disciplinaria.

Por ello es importante tener en cuenta lo dispuesto por el artículo 29 de la Constitución Política de Colombia que prescribe que nadie podrá ser juzgado sino conforme a leyes preexistentes al acto que se le imputa y ante juez o tribunal competente, observando en todos los casos la plenitud de las formas propias de cada juicio.

Para la estructuración del derecho disciplinario administrativo, fue necesario realizar una configuración amplia y especial de aquellas conductas que atentaran contra el adecuado cumplimiento de la administración pública, partiendo de la base de admitir una descripción profunda que permitiera establecer y concretar todas aquellas acciones u omisiones que pudieran afectar su cabal desarrollo.

Como ingredientes de especial significación en este derecho sancionador naciente, se tuvieron en cuenta parámetros universales que actualmente nos permiten investigar y aclarar las circunstancias temporo espaciales en que acaecieron las conductas, de manera tal que para aplicar la norma al caso concreto, se partiera del principio de la autonomía, contando con principios especiales que regulan el análisis y la evaluación de cada una de las distintas conductas, debido específicamente a la imposibilidad de determinar detalladamente todos los elementos que las estructuran.

En tal virtud, muchas de las normas no explican en qué consisten determinadas conductas (por ejemplo: abandono de cargo), sin embargo, por tal motivo no puede alegarse que exista falta de tipicidad de la conducta reprochable, objeto de sanción.

En diferentes planteamientos de las Altas Corporaciones de Justicia se ha considerado que son las disposiciones de la Constitución Política de Colombia las que han servido de base para sostener y fundamentar el amplio grado de independencia o autonomía del derecho disciplinario frente a otras normas y especialmente frente al derecho penal, en razón de las especificidades que presenta, así como en atención a su contenido sustancial y a las reglas y principios procesales que deben observarse en el juzgamiento de las faltas disciplinarias.

En efecto, por citados Despachos de Justicia se ha destacado que los artículos 1, 2, 6, 29, 123, 124, 125 inciso 4º y 209 de la Constitución Política señalan las especificidades que surgen de la naturaleza operativa ejecutora de la administración pública que buscando el bienestar de la comunidad demanda respuestas urgentes e inmediatas para la satisfacción de los intereses públicos o sociales, los bienes jurídicos protegidos, como son el patrimonio público, la moralidad, la transparencia, la eficiencia y la eficacia administrativas.

Por tal motivo consideran que no resulta admisible aplicar las normas penales a la deducción de responsabilidad disciplinaria administrativa, sin que previamente se haya procedido a realizar las adaptaciones necesarias que imponen las especificidades antes anotadas.

Sin embargo, teniendo en cuenta que el derecho disciplinario ya ha avanzado bastante en el proceso de construcción de las reglas y principios que le son propios, se ha tornado menos recurrente acudir a los principios, garantías e instituciones penales; por tal razón, se ha llegado a la aplicación propia de instrumentos disciplinarios en procura de mejorar las reglas especiales que gobiernan el sistema disciplinario.

En la sentencia C-341/96 la Corte se refirió al derecho disciplinario en la Constitución, en los siguientes términos:

> El derecho disciplinario comprende el conjunto de normas, sustanciales y procesales, en virtud de las cuales el Estado asegura la obediencia, la disciplina y el comportamiento ético, la moralidad y la eficiencia de los servidores públicos, con miras a asegurar el buen funcionamiento de los diferentes servicios a su cargo. Por consiguiente, el sistema normativo que configura dicho derecho regula:
>
> a) Las conductas — hechos positivos o negativos — que pueden configurar falta juzgable disciplinariamente. Es así, como la violación de los deberes, de las prohibiciones o de las inhabilidades o incompatibilidades, a que están sujetos los funcionarios y empleados públicos, es considerado por el respectivo estatuto disciplinario como falta disciplinaria.
>
> b) Las sanciones en que pueden incurrir los sujetos disciplinados, según la naturaleza de la falta, las circunstancias bajo las cuales ocurrió su comisión y los antecedentes relativos al comportamiento laboral.
>
> c) El proceso disciplinario, esto es, el conjunto de normas sustanciales y procesales que aseguran la garantía constitucional del debido proceso y regulan el procedimiento a través del cual se deduce la correspondiente responsabilidad disciplinaria.
>
> En la sentencia C-280/96, al reiterar la naturaleza y finalidad del derecho disciplinario, analizadas en diferentes pronunciamientos, dijo la Corte que (...) este es consustancial a la organización política y absolutamente necesario en un Estado de Derecho (C.P. art. 1º), por cuanto de esta manera se busca garantizar la buena marcha y buen nombre de la administración pública, así como asegurar a los gobernados que la función pública sea ejercida en beneficio de la comunidad y para la protección

de los derechos y libertades de los asociados (CP arts. 2º y 209). Por ello el derecho disciplinario está integrado por todas aquellas normas mediante las cuales se exige a los servidores públicos un determinado comportamiento en el ejercicio de sus funciones, ya que los servidores públicos no sólo responden por la infracción a la Constitución y a las leyes sino también por la omisión o extralimitación en el ejercicio de sus funciones (CP. art. 6º).

Gran parte de los cometidos del Estado Social de Derecho deben ser realizados por la administración, la cual funda su eficiencia y eficacia en cuanto los pueda traducir en hechos y obras concretos.

La administración en dicho Estado ha sido instituida para servir a los altos intereses de la comunidad, lo cual se traduce en el deber de desarrollar actividades concretas de beneficio colectivo para satisfacer las necesidades insatisfechas de ésta, mediante el ejercicio de los diferentes poderes de intervención de que dispone. Ello impone la necesidad de que la actividad de los funcionarios estatales se adecue a los imperativos de la eficacia, la eficiencia y la moralidad administrativa. Así se asegura, el adecuado funcionamiento de los servicios estatales, el correcto manejo y la preservación del patrimonio público, y la buena imagen de la administración, la cual gana legitimidad y credibilidad frente a la comunidad.

No podemos desconocer que la practica e implementación de las normas del derecho disciplinario administrativo nos han permitido establecer que Indudablemente, existen principios, que son comunes tanto al derecho penal como al derecho disciplinario, *v.g.* los de legalidad, tipicidad, derecho de defensa, irretroactividad, culpabilidad, proporcionalidad, presunción de inocencia, *non bis in idem*, etc., pero ello no implica la pérdida de autonomía que se viene predicando

---

Informação bibliográfica deste texto, conforme a NBR 6023:2002 da Associação Brasileira de Normas Técnicas (ABNT):

MARTÍNEZ BAUTISTA; Jorge Enrique. Autonomía del derecho disciplinario. *In*: BAUTISTA CELY, Martha Lucía; SILVEIRA, Raquel Dias da (Coord.). *Direito disciplinário internacional*: estudos sobre a formação, profissionalização, disciplina, transparência, controle e responsabilidade da função pública = *Derecho disciplinario internacional*: estudios sobre formación, profesionalización, disciplina, transparencia, control y responsabilidad de la función pública. Belo Horizonte: Fórum, 2011. v. 1, t. I, p. 123-131. v. 1: Título Português, t. I: Título Espanhol. ISBN 978-85-7700-446-1.

# Principios del Derecho Disciplinario

## Javier Ernesto Sheffer Tuñón

**Sumario:** 1 Ideas iniciales básicas – **2** Concepto de principio jurídico – **3** Noción de procedimiento administrativo – **3.1** Finalidades del procedimiento administrativo – **4** Principios del Derecho Disciplinario – **4.1** Aclaración – **4.2** Principios rectores – **4.2.1** Debido proceso legal – **4.2.1.1** Debido proceso y tutela efectiva en el Derecho Disciplinario – **4.2.2** Presunción de inocencia – **4.2.3** Legalidad: tipicidad de las causales y sanciones correspondientes – **4.2.4** Proporcionalidad entre el hecho cometido y la sanción aplicada – **4.2.5** La visión del Derecho Disciplinario de modo orgánico y preventivo – Bibliografía

## 1 Ideas iniciales básicas

Agradezco la invitación a participar en esta obra colectiva sobre aspectos medulares del Derecho Disciplinario. La materia que nos ocupa es de gran trascendencia para el Derecho Administrativo.

El título de este documento se centra en los principios de esta disciplina, por cuanto no es casual que en la práctica de los despachos administrativos de la Administración Central, la descentralizada por funciones y territorialmente, y en aquellos cuya función no es típicamente la administrativa, sino que la ejercen de manera residual, tal cual el Órgano Judicial y el Legislativo, son de necesaria aplicación las normas del Derecho Disciplinario, por el cometido básico de tender a la preservación de la buena marcha de la función o servicio respectivo; la búsqueda de la verdad, de la disciplina del sujeto pasivo y, en último grado, más que de encontrar responsables y culpables de una falta, seguir la secuencia del orden que debe imperar en el desenvolvimiento de tales despachos oficiales, por los cometidos de naturaleza institucional y de servicio público que tienen encomendados.

Por lo anterior, se puede afirmar que la "Potestad disciplinaria" de la Administración respecto de los servidores que fungen en ella, está orientada en el interés público.

Doctrinalmente existen diversas opiniones acerca de las finalidades del Derecho Disciplinario, sobre todo si se trata de aspectos que conciernen al Derecho Administrativo ligados al Derecho Penal, en lo que éste ultimo como Derecho Común, ha aportado a la configuración dentro de los estamentos y cuerpos de la Administración, de una *función pública* sometida al *principio de legalidad* en las relaciones de empleo con su personal adscrito.

Naturalmente, que estas ideas las esbozo dentro del marco o espectro jurídico del Derecho panameño y sus principios vigentes; sin embargo, nada impide que tengan cierto hilo conductor con el derecho vigente en otras latitudes.

## 2 Concepto de principio jurídico

Es elemental que se precise este concepto por cuanto comúnmente se le liga a valores como la paz, las buenas relaciones entre vecinos, el ornato, el aseo y otros, que son inmanentes a nociones por lo regular mucho más profundas y constantes, que se configuran por ello como *Principios Generales del Derecho*. Se ha dicho que por su etiología los principios son más constantes que los valores.

Por principio jurídico entiendo la base, el origen, el fundamento, que inspira a la Ciencia del Derecho, las ramas en que éste se divide o a las disciplinas que lo integran. Tienen tal rango los aforismos de la buena fe, los pactos deben cumplirse, la equidad, irretroactividad de la Ley, salvo la favorable al reo y la de orden público e interés social, cuando en ellas así se exprese; el bien particular ha de ceder ante el interés colectivo, bien común o interés público, dura es la ley pero es la ley; aunque este último es morigerado cuando la aplicación con rigor del derecho puede ocasionar gran perjuicio al interesado, entre muchos otros.

En la hora actual de la globalización otras figuras vienen perfilándose como derechos fundamentales, porque la conciencia colectiva de la humanidad así los percibe, y en mi opinión, es posible traducirlos a principios. Es el caso de la obligación de preservar y derecho a gozar de un ambiente sano (ecosistema), el derecho a la paz, a la cultura, al desarrollo humano sostenible, el derecho a las fuentes tecnológicas y de la información, consustancial a la *era del conocimiento*, en la que nos ha tocado vivir, y la buena gestión que de este insumo se haga, porque cada instante su avance produce un momento revolucionario, ya no desde la perspectiva de las luchas ideológicas, sino por el acercamiento de millones de personas movidas por diversas razones, que de otra manera tal vez nunca hubiesen tenido contacto, ocasionando, a su vez, nuevas relaciones de todo tipo.

Los principios del Derecho tienen un sitial y efectos importantes en todos los ámbitos de lo jurídico, sobre todo al referirnos más ampliamente a los Principios Generales del Derecho como *fuentes*,[1] capaces de generar o emanar normas de carácter obligatorio. Cobran especial relevancia, cuando según el Derecho Civil y la centenaria regla de integración normativa, ante la ausencia de Ley exactamente aplicable al caso sometido a consideración de la autoridad, sirven para suplir una laguna; aunque lo deseable es que el ordenamiento no presente "baches legales", por su plenitud ideal.

De todos modos, los Principios a los que me refiero inspiran la labor legislativa, que por orientarse en ellos, crea normas que beben de los mismos y contribuyen a su respeto y materialización por los tribunales y el órgano administrativo por excelencia.

El Derecho Disciplinario ha de discurrir por intermedio de un instrumento o herramienta que lo efectivice. Este vehículo "instrumentalizador" es el "procedimiento administrativo", que está cimentado en principios. Acojo la tesis que describe a este último como una especie de Derecho Común de la Administración Pública, caracterizada por la secuela incesante de procedimientos, que deben ajustarse a la materia respectiva, fiscal, de derecho de autor, disciplinaria, ambiental, etc.

## 3 Noción de procedimiento administrativo

El procedimiento administrativo constituye el "instrumento procesal por el cual el Estado cumple su función administrativa".[2]

También y de modo más preciso y descriptivo, "es la serie, secuencia o sucesión de actos que, dirigida a la satisfacción directa e inmediata del bien común o interés público, constituye el elemento ordenador, regulador y sistematizador del desenvolvimiento de la función administrativa del Estado".[3]

---

[1] El artículo 13 del Código Civil de 1917 establece que "Cuando no haya ley exactamente aplicable punto controvertido, se aplicarán las leyes que regulen casos o materias semejantes, y en su defecto, la doctrina constitucional, *las reglas generales del derecho*, y la costumbre, siendo general y conforme con la moral cristiana".

[2] COMADIRA, Julio Rodolfo. Función administrativa y principios generales del procedimiento administrativo. *In*: ARGENTINA. *130 años de la Procuración del Tesoro de la Nación*: 1863-1993. Buenos Aires: Procuración del Tesoro de la Nación, 1994. p. 81.

[3] COMADIRA, Julio Rodolfo. *Derecho administrativo*: acto administrativo, procedimiento administrativo, otros estudios. Buenos Aires: Abeledo Perrot, 1996. p. 116-117.

Estamos de acuerdo con estas dos acepciones brindadas por Comadira, quien sigue la jurisprudencia de su país, Argentina, en cuanto a la identificación o equivalencia entre los términos "bien común" e "interés público", subsumibles también en la conocida frase "bienestar general" o "bien común" pregonado por la filosofía clásica. El procedimiento administrativo, pues, tiende hacia el bienestar general.[4]

Este cotejo se asemeja, un poco, a la analítica e interesante reflexión que entre las expresiones *utilidad pública* e *interés social*, con referencia al derecho del Estado de expropiar bienes a tenor de la Constitución de 1946, hizo el jurista panameño César Quintero, al expresar que el "aludido concepto de interés social, sólo tiene trascendencia si se da al de utilidad pública un sentido demasiado estrecho. De lo contrario, el concepto de ésta incluye aquél.[5]

Comparativamente y desde una *óptica procesal*, para Comadira procedimiento y procedimiento judicial no son sino cauces procesales externos de funciones diversas: el primero dirigido a garantizar la satisfacción con inmediatez del interés público; el segundo, encaminado a lograr la resolución de conflictos entre partes con intereses contrapuestos.[6]

Ya señalé ut supra que el tema del Derecho Disciplinario no puede sino estar genéticamente unido al interés público, que existe en que los despachos oficiales marchen con la apetecida regularidad que el manejo de la cosa pública demanda en todos los aspectos de su engranaje, que es altamente complejo.

De acuerdo con Dromi, el procedimiento administrativo es "un instrumento de gobierno y de control. Cumple una doble misión republicana: el ejercicio del poder por los carriles de la seguridad y la legalidad y la defensa de los derechos por las vías procesales recursivas y reclamativas, además de los modos ordinarios de participación procedimental en calidad de parte interesada".[7]

---

[4] Según la Carta Pastoral No. 16, promulgada por los Obispos Católicos, en ocasión de la clausura del año jubilar celebrado en el 2000, "el *bien común* no es la simple suma de los intereses particulares, individuales o colectivos, tantas veces contradictorios, sino que comprende su justa valorización y jerarquización (...) implica promover el conjunto de las condiciones de la vida social que permitan a las mujeres y a los hombres, a las familias, a los grupos, realizarse más fácil y satisfactoriamente. Implica una continua búsqueda de lo que sirve a las mayorías, de lo que permite mejorar la condición de los más pobres y vulnerables, siempre pensando no sólo en el hoy, sino en nuestra responsabilidad con las generaciones futuras" (p. 47).

[5] QUINTERO, César. *Derecho constitucional*. San José, Costa Rica: Antonio Lehmann, 1967. p. 200.

[6] COMADIRA, *op. cit.*, p. 120.

[7] DROMI, Roberto. *El procedimiento administrativo*. Buenos Aires: Ciudad Argentina, 1996. p. 26-27.

Según Hutchinson, "es la vía, el camino que debe seguir la Administración para llegar al fin propuesto: *dictar un acto administrativo,* celebrar un contrato, etc. Por ello conviene observar que debe haber una íntima relación entre el procedimiento y la materia objeto de él".[8]

Este mismo expositor afirma que el procedimiento administrativo "consiste en una serie de actos, formal y sustancialmente administrativos, mediante los cuales se ejerce la función administrativa".[9]

Todas estas definiciones encierran un elemento común que identifica propiamente la naturaleza del procedimiento administrativo: Es un instrumento para el buen gobierno y fluido ejercicio de la función administrativa del Estado; la gerencia sobre la que se apoya tiene justificación en la búsqueda del bienestar general; tareas que, entre otras también esenciales, están en la base de este ente político jurídico y de la Administración Pública que aquél debe desempeñar.

La buena marcha de la Administración acoge como uno de sus componentes necesarios, la disciplina de todos sus agentes, de esta manera su concepción y práctica está imbuida de una mixtura en que la regla de Derecho y la conducta del sujeto a disciplina, se configuran más que como una relación represiva, en una de tipo preventivo, orgánico y sistémico, para propiciar y regularizar su propósito ceñido al cauce del interés general, cuyo fiscalizador, en última instancia, es el ojo público.

La veeduría social cobra cada vez más importancia en la medida que si el titular del poder público y de la soberanía es el pueblo, quien más que éste es el derechohabiente de la conducta apropiada de sus funcionarios, delegatarios, mandatarios, no sólo para el juicio de reproche, sino para el reconocimiento del mérito, cuando aquél o éste sean de lugar.

De esto puede evocar, entre otros cuestionamientos, si realmente frente a la cuestión estatutaria que liga al servidor a la función pública, nos encontramos ante una situación exclusivamente de cuño interno de la Administración. Adhiero a una posición más abierta que supone un dominio no exclusivo de los reglamentos y estatutos públicos, sino con rendición de cuentas a la ciudadanía, que debe percibir los efectos de un servicio público de calidad, que incluye una excelente atención de los operarios a los usuarios en general.

---

[8] HUTCHINSON, Tomás. *Procedimiento y proceso administrativo en la Provincia de Buenos Aires.* Buenos Aires: Scotti, 1995. p. 22.

[9] HUTCHINSON, *op. cit.*, p. 21.

## 3.1 Finalidades del procedimiento administrativo

Al enfocar el procedimiento administrativo como presupuesto necesario para la habilitación de la instancia judicial, puede decirse que los objetivos del mismo son:

a) Producir una etapa conciliatoria anterior al juicio;

b) Dar a la Administración la posibilidad de revisar el acto y corregir algún error;

c) Promover el control de legitimidad y conveniencia de los actos de los órganos inferiores;

d) Facilitar la tarea tribunalicia, al llevar ante los jueces una situación contenciosa ya planteada; y,

e) Permitir una mejor defensa del interés público.[10]

Hutchinson, concretamente, reseña dos finalidades del procedimiento administrativo con las que estamos plenamente de acuerdo: a) Constituir una garantía de los derechos de los particulares; y, b) asegurar la pronta y eficaz satisfacción del interés general, mediante la adopción de medidas y decisiones necesarias, por los órganos de la Administración.[11]

También con esta perspectiva finalística, Dromi conceptúa que la eficiencia de la Administración, en su renovado rol de autoridad, implica la existencia de instrumentos de control, para evitar desvíos en su actuación, y si éstos se producen pueda aquélla ser encausada en forma oportuna. En este sentido, *el procedimiento* y *el proceso administrativos* constituyen la forma de articular el control, proveyendo a la protección de los derechos de los administrados. Autocontrol en el ámbito del procedimiento, control jurisdiccional en el proceso.[12]

Las claras ideas de Dromi coinciden con la posición de Sarmiento García, para quien en la regulación del ejercicio de la autoridad o poder político, el derecho positivo debe sin duda otorgar a quienes ejercen función administrativa la competencia requerida para que atiendan cumplidamente las exigencias circunstanciales del bien común; pero como el desborde es posible, como el uso injusto del poder es factible, es menester también que ponga a los depositarios de los derechos en situación de defenderlos con eficacia; y agrega que:

---

[10] Cf. HUTCHINSON, *op. cit.*, p. 22.

[11] HUTCHINSON, *op. cit.*, p. 20.

[12] Cf. Prólogo. *In*: SARMIENTO GARCÍA, Jorge H. *et al. Protección del administrado*. Buenos Aires: Ciudad Argentina, 1996. p. 10.

De ahí la necesidad de una adecuada regulación del procedimiento y del proceso administrativos, que equilibre las atribuciones que requieren los sujetos que ejercen función administrativa con la protección de los derechos de los administrados — y, en definitiva, de la libertad — contra el abuso.[13]

Para mí existe otra expresa y clara finalidad del procedimiento administrativo: Constituye un "instrumento racionalizador del poder público", porque establece los parámetros jurídicos de la conducta de la Administración y sus personeros. Cosa que es una clara emanación del principio de legalidad. Esta aserción también es factible para el procedimiento disciplinario, porque no puede ejercerse competencia disciplinaria al margen de la juridicidad, porque puede estar incursionándose en el hábitat de la arbitrariedad.

A medida que la organización y evolución del Estado va adquiriendo más complejidad, el Derecho Administrativo aparece como un imperativo categórico que *desplaza al derecho político*. Y esta nueva orientación del Derecho, es la que viene a encargarse de la estructuración y conservación de la sociedad políticamente organizada. Surgiendo de esa manera un nuevo concepto y entendimiento de esa novedosa rama del Derecho con los otros poderes estatales; lo que obliga, consecuentemente, a que se instituya *un ordenamiento procesal*, cual es el *procedimiento administrativo*, llamado a *limitar* las intromisiones funcionales de los poderes del Estado.[14]

# 4 Principios del Derecho Disciplinario

## 4.1 Aclaración

Aquí debemos partir señalando que no siempre ha existido la conciencia a nivel de los estamentos públicos de contar con un régimen estatutario lo más específico o concreto posible, para regular, mediante un procedimiento administrativo, la conducta que en la función administrativa deben cumplir los servidores públicos adscritos a las distintas dependencias oficiales.

---

[13] SARMIENTO GARCÍA, Jorge H. Introducción al procedimiento y proceso administrativos. *In*: SARMIENTO GARCÍA *et al. Protección del administrado*, p. 26-27.

[14] Cf. SANTIZO PÉREZ, Lao. El avocamiento en el procedimiento administrativo. *Anuario de Derecho – Panamá*, n. 12, p. 31, 1983.

En este proceso han incidido diversos factores en el desarrollo de la toma de conciencia, y uno de esos que es de mucha importancia consiste en el *principio de legalidad*, respecto de los cuales puede afirmarse circundan todos los demás.

Veremos, a continuación, algunos de los principios que pueden extraerse del Derecho nacional; sin perjuicio que esta tarea deje de ser taxativa, en otras palabras, no aspira a ser una lista cerrada.

Esta regulación se materializa a través de los denominados "Reglamentos Internos" de la institución, los que, comúnmente, contienen apartados acerca del "Recurso humano", que prevén normas sobre *acciones de personal*, régimen de faltas y sanciones disciplinarias, recursos legales y prestaciones laborales.

Sin embargo, por regla, estas normas consisten en "conatos de procedimientos administrativos", porque la regulación es deficiente ya que presentan muchos vacíos, que obviamente no tienen respuesta en la Ley orgánica de la respectiva institución, pues ésta sólo establece la ya clásica en nuestro Derecho Disciplinario, "facultad de libre nombramiento y remoción", como potestad en haber de la "autoridad nominadora" aplicable al recurso humano que no está amparado por una Ley de carrera — como la de la carrera administrativa, por citar un ejemplo —, que le conceda estabilidad laboral, o por Ley especial que le prodigue igual prerrogativa.[15]

A esto se agrega un régimen recursivo muy restringido, caso del derecho disciplinario en el Órgano Judicial, en que después del recurso de reconsideración, una vez surtido su trámite, no procede el recurso de apelación, teniendo que acudir el afectado a la vía de control judicial de la Administración, es decir, a la Sala Tercera de la Corte Suprema de Justicia, para revisar la validez del acto acusado.[16]

---

[15] La estabilidad de la que puede gozar un funcionario con régimen de carrera o derivada de Ley especial, es *relativa*, porque mediando causa justa de destitución, precedida del correspondiente procedimiento que garantice el derecho de defensa, si se logra probar la causal de destitución, el empleado puede ser removido, o en caso que no haya cometido falta grave, aplicarle la sanción que contempla la Ley o el reglamento dictado en su desarrollo.

[16] La jurisdicción contencioso administrativa está prevista a nivel constitucional en el artículo 206, numeral 2; las decisiones que en su ejercicio dicte la Sala Tercera son finales definitivas y obligatorias. Esta conformación de la jurisdicción especial propugna por un cambio porque ni siquiera en esta vía está garantizado el doble grado o doble instancia para revisar el proceso, no sólo disciplinario que haya llegado a sus estrados, sino cualquier otra de conocimiento de dicha jurisdicción.

## 4.2 Principios rectores

## 4.2.1 Debido proceso legal

El Derecho Disciplinario, en específico la sustanciación del trámite que la acción disciplinaria conlleva, debe regirse por el previo proceso legal, es decir, el sujeto a enmienda en su conducta tiene derecho a:

- Ser oído, lo que implica poder ser asistido por un abogado o abogada de su elección;
- Ofrecer y producir prueba, que consiste en aportar todas las pruebas *lícitas* y *pertinentes*, e intervenir en la práctica o evacuación de las que se hayan admitido u ordenado por la autoridad encargada de decidir;
- A alegar o presentar, generalmente por escrito, el resumen de la posición jurídica en su defensa antes de que se dicte la resolución de fondo;
- Que la resolución del procedimiento esté debidamente motivada, sobre todo porque se trata de la afectación de derechos o intereses que conciernen al sujeto a disciplina;
- Poder hacer uso de los recursos legales que contiene el respectivo régimen disciplinario.

Todo esto — en suma — representa un conjunto de garantías procesales para que se efectivice el denominado derecho de defensa, de rango constitucional, como más adelante abordo.

Considero por el grado de cercanía y esa incesante influencia entre instituciones y figuras jurídicas, que en este aspecto aplica lo que puede catalogarse como "tutela administrativa efectiva", comparable a la "tutela judicial efectiva", prevista en varias constituciones tal cual la española de 1978; pero que razones de respeto de las libertades, y sobre todo control del poder, justifican.

El énfasis no puede dejar de hacerse acerca de lo que significa la vía administrativa como mecanismo de autocontrol ejercido ante la propia Administración, por medio de la interposición de los recursos que permite la Ley, de tal suerte que ésta, si existen razones fundadas, vuelva sobre sus pasos y proceda a revocar, modificar, aclarar o anular sus propios actos, que imponen sanciones disciplinarias.

En esto debo reparar que en el procedimiento disciplinario y en el sancionador, el correccionado y el particular, no son colaboradores de la Administración, precisamente, porque ocupan el rol de sujetos pasivos de la acción disciplinaria o sancionadora.

El particular en el ámbito de la actividad represiva, ya sea disciplinaria, contravencional o penal, no es un colaborador de la Administración. Al respecto, la Procuración del Tesoro de la Nación argentina ha señalado:

> Esta es la única actividad de la Administración Pública donde la figura de colaborador que presenta el administrado en el derecho administrativo moderno, pierde su dogmática relevancia.[17]

El propósito de orden dentro de los estamentos públicos no es incompatible con el de respeto y la sustanciación de un proceso justo, de la naturaleza que fuere, ya que esta aspiración es un derecho fundamental que se inspira entre otras fuentes del Sistema Interamericano de Protección de los Derechos Humanos, concretamente del artículo 8.1 de la Convención Americana de Derechos Humanos o Pacto de San José, de 22 de noviembre de 1969, de la que Panamá es parte.

El debido proceso se aplica a todo tipo de procesos;[18] no siempre esto ha sido así en nuestro Derecho, ya que una tesis bastante limitada argüía que este derecho a gozar de un debido trámite tenía mayor preponderancia en los asuntos criminales. Esta tesis obsoleta, por cierto, fue abandonada a finales de la década de los 70 del siglo pasado, por una más amplia aupada por el Pleno de la Corte Suprema de Justicia en demandas de amparo de los derechos humanos o fundamentales y también en ejercicio del control de constitucionalidad concentrado de actos jurídicos en general, emanados de autoridades públicas.

Con todo, el artículo 32 de la Constitución establece el derecho a gozar de un debido proceso, en los siguientes términos:

---

[17] ARGENTINA. *130 años de la Procuración del Tesoro de la Nación*: 1863-1993, p. 92.

[18] El Pleno de la Corte Suprema de Justicia, mediante sentencia dictada en un proceso de amparo de garantías constitucionales, fechada el 18 de marzo de 1999, afirmó que el debido proceso debe cumplirse o respetarse en el *procedimiento administrativo sancionador*.
La Alta Magistratura expresó en el extracto medular de su doctrina que el debido proceso en ciertos aspectos es aplicable a los procedimientos administrativos sancionadores que sí se asemejan a un proceso judicial. Dicho principio incluye *en el procedimiento administrativo sancionador* aspectos tales como: el derecho del administrado a ser oído; a que se le notifique; a ser sancionado por una autoridad competente; a que se produzca la contradicción, es decir, que se le brinde a la persona la oportunidad de tomar posición y de pronunciarse sobre la pretensión punitiva de la Administración; el derecho a aportar pruebas lícitas relacionadas con el procedimiento administrativo así como a contradecir aquellas aportadas por la Administración; y sobre todo, la facultad de hacer uso de los medios de impugnación previstos en la Ley 135 de 1943 contra el acto administrativo sancionador. Cf. SHEFFER TUÑÓN, Javier Ernesto. *El procedimiento administrativo en Panamá*. Panamá: Sistemas Jurídicos, 2002. p. 99.

**Artículo 32.** Nadie será juzgado, sino por autoridad competente y conforme a los *trámites legales*, y no más de una vez por la misma causa penal, administrativa, policiva o disciplinaria. (énfasis suplido)

La norma superior copiada ha servido de base para estimar que en todo proceso, administrativos y judiciales, debe respetarse el debido proceso legal, como emanación de la legalidad, para el caso de una Administración supeditada a la Ley y al Derecho.

El concepto jurídico "trámites legales" tiene una connotación que difiere del sentido común, y la Corte Suprema desde antaño se ha encargado de precisar que su significado no corresponde al lenguaje liso y llano, sino al que jurídicamente es relevante según la función que en el proceso y el Estado de Derecho debe cumplirse por razón de la tutela judicial efectiva, categoría de la cual el debido proceso es elemento de gran trascendencia para el respeto de los derechos humanos.

En efecto, trámites legales, es una frase "comprensiva de vía procesal adecuada y de formas esenciales que constituyan *garantía suficiente de un proceso regular*".[19]

Para el Pleno de la Corte, "el requisito constitucional del debido proceso está compuesto por varios elementos concurrentes: autoridad competente, *por los trámites legales* y por el juzgamiento por una sola vez, en causas penales, policivas o disciplinarias. En este sentido el debido proceso consiste fundamentalmente en los trámites que hay que adelantar y que fija la ley para *todas las causas que a nivel administrativo y judicial se propongan*".[20]

Resulta oportuno destacar que la Constitución nacional contempla la prohibición del doble juzgamiento como integrante del derecho fundamental a gozar de un debido proceso.

El *non bis in ídem* no es un principio jurídico separado sino ligado a la garantía procesal analizada; por eso no lo reseño en este pequeño esbozo como una categoría aparte del debido proceso. Constituye una garantía de protección al justiciable, que se traspola al ámbito administrativo disciplinario, por cuanto sería violatorio de los más elementales valores de la legalidad, sancionar más de una vez por el mismo hecho — dentro de la misma esfera de competencia o jurisdicción — a un sujeto pasivo.

---

[19] Cf. Sentencia de 14 de abril de 1983. Citada por la sentencia de 16 de enero de 1985, R.J., p. 69.

[20] Cf. GO. No. 25.143, de 23 de septiembre de 2004, p. 18. Caso: Advertencia de inconstitucionalidad presentada por Rogelio Cruz contra el artículo 110 de la Ley 40, de 26 de agosto de 1999, modificada por la Ley 46 de 2003. MP. Adán Arjona.

La afirmación anterior se distingue de la posibilidad jurídica de que un mismo hecho sea generador de distintos tipos de responsabilidad, fiscal, penal, patrimonial, ambiental, etc., cosa que puede darse y es permitido por el ordenamiento, ya que pudiera estarse ante diferentes bienes jurídicos tutelados o intereses protegidos, sin que se infrinja el *non bis in ídem*.

Bajo esta premisa es también de lugar que la responsabilidad que cabe exigir sea ventilada ante la instancia judicial o administrativa competente.

## 4.2.1.1 Debido proceso y tutela efectiva en el Derecho Disciplinario

Preciso hacer referencia a una tesis jurisprudencial compartida por el Pleno de la Corte y la Sala Tercera, muy acentuada y difundida prácticamente durante toda la última década del Siglo XX, en el sentido que cuando el servidor público o agente estatal no posee estabilidad, su remoción del puesto no está sujeta a restricciones, por lo que la autoridad nominadora puede removerlo libremente. Esta condición de absoluta precariedad en el destino público, fue magnificada a expensas de la Constitución en perjuicio de los servidores ubicados en esa "categoría" o condición jurídica, porque tal interpretación[21] no coincide ni con el texto ni con el espíritu de la misma.

Esa doctrina legal sólo pudo tener cabida obviando La Ley Superior y de cara al proceso de modernización del Estado, una de cuyas consignas fue la reducción de la planilla o plantilla estatal, y por tanto incurriendo en infracción directa de la Constitución, específicamente, del artículo 300, cuyo texto transcribo para mejor ilustración:

> Artículo 300. Los servidores públicos serán de nacionalidad panameña sin discriminación de raza, sexo, religión o creencia y militancia política. *Su nombramiento y remoción no será potestad absoluta y discrecional de ninguna autoridad, salvo lo que al respecto dispone esta Constitución (...).* (énfasis suplido)

---

[21] Pienso que la tutela de la *dignidad humana* se ve reforzada por la inclusión expresa que hizo el constituyente en el año 2004 a la Carta, para advertir que los derechos y libertades que ésta contiene, se establecen sin perjuicio de las que prevean los tratados internacionales aprobados por Panamá.

La Convención Americana establece y obliga a los Estados signatarios a estructurar sus organismos de justicia para que se respeten los derechos de los asociados, entre éstos, los servidores públicos, que son capitales por el solo hecho de integrar el género humano, por lo que es parte de dicha protección su "dignidad". El artículo 25 de este instrumento supranacional es determinante al respecto:

> Artículo 25. Protección Judicial.
>
> 1. Toda persona tiene derecho a un recurso sencillo y rápido o a cualquier otro recurso efectivo ante los jueces o tribunales competentes, que la *ampare* contra actos que violen sus derechos fundamentales reconocidos por la Constitución, la ley o la presente Convención, aun cuando tal violación sea cometida por personas que actúen en ejercicio de sus funciones oficiales.
>
> 2. Los Estados partes se comprometen:
>
> a. a garantizar que la autoridad competente prevista por el sistema legal del Estado decidirá sobre los derechos de toda persona que interponga tal recurso;
>
> b. a desarrollar las posibilidades de recurso judicial, y
>
> c. a garantizar el cumplimiento, por las autoridades competentes, de toda decisión en que se haya estimado procedente el recurso. (énfasis suplido)

La *interdicción de la arbitrariedad* en el Estado de Derecho supone una relación de medio a fin de carácter razonable, entre el derecho tutelable y el instrumento de afectación al mismo, de otro modo estamos ante una acción no acorde con lo que implica la protección de los derechos y garantías constitucionales, tal es el caso del debido proceso, y las oportunidades a que el trámite sumarial seguido al sujeto a disciplina se desenvuelva respetando aquéllos.

Guardando las debidas distancias, el fin de interés público contenido en preservar la correcta conducta en el engranaje o institución oficial, no está tan lejos de que esto se haga siguiendo los pasos que conduzcan a ello, que incluye el trato apropiado del correccionado como humano que es.

A inicios de los años 90 y cada 5 años tras el cambio de gobernantes, la comentada manera de reducir la planilla estatal ha tenido incidencia directa en la flexibilización de los principios del Derecho Disciplinario, ya que la jurisprudencia llegó a afirmar que no era necesario llevar a cabo procedimiento disciplinario alguno para remover a este tipo de funcionarios, pese a que en el fondo estuvieran presentes móviles de índole política, es decir, que la competencia de la "autoridad nominadora" fuera ejercida para disponer de la plaza y así nombrar allegados o copartidarios.[22]

A todo esto se agrega que en la mayoría de los Despachos con facultad de remover funcionarios a su cargo, no existe una dependencia encargada de instruir "el sumario disciplinario", sino que la acción es tomada por la autoridad nominadora, que emite la resolución o decreto, y se ejecuta por el Departamento de Recursos Humanos; excepcionalmente se consulta con antelación al Departamento de Asesoría Legal. Éste sólo funge como revisor y elaborador de proyectos de decisión, revocando o confirmando los recursos interpuestos por el interesado.

## 4.2.2 Presunción de inocencia

Es de suyo considerar que éste es un derecho que le asiste al sujeto pasivo de la acción disciplinaria.

La Constitución de la República lo contempla en el artículo 22, para el caso de delitos, al prever que "Las personas acusadas de haber cometido un delito tienen derecho a que se presuma su inocencia mientras no se pruebe su culpabilidad"; y aunque aparentemente liga el derecho a gozar de asistencia de abogado desde el mismo momento de la "detención" o "aprehensión" física, mencionando expresamente ese patrocinio abogadil "en *las diligencias policiales y judiciales*", la presunción de inocencia va más allá del ámbito de juicios criminales tramitados ante autoridades judiciales, y de los juicios de policía, correccionales o civiles, ventilados ante los jefes de Policía.

La interpretación garantista, sin duda, extiende el derecho de presunción de inocencia a favor del sujeto a la acción disciplinaria. Presunción que admite prueba en contrario, por lo que puede ser destruida dentro del procedimiento administrativo disciplinario, conforme a las pruebas de cargo recabadas, lícitamente, por la Administración.

En todo caso, la presunción de inocencia entendida como derivación directa del estado natural de libertad de las personas, supone que dicha libertad está desembarazada de cualquier tipo de restricción o limitación no justificada en la Constitución, la Ley o los Reglamentos dictados en desarrollo de las anteriores.[23]

---

[22] Indudablemente que tal facultad ejercida en esas circunstancias constituye una clara desviación de poder.

[23] De todos modos, ya lo dijo la Declaración de Derechos del Hombre y el Ciudadano de 1789, que los hombres nacen libres e iguales en derechos, salvo sus virtudes y sus talentos.

## 4.2.3 Legalidad: tipicidad de las causales y sanciones correspondientes

Es común que los Reglamentos Internos prevean el tipo o conducta reprochable, preferiblemente de manera diáfana, y la sanción que cabe por incurrir en la acción u omisión regulada.

Éste es uno de los puntos de mayor coincidencia con el Derecho Penal, al extremo que se haya llamado Derecho Administrativo Sancionador o Derecho Penal Disciplinario a la materia que nos ocupa.

El *nullum crimen sine praevia lege*, es una garantía fundamental dentro del Estado de Derecho.

La norma constitucional inspiradora es el artículo 31, a saber:

> Artículo 31. Sólo serán penados los hechos declarados punibles por Ley anterior a su perpetración y exactamente aplicable al acto imputado.

Es por esta razón legal que el Código Penal, tradicionalmente, ha dividido las infracciones a la Ley penal en delitos y faltas; éstas las define y castiga el Código Administrativo.[24]

No obstante, las faltas o conductas sujetas a corrección son puestas en función de los particulares en general, más que de los agentes vinculados a la Administración por una relación de empleo público o estatutaria, y su represión corresponde a las autoridades de Policía.

Es imperioso cumplir con el principio de legalidad durante la creación de conductas jurídicamente relevantes en los estrados públicos, relativas al *incumplimiento de sus deberes legales* por los servidores del Estado, ya que la potestad disciplinaria está supeditada a la Ley y ambas a la Constitución. Lo mismo es exigible en el ámbito de la actuación de la Policía.

En el ámbito del principio de legalidad y la responsabilidad exigible a los agentes oficiales, la Carta Magna ha previsto en el artículo 18 que los servidores públicos son responsables por violación de la Constitución y las leyes; y además, por omisión en el ejercicio de éstas y extralimitación en el cargo.

Lo cierto es que en el contexto de la disciplina existe un amplio abanico de posibilidades de tipificar, de cuando en cuando, conductas como sujetas a corrección en instrumentos reglamentarios, cosa que tiene mucho que ver con la materia o funciones asignadas a la entidad,

---

[24] Cf. Artículo 1 de la Ley 18 de 1982 (antiguo Código Penal).

para contrarrestar conductas de los operarios que produzcan efectos disvaliosos respecto del orden, la ética o moral, e incluso la imagen y "buen nombre de la institución".

Como ejemplo emblemático está el caso de los cuerpos policiales o de la Fuerza Pública, que registran en los reglamentos de disciplina causales que podrían resultar risibles o extrañas; pero que son justificables según la experiencia y sucesos a lo interno del estamento que las adopta.

No siempre se logra cumplir a plenitud con este principio de tipicidad, y la legalidad aparejada porque su simple formulación en una norma de inferior jerarquía como un Reglamento no parece respetar la legalidad administra y la regla según la cual la sanción aplicable debe estar prevista en la Ley formal. A lo que se debe aspirar es que la conducta reprimible se desprenda de la norma creada al efecto, con cierto grado de definición, y que no se convierta, porque ello sería abiertamente lesivo a la legalidad y tipicidad, y en consecuencia abonaría al criterio discrecional de la autoridad, en violación del derecho a un proceso justo.

En esto tengo presente las palabras de Sánchez Morón, muy atinadas, al comentar algunos precedentes del Tribunal Constitucional español sobre el tema. Según este autor:

> (...) la jurisprudencia admite una mayor flexibilidad del principio de tipicidad en el marco de las relaciones especiales de sujeción y, por tanto, en el régimen disciplinario de los funcionarios (...). En consecuencia, las normas de derecho disciplinario tipifican con frecuencia las infracciones utilizando *conceptos jurídicos indeterminados* ("abandono del servicio", "notorio incumplimiento de las funciones esenciales", "abuso de autoridad", "grave desconsideración", etc.), o bien por remisiones a otras normas ("incumplimiento de las normas sobre incompatibilidades"), o inclusive a deberes genéricos o deontológicos ("dignidad de los funcionarios o de la Administración") o, por último, mediante cláusulas de cierre ("incumplimiento de los deberes y obligaciones del funcionario, siempre que no deban ser calificados como falta muy grave o grave"). Esta situación ha provocado una justa crítica doctrinal. Pero con independencia de la necesidad de mejorar técnicamente la tipificación de las infracciones, no se deduce de dicha situación la inconstitucionalidad de las normas del derecho disciplinario — salvo las que ocasionaran en una manifiesta imprevisibilidad de las conductas sancionables.[25] (énfasis suplido)

---

[25] SÁNCHEZ MORÓN, Miguel. *Derecho de la función pública*. 5. ed. Madrid: Tecnos, 2008. p. 304.

## 4.2.4 Proporcionalidad entre el hecho cometido y la sanción aplicada

Este principio emana de la *razonabilidad* con la que reclama ser interpretado y aplicado el Derecho.[26]

Panamá cuenta desde el año 2000 con una Ley de Procedimiento Administrativo General, que es la No. 38 de 31 de julio de dicho año; sin embargo, no fue previsto en ella el "procedimiento administrativo sancionador", que corresponde en casos en que los particulares incurran en conductas desviadas de la Ley o normas reglamentarias, y de paso que sirviese para ser empleado, analógicamente, en los procedimientos seguidos a las personas vinculadas a la Administración por una relación de empleo público. Esta posibilidad surge del artículo 37 de la mencionada Ley de procedimiento común.[27]

Tal circunstancia de algún modo pudiera verse atenuada por una Ley anterior, la Ley 9 de 1994 sobre carrera administrativa; pero como su nombre lo indica, la misma trata del personal sujeto a dicha carrera pública, por lo que la mayoría de sus "principales" disposiciones que se refieren a asuntos disciplinarios están concebidas para regir respecto de los funcionarios de carrera.

Aquí cabe destacar que, aun bajo la exigencia del previo proceso legal ya comentado, la mencionada Ley contiene supuestos de destitución directa, basados en la comisión de faltas estimadas como "gravísimas".

En esto de la proporcionalidad entre el hecho cometido y la condigna sanción, el Código Administrativo es expreso en su artículo 845, al establecer como deber de todo servidor público dispensar un trato cortés y respetuoso a los particulares. Veamos:

> Artículo 845. Todo empleado público debe respeto y obediencia a sus superiores, *y cortesía y deferencia a los particulares*. Los jefes de las oficinas públicas cumplirán por sí, y harán que sus subalternos cumplan fielmente sus deberes. (énfasis suplido)

---

[26] Cf. SHEFFER TUÑÓN, Javier Ernesto. La razonabilidad como principio de interpretación y de aplicación del Derecho. *Revista Novum Ius*, Panamá, n. 15, p. 185-196, 2010.

[27] "Artículo 37: Esta Ley se aplica a todos los procesos administrativos que se surtan en cualquier dependencia estatal, sea de la administración central, descentralizada o local, incluyendo las empresas estatales, salvo que exista una norma o ley especial que regule un procedimiento para casos o materias específicas. *En este último supuesto, si tales leyes especiales contienen lagunas sobre aspectos básicos o trámites importantes contemplados en la presente Ley, tales vacíos deberán superarse mediante la aplicación de las normas de esta Ley*" (énfasis suplido).

Este factor de buenas relaciones humanas fomentadas en el servicio público es importante porque ayuda a mostrar una mejor imagen del recurso humano que trabaja bajo dependencia del Estado; sirve para *mesurar* el nivel cultural de tales operarios y favorece un adecuado trato entre los agentes públicos y los particulares. El buen trato debe darse en doble vía, es decir, recíprocamente, entre los particulares que acuden a los despachos oficiales movidos por los intereses que les conciernen y los operarios del sistema o servidores públicos.

Se ha visto que no es suficiente que existan normas jurídicas que obliguen al funcionario a ser cortés con quienes acuden a sus despachos, es importante tender a su cumplimiento a través de una campaña educativa sistemática y constante auspiciada por el propio Estado.[28]

¿Ante un incumplimiento de este tipo digamos por parte del funcionario, qué sanción disciplinaria cabe imponer? La disposición llama a que sea el Jefe de Despacho para que vigile su observancia.

El interrogante cobra vida en función del principio que se analiza. Lo ideal es que la sanción disciplinaria corresponda en su adecuada medida a la acción u omisión cometida; no obstante, la realidad plantea que en la sustanciación de un trámite disciplinario pueden incidir factores extralegales que afectan ese equilibrio deseado, como son los de índole político, animadversión, filiación partidaria, creación de espacios en los puestos públicos, etc.

## 4.2.5 La visión del Derecho Disciplinario de modo orgánico y preventivo

El camino por esta senda comporta que el Estado implemente las políticas públicas constantes y renovadas para que el recurso humano dentro de sus filas, como parte inseparable de su profesionalización, conozca las normas reglamentarias o legales que les exigen una conducta apegada al cumplimiento de los deberes de la función.

En esto lo represivo vendría a tener un lugar o efecto residual. La aspiración sugerida es posible en los estamentos públicos; pero para ello se requiere más que de una apropiada inducción al cargo, en todos los niveles, de un proceso de concienciación en la búsqueda de la internación individual de los fines institucionales o colectivos perseguidos. De cierto modo las normas reflejan esos fines que pueden

---

[28] Cf. SHEFFER TUÑÓN. *El procedimiento administrativo en Panamá*, p. 21.

ser explicados por expertos o letrados a quienes son inducidos y no tienen conocimientos legales, porque esa no es su profesión. De este modo el aprendizaje de los códigos de conducta, las normas constitucionales que sirven de sustento a la actuación, las leyes y reglamentos atributivos de competencia son piezas esenciales en la formación del recurso humano, y dicen relación con el mérito que a éstos les asiste.

La vocación de servicio no se puede imponer. No obstante, el conocimiento de las reglas que sirven de límites y permisión a las conductas, puede generar interés y aprecio por la función, integrada por un cúmulo de tareas vinculadas a las prestaciones que constitucionalmente debe dar el Estado a la comunidad. Administrar es *servir a*.

La noción de servicio implica que el rol de funcionario está aparejado a la honradez, competencia y lealtad con que debe ser fungido el cargo.

Las normas disciplinarias debidamente difundidas tienen como contrapartida realzar el grado de responsabilidad que le asiste a la persona, denominada servidor público o funcionario; pero esto no está directamente relacionado a que el temor a la represión le impida ejercer el cargo mezclando las prerrogativas legítimas y los deberes al mismo tiempo.

La responsabilidad queda incólume y sólo entraría en escena ante la acción u omisión indisciplinada del sujeto activo, que no obstante enterado de los estatutos decide incurrir en el camino de su infracción.

Debo puntualizar que en este escrito no he abordado lo que para otros autores constituyen principios, como la prohibición de la analogía *in peius* del sujeto a disciplina, irretroactividad de la norma no favorable y retroactividad de la norma más favorable, de culpabilidad y de personas responsables, así como el de extinción de la responsabilidad[29] y la prescripción, porque ellos no se plasman de modo expreso en el

---

[29] Habría que evaluar si para el caso de la responsabilidad derivada de faltas en el ejercicio de la función pública, a los servidores del Estado, pueda aplicárseles, analógicamente, la disposición del Código Administrativo, que como fue dicho data de 1917. Este instrumento, en su artículo 897, dispone que "La responsabilidad por las faltas se extingue en la forma establecida en el Título IX Libro Primero del Código Penal". Bajo la salvedad no ociosa que el Código Penal al que reenvía la disposición administrativa es el de 1922, posteriormente fue dictado mediante Ley 18 de 1982, nuestro segundo Código Penal, y actualmente rige como tal el tercero de ellos, aprobado mediante Ley 14 de 2007, que entró en vigencia en abril de 2008. Considero que por las características muy especiales y excepcionales de las faltas disciplinarias, no es aplicable la analogía entre faltas de los particulares por violación de normas de policía y las causales por hechos u omisiones disciplinarias incurridas por los agentes o servidores públicos.

ordenamiento; sin embargo, es posible que sean analizados por la jurisprudencia, y delimitados prácticamente por la doctrina nacional.

Esto tiene su interés porque en el derecho positivo algunos de dichos rubros han sido reconocidos en meros reglamentos internos, tal es el caso de la extinción de la responsabilidad disciplinaria por prescripción de la acción; aunque sería mejor, que éste y otros aspectos, sean tratados por un Código de Derecho Disciplinario, o por un régimen legal que brinde mayor seguridad jurídica y no quede sujeto a los posibles cambios por la autoridad que dicta el referido reglamento. Además, considero que son aspectos de reserva legal referentes a garantías y derechos de los procesados.

Panamá, noviembre de 2010.

## Bibliografía

ARGENTINA. *130 años de la Procuración del Tesoro de la Nación*: 1863-1993. Buenos Aires: Procuración del Tesoro de la Nación, 1994.

COMADIRA, Julio Rodolfo. *Derecho administrativo*: acto administrativo, procedimiento administrativo, otros estudios. Buenos Aires: Abeledo Perrot, 1996.

COMADIRA, Julio Rodolfo. Función administrativa y principios generales del procedimiento administrativo. *In*: ARGENTINA. *130 años de la Procuración del Tesoro de la Nación*: 1863-1993. Buenos Aires: Procuración del Tesoro de la Nación, 1994.

DROMI, Roberto. *El procedimiento administrativo*. Buenos Aires: Ciudad Argentina, 1996.

HUTCHINSON, Tomás. *Procedimiento y proceso administrativo en la Provincia de Buenos Aires*. Buenos Aires: Scotti, 1995.

QUINTERO, César. *Derecho constitucional*. San José, Costa Rica: Antonio Lehmann, 1967.

SÁNCHEZ MORÓN, Miguel. *Derecho de la función pública*. 5. ed. Madrid: Tecnos, 2008.

SANTIZO PÉREZ, Lao. El avocamiento en el procedimiento administrativo. *Anuario de Derecho – Panamá*, n. 12, 1983.

SARMIENTO GARCÍA, Jorge H. *et al*. *Protección del administrado*. Buenos Aires: Ciudad Argentina, 1996.

SARMIENTO GARCÍA, Jorge H. Introducción al procedimiento y proceso administrativos. *In*: SARMIENTO GARCÍA, Jorge H. *et al. Protección del administrado*. Buenos Aires: Ciudad Argentina, 1996.

SHEFFER TUÑÓN, Javier Ernesto. *El procedimiento administrativo en Panamá*. Panamá: Sistemas Jurídicos, 2002.

SHEFFER TUÑÓN, Javier Ernesto. La razonabilidad como principio de interpretación y de aplicación del derecho. *Revista Novum Ius*, Panamá, n. 15, 2010.

---

Informação bibliográfica deste texto, conforme a NBR 6023:2002 da Associação Brasileira de Normas Técnicas (ABNT):

SHEFFER TUÑÓN, Javier Ernesto. Principios del derecho disciplinario. *In*: BAUTISTA CELY, Martha Lucía; SILVEIRA, Raquel Dias da (Coord.). *Direito disciplinário internacional*: estudos sobre a formação, profissionalização, disciplina, transparência, controle e responsabilidade da função pública = *Derecho disciplinario internacional*: estudios sobre formación, profesionalización, disciplina, transparencia, control y responsabilidad de la función pública. Belo Horizonte: Fórum, 2011. v. 1, t. I, p. 133-153. v. 1: Título Português, t. I: Título Espanhol. ISBN 978-85-7700-446-1.

# Ámbito Subjetivo del Derecho Disciplinario Público en Venezuela

## Carlos Luis Carrillo Artiles

**Sumario: 1** Antecedentes – **2** El procedimiento disciplinario y su dual naturaleza – **3** Sujetos disciplinables y sujetos excluidos de la responsabilidad disciplinaria en Venezuela – **4** Estatutos disciplinarios en Venezuela – Bibliografía

## 1 Antecedentes

Desde mediados de la década de los treinta, Venezuela lideró conjuntamente con otros países, un movimiento mundial que instauró una especial regulación del derecho laboral, en donde se reconoció el hecho social trabajo y la especial protección del trabajador como débil jurídico frente al patrono como supraordinado fáctico por la propiedad de los medios de producción, enmarcado en un blindaje normativo de derechos irrenunciables, y la creación, desarrollo y fortalecimiento del *indubio pro operario*, como mecanismo de interpretación judicial; todo este entramado garantístico, aún cuando fue preconstitucional a los ordenamientos fundamentales de 1945, 1947, 1953, 1961 y 1999, se mantiene en plena vigencia en nuestro país e inclusive ha sido objeto de ampliación sobrevenida con una serie de instrumentos normativos recientes, que inclusive son modelo a seguir en el derecho comparado. Sin embargo, coetáneamente desde la misma génesis de la Ley Orgánica del Trabajo,[1] surgieron múltiples inquietudes de la incompatibilidad de

---

[1] La primera Ley Orgánica del Trabajo en Venezuela fue dictada por el Congreso Nacional en el año de 1936, constituyéndose como una verdadera legislación de avanzada a nivel mundial, sin embargo, estaba dirigida a la regulación del hecho social trabajo entre sujetos privados y no a la regulación particular de las relaciones de empleo público, por lo cual, casi paralelamente se generaron inquietudes de cual modelo asumir para establecer en lo sucesivo, una normatividad especial con contenido ajustado a las particularidades especiales de la función pública que en ese momento era incipiente todavía. Sin embargo, coetáneamente en Colombia se dictaba a partir de la Ley 165 de 1938 el primer estatuto de la carrera administrativa, mientras que en Venezuela se tardó hasta el año 1970.

ese esquema privado *trabajador-patrono* en el ámbito de las relaciones de empleo público, cuando el Estado en cualquiera de sus formas, requiriese de un sustrato personal para llevar a cabo sus fines.

Finalmente en los albores de los años setenta, después de algunas décadas y previa revisión de modelos europeos, se sancionó por el antiguo Congreso Federal Legislativo Venezolano, la llamada — para aquél entonces — *Ley de Carrera Administrativa*, como una normativa especial de naturaleza estatutaria para la regulación de las relaciones de empleo público en la naciente función pública basada en la Constitución de 1961, la cual estuvo vigente hasta el año 2002,[2] cuando la Asamblea Nacional, actuando como órgano federal legislativo, la derogó al dimanar la actual *Ley del Estatuto de la Función Pública*, con fundamento en la Constitución de 1999.

Ambas leyes erigían un esquema diferenciado al laboral, al implantar un régimen estatutario que establecía una regulación externa a los sujetos que la desarrollarían la función pública, en donde existiría una particular fórmula de *empleador-servidor*, en la cual el funcionario no es considerado un sujeto de protección singular o débil jurídico frente a la Administración a la cual pertenece, sino un verdadero coadyuvante en el logro de los fines públicos, que siempre estaría sometido al principio de legalidad y al ordenamiento jurídico, con una serie de deberes individuales preconstituidos con ocasión del cargo que se desempeñe, que al ser desconocidos o quebrantados lo responsabilizarían individualmente en distintos ámbitos como el civil, penal, administrativo, político o disciplinario.

De esta manera dentro del elenco plurisubjetivo de órganos del Poder Público, se ha cimentado y solidificado la noción de la *relación especial de sujeción* que impone y preestablece los parámetros conductuales que trazan y delinean su práctica regular como servidores públicos, al constituirles tangibles deberes que acarrean límites formales en su gestión, y presuponen la existencia de un orden preestablecido impuesto

---

[2] En un paralelismo histórico entre Colombia y Venezuela, que por lo general aún cuando usualmente en los mismos tiempos suceden eventos muy similares que conducen a producir casi en las mismas fechas normatividad muy similar, aunque con denominaciones e hipotéticas inspiraciones en modelos importados distintos, muy particularmente, en el año 2002 se dictó en Colombia, la Ley 734 contentiva del Código Disciplinario Único de los Servidores Públicos, que derogaba a la Ley 200 de 1995, en realidad fue la primera ley disciplinaria en ese país; mientras que en Venezuela en ese mismo 2002 se promulgaba la Ley del Estatuto de la Función Pública, que además contenía una serie de disposiciones que vendrían a modificar la materia disciplinaria para la generalidad de los empleados públicos, sustitutiva del modelo establecido en 1970 que era aplicable solo a funcionarios federales.

por el legislador y eventualmente derivado en normas sub legales, al cual irremisiblemente el operario judicial debería apegar su actividad cotidiana so pena que ante cualquier eventual incumplimiento, pudiera ser encuadrada esa trasgresión de deberes formales en alguno de los supuestos de hecho de los tipos sancionatorios consagrados por el ordenamiento jurídico como generadores de responsabilidad individual disciplinaria, siempre de índole subjetiva, debiéndose exigir su consumación a título de dolo o culpa, pues "no puede prescindirse del elemento subjetivo de la culpabilidad para sustituirlo por un sistema de responsabilidad sin culpa", ya que "al asentarse el sistema punitivo en el principio de responsabilidad personal, de suerte que las directrices estructurales del ilícito (...) tienden a conseguir la individualización de la responsabilidad y no permiten crear una responsabilidad de tipo objetivo".[3]

## 2 El procedimiento disciplinario y su dual naturaleza

Ahora bien, para llegar a concretar esa responsabilidad subjetiva disciplinaria se impondría inexorablemente, el inicio de un conjunto de trámites formales que integrarían el correspondiente procedimiento sancionador, el cual tendría un doble finalidad, pues para el Estado sería un vehículo adjetivo que permitiría la formación y configuración de la voluntad administrativa en ejercicio del poder punitivo sancionatorio disciplinario conferido directamente por el ordenamiento jurídico, mientras que para el involucrado operario público, sería un mecanismo garantístico de control del cumplimiento de los trámites y fases, en la obtención transparente y sin prejuicios de los alegatos, descargos y elementos probatorios por parte del órgano titular de la potestad disciplinaria, dirigidos a formar un legítimo juicio de valor sobre la eventual declaratoria o no de su responsabilidad individual, en pleno apego al principio de legalidad.

Así pues, históricamente ese procedimiento disciplinario sancionador siempre ha tenido sustancialmente una naturaleza administrativa — independientemente la estirpe del órgano al cual le sea atribuida la potestad disciplinaria —, y estaría regido por una serie de ineludibles e inexorables principios entre los cuales emergerían apriorísticamente, en primer lugar, *el de legalidad* debido a su sometimiento pleno al ordenamiento jurídico, no solo en cuanto a la necesaria atribución

---

[3] GARCÍA-ALÓS, Luis Vacas; MARTÍN MARTÍN, Gervasio. *Manual de derecho disciplinario judicial*. Navarra: Aranzadi, 2005. p. 24.

de competencias sancionatorias para los órganos encargados de esa sensible labor, sino también por la necesaria predeterminación en la reserva legal de procedimientos y supuestos sancionatorios, de este continente se deriva el principio de *defensa integral y plena* a través de todo estado y grado del iter procedimental; el de *tipicidad sancionatoria* como garantía material a través de la predeterminación de las conductas reprochables antijurídicas; el de *presunción de inocencia* con la consecuente obligación legal de la carga de la prueba en cabeza del órgano estatal; *el de proporcionalidad de actividad y eventual sanción a imponer* a fin de verificar la congruencia necesaria entre los hechos materializados y comprobados y la graduación de la responsabilidad exigida; y por último, *el principio de irretroactividad* como garantía temporal de hechos, supuestos y normas aplicables.

Aún cuando es obvio, que la potestad disciplinaria esta incardinada en toda organización pública o privada y siempre tendería a mantener el orden institucional del estamento con la *finalidad esencial de corregir formativamente al disciplinable* para *reorbitar* sus actuaciones que contraríen el estamento interno, siempre bajo la égida del *principio de preservación del disciplinable,* con lo cual se abandona la antigua visión que la identificaba como un poderío jurídico exclusivamente constituido para justificar la imposición reverencial de una sanción o flagelo individual.

Para quien suscribe esta necesidad esencial de preservar al funcionario, es consustanciada a la esencia y naturaleza de la función pública, por ende la exclusión del funcionario del estamento solo se produciría por excepción — al demostrarse indiscutiblemente la incursión en un supuesto de hecho de tal magnitud y gravedad, que estuviere contemplando como una falta disciplinaria que dé lugar a su expulsión del ejercicio público y previa implementación de un procedimiento constitutivo que garantice integralmente su defensa —, cuando no quedase otro remedio jurídico inferior para corregir y persuadir la no reiteración de la conducta reprochable en el servicio, ya que de existir otra expresión de corrección inferior en gravamen debería ser ésta aplicada primariamente con preferencia y prioridad sobre las de mayor entidad, para efectivamente aleccionar al disciplinable y permitirle un mejor desempeño, lo cual se traduciría finalmente en la mejora del servicio. Si no se considerase este principio de conservacionismo o preservación del disciplinable, los funcionarios fuesen veleidosamente disponibles a capricho subjetivo del titular de la potestad disciplinaria, afectándose la razón de ser de la función pública como es preservar la indemnidad del grueso sustrato personal de carrera administrativa frente a los avatares y cambios políticos de quienes tengan la dirección por el ejercicio del sufragio o por designaciones en los altos niveles decisorios; y del valor que intrínsecamente debe tener el funcionario para la Administración derivado de múltiples circunstancias producto de normas fundamentales y legales que preestablecen entre otras cosas, la exigencia del concurso como acceso a los cargos públicos; la calidad, capacitación y evaluación permanente del operario público; la operatividad de la graduación sancionatoria y la aplicación del principio de proporcionalidad de la actividad administrativa.

## 3 Sujetos disciplinables y sujetos excluidos de la responsabilidad disciplinaria en Venezuela

Ahora bien, en el caso singular de la disciplina de los servidores públicos en Venezuela, se impone una situación muy particularmente sensible, ya que, dependiendo del diseño legal por voluntad del legislador se le otorga a un órgano administrativo o judicial, la titularidad y ejercicio de ese poder jurídico disciplinario mediante el cual se analiza, censura y finalmente se impone sanciones aleccionadoras frente a conductas desviadas de los servidores públicos de los parámetros del servicio, esto se hace a través de los llamados estamentos o estatutos particulares todos por mandato constitucional del artículo 144, relegado expresamente a la reserva legal, por ende solo pueden ser diseñados por instrumentos normativos de rango legal dimanados de los Parlamentos.

Emergen así los eventuales sujetos disciplinables que en la arquitectura legal Venezolana, inexorablemente *deben ser personas naturales que sean servidores públicos dentro de la organicidad del Poder Público* como miembros de los diversos estamentos públicos, siempre que *se encuentren en servicio activo aunque eventualmente pudieran no estar en labores efectivas*, pues solo así estarían sometido a la especial relación de sujeción, lo cual acarrearía incontrovertiblemente que en Venezuela los ex funcionarios en situación de retiro, quienes ya no pertenezcan al estamento público por estar desvinculados del servicio, no estarían bajo esa especial relación de sujeción, y no podrían ser responsables disciplinariamente, a diferencia de otras ordenamientos jurídicos del derecho comparado en donde inclusive ex funcionarios jubilados pudiesen ser eventualmente sujetos a disciplina al vulnerar sobrevenidamente deberes funcionariales independientemente del haber cesado o salido del servicio activo, porque el ordenamiento jurídico sigue vinculando el respeto de ciertas situaciones que de ser afectadas pudiesen dar lugar a sanciones disciplinarias, ejemplo de esto, es el caso de Colombia, de acuerdo a lo previsto en el artículo 25 del Código Disciplinario Único de los Servidores Públicos contenido en la Ley 734 del 2002; el caso de Brasil en el artículo 127,IV de la Ley Federal n.8 112/90 que prevé el Estatuto de los Servidores Públicos Federales; y de algunos países europeos como el caso de Francia y Alemania en sus Estatutos Funcionariales.

Además *en Venezuela se excluyen de la responsabilidad disciplinaria, a las personas jurídicas de derecho moral* por cuanto no son personas naturales; *a los particulares*[4] *o privados*, ya que no son parte del estamento público, ni siquiera aquellos que ejercitan funciones públicas por la llamada administración por colaboración al serle trasladadas potestades y otorgada autoridad y gestión pública; *y a los funcionarios de elección popular*, como Presidente, Gobernadores, Alcaldes, Diputados y Concejales, ya que como sujetos elegidos en ejercicio de soberanía — aún cuando están sujetos al principio de legalidad y aunque no escapan a otros tipos de responsabilidad individual como sería la política, administrativa, fiscal, penal o civil[5] —, estarían exentos de la responsabilidad disciplinaria basada en un ejercicio de jerarquía que orbita en la relación especial de sujeción, pues en nuestro ordenamiento se le da primacía al principio de la voluntad popular soberana, y se entienden que no tienen subordinación a jerarcas o superiores, salvo a la ley y a los universalidad de electores en su conjunto.

Se ha entendido que el pretender desvincular a estos singulares servidores de cargos accesibles por comicios soberanos, mediante la implementación de un procedimiento disciplinario llevado a cabo por órganos no elegidos popularmente que ejerciten el poder disciplinario, podría permitir o conducir a eventuales burlas o manipulaciones de la voluntad popular a través de posibles desviaciones de poder, logradas bajo el manto del ejercicio disciplinario, aunado al hecho incontrovertible, como ya hemos adelantado, que tales funciones de

---

[4] A diferencia de otras latitudes en las cuales los particulares que realicen actividad administrativa por colaboración por la traslación de potestades públicas por el rango legal para el logro de objetivos y fines públicos que en principio corresponderían al Estado, en cuyo ejercicio pudieran ser reprochables sus conductas y en consecuencia ser destinatarios o sujetos de responsabilidad disciplinaria, como es el caso de lo previsto en el artículo 4, 25, 52, al 57 y 58 al 65, del Código Único Disciplinario de los Servidores Públicos Ley 734 de 2002, ya que de acuerdo a ese ordenamiento jurídico su plausible responsabilidad deriva de las funciones de interés general que desarrollan, por previsión del precepto 365 la Constitución Política Colombiana.

[5] Igual al caso de Brasil que tiene la Ley de Improbidad Administrativa, que acarrea responsabilidad individual y subjetiva de naturaleza civil, penal, administrativa, fiscal, política pero excluye diáfanamente la responsabilidad disciplinaria de los agentes públicos de elección popular.

esos cargos no están sujetos al principio de jerarquía — el cual es de cardinal importancia en el control del eventual disciplinado —, en virtud que solo estarían sujetos al control de la base electoral mediante ejercicios de referendos electorales de revocatoria de mandato, o de no reelección en sus cargos.

# 4 Estatutos disciplinarios en Venezuela

De tal manera que, en Venezuela se presenta un régimen general funcionarial consagrado en la Ley del Estatuto de la Función Pública, que contiene un capítulo especial disciplinario, que establece procedimientos en sede administrativa según el tipo de sanción aplicable que pudiera conllevar a amonestación escrita o a destitución según el caso, aplicable expansivamente a todos los servidores públicos administrativos pertenecientes a la Administración federal, estadual y municipal, central o descentralizada funcionalmente, con la excepción de empleados al servicio del órgano Federal Legislativo denominado Asamblea Nacional; del Servicio Exterior; del órgano electoral de creación constitucional denominado Consejo Nacional Electoral; de la Rama Judicial en los órganos jurisdiccionales federales; del mal denominado Poder Ciudadano, estructurado en diversos órganos como son el Consejo Moral Republicano, el Ministerio Público, la Contraloría General de la República y la Defensoría del Pueblo; obreros de la Administración; la Procuraduría General de la República como órgano asesor y representante judicial de la República; servicio del Servicio Nacional Integrado de Administración Aduanera y Tributaria (SENIAT); miembros del personal directivo, académico, docente, administrativo y de investigación de las Universidades Nacionales; sobre los cuales pueden recaer estatutos especiales diferenciados.

Lo anteriormente expuesto ha conducido que existan estatutos especiales que crean específicos tipos disciplinarios para los funcionarios pertenecientes al Servicio Exterior Venezolano, al Ministerio Público que en Venezuela lo encarna la Fiscalía General de la República, y al personal docente y de investigación de las Universidades Nacionales.

Por otra parte, se erigen separadamente unos particulares estatutos disciplinarios en el ámbito policial, creados en diversas leyes, como lo son la Ley de los órganos de Investigaciones Científicas, Penales y Criminalísticas, promulgada en el año 2001; la Ley Orgánica del Servicio de Policía y del Cuerpo de Policía Nacional de 2009, y la Ley del Estatuto de la Función Policial de 2009, que establecen como es obvio regímenes particulares adaptados a la sensible actividad de disciplinar a quienes detenten labores policiales, de seguridad y custodia del orden público, con un espectro singular de tipología sancionatoria y procedimientos especiales.

Por otro lado, despunta el estatuto especial disciplinario para operadores judiciales del Sistema de Justicia, contenido en el Código de Ética del Juez Venezolano y Jueza Venezolana, promulgado en agosto de 2009, con una reforma en 2010; creando la jurisdicción disciplinaria judicial — en una especie de emulación con ciertas diferencias del modelo colombiano disciplinario judicial desarrollado en la Sala Disciplinaria Judicial del Consejo Superior de la Judicatura —, mediante la judicialización y jurisdiccionalización de la disciplina de jueces, magistrados y otros servidores públicos vinculados al sistema de justicia que inclusive puede llegar hasta auxiliares de justicia como peritos y expertos, y por excepción a los abogados litigantes, cuando sus órganos naturales de control disciplinario — los colegios profesionales de abogados —, no la ejerciten o materialicen autónomamente.

Lo característico de este nuevo modelo adoptado en Venezuela, es que al ser judicializado se deja a lo interno o intrínseco de la propia rama judicial la determinación de la disciplina de sus operadores, mediante el establecimiento de un proceso jurisdiccional de juzgamiento de jueces por jueces, de doble instancia llevado a cabo por tribunales con competencia especial, de naturaleza colegiada, denominados Tribunal y Corte Disciplinaria Judicial, respectivamente, abandonando el esquema extrínseco, que desde 1947 se mantuvo con la creación constitucional de órganos administrativos autónomos acentrales — pues no eran centrales ni descentralizados —, con diversas nomenclaturas históricas que fueron desde el Consejo Supremo de la Magistratura, la Junta Disciplinaria Judicial de 1951, el Consejo Judicial de 1956, hasta el Consejo de la Judicatura de 1961, todos encargados de asegurar la independencia, eficacia, disciplina y decoro de los Tribunales.

Este juzgamiento especial de acuerdo al precepto 267 de la Constitución de la República Bolivariana de Venezuela, se efectuaría mediante un procedimiento público, oral y breve, conforme al debido proceso, cuando en algún momento se constituyan los Tribunales y Cortes Disciplinarias Judiciales, mediante una compleja elección de segundo grado por unos Colegios Electorales, quienes elegirían de unas ternas dimanadas de un Comité de Postulaciones Judiciales de la Asamblea Nacional.

Lo preocupante de la situación venezolana es que aún cuando en 1999, la Constitución crea la jurisdicción disciplinaria judicial, y luego diez años más tarde, en el 2009, finalmente el Código de Ética del Juez y Jueza Venezolana crea los Tribunales Disciplinarios, y luego de una reforma legislativa en el 2010 del mismo Código, hasta el presente no se han constituido tales Tribunales, por lo que, en una primera transición temporal, que fue desde 1999 al 2009, se encargo — muy controversialmente — el ejercicio del poder disciplinario de los jueces a un órgano de naturaleza administrativa que implementó un hibrido procedimiento administrativo, como fue la Comisión de Funcionamiento y Reestructuración del Sistema Judicial, el cual contradictoriamente a lo ordenado por la Constitución, seguirá operando, ahora por una segunda transición creada por el referido Código de Ética, hasta la configuración en un futuro incierto e indefinido de los anhelados tribunales especiales disciplinarios, con las posibles distorsiones a los principios fundamentales del juez natural, el debido proceso, y el de defensa integral.

## Bibliografía

ALMAGRO NOSETE, José. El sistema español de responsabilidad judicial. *In*: AGÚNDEZ FERNÁNDEZ, Antonio. *El poder judicial*, 1. Madrid: Instituto de Estudios Fiscales, 1983.

CARRÉ DE MALBERG, Raymond. *Teoría general del Estado*. Trad. de José Lión Depetre. México: Fondo de Cultura Económica, 1948.

DUQUE CORREDOR, Román José. *Los poderes del juez y el control de la actividad judicial*. Caracas: Academia de Ciencias Políticas y Sociales, 2008.

ESCRIBANO TESTAUT, Pedro. La responsabilidad disciplinaria de los jueces y magistrados. *In*: QUINTANA CARRETERO, Juan Pedro *et al*. *La responsabilidad personal del juez*. Madrid: Civitas, 2008.

GARCÍA-ALÓS, Luis Vacas; MARTÍN MARTÍN, Gervasio. *Manual de derecho disciplinario judicial*. Navarra: Aranzadi, 2005.

GÓMEZ PAVAJEAU, Carlos Arturo. *Asuntos disciplinarios*: praxis y jurisprudencia. 2. ed. Bogotá: Instituto Colombiano de Derecho Disciplinario; Nueva Jurídica, 2009. (Colección Derecho Disciplinario, v. 2).

GÓMEZ PAVAJEAU, Carlos Arturo. *Dogmática del derecho disciplinario*. 4. ed. Bogotá: Universidad Externado de Colombia, 2009.

GÓMEZ PAVAJEAU, Carlos Arturo. *Elementos y propuestas para el control contencioso administrativo de la actividad disciplinaria*. Bogotá: Instituto Colombiano de Derecho Disciplinario; Nueva Jurídica, 2009. (Colección Derecho Disciplinario, v. 3).

GÓMEZ PAVAJEAU, Carlos Arturo. *Problemas centrales del derecho disciplinario.* Bogotá: Instituto Colombiano de Derecho Disciplinario; Nueva Jurídica, 2009. (Colección Derecho Disciplinario, v. 1).

ISAZA SERRANO, Carlos Mario. *Teoría general del derecho disciplinario*: aspectos históricos, sustanciales y procesales. 2. ed. Bogotá: Temis, 2009.

MEJÍA OSSMAN, Jaime; QUIÑONES RAMOS, Silvio San Martín. *Procedimiento disciplinario*: Ley 734 de 2002. Bogotá: Doctrina y Ley, 2004.

MONTERO AROCA, Juan. *Independencia y responsabilidad del juez.* Madrid: Civitas, 1990.

MONTERO AROCA, Juan. *Sobre la imparcialidad del juez y la incompatibilidad de funciones procesales.* Valencia: Tirant lo Blanch, 1999.

NIETO GARCÍA, Alejandro. *Derecho administrativo sancionador.* 2. ed. Madrid: Tecnos, 1994.

QUINTANA CARRETERO, Juan Pedro. Poder judicial y responsabilidad judicial. *In*: QUINTANA CARRETERO, Juan Pedro *et al. La responsabilidad personal del juez.* Madrid: Civitas, 2008.

QUINTANA MATOS, Armida. Estudios sobre el Poder Judicial: el régimen disciplinario de los jueces. *Revista del Colegio de Abogados del Distrito Federal,* Caracas, n. 148, p. 163-212, ene./jun. 1991.

RAMOS ACEVEDO, Jairo. *Derecho administrativo disciplinario.* Bogotá: Leyer, 2002.

SÁNCHEZ-DIEZMA, Javier Fernández-Corredor. Problemas actuales del derecho disciplinario judicial. *In*: QUINTANA CARRETERO, Juan Pedro *et al. La responsabilidad personal del juez.* Madrid: Civitas, 2008.

VARELA SÁNCHEZ, David Fernando. *Régimen disciplinario de la rama jurisdiccional y el Ministerio Público.* 426 p. Thesis (Título de Abogado) – Pontificia Universidad Javeriana, Bogotá, 1984.

---

Informação bibliográfica deste texto, conforme a NBR 6023:2002 da Associação Brasileira de Normas Técnicas (ABNT):

CARRILLO ARTILES, Carlos Luis. Âmbito subjetivo del derecho disciplinario público en Venezuela. *In*: BAUTISTA CELY, Martha Lucía; SILVEIRA, Raquel Dias da (Coord.). *Direito disciplinário internacional*: estudos sobre a formação, profissionalização, disciplina, transparência, controle e responsabilidade da função pública = *Derecho disciplinario internacional*: estudios sobre formación, profesionalización, disciplina, transparencia, control y responsabilidad de la función pública. Belo Horizonte: Fórum, 2011. v. 1, t. I, p. 155-164. v. 1: Título Português, t. I: Título Espanhol. ISBN 978-85-7700-446-1.

# EL DERECHO DISCIPLINARIO DE LOS FUNCIONARIOS PÚBLICOS EN ESPAÑA

### Marta Franch i Saguer
### (Aracelis Altagracia)

**Sumario**: **1** Concepto y marco jurídico del derecho disciplinario – **2** Marco regulador del poder disciplinario de la Administración – **3** Los principios generales de la potestad sancionadora de la administración en el ámbito del derecho disciplinario – **3.1** Principios de legalidad y tipicidad – **3.1.1** Introducción – **3.1.2** La reserva de ley y su alcance en el derecho disciplinario – **3.2** Principio de irretroactividad de las disposiciones sancionadoras no favorable – **3.3** Principio *non bis in idem* – **3.4** Principio de culpabilidad – **3.5** Principio de proporcionalidad – **3.6** La necesidad de un procedimiento disciplinario – **4** La clasificación de las faltas disciplinarias – **5** Determinación y clases de sanciones disciplinarias – Bibliografía

## 1 Concepto y marco jurídico del derecho disciplinario

El derecho disciplinario puede ser definido como:

> (...) el conjunto de normas jurídicas establecidas por el Estado que determinan los hechos ilícitos que pueden cometer los funcionarios públicos en el ejercicio de su cargo y prevén las sanciones a imponer por la Administración pública a resultas de un procedimiento administrativo especial.[1]

Es así como el derecho disciplinario se configura como un derecho sancionador donde el Estado, a través de sus Cortes Generales, es al que le corresponde regular aquellas actuaciones (acciones u omisiones) que serán constitutivas de infracción, así como las sanciones correspondientes a las mismas.

---

[1] TRAYTER, J. (1992, p. 23).

En efecto, el derecho disciplinario constituye una de las manifestaciones del *ius puniendi* del Estado configurado de forma general para toda la actividad sancionadora del Estado en el art. 25.1 Constitución Española (en adelante CE),[2] en términos de que:

> (...) nadie puede ser condenado o sancionado por acciones u omisiones que en el momento de producirse no constituyan delito, falta o infracción administrativa, según la legislación vigente en aquel momento.

Esta actividad sancionadora del Estado puede manifestarse a través del Derecho penal (cuyo elenco de infracciones y sanciones se halla tipificado en una sola ley o código penal) o a través del Derecho administrativo sancionador. En el caso concreto del Derecho administrativo sancionador, este precepto representa un mandato concreto para el legislador que lo debe llevar a cabo elaborando leyes que tipifiquen infracciones y sanciones; y es el legislador que, a través de las leyes, determinará las obligaciones correlativas del Gobierno y de la Administración, tanto desde el punto de vista del desarrollo reglamentario en los casos en que proceda, como de la aplicación de la ley.

Por su parte, el derecho disciplinario de los funcionarios públicos se configura como una de las manifestaciones del derecho disciplinario en general que se incardina dentro del derecho administrativo sancionador, ejercida en este caso, sobre determinado tipo de personal que ella misma tiene a su servicio.[3] Entre el derecho administrativo sancionador general y el derecho disciplinario en general y en especial el de los funcionarios públicos no existen grandes diferencias estructurales ya que:

(i) la autoridad que posee la potestad sancionadora en ambos casos es la Administración Pública;

(ii) en ambos casos la potestad sancionadora se pone en marcha como consecuencia de la comisión de una infracción; y

(iii) ambos dan lugar a la imposición de una sanción para lo cual deberá seguirse un procedimiento administrativo específico.[4]

---

[2] Constitución Española de 29 de diciembre de 1978.

[3] PÉREZ GÓMEZ, J. (1997, p. 217). Así, "la potestad disciplinaria de la Administración respecto de los funcionarios a su servicio, es una manifestación de la más amplia potestad sancionadora que le corresponde en virtud de la función de policía que, como señala Jordana de Pozas, constituye uno de los pilares básicos de la actividad administrativa".

[4] En este sentido TRAYLER, J. (1992, p. 24 y ss).

La única diferencia relevante entre ambos consiste en que mientras el derecho administrativo sancionador general se ejerce sobre los particulares, el derecho disciplinario se aplica sobre aquellos administrados que tienen una especial relación de sujeción con la Administración. En nuestro caso, la Administración ejerce una relación de especial sobre los funcionarios públicos en virtud del vínculo especial que surge entre estos derivado de la gran responsabilidad que recae sobre los funcionarios públicos como agentes administradores del Estado. De manera que, tal como indica DE FUENTES BARDAJÍ "el derecho disciplinario se diferencia del derecho administrativo general en su objeto, puesto que atiende principalmente al aspecto interno u organizativo de la Administración".[5]

Para explicar la naturaleza y fundamento del derecho disciplinario han surgido a lo largo de la historia diversas teorías. Sin embargo, hasta ahora, y no sin serios cuestionamientos jurídicos, la teoría que sigue imponiéndose para explicar este sector especial del derecho administrativo sancionador es la teoría relativa a las relaciones especiales de sujeción. Esta teoría, que nace en la doctrina alemana del siglo XIX de la mano de OTTO MAYER, señala que el derecho disciplinario de los funcionarios públicos responde a la relación especial de sujeción que surge del vínculo especial que tiene lugar en algunos casos entre la Administración y los particulares en cuando a la ordenación de determinados servicios públicos.

En este sentido, tal como señala GALLEGO ANABITARTE, recogiendo una idea apuntada ya por MAYER, este tipo de relaciones responden "a un estado de libertad restringida, en el cual el afectado se tiene que ajustar a lo que le exija el fin de la Administración pública".[6] Es decir, que el ámbito de aplicación de este tipo de relaciones tiene lugar en un campo bastante limitado, donde la intensidad y, sobre todo, la finalidad de la relación responde a una función pública, de organización propia de la Administración o a la gestión de los servicios públicos. Más adelante, en los apartados relativos a los principios que inspiran el ejercicio de la potestad disciplinaria explicaremos más detalles sobre esta teoría y su implicación en la aplicación de la potestad sancionadora de la Administración.

---

[5] DE FUENTES BARDAJÍ, J. (Dir.) (2010, p. 48).
[6] GALLEGO ANABITARTE, A. (1961, p. 14).

## 2 Marco regulador del poder disciplinario de la Administración

Junto a la potestad punitiva general del Estado que consagra el art. 25.1 CE, la Constitución de 1978 en el art. 103.3 CE se regulan las bases constitucionales del régimen disciplinario de los funcionarios públicos. En este sentido, dicho artículo establece textualmente que:

> La ley regulará el estatuto de los funcionarios públicos, el acceso a la función pública de acuerdo con los principios de mérito y capacidad, las peculiaridades del ejercicio de su derecho a sindicación, el sistema de incompatibilidades y las garantías para la imparcialidad en el ejercicio de sus funciones.

En este apartado tercero del art. 103 CE se sientan las bases constitucionales para la regulación del régimen disciplinario de los funcionarios públicos, el cual surge, tal como señala JALVO, como una expresión más de la potestad sancionadora administrativa, estrechamente vinculada a la potestad organizativa de la Administración, en el marco de los valores constitucionales relativos a los principios de eficacia, jerarquía, sometimiento a la ley y al derecho, acceso a la función pública de acuerdo con los principios de mérito y capacidad, el sistema de incompatibilidades y las garantías para la imparcialidad en el ejercicio de sus funciones.[7]

De acuerdo con el art. 103.3 de la CE previamente citado, y en virtud de la competencia exclusiva que la Constitución atribuye al Estado en el establecimiento de las bases del régimen estatutario de los funcionarios (art. 149.1.18º), han sido aprobadas diversas normas que regulan, a nivel estatal, el régimen disciplinario de los empleados públicos, siendo el régimen disciplinario actualmente vigente el regulado en el Estatuto Básico del Empleado Público, Ley 7/2007, de 12 de abril (en adelante, el "Estatuto del Empleado Público"). El art. 93.1 del Estatuto del Empleado Público se establece que:

> (...) los funcionarios públicos (...) quedan sujetos al régimen disciplinario establecido en el presente Título y en las normas que las Leyes de Función Pública dicten en desarrollo de este Estatuto.

---

[7] En este sentido JALVO, B. (2006, p. 42 y ss).

Este precepto sustituye las disposiciones en materia disciplinaria reguladas por la Ley 30/1984, de 2 de agosto, de medidas para la reforma de la función pública (en adelante, "Ley 30/1984"). Por su parte, en el ámbito reglamentario sigue vigente el Reglamento del Régimen Disciplinario de los Funcionarios de la Administración del Estado de 10 de enero de 1986, aprobado en desarrollo y ejecución de la citada Ley 30/1984, actualmente derogada.

De igual forma, en el marco de esta regulación básica, establecida por el Estado, las Comunidades Autónomas han venido aprobando progresivamente normas para ordenar su propia función pública y un régimen disciplinario de los funcionarios de ellas dependientes. Estas normas, en todo caso, deberán respetar las disposiciones previstas en la normativa estatal con carácter de legislación básica.[8] Por otro lado, en el ámbito de la Administración local, el Texto Refundido de las Disposiciones legales vigentes en materia de Régimen local, RD Legislativo 781/1986, de 18 de abril regula el marco normativo para los funcionarios de esta Administración. La normativa local que regula la función pública local también debe respetar las bases establecidas por el Estado en esta materia.

---

[8] En la Comunidad Autónoma de Andalucía es la Ley 6/1985, de 28 de noviembre, Ley de la Función Pública de Andalucía; En Aragón el Decreto Legislativo 1/1991, de 19 de febrero, Ley de la Función Pública de Aragón; En Asturias la Ley 3/1985, de 26 de diciembre, Ley de la Función Pública de Asturias; En las Islas Baleares, la Ley 3/2007, de 27 de marzo, de la Función Pública de las Illes Balears; En Canarias la Ley 2/1987, de 30 de marzo, Ley de la Función Pública de Canarias; en Cantabria la Ley 4/1993, de 10 de marzo, Ley de la Función Pública de Cantabria; en Castilla y León, la Ley 7/2005, de 24 de mayo, Ley de la Función Pública de Castilla y León; en Castilla La Mancha, Ley 4/2003, de 27 de febrero, Ley de Ordenación de los Servicios Jurídicos de la Administración de Castilla La Mancha; en Cataluña el Decreto Legislativo 1/1997, de 31 de octubre, que establece el Régimen de la Función Pública de Cataluña; en Valencia se aplica la Ley 1/1996, de 26 de abril, Ley de Régimen Jurídico del personal funcionario y laboral de la Comunidad Valenciana y el Decreto Legislativo 1/1990, de 26 de julio, que aprueba la Ley de la Función Pública de Extremadura; en Galicia el Decreto Legislativo 1/2008, de 13 de marzo, que aprueba la Ley de la Función Pública de Galicia y el Decreto 94/1991, de 20 de marzo, que aprueba el Reglamento de Régimen Disciplinario del personal funcionario de Galicia; en Murcia la Ley 1/1986, de 10 de abril, de la Función Pública y el Decreto Legislativo 1/2001, de 26 de enero, que aprueba la Ley de la Función Pública de Murcia; en Navarra existe el Decreto Foral Legislativo 251/1993, de 30 de agosto, que aprueba el Estatuto del personal de la Administración Foral Navarra y el Decreto Foral 117/1985, de 12 de junio, que aprueba el Reglamento del Régimen Disciplinario de los funcionarios de la Administración Pública de Navarra; en el País Vasco ha sido aprobada la Ley 6/1989, de 6 de julio, de la Función Pública del País Vasco, y finalmente, en la Rioja se aplica la Ley 3/1990, de 29 de junio, que establece la Ley de la Función Pública de la Rioja.

## 3 Los principios generales de la potestad sancionadora de la administración en el ámbito del derecho disciplinario

Los principios que rigen la actividad sancionadora de la Administración en cualquiera de sus manifestaciones (incluida la disciplinaria), al igual que el Derecho penal, encuentran en primer lugar su base jurídica en el art. 25.1 CE ya citado. En éste artículo se consagra expresamente uno de los principios de la potestad sancionadora que es el de legalidad sancionadora, pero es posteriormente, a medida que se van presentando dificultades en su aplicación, cuando se reconoce la necesidad de añadir otros principios, los cuales se han ido incorporando, en una primera fase, a través de la jurisprudencia del orden penal y posteriormente de la administrativa. Estos principios generales se han ido consolidando en el derecho sancionador e incorporando en el derecho disciplinario. En el caso concreto del derecho disciplinario de los funcionarios públicos no fue sino hasta el año 2007 cuando estos principios se positivizan a través del Estatuto Básico del Empleado Público, cuyo artículo 94.2 establece textualmente que:

La potestad disciplinaria se ejercerá de acuerdo con los siguientes principios:

a) Principio de legalidad y tipicidad de las faltas y sanciones, a través de la predeterminación normativa o, en el caso del personal laboral, de los convenios colectivos.

b) Principio de irretroactividad de las disposiciones sancionadoras no favorables y de las retroactividad de las favorables al presunto infractor.

c) Principio de proporcionalidad, aplicable tanto a la clasificación de las infracciones y sanciones como a su aplicación.

d) Principio de culpabilidad.

e) Principio de presunción de inocencia.

Estos principios que son propios del derecho penal se aplican en el derecho disciplinario, al igual que en el derecho administrativo sancionador general, con ciertos matices. Esta relajación de los principios de derecho penal en materia administrativa obedece, en amplia medida, a sus diferencias sustanciales con respecto al mismo.[9] En esa línea se ha

---

[9] En este sentido, tal como señala DE FUENTES BARDAJÍ: "(...) no cabe duda que los principios que fundamentan la potestad sancionadora de la Administración en materia disciplinaria son los mismos que los aplicables a la potestad sancionadora de la Administración contemplada desde una perspectiva constitucional general; principios como los de legalidad, tipicidad y

pronunciado la jurisprudencia tanto del Tribunal Constitucional como del Supremo, la cual establece que:

> (...) será de recordar ante todo que ya con anterioridad a la Constitución la jurisprudencia del Tribunal Supremo había venido elaborando la teoría del ilícito como supraconcepto comprensivo tanto del ilícito penal como del administrativo. Y sobre esta base, dado que el derecho penal había obtenido un importante desarrollo doctrinal y legal antes de que se formase una doctrina relativa a la potestad sancionadora de la Administración se fueron aplicando a éstas unos principios esenciales construidos con fundamento en los criterios jurídico-penales (...). El Tribunal Constitucional ha declarado reiteradamente que los principios inspiradores del orden penal son de aplicación con ciertos matices al Derecho administrativo sancionador y ello tanto en un sentido material como procedimental.[10]

En el derecho administrativo sancionador estos principios fueron regulados de forma precisa y ordenada en la Ley que establece el Régimen Jurídico de las Administraciones Públicas y del Procedimiento Administrativo Común, Ley 30/1992, de 26 de noviembre, y para el derecho disciplinario, como se ha señalado, a través del Estatuto del Empleado Público.

A continuación, se estudiarán cada uno de los principios que regulan el régimen disciplinario de los funcionarios públicos y del personal laboral a servicio de la Administración pública. En el estudio de cada uno de ellos se analizará de qué manera se cumplen las matizaciones a las que se ha hecho referencia.

---

personalidad de las infracciones y sanciones, del procedimiento debido, etc., son trasladables a esta materia, con lo que ello implica de criterios de control de la actuación administrativa y de la propia norma legal. Estas reglas tienen, por consiguiente, el respaldo de la misma norma constitucional, atribuyendo a los ciudadanos el derecho subjetivo de carácter fundamental, a los efectos de lo previsto en el artículo 53 de la Constitución, con lo que ello significa de especial protección a través del procedimiento especial previsto en la LJCA para la protección Jurisdiccional de los Derechos fundamentales de la persona y del Recurso de Amparo ante el Tribunal Constitucional. Por su carácter de derechos fundamentales, los actos administrativos que vulneren los principios constitucionales tienen la sanción de nulidad de pleno derecho, como dispone el artículo 62.1, a) de la Ley 30/1992, de 26 de noviembre, de Régimen Jurídico de las Administraciones Públicas y del Procedimiento Administrativo Común (LRJ-PAC)." DE FUENTES BARDAJÍ, J. (Dir.) (2010, p. 47).

[10] En este sentido la STS de 3 de julio de 1990 (FJ 2, Ar. 6352).

## 3.1 Principios de legalidad y tipicidad

## 3.1.1 Introducción

En un sentido amplio, el principio de legalidad constituye un valor esencial del Estado de Derecho y elemento característico de los Estados liberales democráticos. Este principio en el derecho español constituye un deber impuesto, primero, a todos los ciudadanos y, segundo, a todos los órganos del Estado, con respecto al cumplimiento de la totalidad de las normas que integran el ordenamiento jurídico español, independientemente del rango que ocupen en el sistema. En este sentido, tal como establece el art. 9.1 CE:

> (...) los ciudadanos y los poderes públicos están sujetos a la Constitución y al resto del ordenamiento jurídico.

Este mismo artículo en su apartado 3º reconoce la garantía constitucional del cumplimiento de este principio en términos de que "la Constitución garantiza el principio de legalidad".

Ahora bien, desde el punto de vista de la actividad sancionadora de la Administración el principio de legalidad tiene un fundamento superior, regulado en el varias veces citado art. 25.1 CE, en términos de que:

> (...) nadie puede ser condenado o sancionado por acciones u omisiones que en el momento de producirse no constituyan delito, falta o infracción administrativa, según la legislación vigente en aquel momento.

Este fundamento superior reside en su configuración como un derecho público subjetivo especial, al estar ubicado en la sección primera del capítulo II, del título I de la Constitución, relativa a los derechos fundamentales y a las libertades públicas. Esto significa que el Estado ha creado una serie de mecanismos, entre los cuales podría destacarse el recurso de amparo, para que el particular que se considere perjudicado por la mala aplicación de este artículo pueda invocarlo por una vía especial que pretende atender las necesidades del perjudicado de una forma más efectiva (art. 53.2 CE).[11] Tal como dice NIETO: "de este

---

[11] Art. 53.2 CE: Cualquier ciudadano podrá recabar la tutela de las libertades y derechos reconocidos en el artículo 14 y la sección primera del capítulo 2º ante los tribunales ordinarios por un procedimiento basado en los principios de preferencia y sumariedad y, en su caso, a través del recurso de amparo ante el Tribunal Constitucional. Este último recurso será aplicable a la objeción de conciencia reconocida en el art. 30.

derecho objetivo se deriva uno de índole subjetiva, que consiste en el derecho a exigir que sea respetada tal legalidad (...). Más todavía: estos derechos subjetivos [sección 1ª, Capítulo II, Título I CE] alcanzan nada menos que el rango de derecho fundamental y, por ende, protegido por el recurso de amparo".[12]

## 3.1.2 La reserva de ley y su alcance en el derecho disciplinario

Los principios de legalidad y tipicidad se regulan para el ámbito del derecho disciplinario en el art. 94.2.a) del Estatuto del Empleado Público, en términos de que:

> 2. La potestad disciplinaria se ejercerá de acuerdo con los siguientes principios:
>
> a) Principio de legalidad y tipicidad de las faltas y sanciones, a través de la predeterminación normativa (...).

Por su parte, el principio de legalidad sancionadora comprende una doble garantía, una de carácter formal y otra de carácter material. La primera viene referida a la garantía de seguridad jurídica que se concreta en la exigencia de reserva de ley de la norma que contenga las conductas ilícitas y las sanciones correspondientes, y la segunda relativa a la certeza o precisión con la cual esas infracciones y sanciones deben estar predeterminadas en la ley (principio de tipicidad). Es tan grande la vinculación que existe entre estas dos garantías que como dice NIETO GARCÍA "la reserva legal y el mandato de tipificación distan mucho de ser precisos separadamente considerados".[13] En este sentido, para que se considere respetado dicho principio es necesario cumplir la exigencia de una ley (*lex scripta*), que esa ley sea anterior al hecho imputado como prohibido (*lex previa*), y que la ley describa un supuesto de hecho determinado (*lex certa*).[14]

Este principio de tipicidad que, como se ve, queda integrado en el principio de legalidad exige que no sea suficiente que la ley establezca las infracciones y sanciones sino que es necesario que lo haga con el suficiente grado de precisión que permita saber cuales son las conductas

---

[12] NIETO GARCÍA, A. (2005, p. 220).

[13] NIETO GARCÍA, A. (2005, p. 199).

[14] STC 133/1987, de 21 de julio de 1987, FJ 4.

reprochables y las sanciones que su comisión acarrean. En este sentido también se ha expresado la jurisprudencial la jurisprudencia del Tribunal Constitucional 52/2003, de 17 de mayo.[15]

Por su parte, el término "legislación" que integra una garantía formal que se traduce como la imperiosa necesidad de la reserva de ley, ha sido empleado con una rigidez distinta en el Derecho penal que en el administrativo. Mientras que en el penal existe una reserva de ley absoluta, esto es, que sólo podrá sancionarse a una persona con base en infracciones y sanciones tipificadas como tales en una norma con rango de ley, en el derecho administrativo sancionador el término "legislación" se aplica en un sentido más laxo, dando cabida no sólo a normas con rango de ley sino también reglamentarias, siempre y cuando la tipificación de infracciones y sanciones que realicen estos reglamentos cuente con la suficiente cobertura previa en una norma con rango de ley.

Otra cuestión que ha sido ampliamente debatida por la doctrina y por los propios tribunales, en especial por el Tribunal Constitucional y el Supremo, es el alcance de la matización de la aplicación de estos principios en el ámbito de las relaciones especiales de sujeción que pueden tener lugar entre la Administración y determinados particulares, como serían en este caso, los funcionarios públicos. En estos casos se planteaba si la tipificación de infracciones y sanciones en un reglamento sin contar con la preceptiva reserva de ley exigida en el art. 25.1 CE vulneraba el principio de legalidad o, si por el contrario, podría esto ser considerado como el límite de la matización del principio de legalidad en los casos de relaciones especiales de sujeción.

En este sentido, la STC 26/2005, de 14 de febrero de 2005, ha resultado especialmente clarificadora al afirmar en su fundamento jurídico tercero que, tal como había sido declarado en sentencias anteriores:

> (...) las relaciones especiales de sujeción no son entre nosotros un ámbito en el que los sujetos queden despojados de sus derechos fundamentales

---

[15] El Tribunal dispone que "la garantía formal del art. 25.1 CE que significa el imperio de la Ley no basta para asegurar la previsibilidad de las consecuencias jurídicas de los propios actos, ni para garantizar que nadie pueda ser castigado por un hecho no contemplado por la Ley. Por ello, una vez en el momento aplicativo del ejercicio de las potestades sancionadoras por los poderes públicos, éstos están sometidos al principio de tipicidad, como garantía material, en el sentido de que, por un lado, se encuentran en una situación de sujeción estricta a las normas sancionadoras y, por otro, les está vedada la interpretación extensiva y la analogía <<in mala partem>>, es decir, la exégesis y aplicación de las normas fuera de los supuestos y de los límites que ellas determinan" (STC 52/2003, de 17 de mayo, FJ 5).

o en el que la Administración pueda dictar normas sin habilitación legal previa. Estas relaciones no se dan al margen del Derecho, sino dentro de él y por lo tanto también dentro de ellas tienen vigencia los derechos fundamentales y tampoco respecto de ellas goza la Administración de un poder normativo carente de habilitación legal, aunque ésta pueda otorgarse en términos que no serían aceptables sin el supuesto de esa especial relación (vid., entre otras, SSTC 2/1987, 42/1987 y, más recientemente, STC 61/1990" (STC 234/1991, de 10 de diciembre, FJ2).

Actualmente esta doctrina parece estar totalmente consolidada, de manera que ni siquiera en los casos de relaciones especiales de sujeción es posible aceptar una flexibilización tal de estos principios que autorice un recorte de las garantías establecidas constitucionalmente en el artículo 25.1 CE en cuanto a la legalidad sancionadora del Estado. En este sentido, tal como apunta HUERGO LORA: "la idea de que los funcionarios se encuentren en una relación especial de sujeción respecto a la Administración no puede servir, actualmente, para justificar por sí sola ningún recorte de garantías respecto a las que se exigen en la potestad sancionadora administrativa".[16]

## 3.2 Principio de irretroactividad de las disposiciones sancionadoras no favorable

Como complemento al principio de legalidad en materia sancionadora se encuentra la regla de la irretroactividad de las leyes. Esta regla se regula para la potestad sancionadora del Estado en el art. 9.3 de la Constitución, donde se dice que:

> La Constitución garantiza (...) la irretroactividad de las disposiciones sancionadoras no favorables o restrictivas de derechos individuales (...).

A nivel doctrinal se produjo un amplio debate con respecto a esta regla, ya que, destacados juristas señalaron que la misma también viene establecida de modo indirecto, pero contundente en el art. 25.1 de la CE, al aludirse a "la legislación vigente en aquel momento" (en el de producirse los hechos sancionables).[17] En este sentido expresa SUAY: "el principio de legalidad, en su formación constitucional, también trae como consecuencia la irretroactividad de la normativa sancionadora, esto es, la imposibilidad de aplicarla a hechos acaecidos

---

[16] HUERGO LORA, A. (2007, p. 185).
[17] NIETO GARCÍA, A. (2005, p. 238).

con anterioridad a su propia vigencia. No es posible cuestionar la directísima vinculación de esta regla al contenido del art. 25.1 de la Constitución, cuyo tenor literal, si alguna manifestación del principio de legalidad subraya especialmente, es ésta justamente".[18]

Pese a éstas opiniones, la realidad es que la jurisprudencia sólo reconoce esta regla en el art. 9.3 CE, cuya desventaja con respecto a si se aceptara como existente en el art. 25.1 CE consiste en que en este último caso la presunta violación de su cumplimiento sería susceptible de recursos especiales de protección como, por ejemplo, el recurso de amparo ante el Tribunal Constitucional. Esto no es posible con respecto al art. 9.3 CE, ya que este recurso especial está reservado *ex* art. 52.2 CE para el art. 14 y la sección 1ª del Capítulo II del Título I de la Constitución (arts. 14 a 29 CE).

Por su parte, la normativa disciplinaria también ha querido regular en su normativa sectorial este principio que, en cualquier caso, por aplicación directa de la Constitución le resulta vigente. En este sentido, el art. 94.2.b) del Estatuto del Empleado Público establece que la potestad disciplinaria se ejercerá de acuerdo con el "principio de irretroactividad de las disposiciones sancionadoras no favorables y de retroactividad de las sanciones más favorables al presunto infractor".

De esta forma en el derecho disciplinario, además de señalarse expresamente la aplicación del principio general relativo a la irretroactividad de las normas no favorables, también se establece expresamente la regla que resulta de la aplicación extensiva de este principio relativo a la retroactividad de las normas favorables. Así, en congruencia con lo que ya ha sido incorporado por la jurisprudencia en el ámbito del derecho administrativo sancionador general, la normativa disciplinaria consagra también como principio rector de su actividad sancionadora el principio de retroactividad de las normas sancionadoras favorables.

## 3.3 Principio *non bis in idem*

El principio *non bis in idem* es un principio de creación jurisprudencial. En efecto, la jurisprudencia lo ha reconocido como implícitamente previsto en el art. 25 CE.[19] En este sentido, tal como señala la STC 2/1981, de 30 de enero, el principio *non bis in idem*:

---

[18] SUAY RINCON, J. (2001, p. 23).

[19] Art. 25.1 CE: Nadie puede ser condenado o sancionado por acciones u omisiones que en el momento de producirse no constituyan delito, falta o infracción administrativa, según la legislación vigente en aquel momento.

(...) va íntimamente unido a los principios de legalidad y tipicidad de las infracciones recogidos principalmente en el art. 25 de la Constitución (FJ 4).

En términos básicos este principio hace referencia a que nadie puede ser sancionado dos veces por unos mismos hechos y con base en un mismo fundamento jurídico. En este sentido, con respecto al tercer elemento (fundamento jurídico) es necesario precisar que, tal como indica GARBERÍ LLOBREGAT, este "no suele reconducirse a la naturaleza de la sanción sino a la semejanza entre los bienes jurídicos protegidos por las distintas normas sancionadoras o entre los intereses tutelados por ellas, de forma tal que, como sucede en el ámbito criminal, si los bienes jurídicos afectados por un mismo hecho resultan heterogéneos existirá diversidad de fundamento, mientras que si son homogéneos, no procederá la doble punición aunque las normas jurídicas sean distintas".[20] De manera que, no sólo se transgrede el principio *non bis in idem* cuando una vez cumplidos los primeros elementos, el tercer elemento consiste en la transgresión de la misma norma jurídica, sino también en los casos en que, aún tratándose de normas jurídicas distintas, éstas responden a la protección de los mismos bienes o intereses jurídicos.

En estos términos lo ha establecido el Tribunal Constitucional, al señalar que:

> (...) no basta simplemente con la dualidad de normas para entender justificada la imposición de una doble sanción al mismo sujeto por los mismos hechos, pues si así fuera el principio *non bis in idem* no tendría más alcance que el que el legislador (o en su caso el Gobierno, como titular de la potestad reglamentaria) quisiera darle.

> Para que la dualidad de sanciones sea constitucionalmente admisible es necesario, además, que la normativa que la impone pueda justificarse porque contempla los mismos hechos desde la perspectiva de un interés jurídicamente protegido que no es el que aquel que la primera sanción intenta salvaguardar o, si se quiere, desde la perspectiva de una relación jurídica diferente entre sancionador y sancionado. (entre otras, STC 234/1991, de 10 de diciembre, FJ 2)

Por todo ello, aunque el Estatuto del Empleado Público no reconoce expresamente la vigencia de este principio en el ámbito del derecho disciplinario, partiendo de que el mismo se deriva de la propia

---

[20] GARBERÍ LLOBREGAT, J. (1997, p. 91).

Constitución resulta directamente aplicable en el ámbito del derecho disciplinario. En efecto, a pesar de que el derecho disciplinario se enmarca en el tipo de relación que la doctrina y la jurisprudencia han denominado como relación de sujeción especial (con respecto a la cual los principios reguladores de la actividad sancionadora se aplican de forma flexibilizada), esto no es motivo para que se excepcione de forma general la aplicación del principio de *non bis in idem* en la actividad disciplinaria de la Administración.

Ahora bien, tal como hemos apuntado, para que se considere vulnerado el principio *non bis in idem* es necesario que se cumplan los tres elementos constitutivos de este principio: (i) que ambas sanciones se impongan sobre un mismo sujeto; (ii) que ambas sanciones tengan como base los mismos hechos; y (iii) que ambas sanciones tengan como base fundamentos jurídicos.

En este sentido, lo que muchas veces ocurre cuando se da una dualidad de sanciones en donde una de ellas ha sido impuesta en el marco del derecho disciplinario es que no hay una coincidencia total entre los tres elementos constitutivos del principio *non bis in idem*, ya que a menudo el fundamento jurídico suele ser distinto y, por tanto, no se considera que existe una vulneración dicho principio.

En efecto, en el derecho disciplinario la Administración ejerce la potestad sancionadora para proteger el buen funcionamiento interno de sus actividades, lo cual representa un interés jurídico distinto de los que protegería la norma penal o la norma administrativa no disciplinaria que regula esas mismas actuaciones. De manera que, tal como señala JALVO "en cualquier caso, si en el ámbito de las relaciones de sujeción especial se admite la doble sanción de una conducta, será porque cada una de ellas respondan a distintos fundamentos y no por la simple invocación de la citada categoría. No cabe otra solución, pues lo que en definitiva prohibe el *non bis in idem* es la pluralidad de sanciones que respondan a idéntico fundamento".[21]

En definitiva, en el ámbito del derecho disciplinario, como en cualquier otro ámbito del derecho sancionador, no es posible la

---

[21] JALVO, B. (2006, p. 192).
En estos términos lo ha establecido la STC 234/1991, de 10 de diciembre, al señalar que: "estas relaciones no se dan al margen del derecho, sino dentro de él y por lo tanto también dentro de ellas tienen vigencia los derechos fundamentales y tampoco respecto de ellas goza la Administración de un poder normativo carente de habilitación legal, aunque ésta pueda otorgarse en términos que no serían aceptables sin el supuesto de esa especial relación — vid. entre otras, SSTC 2/1987, 42/1987 (RTC 1987/42) y, más recientemente, STC 61/1990 (RTC 1990/61)".

imposición de doble sanción en los casos en que se den los tres requisitos previamente señalados. Si bien es cierto que en variadas ocasiones el funcionario que resulta sancionado disciplinariamente también puede serlo conforme al derecho penal o administrativo general, el hecho de que concurra una doble punición no constituye razón suficiente para considerar vulnerado el principio de *non bis in idem*, ya que para que se considerase vulnerado dicho principio necesariamente debería tratarse de la imposición de una doble sanción a un mismo sujeto con base en los mismos hechos y fundamentos jurídicos.

## 3.4 Principio de culpabilidad

El principio de culpabilidad, al igual que el principio *non bis in idem* es un principio que nace en el derecho penal y que se ha ido incorporado paulatinamente al derecho administrativo sancionador y, por tanto, al derecho disciplinario a través de la jurisprudencia.[22] No fue sino hasta la aprobación del Estatuto del Funcionario Público que este principio pasó a estar regulado expresamente para el ejercicio de la potestad disciplinaria.

Conforme a este principio se garantiza que sólo será iniciado un procedimiento sancionador contra la persona (física o jurídica) que por indicios concretos se considere presunta culpable de una infracción y, consecuentemente, sólo si se demuestra que dicho acto antijurídico fue realizado por esta persona, recaerá sobre la misma una sanción. En efecto, con el principio de culpabilidad lo que se valora es la condición subjetiva del autor del acto ilícito, con lo cual se deja descartada, en principio, la responsabilidad objetiva.

Para el ámbito del derecho disciplinario este principio viene regulado en el art. 94.2.d) del Estatuto del Funcionario Público, que señala que la potestad disciplinaria se ejercerá de acuerdo con el principio de culpabilidad.

En el derecho disciplinario la aplicación de este principio se traduce en la necesidad de que el infractor haya incurrido en dolo, culpa o negligencia como condición indispensable para que se constituya la

---

[22] En este sentido señala la STS de 14 de junio de 1998 que: "Teniendo en cuenta que la potestad sancionadora de la Administración goza de análoga naturaleza que la potestad penal, se sigue de ello que en el ámbito de la responsabilidad administrativa no basta con que la conducta reúna las notas de antijuridicidad y tipicidad, sino que, además, es necesaria la nota de culpabilidad, pues nadie puede ser condenado o sancionado sino por hechos que le puedan ser imputados a título de dolo o culpa".

infracción. De manera que, a diferencia de la responsabilidad en materia civil no cabe sanción administrativa si el acto imputable como infracción ha sido cometido sin culpa, ya que como expresa la siguiente máxima jurídica *nulla poena sine culpa*.

Tal como señala PEREZ GÓMEZ, la vigencia del principio de culpabilidad en el ámbito del derecho disciplinario "supone, que la presunción de inocencia, contenida como un derecho fundamental en el art. 24.2 de la Constitución debe observarse también en las relaciones disciplinarias y que no se puede sancionar al supuesto infractor sin unos elementos probatorios que sean susceptibles de destruir aquella presunción".[23] La prueba, realizada por el instructor, o incorporada al expediente, debe ser suficiente.

En definitiva, tal como apunta JALVO, "la culpabilidad –con independencia del grado en que concurra- se considera un requisito esencial de la responsabilidad disciplinaria. No basta con que el funcionario realice de forma voluntaria y consciente la acción sancionable (imputabilidad), sino que es preciso que éste persiga el resultado antijurídico (dolo) o que, al menos, siendo previsible dicho resultado, no trate de evitarlo (culpa) y, además, deben concurrir las condiciones normales de exigibilidad".[24]

## 3.5 Principio de proporcionalidad

El principio de proporcionalidad se regula para el ámbito del derecho disciplinario en el art. 94.2.c) del Estatuto del Empleado Público en términos de que la potestad disciplinaria se ejercerá de acuerdo con el "principio de proporcionalidad, aplicable tanto a la clasificación de las infracciones y sanciones como a su aplicación".

En términos generales lo que se persigue con este principio es que la sanción que se imponga se corresponda con la gravedad de la infracción cometida, es decir, que la graduación de la sanción limite los derechos del infractor sólo en la medida en que dicha limitación sea necesaria, a través de los medios adecuados y como resultado de un juicio ponderado entre el interés público afectado y los derechos del infractor. La proporcionalidad es un principio general del derecho en la actividad sancionadora y disciplinaria de la Administración.[25]

---

[23] PÉREZ GÓMEZ, J. (1997, p. 223).

[24] JALVO, B. (2006, p. 232).

[25] DE FUENTES BARDAJÍ, J. (Dir.) (2010, p. 75). En este sentido, tal como apunta DE FUENTES BARDAJÍ: "en el concreto ámbito del derecho sancionador y disciplinario el principio de

En efecto, en el ámbito del derecho disciplinario el principio de proporcionalidad exige que se cumplan los mismos requisitos que establecida la jurisprudencia y doctrina para el ámbito del derecho administrativo general. Al respecto, tal como señala RODRIGUEZ DE SANTIAGO, "el principio de proporcionalidad se compone de tres subprincipios, que son: la idoneidad o utilidad (la medida limitadora ha de ser un medio útil o apto para la consecución del bien público que aquélla tiene como fin), la necesidad (no de existir otro medio igualmente eficaz y menos para satisfacer el mencionado fin de interés público) y ponderación — o proporcionalidad en sentido estricto — (las ventajas derivadas a favor de la protección del fin público deben compensar los perjuicios causados en el derecho que se limita).[26]

Es así que, en el ámbito del derecho disciplinario el principio de proporcionalidad exige que antes de que se determine cual ha sido la norma legal infringida y la sanción a imponer se tomen en consideración todos los elementos subjetivos y objetivos que envuelven el caso de que se trate. Para ello la Administración, en primer lugar, y el Tribunal Contencioso-Administrativo, en segundo lugar, deberán analizar y

---

proporcionalidad constituye un auténtico principio general del Derecho que conduce a la exigencia de que toda potestad administrativa sancionadora y disciplinaria deba responder a los criterios de necesidad y adecuación al fin perseguido, a la debida adecuación entre la gravedad del hecho constitutivo de la infracción y la sanción aplicada, que presenta una vertiente normativa y otra aplicativa por la Administración o los Tribunales". Añade que: "en su dimensión normativa, el principio de proporcionalidad constituye un mecanismo de control de la actuación del legislador y, en su caso, de la Administración reglamentadora, a quienes se exige la predeterminación normativa no sólo de los tipos infractores y sancionadores, sino también <<la definición y, en su caso, graduación o escala de las sanciones imponibles y, como es lógico, la correlación necesaria entre actos o conductas ilícitas tipificadas y las sanciones consiguientes a las mismas de manera que el conjunto de las normas punitivas aplicables permita predecir, con suficiente grado de certeza, el tipo y el grado de sanción determinado del que pueda hacerse merecedor quien cometa una o más infracciones concretas>> (sentencias del TC 25/2002 [RTC 2002,25] y 219/1989 [RTC 1989, 219]. En su vertiente aplicativa, es un importante mecanismo de control por parte de Tribunales sobre el ejercicio de la potestad sancionadora y disciplinaria de la Administración".

[26] RODRIGUEZ DE SANTIAGO, J. (2000, p. 105). Al respecto, la Sentencia del Tribunal Constitucional núm. 186, de 10 de julio establece en su fundamento jurídico sexto que: "para comprobar si una medida restrictiva de un derecho fundamental supera el juicio de proporcionalidad, es necesario constatar si cumple los tres requisitos o condiciones siguientes: si tal medida es susceptible de conseguir el objetivo propuesto (juicio de idoneidad); si, además, es necesaria, en el sentido de que no exista otra medida más moderada para la consecución de tal propósito con igual eficacia (juicio de necesidad); y, finalmente, si la misma es ponderada o equilibrada, por derivarse de ella más beneficios o ventajas para el interés general que perjuicios sobre otros bienes o valores en conflicto (juicio de proporcionalidad en sentido estricto)."

relacionar los hechos con todos los criterios y particularidades que indique la norma disciplinaria que resulte aplicable, de manera que se busque un punto de equilibrio entre el fin público protegido y la protección de los derechos del funcionario que ha incurrido en falta.

De ahí que, en función de las grandes diferencias que pueden revestir las actuaciones ilícitas constitutivas de infracción, es necesario analizar cada acto por separado y con base en las normas jurídicas que resulten de aplicación y tomando en cuenta los subprincipios anteriormente mencionados (idoneidad, necesidad y ponderación) determinar la sanción justa para cada infracción.[27]

Con respecto a los mecanismos de graduación, el Estatuto del Empleado Público señala que las faltas graves serán establecidas atendiendo al grado en que se haya vulnerado la legalidad, la gravedad de los daños causados al interés público, patrimonio o bienes de la Administración o de los ciudadanos y al descrédito para la imagen pública de la Administración. Asimismo señala que el alcance de cada sanción se establecerá teniendo en cuenta el grado de intencionalidad, descuido o negligencia que se revele en la conducta, el daño al interés público, la reiteración o reincidencia, así como el grado de participación.

## 3.6 La necesidad de un procedimiento disciplinario

Conforme al principio de legalidad, la Administración para llevar a cabo su actividad sancionadora debe someterse a determinadas pautas establecidas por ley. El procedimiento es una auténtica garantía para el administrado,[28] de manera que, para la imposición de una sanción es necesario que se siga y se agote un procedimiento, en el cual habrán de respetarse todos los derechos y garantías del particular inculpado, ya que no existe sanción válida cuando no ha sido impuesta a través de un procedimiento.

---

[27] En este sentido la STSJ de Cantabria del 1 de febrero de 2002, que establece que: "el principio de proporcionalidad trata de guardarse mediante la introducción de concretos mecanismos de graduación de las sanciones y con la división de cada una de las tipificaciones de las faltas en grados, mínimo, medio y máximo que garantiza una mejor adecuación".

[28] DE FUENTES BARDAJÍ, J. (Dir.) (2010, p. 251).
En este sentido, tal como señala: "en el ámbito del Derecho administrativo sancionador, en general, y en particular en el del Derecho disciplinario, el procedimiento se configura como una auténtica garantía de los derechos del presunto responsable de la infracción, cuya observancia es *conditio sine qua non* para la actuación de esta potestad, una de las más contundentes de la Administración".

Esta regla estructural se establece expresamente para el ámbito del derecho disciplinario en el art. 98.1 del Estatuto del Empleado Público, en términos de que:

> No podrá imponerse sanción por la comisión de faltas muy graves o graves sino mediante el procedimiento previamente establecido. La imposición de sanciones por faltas leves se llevará a cabo por procedimiento sumario con audiencia al interesado.

Implícitamente, tal como señala SANTAMARÍA PASTOR, la propia Constitución establece este requisito cuando garantiza en su art. 24 el derecho de todo ciudadano (entre ellos los funcionarios públicos) a un "proceso público sin dilaciones indebidas", y en su art. 105.c) al señalar que la ley regulará "el procedimiento a través del cual deben producirse los actos administrativos, garantizando, cuando proceda, la audiencia del interesado".

La exigencia de un procedimiento para la imposición de una sanción declarada por primera vez en STC 18/1981, de 8 de junio, en un caso relativo a la imposición de sanciones sin previo procedimiento. En esa ocasión afirmó el Tribunal, refiriéndose a la necesidad de que la actividad sancionadora se enmarque en un procedimiento como exigencia derivada de los artículos 24 y 9 CE que:

> (...) los principios esenciales reflejados en el artículo 24 de la Constitución en materia de procedimiento han de ser aplicables a la actividad sancionadora de la Administración, en la medida necesaria para preservar los valores esenciales que se encuentran en la base del precepto, y la seguridad jurídica que garantiza el artículo 9 de la Constitución (FJ 2).[29]

Es así que, para poder imponer una sanción por infracción de la normativa disciplinaria resulta indispensable la mediación de un procedimiento que respete los derechos y garantías del presunto responsable, ya que como bien ha expresado la jurisprudencia constitucional queda terminantemente prohibida la imposición de sanciones de plano o lo que es lo mismo, carentes de procedimiento que garantice a los interesados su defensa real y efectiva.

---

[29] En este caso una vez probada la existencia de sanción sin procedimiento previo el Tribunal procede a estimar el recurso de amparo interpuesto por los recurrentes y a anular la sanción impuesta por el Gobernador Civil de Barcelona.

## 4 La clasificación de las faltas disciplinarias

De acuerdo con el Estatuto del Empleado Público (desarrollado por el Real Decreto 33/1986, de 10 de enero que establece el Régimen Disciplinario de los Funcionarios de la Administración del Estado) las faltas cometidas por los funcionarios en el ejercicio de sus cargos podrán ser leves, graves o muy graves. El Estatuto del Empleado Público se limita a establecer las faltas muy graves, señalando que las graves serán reguladas por las Cortes Generales o la Asamblea Legislativa de la correspondiente Comunidad Autónoma. Con respecto a las faltas leves indica que serán reguladas por las Leyes de Función Pública que se dicten en desarrollo del mismo.[30]

---

[30] Según establece el art. 95.2 del Estatuto del Empleado Público constituyen faltas muy graves las siguientes:

"a) El incumplimiento del deber de respeto a la Constitución y a los respectivos Estatutos de Autonomía de las Comunidades Autónomas y Ciudades de Ceuta y Melilla, en el ejercicio de la función pública.

b) Toda actuación que suponga discriminación por razón de origen racial o étnico, religión o convicciones, discapacidad, edad u orientación sexual, lengua, opinión, lugar de nacimiento o vecindad, sexo o cualquier otra condición o circunstancia personal o social, así como el acoso por razón de origen racial o étnico, religión o convicciones, discapacidad, edad u orientación sexual y el acoso moral, sexual y por razón de sexo.

c) El abandono del servicio, así como no hacerse cargo voluntariamente de las tareas o funciones que tienen encomendadas.

d) La adopción de acuerdos manifiestamente ilegales que causen perjuicio grave a la Administración o a los ciudadanos.

e) La publicación o utilización indebida de la documentación o información a que tengan o hayan tenido acceso por razón de su cargo o función.

f) La negligencia en la custodia de secretos oficiales, declarados así por Ley o clasificados como tales, que sea causa de su publicación o que provoque su difusión o conocimiento indebido.

g) El notorio incumplimiento de las funciones esenciales inherentes al puesto de trabajo o funciones encomendadas.

h) La violación de la imparcialidad, utilizando las facultades atribuidas para influir en procesos electorales de cualquier naturaleza y ámbito.

i) La desobediencia abierta a las órdenes o instrucciones de un superior, salvo que constituyan infracción manifiesta del Ordenamiento jurídico.

j) La prevalencia de la condición de empleado público para obtener un beneficio indebido para sí o para otro.

k) La obstaculización al ejercicio de las libertades públicas y derechos sindicales.

l) La realización de actos encaminados a coartar el libre ejercicio del derecho de huelga.

m) El incumplimiento de la obligación de atender los servicios esenciales en caso de huelga.

n) El incumplimiento de las normas sobre incompatibilidades cuando ello dé lugar a una situación de incompatibilidad.

o) La incomparecencia injustificada en las Comisiones de Investigación de las Cortes Generales y de las Asambleas Legislativas de las Comunidades Autónomas.

p) El acoso laboral.

q) También serán faltas muy graves las que queden tipificadas como tales en Ley de las Cortes Generales o de la Asamblea Legislativa de la correspondiente Comunidad Autónoma o por los convenios colectivos en el caso de personal laboral."

De conformidad con lo establecido en el art. 97 del Estatuto del Empleado Público las faltas muy graves prescribirán a los 3 años, las graves a los 2 años y las leves a los 6 meses.

El Estatuto del Empleado Público no regula las faltas graves. En su lugar, señala que las faltas graves serán establecidas por Ley de las Cortes Generales o de la Asamblea Legislativa de la correspondiente Comunidad Autonómica. Por su parte, con independencia de las faltas graves que han sido reguladas por las Comunidades Autónomas para su ámbito territorial, siguen vigentes las siguientes faltas graves contenidas en el Real Decreto 33/1986, de 10 de enero, que establece el Reglamento del Régimen Disciplinario de los Funcionarios de la Administración del Estado.

Las faltas leves, con independencia de las que puedan ser reguladas por las leyes dictadas en desarrollo del Estatuto del Empleado Público, el art. 8 del Real Decreto 33/1986, de 10 de enero, que establece el Reglamento de Régimen Disciplinario de los Funcionarios de la Administración del Estado las regula.[31]

## 5 Determinación y clases de sanciones disciplinarias

De acuerdo con el Estatuto del Empleado Público las sanciones disciplinarias, al igual que las faltas, en función de su gravedad se clasificarán en muy graves, graves y leves. En su art. 96 relativo a las sanciones esta Ley estatal se limita a regular una serie de sanciones, indicando sólo en algunos casos que las mismas corresponden a faltas muy graves, dejando al arbitrio de las leyes que se elaboren en desarrollo del mismo la tarea de desarrollar el cuadro de faltas que él regula. En este sentido, las sanciones tipificadas por el Estatuto del Empleado Público son:

a) Separación del servicio de los funcionarios, que en el caso de los funcionarios interinos comportará la revocación de su nombramiento, y que sólo podrá sancionar la comisión de faltas muy graves.

---

[31] "a) El incumplimiento injustificado del horario de trabajo, cuando no suponga falta grave.
b) La falta de asistencia injustificada de un día.
c) La incorrección con el público, superiores, compañeros o subordinados.
d) El descuido o negligencia en el ejercicio de sus funciones.
e) El incumplimiento de los deberes y obligaciones del funcionario, siempre que no deban ser calificados como falta muy grave o grave."

b) Despido disciplinario del personal laboral, que sólo podrá sancionar la comisión de faltas muy graves y comportará la inhabilitación para ser titular de un nuevo contrato de trabajo con funciones similares a las que desempeñaban.

c) Suspensión firme de funciones, o de empleo y sueldo en el caso del personal laboral, con una duración máxima de 6 años.

d) Traslado forzoso, con o sin cambio de localidad de residencia, por el período que en cada caso se establezca.

e) Demérito, que consistirá en la penalización a efectos de carrera, promoción o movilidad voluntaria.

f) Apercibimiento.

g) Cualquier otra que se establezca por Ley.

De conformidad con lo establecido en el art. 97 del Estatuto del Empleado Público las sanciones muy graves prescribirán a los 3 años, las graves a los 2 años y las leves al año. El plazo de prescripción comenzará a contarse desde el día siguiente a aquel en que adquiera firmeza la resolución por la que se impone la sanción o desde que se quebrantase el cumplimiento de la sanción si hubiere comenzado.

## Bibliografía

DE FUENTES BARDAJÍ, J. (Dir.) (2010): *Manual sobre responsabilidad disciplinaria del personal al servicio de las Administraciones públicas*, Aranzadi, Navarra.

GALLEGO ANABITARTE, A. (1961): "Relaciones especiales de sujeción y principio de legalidad de la Administración", *Revista Administración Pública*, número 31 (1961), p. 11-51.

GARBERÍ LLOBREGAT, J. (1997): "Principio *non bis in idem* y cuestiones de prejudicialidad", *Cuadernos de Derecho judicial*, núm. XI, p. 82-122.

HUERGO LORA, A. (2007): *Las sanciones administrativas*, Iustel, Madrid.

JALVO, B. (2006): *El régimen disciplinario de los funcionarios públicos*, Editorial Lex Nova, Valladolid.

NIETO GARCÍA, A. (2005): *El Derecho Administrativo Sancionador*, Tecnos, Madrid.

PÉREZ GÓMEZ, J. (1997): *Introducción al régimen jurídico de los funcionarios públicos de las Administraciones Públicas*, Editorial Comares, Granada.

RODRIGUEZ DE SANTIAGO, J. (2000): *La ponderación de bienes e intereses en el Derecho administrativo*, Marcial Pons, Madrid.

SUAY RINCON, J. (2001): "La formulación del principio de legalidad en materia sancionadora y sus exigencias: una propuesta a partir del estado actual de la cuestión en la jurisprudencia", *Justicia Administrativa*, número Extraordinario, p. 7-27.

TRAYTER, J.M. (1992): *Manual de Derecho Disciplinario de los Funcionarios Públicos*, Marcial Pons, Madrid.

---

Informação bibliográfica deste texto, conforme a NBR 6023:2002 da Associação Brasileira de Normas Técnicas (ABNT):

FRANCH I SAGUER, Marta. El derecho disciplinario de los funcionarios públicos en España. *In*: BAUTISTA CELY, Martha Lucía; SILVEIRA, Raquel Dias da (Coord.). *Direito disciplinário internacional*: estudos sobre a formação, profissionalização, disciplina, transparência, controle e responsabilidade da função pública = *Derecho disciplinario internacional*: estudios sobre formación, profesionalización, disciplina, transparencia, control y responsabilidad de la función pública. Belo Horizonte: Fórum, 2011. v. 1, t. I, p. 165-187. v. 1: Título Português, t. I: Título Espanhol. ISBN 978-85-7700-446-1.

# O Estudo do Direito da Função Pública: Avaliação e Perspectivas

## Florivaldo Dutra de Araújo

**Sumário:** 1 O estudo da função pública no contexto do Direito Administrativo – 2 Lacunas atuais no estudo da função pública – 3 Contribuições da Universidade Federal de Minas Gerais – Referências

## 1 O estudo da função pública no contexto do Direito Administrativo

Entre os vários temas objeto de estudo do Direito Administrativo no Brasil, um dos que apresenta maior carência de elaborações sistemáticas é o relativo aos *servidores públicos*. É certo que várias obras de qualidade têm sido publicadas, mas, comparativamente a outros tópicos do desse ramo do Direito, a produção ainda é mais lacunosa.

Essa situação doutrinária contrasta com o panorama jurisprudencial e com as demandas da Administração Pública. A gestão cotidiana dos recursos humanos traz inúmeras questões ao poder público e os conflitos daí decorrentes desembocam com frequência nos tribunais.

Ante a ausência de uma atualização e reelaboração sistêmica do Direito da função pública, nota-se o déficit doutrinário na capacidade de dar respostas aos emergentes problemas da gestão pública de pessoal. As soluções têm sido construídas *ad hoc*, por meio de pareceres, artigos e pronunciamentos judiciais. Falta-lhes, porém, a visão crítica global, tarefa própria da doutrina jurídica.

Aliado à carência de estudos sistemáticos, outro problema é o descompasso entre as elaborações teóricas prevalentes e as transformações sociais, políticas, econômicas e legais verificadas na função pública, no Brasil e em inúmeros países.

No Brasil, as bases teórico-jurídicas da função pública são aquelas que se consolidaram nas primeiras décadas do século XX, a partir das concepções estatutárias, de origem franco-germânica.

Essas concepções vislumbram o servidor público apenas como elemento organicamente inserido na estrutura estatal, e não como cidadão com interesses próprios, suscetíveis de, legitimamente, conflitarem com os interesses administrativos. A inserção orgânica do servidor implica um vínculo de exclusiva subordinação, em que apenas unilateralmente se podem fixar os direitos e obrigações entre as partes.

Desde os primórdios da autonomização do Direito Administrativo como ramo do conhecimento jurídico, partiu-se da visão liberal de contrato e, concebendo-o como figura típica, ou mesmo exclusiva, do direito privado, defendeu-se a idéia de que este é caracterizado por relações de coordenação, ao contrário do direito público, marcado por relações de subordinação, únicas apropriadas a resguardar o interesse público.

Tampouco as concepções organicistas, que rechaçam o contrato como fundamento da organização social e política, admitem que o exercício das atribuições estatais possa fundar-se em contrato, uma vez que o indivíduo, ao tornar-se agente administrativo, passa a fazer parte da própria realidade orgânica do Estado.

A definição unilateral e regulamentar do vínculo servidor-Estado, afastando as teses contratualistas, apresentou-se, então, como a mais apropriada à ideia da função representativa do servidor público, predisposto a incorporar exclusivamente os valores relativos ao Estado.

A consequência dessa concepção é logicamente dedutível:

> Como eles (funcionários) devem servir desinteressadamente ao bem comum, é necessária sua posição especial em uma relação de serviço e lealdade regida pelo direito público, com elevados deveres, que exige a dedicação integral da pessoa ao Estado e obriga os funcionários públicos, acima de tudo, à obediência.[1]

Ou, na expressiva metáfora de Duguit:

> O funcionário é como uma engrenagem dessa espécie de máquina de administração em que consiste cada serviço. Cada uma das engrenagens é uma criação legal. O mesmo ocorre com o funcionário e com a situação que se lhe atribui.[2]

Da conjugação entre a *teoria da situação legal* ou *estatutária* e a *teoria orgânica do Estado*, ainda que expurgadas de certos extremismos,

---

[1] HOFFMANN. Beamtentum und Streik. *Archiv des öffentlichen Rechts*, S. 144.

[2] DUGUIT. *Traité de droit constitutionnel*, t. III, p. 104.

resultaram as diretrizes básicas segundo as quais a doutrina do Direito Administrativo, majoritariamente, teorizou e ainda hoje explica as instituições da função pública. Consciente ou inconscientemente, esses têm sido os vetores teóricos que se extraem das lições dos doutrinadores de muitos países, incluindo o Brasil.

## 2 Lacunas atuais no estudo da função pública

A concepção unilateralista[3] da função pública não acompanhou as transformações políticas e sociais do século XX e seus reflexos, teóricos e legislativos, na regulação jurídica da atuação estatal, nos diversos desdobramentos da dicotomia direito público/direito privado e, particularmente, na relação entre Estado e servidores.

Essas transformações apontam, por um lado, a abertura da relação de função pública a valores próprios do Estado Social e do Estado Democrático de Direito, como o direito de associação e de livre manifestação; a participação ativa na definição das políticas públicas, particularmente de gestão de pessoal; a conscientização de sua situação de *trabalhador* e a consequente incorporação dos valores daí decorrentes.

Por outro lado, tornam necessária a reformulação de diversos conceitos jurídico-teóricos, e a elaboração de outros, para que a doutrina possa manter o compasso com as novas realidades.

Entre outros aspectos, a concepção unilateralista tornou-se decisiva para que, até os dias atuais, fossem negados aos servidores públicos os direitos de expressão coletiva, tais a sindicalização, a greve e, principalmente, a negociação das normas conformadoras do vínculo funcional.

O elenco de direitos mínimos conferidos pela Constituição de 1988 aos servidores públicos, estabelecidos por referência aos "direitos dos trabalhadores urbanos e rurais" (art. 7º), é fator demonstrativo da aproximação entre os servidores públicos e os trabalhadores do setor privado. Essa convergência, em maior ou menor medida, é internacionalmente reconhecida.

Um dos aspectos iniciais do movimento de confluência dos dois regimes de trabalho caracterizou-se pela transformação do vínculo entre

---

[3] Observe-se que *unilateralistas* são aqui denominadas as teorias que defendem essa característica no *conteúdo* do vínculo servidor-Estado, não obstante algumas aceitarem a bilateralidade apenas na origem desse vínculo, como é, tipicamente, a teoria do *ato-união*.

patrão e empregado em contrato de adesão, com regras preestabelecidas em lei, reduzindo-se o campo de atuação criadora da vontade. Muitas dessas normas são de *ordem pública*, ou seja, imodificáveis pelas partes contratantes. Por outras palavras, a relação de trabalho privada ganhou feições *estatutárias*, no sentido de seus contornos serem encontrados de antemão em regras gerais e abstratas, automaticamente aplicáveis às relações trabalhistas concretas. O contrato individual de trabalho tornou-se, com raríssimas exceções, um *contrato regulamentado*, tal como a relação jurídica — dita *estatutária* — entre o servidor e a Administração Pública.

As condições diversas de trabalho de determinadas classes de trabalhadores levaram também à emanação, ao lado das regras gerais incidentes sobre todas as categorias, de outros conjuntos de normas, endereçados a grupos específicos. A *juridicização* das relações de trabalho, ou seja, sua regulamentação jurídico-positiva, trouxe consigo, então, os diversos *estatutos jurídicos*, no sentido da *Teoria Geral do Direito*, bem sintetizado por Vilhena:

> A concepção do estatuto jurídico, como conjunto delimitado de leis, compostas para a regulamentação sistemática de determinada parcela das relações sociais, traz uma idéia de segregação. No seu aspecto exterior, formal, o estatuto jurídico define-se por um conjunto de normas regulamentadoras de relações sociais determinadas, em apreço a certos princípios e fins específicos. A autonomia jurídica do estatuto importa na conexidade da matéria regulamentada, que a ordem jurídica considerou como bastante à formação de um corpo de leis próprio.[4]

Se os diversos estatutos aplicáveis aos prestadores de serviço explicam-se por peculiares condições sociais e econômicas, revelam, no seu conjunto, características comuns, normas de mesmo ou análogo conteúdo que permitem vislumbrar o vetor comum da juridicização antes apontada. Quer-se proteger o prestador de serviço, embora também tomando em consideração a relação objetiva em foco, expressiva de determinado *modus* de organização econômica e social, tida como merecedora de tutela jurídica. Assim, como observa Vilhena, a juridicização da relação de trabalho significa o seu esmaecimento como mera relação de poder de indivíduos subordinados a outros.[5]

---

[4] VILHENA. *O contrato de trabalho com o Estado*, p. 45. Portanto, a ideia de *estatuto jurídico*, em sentido amplo, não se limita às regras dos servidores (ou funcionários) públicos. A associação de estatuto a essas normas caracteriza acepção mais restrita e deve-se à tradição do seu uso pela doutrina jurídica administrativista.

[5] VILHENA. *O contrato de trabalho com o Estado*, p. 43, 48-51.

Os estatutos passaram a influenciar-se reciprocamente. No tocante à abordagem que aqui nos importa, normas antes exclusivas do setor público foram "copiadas" pelo setor privado e vice-versa. Mais que isso, garantias de efetividade das normas também receberam configuração análoga, aí incluído o acesso ao poder judiciário em casos de lesão ou ameaça a direitos.

Diversas causas contribuíram para esse processo de aproximação. Díez Sánches classifica-as em causas histórico-sociológicas, sociais, socioeconômicas, políticas e jurídicas,[6] embora nos pareça difícil estabelecer fronteiras entre alguns desses tipos. As principais causas são:

a) o grande aumento do número de servidores públicos, decorrente da extensão das tarefas do Estado para áreas de prestação de serviços, controle e intervenção direta na atividade econômica, verificada principalmente a partir do início do século XX;

b) a mudança da origem social dos servidores, outrora integrantes das camadas privilegiadas da sociedade, mas, desde décadas, cada vez em maior número oriundos dos setores médios e proletarizados;

c) a incorporação, ao setor público, de pessoas antes ocupadas no setor privado;

d) a partir dos anos sessenta, a paulatina redução de vantagens econômico-financeiras dos funcionários públicos, em comparação com o setor privado;

e) a expansão do fenômeno sindical em todos os níveis, abarcando também os servidores estatais, que, em muitos países, formam um dos mais significativos setores sindicais, tanto numericamente quanto em disposição de luta;

f) a coexistência, no interior da organização administrativa do Estado, de diferentes regimes jurídicos de pessoal, aí incluído o trabalhista, adotado não só nas empresas estatais atuantes no domínio econômico, mas também nas entidades prestadoras de serviços públicos e, até mesmo, na administração centralizada;

g) como decorrência dos fatores arrolados, o esgarçamento do *ethos* próprio dos funcionários de tradicional feição estatutária pública; a debilitação do *sprit de corps* e consequente "crise de identidade".

---

[6] DÍEZ SÁNCHEZ. *El derecho de huelga de los funcionários públicos*, p. 45.

Esses fatores, de fácil verificação também no Brasil, são reconhecidos por aqueles que estudaram a evolução da função pública ao longo do século XX.[7]

Interessante registrar que países como a Alemanha e Itália, nos anos quarenta e cinquenta; Espanha e Portugal, nos anos setenta; e diversos países latino-americanos, nos anos oitenta, tiveram no processo de redemocratização fator aproximativo dos regimes dos servidores públicos e dos trabalhadores do setor privado, principalmente no concernente ao reconhecimento de direitos coletivos, de liberdade de organização e de manifestação política.

No tocante aos direitos coletivos, em âmbito global, o direito de sindicalização dos servidores públicos, inclusive os de regime jurídico-administrativo, é realidade em quase todos os países. Nada menos que 150 Estados da Comunidade Internacional já ratificaram a Convenção 87 da OIT, de 09/07/1948, que dispõe sobre a liberdade sindical e a proteção do direito de sindicalização, abrangendo também os servidores públicos de qualquer regime jurídico, com apenas uma ressalva, contida no art. 9, 1: "A legislação nacional deverá determinar até que ponto aplicar-se-ão às forças armadas e à polícia as garantias previstas pela presente Convenção".[8]

Quanto ao direito de greve, a OIT reconhece tratar-se de direito "indissociável do direito de sindicalização protegido pela Convenção 87", especialmente em face do art. 3 dessa Convenção, que estabelece,

---

[7] Sobre o tema existe vasta literatura. Cf. CARINCI. Alle origini di una storica divisione: impiego pubblico-impiego privato. *Rivista Trimestrale di Diritto e Procedura Civile*, p. 1098-1107; CARRERA ORTIZ. Naturaleza y eficacia jurídicas de la negociación colectiva en la función pública en España. *Revista Española de Derecho del Trabajo*, p. 264-266; DÍEZ SÁNCHEZ. *El derecho de huelga de los funcionários públicos*, p. 44-46; GAZIER. *La fonction publique dans le monde*, p. 148-150, *passim*; HERNÁNDEZ ALVAREZ. Reflexiones sobre las relaciones y los conflictos laborales en el sector público. *Debate Laboral*, p. 41-44; MORRIS; FREDMAN. Is there a public/private labour law divide? *Comparative Labour Law Journal*, p. 115-119; PEDREIRA. A problemática da negociação coletiva dos servidores públicos. *Revista LTr*, p. 267-271; ROMITA. Servidor público: sindicalização, negociação coletiva, conflitos coletivos, direito de greve. *Revista LTr*, p. 789-790; SILVA. *Os servidores públicos e o direito do trabalho*, p. 58-64; SUPIOT. La crise de l'esprit de service public. *Droit Social*, p. 777-783; ULE. Entwicklungstendenzen im öffentlichen Dienst. *Deutsches Verwaltungsblatt*, S. 638-639; e VOISSET. Concertation et contractualisation dans la fonction publique. *Droit Social*, p. 409-412.

[8] O Brasil é um dos poucos Estados que ainda não ratificaram a Convenção 87. O principal obstáculo à adesão brasileira é a determinação do art. 8º, II, CF, que impõe o monopólio da representação sindical por categoria e base territorial (unicidade sindical), o que conflita com a liberdade preconizada pela OIT. Com efeito, a Convenção 87 determina no art. 2º: "Os trabalhadores e os empregadores, sem nenhuma distinção e sem autorização prévia, têm o direito de constituir as organizações que estimem convenientes, assim como o de filiar-se a estas organizações, apenas com a condição de observar os estatutos das mesmas".

em favor dos sindicatos, a prerrogativa "de organizar sua administração e suas atividades e de formular seu programa de ação".[9]

No Brasil, a Constituição de 1988 garante aos servidores públicos os direitos de sindicalização e de greve (art. 37, VI e VII). No que se refere à negociação coletiva, há polêmica quanto à sua aplicabilidade aos servidores públicos. O Supremo Tribunal Federal, ao julgar, em 1992, a Ação Direta de Inconstitucionalidade 492, considerou inconstitucional a previsão desse direito no Estatuto dos servidores públicos civis federais. A decisão parece-nos equivocada, tendo em vista que a negociação coletiva é um direito logicamente decorrente da sindicalização e da greve, sob pena de se conceber estes direitos apenas como tendentes ao confronto, o que nos parece incabível no Estado Democrático de Direito.

No plano internacional, a Convenção 151 da OIT, de 27.6.1978, reconhece o direito de negociação coletiva a todos os servidores públicos, independente do regime jurídico a que se submetem. Cabe à legislação de cada Estado aderente regular os modos de formalização do que for objeto de negociação.

A Convenção 151 já foi ratificada por 47 estados, a maioria europeus. Na América do Sul, a adesão foi manifestada por Argentina, Brasil, Chile, Colômbia, Peru, Suriname e Uruguai. A ratificação brasileira deu-se em 15.6.2010, perante a OIT, devendo, portanto, vigorar na ordem interna a partir de 15.6.2011.[10]

Portanto, acompanhando tendências internacionais, há, no direito brasileiro, fundamentos constitucionais que apontam — seja no plano dos princípios e fundamentos gerais da Constituição, seja na regulamentação do trabalho ou nas normas específicas dos servidores públicos — para a necessidade de renovação das concepções jurídicas acerca da relação de função pública.

Para tanto, é também necessário que as instituições de ensino e de pesquisa na área do Direito criem oportunidades de reflexão sobre o novo contexto e novas concepções relativas à função pública.

---

[9] ORGANIZACIÓN INTERNACIONAL DEL TRABAJO. *Guía sobre legislación del trabajo.* Disponível em: <http://www.ilo.org>. Acesso em: 29 nov. 2010. A OIT admite, no entanto, que limitações ao direito de greve podem ser previstas, desde que justificadas pela natureza do trabalho exercido. Assim, aceita, para todos os trabalhadores, limitações em face de atividades essenciais. Especificamente quanto aos servidores públicos, além das forças armadas e polícia, a OIT avaliza a vedação à greve para os que "exercem funções de autoridade em nome do Estado", como os membros do poder judiciário e funcionários da administração de justiça.

[10] Conforme o art. 11 da Convenção 151, esta "entrará em vigor para cada membro doze meses após a data em que tiver sido registrada sua ratificação".

## 3 Contribuições da Universidade Federal de Minas Gerais

Considerando o pouco espaço para o ensino da função pública nos programas de graduação em Direito e visando a criar condições propícias ao aprofundamento da reflexão sobre os desafios atuais da função pública e a análise crítica de seus tradicionais fundamentos, há alguns anos temos ofertado, tanto no Curso de Graduação, quanto no Programa de Pós-Graduação em Direito da Universidade Federal de Minas Gerais (UFMG), disciplinas especificamente voltadas para esse objeto de estudo.

Outra característica importante dessas disciplinas, mais marcante na Pós-Graduação, tem sido a busca de abordagens interdisciplinares, particularmente com o Direito do Trabalho, em face da aproximação entre este ramo jurídico e o Direito Administrativo.

Também se deve destacar que, no âmbito da Pós-Graduação, os estudos de Direito Administrativo têm se pautado por três grandes vertentes de pesquisa: a participação dos cidadãos nas atividades administrativas; a busca de mecanismos consensuais, em substituição ou em auxílio aos atos administrativos unilaterais; e o controle da Administração Pública, em todas as suas modalidades.

Os trabalhos desenvolvidos sobre a função pública têm abordado todos esses aspectos.

A acolhida por parte dos alunos tem sido muito positiva, o que se reflete em diversas monografias de conclusão de curso de Graduação e dissertações e teses de doutoramento. Indicamos, em seguida, os trabalhos aprovados em nível de Pós-Graduação e que se inserem nessa vertente de pesquisa, segundo o nosso conhecimento. A maioria foi desenvolvida sob nossa orientação. Aqueles escritos junto a outros professores orientadores são especificados abaixo.

1 *A contratualização da função pública*: da insuficiência da teoria estatutária no Estado Democrático de Direito, de Luísa Cristina Pinto e Netto. Dissertação de mestrado cuja linha argumentativa básica é a de que, no Estado Democrático de Direito, o modelo dogmático centrado na unilateralidade, tendo por referências o ato administrativo e a teoria estatutária, torna-se insuficiente para abarcar a complexidade do vínculo entre servidor e Estado. Defende, então, uma concepção contratual apropriada à função pública como a mais adequada nesse novo modelo de Estado.[11]

---

[11] Publicado sob o título *A contratualização da função pública* (Belo Horizonte: Del Rey, 2005).

**2** *A flexibilização no contexto da reforma das relações de trabalho na Administração Pública*, de Cláudia Augusta Lopes de Mendonça. Dissertação de mestrado concernente às propostas de flexibilização das relações de trabalho na Administração Pública. Baseada na análise dos riscos resultantes da Reforma Administrativa dos anos 1990 para os direitos dos trabalhadores públicos bem como para a atividade governamental, propõe-se reinterpretar o significado das medidas relativas às mudanças em tais relações de trabalho.

**3** *Contratação temporária por excepcional interesse público*: aspectos polêmicos, de Gustavo Alexandre Magalhães. Dissertação de mestrado que aborda, entre outros aspectos, o vínculo entre o agente temporário e o Estado, com a releitura de concepções tradicionais acerca da matéria. Busca harmonizar o atendimento de interesses públicos excepcionais e a obrigatoriedade do concurso público, bem como o atendimento aos direitos e garantias dos trabalhadores temporários, sob a ótica do valor social do trabalho e da dignidade humana.[12]

**4** *Avaliação de desempenho do servidor público*: entre o princípio da eficiência e as garantias do servidor-cidadão. Dissertação de mestrado de Luiz Felipe Rosa dos Santos, na qual se defende que, embora a avaliação de desempenho tenha relação com a eficiência num viés economicista, seu acolhimento pela Constituição de 1988 impõe a compreensão desse instituto sob perspectiva democrática. O servidor público não pode ser visto como mero objeto ou instrumento a ser avaliado, mas como sujeito de direitos perante a Administração Pública.

**5** *A natureza contratual da relação de função pública*, de Teresa Cristina de Souza. Dissertação de mestrado que procede a uma análise crítica da teoria estatutária a partir de suas raízes histórico-ideológicas e defende a natureza contratual da relação entre servidor e Estado, tendo por base o acordo de vontades que cria esse vínculo.

**6** *Mérito, sociedade e direito*: reflexões sobre a noção de merecimento objetivo e seus institutos na função pública, de Leonardo Carneiro Assumpção Vieira. Dissertação de mestrado, orientada por Maria Coeli Simões Pires, que visa a estabelecer os contornos da ideia de *mérito* no Direito Administrativo. Analisa, entre outros aspectos, o fato de os sistemas de mérito, no Brasil, terem sua legitimidade abalada pela desigualdade social, por vezes agravada pelo próprio Estado, que reduz o princípio da igualdade de oportunidades a pequeno círculo

---

[12] Publicado sob o título *Contratação temporária por excepcional interesse público*: aspectos polêmicos (São Paulo: LTr, 2005).

de cidadãos. Contrapor-se a essa realidade, defende a reconstrução do princípio jurídico do mérito, para superar a concepção liberal clássica, em favor de modelos compatíveis com as exigências do Estado Democrático de Direito.

**7** *Direito de greve na função pública*, de Federico Nunes de Matos. Dissertação de mestrado que traça o perfil do direito de greve dos servidores públicos sob a Constituição de 1988, procurando configurá-lo segundo a nova visão constitucional da função pública e os vetores da democracia, do valor social do trabalho e da participação cidadã.

**8** *A investidura inválida de servidor estatal e seus efeitos*, de Taísa Andrade Soares. Dissertação de mestrado que, a partir da crítica de algumas teses tradicionais relativas à função pública, afirma que a nulidade do ato de investidura não determina, por si só, a invalidação dos efeitos produzidos. Desde que de boa-fé o agente de fato, a moralidade administrativa, a segurança jurídica, a isonomia e o princípio da vedação do enriquecimento sem causa impõem o reconhecimento dos efeitos do ato nulo, no tocante à relação de trabalho com o Estado e aos direitos trabalhistas e previdenciários daí derivados.

**9** *Individualização da responsabilidade do agente público por ato de improbidade administrativa*, de Sirlene Nunes Arêdes. Dissertação de mestrado cuja preocupação central são os critérios jurídicos para a correta identificação do agente ímprobo e do ato de improbidade administrativa, com vistas ao resguardo dos princípios e garantias fundamentais do Estado Democrático de Direito.

**10** *A mutabilidade do regime de função pública sob o prisma da contratualização do vínculo entre o servidor público e o Estado*, de Juliana Brina Corrêa Lima de Carvalho. Dissertação de mestrado que busca precisar em que consiste a unilateralidade na fixação e alteração, pelo Estado, do regime do servidor público, com vistas a identificar os limites dessas prerrogativas no modelo participativo do Estado Democrático de Direito.

**11** *A relação jurídica de trabalho com o Estado*: natureza e princípios fundamentais, de Roberto Sorbilli Filho. Tese de doutorado, orientada por Pedro Paulo de Almeida Dutra, que busca demonstrar, sob a influência da jurisprudência dos valores e baseando-se nos princípios do regime jurídico-administrativo, que o vínculo de servidores estatutários e empregados públicos (regime trabalhista) são igualmente de natureza contratual, caracterizando o *contrato administrativo de trabalho*, instituto afinado aos valores do Estado Democrático de Direito.

**12** *O acesso funcional dos servidores públicos e a Constituição de 1988*: parâmetros para compatibilização, de Raquel Dias da Silveira.

Tese de doutorado que visa a demonstrar a compatibilidade do acesso funcional dos servidores públicos com a Constituição de 1988, com base na profissionalização como direito subjetivo dos servidores.[13]

A receptividade da proposta de revisão crítica da teoria da função pública e a riqueza dos trabalhos produzidos confirmam o diagnóstico, acima sintetizado, da necessidade de renovação do estudo dessa matéria, sob as perspectivas da releitura de seus fundamentos e da abertura à interdisciplinariedade.

Trata-se de tarefa ampla e complexa, não apenas para o Direito brasileiro, mas ainda que considerada no plano internacional.

Acreditamos que apenas os primeiros passos de uma senda promissora foram dados, mas que os estudiosos do Direito Administrativo e, particularmente da função pública, saberão responder aos desafios da contemporaneidade.

## Referências

ARÊDES, Sirlene Nunes. *Individualização da responsabilidade do agente público por ato de improbidade administrativa*. 2008. 169 f. Dissertação (Mestrado em Direito) – Faculdade de Direito, Universidade Federal de Minas Gerais, Belo Horizonte, 2008.

BENZ, Winfried. *Beamtenverhältnis und Arbeitsverhältnis*. Stuttgart: Gustav Fischer, 1969.

CARINCI, Franco. Alle origini di una storica divisione: impiego pubblico-impiego privato. *Rivista Trimestrale de Diritto e Procedura Civile*, Milano, 28(4), p. 1098-1151, dic. 1974.

CARRERA ORTIZ, Carlos. Naturaleza y eficacia jurídicas de la negociación colectiva en la función pública en España. *Revista Española de Derecho del Trabajo*, Madrid, n. 38, p. 263-277, abr./jun. 1989.

CARVALHO, Juliana Brina Corrêa Lima de. *A mutabilidade do regime de função pública sob o prisma da contratualização do vínculo entre o servidor público e o Estado*. 2009. 257 f. Dissertação (Mestrado em Direito) – Faculdade de Direito, Universidade Federal de Minas Gerais, Belo Horizonte, 2009.

CÓRDOVA, Efrén. Relaciones laborales en la función pública de América Latina. *Revista Internacional del Trabajo*, Ginebra, v. 99, n. 3, p. 311-312, jul./sep. 1980.

---

[13] Publicado sob o título *Profissionalização da função pública* (Belo Horizonte: Fórum, 2009).

Martha Lucía Bautista Cely, Raquel Dias da Silveira (Coord.)
Direito Disciplinário Internacional – *Derecho Disciplinario Internacional*

DÍEZ SÁNCHEZ, Juan José. *El derecho de huelga de los funcionários públicos.* Madrid: Civitas, 1990.

DUGUIT, Léon. *Traité de droit constitutionnel.* 3ᵉ éd. Paris: Ancienne Librairie Fontemoing & Cie., 1930. t. III.

GAZIER, François. *La fonction publique dans le monde.* Paris: Cujas, 1972.

HERNÁNDEZ ALVAREZ, Oscar. Reflexiones sobre las relaciones y los conflictos laborales en el sector público. *Debate Laboral,* San José, a. IV, n. 7, p. 41-68, 1991.

HOFFMANN, Reinhard. Beamtentum und Streik. *Archiv des öffentlichen Rechts,* Tübingen, 91. Bd, S. 141-192, 1966.

MAGALHÃES, Gustavo Alexandre. *Contratação temporária por excepcional interesse público:* aspectos polêmicos. 2004. 308 f. Dissertação (Mestrado em Direito) – Faculdade de Direito, Universidade Federal de Minas Gerais, Belo Horizonte, 2004.

MATOS, Federico Nunes de. *Direito de greve na função pública.* 2006. 390 f. Dissertação (Mestrado em Direito) – Faculdade de Direito, Universidade Federal de Minas Gerais, Belo Horizonte, 2006.

MENDONÇA, Cláudia Augusta Lopes de. *A flexibilização no contexto da reforma das relações de trabalho na Administração Pública.* 2004. 250 f. Dissertação (Mestrado em Direito) – Faculdade de Direito, Universidade Federal de Minas Gerais, Belo Horizonte, 2004.

MORRIS, Gillian. FREDMAN, Sandra. Is there a public/private labour law divide? *Comparative Labour Law Journal,* Philadelphia, v. 14, n. 1, p. 115-137, Fall 1992.

NETTO, Luísa Cristina Pinto e. *A contratualização da função pública da insuficiência da teoria estatutária no Estado Democrático de Direito.* 2003. 304 f. enc. Dissertação (Mestrado em Direito) – Faculdade de Direito, Universidade Federal de Minas Gerais, Belo Horizonte, 2003.

PEDREIRA, Pinho. A problemática da negociação coletiva dos servidores públicos. *Revista LTr,* São Paulo, v. 54, n. 3, p. 267-279, mar. 1990.

PIQUEMAL, Marcel. *Direito da função pública.* Lisboa: Estampa, 1981.

ROMITA, Arion Sayão. Servidor público: sindicalização, negociação coletiva, conflitos coletivos, direito de greve. *Revista LTr,* São Paulo, v. 56, n. 7, p. 789-790, jul. 1992.

SANTOS, Luiz Felipe Rosa dos. *Avaliação de desempenho do servidor público:* entre o princípio da eficiência e as garantias do servidor-cidadão. 2004. 198 f. Dissertação (Mestrado em Direito) – Faculdade de Direito, Universidade Federal de Minas Gerais, Belo Horizonte, 2004.

SILVA, Antônio Álvares da. *Os servidores públicos e o direito do trabalho.* São Paulo: LTr, 1993.

SILVEIRA, Raquel Dias da. *O acesso funcional dos servidores públicos e a Constituição de 1988*: parâmetros para compatibilização. 2008. 190 f. Tese (Doutorado em Direito) – Faculdade de Direito, Universidade Federal de Minas Gerais, Belo Horizonte, 2008.

SOARES, Taísa Andrade. *A investidura inválida de servidor estatal e seus efeitos*. 2006. 281 f. Dissertação (Mestrado em Direito) – Faculdade de Direito, Universidade Federal de Minas Gerais, Belo Horizonte, 2006.

SORBILLI FILHO, Roberto. *A relação jurídica de trabalho com o Estado*: natureza e princípios fundamentais. 2005. 286 f. Tese (Doutorado em Direito) – Faculdade de Direito, Universidade Federal de Minas Gerais, Belo Horizonte, 2005.

SOUZA, Teresa Cristina de. *A natureza contratual da relação de função pública*. 2004. 214 f. Dissertação (Mestrado em Direito) – Faculdade de Direito, Universidade Federal de Minas Gerais, Belo Horizonte, 2004.

SUPIOT, Alain. La crise de l'esprit de service public. *Droit Social*, Paris, n. 12, p. 777-783, dec. 1989.

ULE, Carl Hermann. Entwicklungstendenzen im öffentlichen Dienst. *Deutsches Verwaltungsblatt*, Köln-Berlin, Heft 17, S. 637-644, Sep. 1970.

VIEIRA, Leonardo Carneiro Assumpção. *Mérito, sociedade e direito*: reflexões sobre a noção de merecimento objetivo e seus institutos na função pública. 2004. 224 f. Dissertação (Mestrado em Direito) – Faculdade de Direito, Universidade Federal de Minas Gerais, Belo Horizonte, 2004.

VILHENA, Paulo Emílio Ribeiro de. *O contrato de trabalho com o Estado*. 2. ed. São Paulo: LTr, 2002.

VOISSET, Michèle. Concertation et contractualisation dans la fonction publique. *Droit Social*, Paris, n. 9-10, p. 409-430, sep./oct. 1970.

---

Informação bibliográfica deste texto, conforme a NBR 6023:2002 da Associação Brasileira de Normas Técnicas (ABNT):

ARAÚJO, Florivaldo Dutra de. O estudo do direito da função pública: avaliação e perspectivas. *In*: BAUTISTA CELY, Martha Lucía; SILVEIRA, Raquel Dias da (Coord.). *Direito disciplinário internacional*: estudos sobre a formação, profissionalização, disciplina, transparência, controle e responsabilidade da função pública = *Derecho disciplinario internacional*: estudios sobre formación, profesionalización, disciplina, transparencia, control y responsabilidad de la función pública. Belo Horizonte: Fórum, 2011. v. 1, t. I, p. 189-201. v. 1: Título Português, t. I: Título Espanhol. ISBN 978-85-7700-446-1.

# Estado Actual del Derecho Disciplinario en Colombia

**Edgardo José Maya Villazón**

**Sumario: 1** El debate – **2** Aspectos internacionales – **3** El deber funcional – **4** La hermenéutica de la Ley 734 de 2002 – **5** El problema de la culpabilidad

La Ley 200 de 1995, código disciplinario único, representó un hito en nuestra legislación por tratarse del primer intento de reforma a la normatividad disciplinaria para conformar un cuerpo único que comprendiera el régimen de faltas, sanciones y procedimientos, como medio de corrección en el ejercicio de la función pública del Estado. El intento legislativo resultó acertado, pero en poco tiempo se observaron sus aspectos críticos y las deficiencias, en puntos tan complejos como un régimen de sanciones condignas a la gravedad de las conductas, la enumeración escasa y taxativa de las faltas gravísimas y la poca claridad en torno al procedimiento aplicable. En este sentido conductas que afectaban de manera verdaderamente grave el correcto funcionamiento de la administración pública no resultaban castigadas o sólo podían serlo de modo irrisorio, con sanciones que no correspondían a la afectación padecida por la administración, como por ejemplo, la imposición de multas en casos de existencia de intereses personales en la celebración de contratos estatales. Así, a más de generar impunidad, la gestión disciplinaria no tenía eficacia y poder de disuasión para evitar la comisión de faltas.

Tampoco se contaba con un régimen especial para los particulares que ejercieran funciones públicas, pues la antigua ley se limitaba a mencionar que dichos particulares eran destinatarios de la ley disciplinaria pero, no se regulaba lo relacionado con los deberes y prohibiciones que les resultaban propios, las faltas específicas y las sanciones que deberían imponérseles.

Ante estas carencias la necesidad de la reforma del código disciplinario único permitió la promulgación de le Ley 734 de 2002.

En este modelo normativo fueron varios los cambios que operaron para corregir las fallas mencionadas, pero quizá resulta más importante anotar para efectos de nuestra exposición que la nueva ley respondió en su momento a la necesidad de un desarrollo teórico significativo, por lo que atañe a la modernización de esta rama del saber legal. No es para menos, el derecho disciplinario colombiano en estos años si bien no había alcanzado, su mayoría de edad, al menos si su emancipación de los dos cuños titánicos que lo nutrieron. El derecho penal y el derecho administrativo puro.

Para superar las visiones avasalladoras del derecho penal, fue necesario reconocer que el poder disciplinario tenía un ámbito mucho más reducido que el derecho punitivo, pero no por ello menos importante. En efecto, reconocer que el orden protegido por el derecho disciplinario está referido a la organización administrativa, al servicio público y al funcionamiento esencial de un Estado que está al servicio del ciudadano es una conquista que ha avanzado tanto que hoy puede decirse que frente a un derecho penal que no puede hacer exigencias extremas a los funcionarios y a los administrados so pena de caer en un derecho punitivo autoritario, existe un derecho disciplinario que salvaguarda el prestigio, la dignidad de la administración y el cumplimiento correcto de la función pública.

Hablar de la misma situación frente al derecho administrativo, implica recordar que el derecho disciplinario ha estado y seguirá estando cuando se intente reducir o privatizar las tareas esenciales del Estado. En efecto, cuando se presentó lo que los especialistas llaman la huida del derecho administrativo, el derecho disciplinario presentó respuestas si se quiere novedosas y entre las cuales se cuentan un modelo de faltas y sanciones para particulares que ejercen función pública.

Han sido justamente las categorías del derecho administrativo sancionatorio las que por esta vía sirvieron mejor a la creación de una doctrina propia, como bien lo acreditan la jurisprudencia y la dogmática comparada. A ese esfuerzo de construcción conceptual se proyectó el actual código disciplinario único, de tal manera que hoy podemos decir sin temor a equivocarnos que los cimientos del programa están sentados y sobre ellos se ha levantado la nueva edificación que requería nuestro Estado de Derecho.

Igualmente, nuestra jurisprudencia constitucional ha evolucionado en la consideración de la naturaleza del derecho disciplinario; y si bien bajo las concepciones de la antigua Constitución de 1886 se entendió el derecho disciplinario como una simple subespecie del derecho sancionatorio, bajo las consideraciones de la constitución del 91 resultaba necesario apreciar que un derecho público renovado nutre una acepción del derecho disciplinario según la cual, este aparece informado por las garantías principios y derechos que son comunes a todas las formas de expresión sancionadora del Estado de Derecho, mientras que el objeto de su regulación se dirige a integrar una herramienta jurídica que propenda al cumplimiento de los fines estatales en la medida en que la normatividad disciplinaria permite realizar los valores del orden institucional consagrados en la Carta Política.

## 1 El debate

Actualmente el debate sobre si el derecho penal sirve a los efectos de la administración pública se ha superado. La década de los noventa con el advenimiento de las teorías de reducción del Estado y la impronta del neoliberalismo enfrentó este debate de manera poco consecuente y prueba de ello es la existencia actual de variadas conductas de los funcionarios que no encuadran en los tipos penales, pero que pueden catalogarse como verdaderos actos de corrupción. Todas aquellas prácticas que en el orden contractual o en la administración diaria aparecen fuera del ámbito penal, como por ejemplo, la violación del principio de imparcialidad en las decisiones administrativas o legislativas, la utilización indebida de información privilegiada por parte de los mandos de la administración, así como las prácticas indebidas en el contexto de las licitaciones autorizan a hablar de una exigencia más importante para el derecho disciplinario, pues la dignidad de la función pública y la correcta actuación de los servidores no se agotan en el simple acatamiento del mandato de obediencia a los deberes del cargo, sino también en un aspecto mucho más importante como es aquel de someterse a los valores que pregona la Constitución.

Reconociendo este postulado, la ley disciplinaria adoptó una orientación que, como ya se dijo en otras oportunidades, renuncia en gran medida a tipos exactamente descritos en la medida en que la concreción de los valores constitucionales en el entramado de la función pública requieren una mayor flexibilidad para su sanción disciplinaria que aquella que predica el derecho punitivo.

La jurisprudencia constitucional más reciente reconoce dos aristas desde las cuales se puede observar el eje de discusión teórico del derecho disciplinario: por una parte, la manifestación de la potestad sancionadora estatal que se concreta en la posibilidad de desplegar un control disciplinario sobre sus servidores, dada la especial sujeción de estos al Estado en razón de la relación jurídica surgida por la atribución de una función pública; de manera que, el cumplimiento de sus deberes y responsabilidades se efectúe dentro de una ética del servicio público y con acatamiento de los principios de moralidad, eficacia y eficiencia que caracterizan la actuación administrativa y el cabal desarrollo de la función pública.

La segunda corresponde al principio de legalidad, anotando que en la tradición colombiana la interpretación autorizada de la Constitución ha promovido los criterios de diferenciación entre conductas delictivas y faltas disciplinarias. Mientras que en las conductas delictivas se ha determinado la exigencia de mayor precisión, para cumplir con el supuesto de *lex certa*, debido al importante papel que ha desempeñado en la dogmática penal la categoría de tipicidad como constitutivo esencial del principio de legalidad, en el derecho disciplinario lo propio ha sido establecer normas de reenvío o normas en blanco. En la doctrina peninsular también se reconoce este aspecto al establecer que es frecuente en la normativa disciplinaria el empleo de conceptos jurídicos indeterminados o las remisiones a otras normas o si se quiere a deberes genéricos, tal y como lo especifica nuestro propio ordenamiento disciplinario cuando por ejemplo utiliza las disposiciones sobre incompatibilidades e inhabilidades en la visión más amplia.

A este respecto en el trazado jurisprudencial pueden reconocerse dos fases: con la interpretación de la antigua Constitución se estableció sin mayor diferenciación la aplicación de los principios del derecho penal al derecho disciplinario debido a la necesidad de configurar un marco compartido de garantías básicas para aplicación de sanciones. Con posterioridad y bajo el imperio de la Constitución de 1991, la interpretación se amplió siguiendo una visión internacional en la que la noción de "debido proceso" enmarca no solo los aspectos de ritualidad y formalidad del procedimiento, sino verdaderas categorías sustanciales. Así, el "debido proceso" aplicado a actuaciones judiciales y administrativas incorporó en su inventario de aplicación los principios de tipicidad, antijuridicidad y culpabilidad, regla que fue reiterada en las sentencias C-195 de 1993, C-280 de 1996, C-306 de 1996 y C-310 de 1997 proferida por nuestra Corte Constitucional.

## 2 Aspectos internacionales

Las tendencias internacionales sobre este aspecto también recalcan que cualquier actividad sancionatoria de la administración en un Estado de Derecho se acota en los principios de legalidad de las infracciones y de las sanciones, como parte constitutiva de la garantía de seguridad jurídica para el ciudadano, aunque no se extreman los supuestos de descripción para el caso del derecho disciplinario. Lo que ha resultado importante en este punto es que los destinatarios de la ley disciplinaria conozcan el núcleo de las prohibiciones y su vinculación con el correcto ejercicio de la función pública. Desde este punto de vista las conductas que resultan contrarias a la Carta son aquellas en las que la descripción se vale de expresiones que carezcan de arraigo jurídico o por el contrario no encuentren un referente significativo en el contexto de la administración pública.

En nuestro medio esta visión de una descripción de la ley disciplinaria que permita la seguridad jurídica de los destinatarios se complementa con las exigencias trazadas por nuestra Corte Constitucional en la materia. El alto tribunal ha determinado con toda claridad que la construcción de las faltas disciplinarias no puede sujetarse al arbitrio del intérprete, razón por la cual el principio de reserva legal también se ha considerado como componente de la garantía del debido proceso disciplinario. En este sentido, resulta perfectamente adecuado que la Corte Constitucional entienda inexequible la posibilidad de que las prohibiciones se establezcan por vía de reglamento.

La síntesis de los pronunciamientos de la Corte Constitucional sobre este particular posibilita al menos tres conclusiones: la primera, el legislador es el único autorizado constitucionalmente para determinar las conductas constitutivas de faltas disciplinarias; la segunda, el derecho punitivo y el derecho disciplinario comparten los fundamentos constitucionales que constan como garantías judiciales y principios para que el Estado ejerza su potestad sancionadora, y la tercera, las normas disciplinarias tienen por lo general el carácter de normas de reenvío. Sobre este último punto es meritorio citar el salvamento de voto a la sentencia C713 de 2001, Corte Constitucional en la cual se recogen los argumentos de las decisiones provenientes de 1994 y 1999 en los que se precisó el alcance del esquema de conformación de tipos en materia disciplinaria indicando que el legislador debe señalar el núcleo de la conducta prohibida, es decir, los elementos mínimos constitutivos de cada falta y la sanción correspondiente, a efectos de que el operador de la norma la complemente y la defina.

A pesar de los buenos límites que ha marcado este rastro jurisprudencial, ni la doctrina, ni la práctica han ahorrado esfuerzos para advertir que la clasificación de las faltas del código disciplinario (gravísimas, graves y leves) acoge los presupuestos de la jurisprudencia citada; pero para el caso de las faltas gravísimas intenta en muchos casos cumplir con el principio de certeza legal, en virtud de que la propia Corte Constitucional le traza límites al legislador y al propio operador disciplinario cuando establece que el legislador efectivamente goza de un amplio margen de discrecionalidad para decidir las conductas que merecen juicio de reprochabilidad jurídica, pero tal autonomía está restringida por las pautas que imponen la proporcionalidad y la vigencia de los principios de convivencia pacífica y el orden justo.

A ocho años de expedida la Ley 734 de 2002 podemos decir que el balance en materia de principio de legalidad es efectivamente bueno, pues a pesar de la apertura de las faltas graves, no se han escuchado voces que promuevan una enmienda en este aspecto con fundamento en una persecución disciplinaria irrestricta. Más aún, la exigencia de que las faltas gravísimas aparezcan perfectamente codificadas sin dar lugar a la interpretación abierta de los operadores disciplinarios cumple con creces la exigencia constitucional de legalidad en materia sancionatoria.

No sobra aquí anotar que la tipificación de ciertas conductas como faltas gravísimas constituyen un verdadero hito en le derecho disciplinario. Me refiero a las construcciones que se han podido lograr para sancionar las infracciones graves del Derecho Internacional Humanitario o las violaciones de Derechos Humanos. El reconocimiento de la Corte Interamericana de Derechos Humanos a la labor de la Procuraduría General de la Nación en este campo al menos deja entrever que ante las dificultades del derecho penal, para el derecho disciplinario ha sido absolutamente fructífero recurrir directamente a la normativa internacional para sancionar las conductas de servidores públicos que se apartan de las más elementales consideraciones del Estado de Derecho. Como ejemplo, de esta observación se pueden leer las decisiones las execrables masacres ocurridas en nuestro país en la cual se asume que los llamados "deberes de investigación" seria se cumplieron por cuenta de la función disciplinaria.

En el mismo contexto hoy se puede afirmar que una gran cantidad de faltas tipificadas en la Ley 734 de 2002 han revertido sus bondades para el trabajo de la administración pública. Por ejemplo, las faltas en materia contable y presupuestal, así como las relacionadas con el manejo y la inversión de dineros públicos se proyectan a un control muy eficiente que ha resultado complementario del control fiscal.

## 3 El deber funcional

El segundo nivel de análisis sobre el cual es menester reflexionar atañe al "deber funcional". Cuando se redactó el código disciplinario único, las discusiones replantearon los antiguos problemas teóricos referidos a la tarea del derecho disciplinario como apéndice del derecho punitivo y por ende la discusión sobre la protección de bienes jurídicos a través del derecho administrativo sancionador. En la primera aproximación a la Ley 734 la doctrina afirmó que en materia de justificación de las conductas se había partido tradicionalmente de una visión tutelar del derecho administrativo sancionador que se expresaba en varios sentidos, lo que genera una amplia polémica, por su similitud con las causales de justificación de la conducta que son propias del derecho penal, pero esa discusión se ha superado con clara altura hermenéutica al establecer que el nuevo código, antes de proyectarse a la protección de bienes jurídicos, había concentrado sus esfuerzos en la noción de "deber funcional". La historia del trámite del proyecto de ley permitió una apuesta por esa postura y en tal sentido hoy es *conditio si ne qua non* de toda la actividad disciplinaria referirse a los deberes funcionales vulnerados con una actuación del servidor público.

El derecho comparado y en este caso el español, ha recurrido a un principio similar al nuestro. En efecto recientemente se ha expedido en la península el llamado "Estatuto Básico del Empleado Público" que pretende una regulación de los deberes básicos de los funcionarios fundado en principios éticos y reglas de comportamiento que de conformidad con la exposición de motivos pretenden una finalidad pedagógica y orientadora. Pero a más de eso interesa destacar que el deber contemplado así se nutre del sustrato constitucional que impone una serie de obligaciones especificas para con los ciudadanos, la propia administración y las necesidades del servicio público.

Es cierto que algunas interpretaciones relativas a la noción de "infracción al deber" generan fuertes polémicas, particularmente cuando se observa que muchas conductas que el ámbito funcional resultan adecuadas a derecho, se convierten en verdaderos actos de corrupción. Por ejemplo, los eventos de delegación administrativa frente al régimen de contratación estatal o los casos del gasto público innecesario con los dineros de las llamadas regalías.

Justamente, la doctrina entiende en primer lugar que la configuración de una ilicitud sustancial se concreta en la infracción de un deber, esto es, una vulneración de orden personal y formal que parte de la carencia de fidelidad y obediencia al principio de legalidad. Desde este enfoque, las normas disciplinarias le dan protección a un contenido material que en últimas remite a los valores constitucionales que se desarrollan a través de la prestación de un servicio. Pero esta acepción que enfatiza el ámbito subjetivo se plasma en el cumplimiento de los deberes del cargo, lo que desemboca necesariamente en los aditamentos que la doctrina ha elaborado para dilucidar el problema y que han sido igualmente recurrentes entre nosotros, como por ejemplo, la buena marcha de la Administración Pública, entendida como resultado de las obligaciones derivadas del cumplimiento de los mandatos estatales y las expectativas que el conglomerado ciudadano guarda con respecto a dicha administración, lo que indirectamente se reconoce como protección de la confianza del ciudadano en la integridad del Estado.

En segundo lugar, se debe anotar que este concepto se refiere no tanto a los componentes formal y material del deber funcional, sino a una configuración del deber contenida en los postulados constitucionales. Esta postura ha ganado terreno en España y es de recibo entre nosotros por la similitud de las normas constitucionales en los dos países. En este enfoque, la ilicitud se aprecia como una infracción de los criterios objetivos correspondientes a los fines del Estado Social de Derecho. El control disciplinario en este caso le da protección a la función de prestación de un debido servicio público a la orden de los ciudadanos. La nota esencial de esta postura radica en que es la propia Constitución la que determina el modelo de administración pública que se dispone para el servicio de los asociados. La concreción de los fundamentos constitucionales del servicio público se concreta en las notas de objetividad, imparcialidad, eficacia, etc. Por otra parte, esta postura se complementa con la necesidad del control. En efecto, si la infracción del deber atiende a los fines del Estado Social de Derecho, lo obvio es que toda la actividad pública esté sometida al imperio de la ley, lo cual significa, por una parte, la justificación de la existencia de los poderes disciplinarios, penales y fiscales sobre la administración en sentido amplio y, por otra parte, que las decisiones del poder político respondan igualmente a los fines públicos.

Una última posición podría entender la infracción al deber en el mismo marco constitucional, pero que para efectos de cualquier derecho represivo debería atender no solo a los criterios que le dan concreción al principio de Estado Social de Derecho, como por ejemplo, la eficacia o la objetividad, sino también a la racionalidad de las decisiones. Sin duda, este modelo ha intentado asumir las carencias de la segunda postura y su pretensión principal estriba en la necesidad de aportar criterios que permitan someter los márgenes de discrecionalidad en las decisiones de los funcionarios a patrones objetivos igualmente informados por la Constitución.

# 4 La hermenéutica de la Ley 734 de 2002

Este insuficiente marco teórico nos puede aportar ideas para un contexto hermenéutico apropiado de la Ley 734 y su jurisprudencia constitucional. Para empezar, debemos anotar que la jurisprudencia reciente ha asumido la noción de "deber funcional" en el marco estricto de la tipificación de las faltas; vale decir, la Corte Constitucional entiende que tratándose de la relación de tipicidad e ilicitud sustancial, no pueden existir faltas en la que no se cuestione la infracción a un deber funcional. Si se quiere, la interpretación de la Corte Constitucional suministra para el operador disciplinario un eje de configuración donde, además del cumplimiento del principio de legalidad y tipicidad con las especificaciones que enunciamos anteriormente, se establece una exigencia clara orientada a que se observe estrictamente el deber infringido y la intensidad de la vulneración para deducir la antijuridicidad contenida en el artículo 5º del Código Disciplinario. Sobre este punto afirma nuestra Corte Constitucional:

> El incumplimiento de dicho deber funcional es entonces necesariamente el que orienta la determinación de la antijuridicidad de las conductas que se reprochan por la ley disciplinaria. Obviamente no es el desconocimiento formal de dicho deber el que origina la falta disciplinaria, sino que, como por lo demás lo señala la disposición acusada, es la infracción sustancial de dicho deber, es decir el que se atente contra el buen funcionamiento del Estado y por ende contra sus fines, lo que se encuentra al origen de la antijuridicidad de la conducta. Así ha podido señalar esta Corporación que no es posible tipificar faltas disciplinarias que remitan a conductas que cuestionan la actuación del servidor público haciendo abstracción de los deberes funcionales que le incumben como tampoco es posible consagrar cláusulas de responsabilidad disciplinaria que permitan la imputación de faltas desprovistas del contenido sustancial de toda falta disciplinaria.

Con este mismo criterio la Corte Constitucional desecho del ordenamiento del régimen especial disciplinario para el personal militar, ciertas faltas que no guardaban relación estricta con la función, como por ejemplo, asistir a clubes sociales con personas de dudosa reputación o el mantenimiento de relaciones sexuales en situaciones de acuartelamiento.

Recalcando esta doctrina en las decisiones posteriores, la Corte Constitucional ha acuñado una noción de falta disciplinaria en la que lo esencial es el "deber funcional". Lo que se resalta aquí es que el título de imputación disciplinaria que ha construido la Corte se fundamenta justamente en la trasgresión, extralimitación u omisión de tal deber. Así se deja apreciar de dos decisiones importantes: la sentencia 1076 de 2002, que declara la inexequibilidad de la anotación en la hoja de vida contenida en el artículo 51 del Código como una especie de sanción por conductas que afectan el ambiente laboral cotidiano pero que no afectan el deber funcional propiamente dicho.

En esta misma decisión la Corte condiciona la exequibilidad de la imposición de sanciones a las juntas directivas o representantes legales de personas jurídicas cuando recalca que la falta resulta imputable por el incumplimiento de los deberes. Y con mayor nitidez la Corte sigue la misma línea de argumentación cuando aclara que el fundamento de la imputación disciplinaria está determinado por la infracción de los deberes funcionales del servidor público o del particular que desempeña funciones públicas, pues sólo tal concepción del ilícito disciplinario resulta consecuente con los límites que el constituyente configuró para la cláusula general de libertad consagrada en el artículo 16 de la Carta y con las particularidades que la facultad sancionadora del Estado asume en el derecho disciplinario. Tal concepción torna comprensibles los motivos por los cuales son disciplinariamente irrelevantes aquellos comportamientos que no trascienden a la órbita funcional del servidor o particular que cumple funciones públicas.

En suma, la interpretación jurisprudencial sugiere que el deber funcional despliega toda su energía en el marco de la relación entre falta y sanción para deducir responsabilidad disciplinaria. A ello debe añadirse que la noción de "deber funcional" aparece igualmente llena de un contenido constitucional. La noción de "deber", como lo advierten los teóricos que intentan dilucidar el problema de la "infracción" al mismo y que hemos anotado anteriormente, no tiene una apreciación de consenso sobre la temática, de tal manera que en la vía jurisprudencial la situación es similar. No obstante, se puede observar una tendencia apenas dominante en la que el "deber funcional" aparece ligado generalmente a la buena marcha de la función pública, mientras que los criterios-guía de expectativa de los asociados en el Estado social de Derecho, o los de igualdad, moralidad o eficacia aparecen en menor grado.

En cualquier caso, la estructura que trae el código a este respecto es clara y se confirma cuando la hermenéutica sistemática del mismo vincula la noción de "ilicitud sustancial" a la de garantía de la función pública del artículo 22, en el cual se establecen los fines del Estado de Derecho y los criterios que dan forma a la función pública. De tal manera que conjugando las apreciaciones de la jurisprudencia y la sistemática de la legislación, habrá que decir que la ilicitud sustancial y el deber funcional sirven a la construcción dogmática en cuanto contenido de la imputación disciplinaria, siempre y cuando se afecten los componentes de la función pública que contempla el artículo 22 del código disciplinario único en concordancia con los principios de nuestra Constitución Política.

No se puede pasar desapercibido en un punto como este. Si bien, la jurisprudencia constitucional le ha dado claridad al concepto de deber funcional e ilicitud sustancial, lo cierto es que aún hace falta recalcar el campo teórico-constitucional que puede modelar aún más lo alcanzado por la jurisprudencia en el sentido de que la administración pública además de legitimarse por su rendimiento, ejecutando políticas de forma eficiente, debe justificarse de forma institucional ajustando su comportamiento a un sistema de valores que traen su causa en el Estado Social y democrático de derecho. En tal sentido todo lo que signifique una huida del derecho administrativo, por parte de la ley que da permisiones para ciertos márgenes de actividad de los funcionarios debe necesariamente informarse por el artículo segundo de la Constitución.

## 5 El problema de la culpabilidad

El último nivel de análisis dogmático que se ha prestado a interpretaciones complejas es el de la culpabilidad. Sin duda, el cambio que trajo el código disciplinario único significó un cambio sustancial frente a la Ley 200 de 1995, que se sujetaba sin mayor fórmula de solución a los criterios penales. Posiblemente esta dificultad generó cierta expectativa por la necesidad de apreciar con una óptica distinta los criterios para definir la culpabilidad consagrados en el parágrafo del artículo 44 de la normatividad; pero en este campo debemos abonar que la jurisprudencia constitucional ha procedido con muy buen tino.

En el marco del derecho comparado las discusiones sobre el principio de derecho de culpabilidad en el derecho condenatorio responde a similares posturas. Aún más en la normatividad española todo el la "Ley de Régimen Jurídico de las Administraciones Públicas y del Procedimiento Administrativo Común de 1992", trasciende este aspecto al establecer que solo podrán ser sancionadas por hechos constitutivos de infracción administrativa las personas físicas y jurídicas de los mismos aun a titulo de simple en observancia. En este punto se entiende que el funcionario público no requiere de intención para la vulneración del deber, sino que surge cuando el resultado se produce por la simple inobservancia. Los recientes estatutos recogen a este respecto la evolución jurisprudencial que ha experimentado el principio de culpabilidad en el campo del Derecho Administrativo al fijarlo expresamente como un principio obligatorio por cuenta de la potestad disciplinaria, rechazando la responsabilidad objetiva. En otras palabras para efectos del derecho disciplinario no es el interesado quien debe probar la falta de culpabilidad, sino que la administración debe demostrar la ausencia de diligencia.

A este respecto la normativa y la jurisprudencia española no solo reconocen la responsabilidad de los autores de una falta, sino también la de los jefes que la toleren, la conducto de quienes induzcan y obviamente la participación aunque la falta no se consume.

En nuestro derecho disciplinario la discusión no ha sido menor, pues el intento de reconocer la responsabilidad de los jefes por omisión ha tenido en materia contractual la debida discusión, a pesar de la redacción del artículo 211 de la Constitución. En otras palabras creemos que las exigencias del principio de responsabilidad bajo la premisa de un estado social de derecho obligan en materia contractual administrativa a un sistema de responsabilidad del delegante por la omisión de sus deberes funcionales frente al delegado.

Es necesario señalar que las nociones modernas sobre la culpabilidad están marcadas en el Derecho Sancionador por una fuerte disputa entre los principios normativistas y psicologistas provenientes de las escuelas jurídicas del siglo XIX. Pero para el caso del derecho disciplinario como regulador de relaciones especiales de sujeción resulta más cómodo ceñirse a la temática ampliamente debatida de los supuestos de culpabilidad sobre lo que la doctrina puede considerar "norma de deber". Aquí, el eje fundamental del "deber funcional" desempeña de nuevo un rol preponderante, pues impone al operador disciplinario y a los intérpretes de la norma la necesidad de hacer un juicio de "exigibilidad". En otras palabras la construcción conceptual se determina teniendo en cuenta la necesidad de motivarse por la representación del deber indicado en la norma de derecho.

Así parece entenderlo la Corte Constitucional cuando afirma que si la razón de ser de la falta disciplinaria es la infracción de unos deberes, para que se configure violación por su incumplimiento, el servidor público infractor sólo puede ser sancionado si ha procedido dolosa o culposamente, pues, como ya se dijo, el principio de la culpabilidad tiene aplicación no sólo para las conductas de carácter delictivo sino también en las demás expresiones del derecho sancionatorio, entre ellas el derecho disciplinario de los servidores públicos.

En igual sentido, la noción de diligencia exigible ligada a la temática de los deberes estatales también ha sido recurrente en la doctrina constitucional en la cual se aclaran las nociones de culpa gravísima y culpa grave, cuando se recalca que el principal derrotero que guía la aplicación de las normas disciplinarias es el normal y correcto funcionamiento de la gestión pública y en tal medida resulta consecuente que el Estado imponga a sus servidores un deber general de cuidado, diligencia y corrección en el desempeño de sus funciones que, además, pueda ser sancionable por incumplimiento. Resulta legítimamente admisible que el Estado, a través del sistema disciplinario, imponga sanciones a aquellos que no cumplen, con el esmero requerido, las obligaciones asignadas por la normatividad.

Así las cosas, lo que algunos consideran elementos objetivos externos a las definiciones de culpa gravísima y de la culpa grave son pura y simplemente la aplicación en este campo de la identidad propia del concepto de culpa en materia disciplinaria basada en la diligencia exigible a quien ejerce funciones públicas. Aplicación que no puede considerarse ajena a la conciencia del servidor público obligado a conocer y cumplir sus deberes funcionales.

Recuérdese que en el cumplimiento de los cometidos estatales y durante el ejercicio de las correspondientes funciones o cargos públicos, los servidores públicos no pueden distanciarse del objetivo principal para el cual fueron instituidos, como es el de servir al Estado y a la comunidad en la forma establecida en la Constitución, la ley y el reglamento y que, por lo tanto, pueden verse sometidos a una responsabilidad pública de índole disciplinaria, tanto por omisión como por extralimitación en el ejercicio de sus funciones.

Podemos concluir sin temor a equivocarnos que la legislación y la jurisprudencia le han dado a nuestro derecho disciplinario la altura y la función especial que le corresponde dentro de un Estado de Derecho. Pero aún así, no deja de ser preocupante que el derecho disciplinario se rezague frente a conductas que hoy en día difícilmente encuadran en sus faltas. Para nadie es secreto que asuntos de tanta gravedad como los que ocurren en la actividad legislativa están desbordando el contexto legal de su control. En igual sentido el resquebrajamiento de la institucionalidad por las instigaciones del ejecutivo a la labor del congreso debería tener una sanción en el orden administrativo. Para no hablar de las indebidas tolerancias rayanas en el encubrimiento de ciertos superiores frente a situaciones tan graves como las ejecuciones extrajudiciales de civiles inocentes. Todos estos puntos invitan a una reflexión profunda que un evento como este está llamado a promover, no sólo por el desarrollo de una disciplina que a todos nos es querida, sino por que como lo he afirmado a lo largo de esta intervención, del desarrollo eficaz del derecho disciplinario depende en buena medida la construcción de un Estado que se precie de ser llamado Estado de Derecho.

---

Informação bibliográfica deste texto, conforme a NBR 6023:2002 da Associação Brasileira de Normas Técnicas (ABNT):

MAYA VILLAZÓN, Edgardo José. Estado actual del derecho disciplinario en Colombia. *In*: BAUTISTA CELY, Martha Lucía; SILVEIRA, Raquel Dias da (Coord.). *Direito disciplinário internacional*: estudos sobre a formação, profissionalização, disciplina, transparência, controle e responsabilidade da função pública = *Derecho disciplinario internacional*: estudios sobre formación, profesionalización, disciplina, transparencia, control y responsabilidad de la función pública. Belo Horizonte: Fórum, 2011. v. 1, t. I, p. 203-216. v. 1: Título Português, t. I: Título Espanhol. ISBN 978-85-7700-446-1.

# Confederación Internacional de Derecho Disciplinario

## Rafael Enrique Ostau de Lafont Pianeta

Resulta altamente honroso aprovechar la publicación de un importante texto sobre Derecho Disciplinario, como el que en esta oportunidad nos convoca, para exponer algunas consideraciones sobre la existencia, organización y propósitos de la *Confederación Internacional de Derecho Disciplinario*, como una institución Civil de Derecho Privado, sin ánimo de lucro, de carácter científico no gubernamental, que agrupa a las organizaciones a nivel de cada país dedicadas a la investigación, estudio, divulgación del Derecho Disciplinario y sus demás ramas afines, con domicilio oficial en la ciudad de Bogotá D.C., República de Colombia y subsede en el país que tenga asignada la Dirección de la Confederación, dentro del periodo correspondiente.

La *Confederación Internacional de Derecho Disciplinario* fundamenta su razón de ser en una filosofía de lo público, de la ética, la moral y las buenas costumbres que todo servidor a cargo del Estado y profesionales de esta disciplina deben comportar para la buena marcha de la Administración Pública, buscando siempre propiciar el cumplimiento de los fines esenciales del Estado, especialmente los de garantizar el derecho a la justicia material y social, la protección de los derechos humanos y el buen uso de los recursos y bienes públicos.

En el orden expuesto, la Confederación reconoce como propios valores y principios tales como:

1. Reconocimiento de la persona como eje central de la vida, la justicia y la paz;
2. La justicia;
3. La disciplina de sus miembros;
4. El respeto por el imperio del derecho;
5. Ética;
6. Pulcritud;
7. La verdad;

8. La equidad;
9. La objetividad;
10. La integración de la comunidad iberoamericana en torno al Derecho Disciplinario;
11. El progreso de sus miembros.

**Historia**. Varios años atrás, fundadores del *Instituto Colombiano de Derecho Disciplinario* (*ICDD*), empezaron a fomentar y liderar el proyecto de crear una organización internacional dedicada a promover a nivel mundial el desarrollo del Derecho Disciplinario como una rama autónoma e independiente. Es así como dentro del marco del *Primer Congreso Internacional de Derecho Disciplinario*, realizado por el *Instituto Colombiano de Derecho Disciplinario* (*ICDD*), en Bogotá D.C., Colombia, el 3 de julio de 2009, se firma por los representantes de los países participantes: Argentina, Venezuela, México y Colombia, el *acuerdo de creación* de la *Confederación Internacional de Derecho Disciplinario* (*CIDD*), organización que congregará a todas las organizaciones que se constituyan en los distintos países, dedicadas a la investigación, estudio y divulgación del Derecho Disciplinario y sus demás ramas afines.

Los miembros fundadores de la Confederación, teniendo presente la importancia y supremacía del Derecho Disciplinario, como parte del llamado Derecho Sancionador, herramienta fundamental para cualquier Estado democrático, y decididos a aportar desde la académica la difusión de una cultura contra las manifestaciones de la corrupción y el desgreño administrativo arraigados en nuestros países, interesados en la búsqueda de la consolidación del Derecho Disciplinario y comprometidos en estimular la creación de instituciones dedicadas en cada país al impulso y fortalecimiento de esta disciplina y a la creación de un modelo de control disciplinario unificado a nivel Internacional, de manera oficial el 17 de junio de 2010, en Bogotá, Colombia, formalizaron legalmente la constitución de la *Confederación Internacional de Derecho Disciplinario*, en un acto público con la presencia de representantes de todas las Altas Cortes y autoridades de la República de Colombia, al igual que los representantes legales del *Instituto Colombiano de Derecho Disciplinario* (*ICDD*), y del *Colegio de Derecho Disciplinario, Control Gubernamental y Gestión Pública, A.C.*

**Misión**. La misión de la Confederación es la de trabajar por el desarrollo, promoción, avance y consolidación del Derecho Disciplinario a nivel Internacional, y la creación en todos los países de instituciones dedicadas a su impulso y fortalecimiento, en aras de generar una ética de lo público, una cultura contra la corrupción y demás prácticas degradantes del patrimonio público, haciendo prevalecer los postulados protectivos del interés general y el respeto por la dignidad humana, dentro de un marco jurídico y social justo.

**Visión.** En 15 años, dando aplicación a los valores consagrados en el planteamiento precedente, la Confederación, junto con sus miembros, serán reconocidos como foro y fuente autorizada de consolidación, desarrollo y consulta sobre el Derecho Disciplinario, su proyección y tendencia unificadora tanto en el ámbito nacional como en el Internacional.

**Objetivo general.** La *Confederación Internacional de Derecho Disciplinario* tiene como objetivo fundamental promover a nivel mundial el desarrollo del Derecho Disciplinario como rama jurídica autónoma e independiente. En desarrollo de ello, sus objetivos específicos están encaminados a promover la interpretación y aplicación uniforme del Derecho Disciplinario como un área del Derecho con principios y postulados propios, con miras a la creación de una dogmática sobre la materia a nivel internacional.

Desde el punto de vista institucional, la estructura de La *Confederación Internacional de Derecho Disciplinario* está integrada por dos órganos directivos: en primer lugar, el Consejo Directivo, que le corresponde a Colombia a través del *Instituto Colombiano de Derecho Disciplinario* (*ICDD*) y actualmente conformado por:

Presidente: Rafael Enrique Ostau de Lafont Pianeta;
Vicepresidente: Carlos Arturo Gómez Pavajeau;
Secretario General: Martha Lucía Bautista Cely;
Tesorero: Gloria Edith Ramirez Rojas.
En segundo lugar se encuentra el Consejo Consultivo, integrado por los siguientes Miembros Honorarios Fundadores:

Pablo Eleazar Moreno Moreno – México;
Miriam Mabel Ivanega – Argentina;
Carlos Luis Carrillo Artiles – Venezuela;
Jaime Bernal Cuellar – Colombia;
Edgardo José Maya Villazón – Colombia;
Fernando Rodríguez Castro – Colombia;
Carmen Teresa Castañeda Villamizar – Colombia;
Jesús Alejandro Garzón Rincón – Colombia.
La *Confederación Internacional de Derecho Disciplinario* impulsa la realización anual del *Congreso Internacional de Derecho Disciplinario*, y,

para ello, a través de su Consejo Directivo notifica la asignación del país sede, con un año de antelación, para su debida organización.

En ese orden y dados los connotados resultados obtenidos en el *Primer Congreso Internacional de Derecho Disciplinario*, celebrado en Colombia bajo la organización del *Instituto Colombiano de Derecho Disciplinario (ICDD)*, en septiembre de 2010 se llevo a cabo el *Segundo Congreso Internacional de Derecho Disciplinario*, bajo la organización del *Colegio de Derecho Disciplinario, Control Gubernamental y Gestión Pública, A.C*, con una nutrida asistencia y enriquecedora experiencia intelectual. Estos espacios académicos nos permiten dar cumplimiento a nuestro objetivo fundamental de promover a nivel mundial el desarrollo del Derecho Disciplinario y de propiciar la adopción de regulaciones y de medidas garantistas del "Buen Gobierno" y del comportamiento transparente del Sector Privado, para lo cual es absolutamente indispensable la concurrencia y participación de todos los países en la consecución de estos propósitos, habida cuenta de que las prácticas delincuenciales han superado las fronteras nacionales.

Bajo el auspicio y apoyo decidido de la *Confederación Internacional de Derecho Disciplinario*, decidida a prohijar la creación de instituciones dedicadas en cada país al impulso y fortalecimiento de esta disciplina se vienen gestando a nivel internacional organizaciones dedicadas al desarrollo y divulgación del Derecho Disciplinario a nivel interno en Argentina, Brasil, Venezuela, Panamá, Costa Rica y España, labor que redundará en beneficio y efectividad de nuestra dedicada gestión internacional y, sin duda alguna, en la buena marcha de las Administraciones Públicas como factor de colaboración firme en la lucha contra la corrupción que tanto padecen todos los países del mundo.

Dado nuestro objeto social y la importancia que tiene el *Derecho Disciplinario* en el cumplimiento de las funciones que se le asignan a todos los funcionarios públicos y profesionales en general de cada país, igualmente se impone una labor preventiva encaminada a la mejora continua de la función pública y la capacitación de sus servidores para generar una batalla frontal contra la corrupción, razón por la cual constituye un interés legítimo e inaplazable de la CIDD, la búsqueda del trabajo internacional y mancomunado, cuyo propósito único apunte a la consolidación y cobertura integral del *Régimen Disciplinario*, lo que sin duda alguna reafirmará nuestra disposición de respeto indeclinable al ordenamiento jurídico como herramienta para alcanzar los fines inherentes al Estado Social de Derecho.

Sin perjuicio de contar con la participación activa como Miembros Honorarios de los académicos más destacados en cada país, profesionales de amplísima y reconocida trayectoria en el Derecho Disciplinario y demás ramas afines, comprometidos en colaborar en está ardua labor, es sumamente necesario convocarnos todos a ampliar la cobertura de nuestra organización mediante la persuasión a los Sectores Públicos y a la Sociedad Civil, por cuanto solo de esa manera podremos enfrentar con optimismo y posibilidades reales de superación a los enemigos del Estado, de la democracia y de la convivencia pacífica.

---

Informação bibliográfica deste texto, conforme a NBR 6023:2002 da Associação Brasileira de Normas Técnicas (ABNT):

PIANETA, Rafael Enrique Ostau de Lafont. Confederación internacional de derecho disciplinario. *In*: BAUTISTA CELY, Martha Lucía; SILVEIRA, Raquel Dias da (Coord.). *Direito disciplinário internacional*: estudos sobre a formação, profissionalização, disciplina, transparência, controle e responsabilidade da função pública = *Derecho disciplinario internacional*: estudios sobre formación, profesionalización, disciplina, transparencia, control y responsabilidad de la función pública. Belo Horizonte: Fórum, 2011. v. 1, t. I, p. 217-221. v. 1: Título Português, t. I: Título Espanhol. ISBN 978-85-7700-446-1.

# INSTITUTO COLOMBIANO DE DERECHO DISCIPLINARIO (ICDD)

## Jesús Alejandro Garzón Rincón

El 13 de julio de 2007 fue fundado el *Instituto Colombiano de Derecho Disciplinario (ICDD)*, entidad concebida como escenario de reflexión académica, creada para contribuir al estudio, desarrollo, investigación, divulgación, avance, depuración y perfeccionamiento del derecho disciplinario y demás temas relacionados. Su propósito ulterior no es otro que contribuir al fortalecimiento de la ética pública y a lograr pulcritud en la aplicación y cumplimiento de las normas disciplinarias en la República de Colombia.

En ningún país del mundo como en Colombia, el derecho disciplinario ha evidenciado tal desarrollo y evolución, al punto que, a pesar de la resistencia de un sector importante de la doctrina internacional, en nuestro país se ha avanzado significativamente en la construcción de una dogmática jurídica propia del derecho disciplinario, en aras de afirmar su autonomía con relación a otras ramas del derecho público, especialmente respecto del derecho administrativo y del derecho penal.

Los miembros fundadores del *Instituto Colombiano de Derecho Disciplinario* son profesionales con estudios de especialización en derecho disciplinario, con amplia trayectoria y gran experiencia en la aplicación del derecho sancionador en el sector público.

Además de tratarse de profesionales especializados en derecho disciplinario, cada uno de los miembros fundadores del Instituto cuenta además con estudios a nivel de postgrado en múltiples especialidades jurídicas, lo que ha permitido imprimirle carácter integral y complementario a los estudios realizados en materia sancionadora.

Del *Instituto Colombiano de Derecho Disciplinario* forman parte como Consejeros Académicos tanto el actual Procurador General de la Nación, Dr. Alejandro Ordoñez Maldonado; como los Ex Procuradores Generales de la Nación, los Doctores Edgardo José Maya Villazón, Jaime Bernal Cuellar, Carlos Arturo Gómez Pavajeau, Alfonso Gómez Méndez,

Carlos Gustavo Arrieta Padilla, Horacio Serpa Uribe; varios Consejeros de Estado, ex magistrados de la Corte Constitucional, Procuradores Judiciales, Procuradores regionales y provinciales, tanto en actividad como retirados de actividad, jefes de oficinas de control interno disciplinario, docentes, académicos y demás profesionales vinculados al ejercicio, al estudio, a la investigación y a la aplicación del derecho disciplinario. Ellos dan lustre con su presencia a nuestra organización.

Dada su composición, el *Instituto Colombiano de Derecho Disciplinario* se ha convertido en el escenario de estudio, investigación, depuración y difusión del derecho disciplinario por naturaleza.

Fruto de su bien ganado prestigio, al Instituto se han venido sumando nuevos asociados: importantes juristas colombianos de comprobada idoneidad y dueños de un indudable reconocimiento. Magistrados y ex magistrados de altas cortes, consejeros de Estado, tratadistas, investigadores y autoridades disciplinarias, interesadas en contribuir con su aporte al desarrollo y evolución del derecho disciplinario colombiano y/o simplemente, en atestiguar su consolidación.

El *Instituto Colombiano de Derecho Disciplinario* es una organización pionera en el país y en el mundo, dedicada principalmente al estudio, investigación, avance, depuración, perfeccionamiento, desarrollo y divulgación del Derecho Disciplinario a nivel nacional e internacional.

El instituto presta apoyo académico y jurídico a entidades públicas y privadas en todos los campos del derecho sancionatorio. Gracias a su concurso, las decisiones de las entidades que acuden a él, se rodean de mayor seguridad jurídica, dada la idoneidad profesional de sus fundadores y asociados.

En el campo de la difusión y afianzamiento del derecho disciplinario el Instituto ha llevado a efecto los siguientes eventos académicos, alcanzando evidente éxito y reconocimiento:

- *Encuentro Nacional de Personeros y Operadores Disciplinarios del País*, Bogotá-Cali.
- *Seminarios en Temáticas Disciplinarias*, celebrados ininterrumpidamente desde el año 2008: Ocaña-Norte de Santander; Pereira-Risaralda; Neiva-Huila; Ibagué-Tolima; Cali-Valle del Cauca; Barranquilla-Atlántico; Tunja-Boyacá; Leticia-Amazonas; Quibdó-Chocó; Valledupar-Cesar; Guateque-Boyacá; Mocoa-Putumayo; Sogamoso-Boyacá; Villa de Leyva-Boyacá; UNAT; DAS; Fiscalia General de la Nación, etc.

En tales eventos se ha logrado la participación de representantes de las oficinas de control interno disciplinario de diferentes entidades del estado, servidores públicos del orden nacional, departamental, municipal, personeros y funcionarios públicos en general, con el propósito de contribuir en la implementación de un comportamiento ajustado al modelo de servidor público que la sociedad le reclama.

En el campo de la investigación, consolidación y difusión del Derecho Disciplinario, el instituto ha promovido, *con sello propio*, la publicación de obras de estudiosos tratadistas, miembros de la organización, que desde la academia han hecho su aporte a la consolidación de nuestra disciplina.

El *Instituto Colombiano de Derecho Disciplinario* tiene a disposición una completa *Biblioteca Oficial del Instituto*, que cuenta ya con un número importante de publicaciones especializadas y relacionadas sobre la materia.

En ninguna otra parte se cuenta con una herramienta de consulta más completa en derecho sancionador. No es extraño que a la biblioteca del Instituto acudan frecuentemente servidores públicos, operadores disciplinarios, docentes, investigadores, estudiantes y profesionales en general interesados en consultas en Derecho Disciplinario y demás ramas afines.

Por las razones expuestas y por las que se agregan a continuación, el Instituto Colombiano de Derecho Disciplinario se ha consolidado como fuente obligada de consulta en materia punitiva y administrativa.

Pero el Instituto no se ha detenido en la materia disciplinaria estrictamente, sino que se ha ocupado de prevenir, por vía de formación, la incursión en falta disciplinaria de los agentes estatales. Así, ha capacitado a miles de personas, especialmente servidores públicos y particulares que cumplen funciones públicas e incluso abogados litigantes, en materias complementarias como contratación pública, responsabilidad fiscal, sistema acusatorio y sistema adversarial, conciliación, presupuesto, finanzas públicas, derecho administrativo, probatorio, procesal y constitucional, lo que se ha traducido en un más adecuado ejercicio de las funciones públicas confiadas a los agentes del Estado, ya se trata de servidores del Estado o de particulares que transitoria o permanentemente cumplen funciones públicas.

Como complemento de lo anterior, el Instituto ha celebrado convenios estratégicos con reconocidas universidades nacionales, lo cual ha permitido afianzar la difusión del derecho disciplinario. Acompasado de lo anterior, se ofrece asistencia jurídica en materia disciplinaria a través de la página web de la entidad: <http://www.icdd.org.co>.

Pese a su juventud, el *Instituto Colombiano de Derecho Disciplinario* ha ganado un temprano pero sólido reconocimiento incluso en los foros universitarios. Varias universidades nos han presentado la idea de ofrecer conjuntamente programas de capacitación cuyos títulos de capacitación sean emitidos no sólo por el ente de educación superior, sino por el propio Instituto. En tales esquemas, se ha insistido en forma reiterada en que en ente universitario ofrece su plataforma organizacional y logística, pero el instituto ha definido los programas académicos a seguir y ha suministrado la planta docente encargada de impartir las capacitaciones.

En el ánimo de garantizar la calidad de los procesos de capacitación en que participa activamente, el instituto ha implementado herramientas de medición de calidad que permiten establecer, no sólo la idoneidad de los docentes capacitadores, sino el nivel de aceptación y, sobre todo, de utilidad de los espacios de reflexión abiertos por nuestra organización. Lo anterior nos ha permitido crecer académicamente, pues no sólo hacemos seguimiento a la percepción del público respecto de los docentes en particular sino de los eventos académicos en general. Adicionalmente, el discente considera que un ejercicio académico que concluye con una herramienta de medición sobre la aceptación y el nivel de aporte, es serio y profesional.

En el campo práctico, el Instituto ha celebrado convenios de acompañamiento con diferentes entidades públicas del orden nacional, que se han beneficiado en sus actividades disciplinarias de la transferencia de saber y de la experiencia de campo, por parte del ICDD.

Las diferentes entidades que en repetidas ocasiones acudieron al *Instituto Colombiano de Derecho Disciplinario* en busca de su acompañamiento, son testigo fiel de la seriedad y profesionalismo que imprime el Instituto a cada uno de los proyectos que emprende.

Pero la contribución al derecho disciplinario no se ha limitado al plano doméstico. Consciente del inatajable avance del proceso globalizador, el ICDD se ha convertido en una entidad impulsora o "embrionadora" de entidades similares a nivel internacional, inicialmente en Latinoamérica y posteriormente en otros Estados de ultramar. Así, el Instituto ha impulsado el establecimiento de entidades consagradas al estudio del derecho disciplinario en Ecuador, Venezuela, Panamá y Argentina y México, escenarios en los que la preexistencia del modelo colombiano ha sido ciertamente útil, por ser la entidad pionera en el establecimiento de esta clase de organizaciones.

En dicho propósito, en julio de 2009, organizó el Primer Congreso Internacional de Derecho Disciplinario que se celebró con rutilante éxito en la ciudad de Bogotá D.C. y participó activamente con una nutrida asistencia en el segundo congreso internacional que en septiembre de 2010 se llevó a efecto en ciudad de México D.F.

El propósito del *Instituto Colombiano de Derecho Disciplinario* es, en última instancia, aportar al establecimiento de una cultura de la ética pública. En desarrollo de tal misión, incluso ha establecido contacto con los partidos políticos del país, a efectos de blindar su labor, impregnándolas de la rectitud que de antemano se reconoce en el Instituto.

Gracias a la labor emprendida en escenarios internacionales, en el seno del *Instituto Colombiano de Derecho Disciplinario* se sembró las semillas de las que habría de nacer la *Confederación Internacional de Derecho Disciplinario*, institución que ya viene cosechando triunfos y reporta una gran acogida internacionalmente.

---

Informação bibliográfica deste texto, conforme a NBR 6023:2002 da Associação Brasileira de Normas Técnicas (ABNT):

GARZÓN RINCÓN, Jesús Alejandro. Instituto Colombiano de Derecho Disciplinario (ICDD). *In*: BAUTISTA CELY, Martha Lucía; SILVEIRA, Raquel Dias da (Coord.). *Direito disciplinário internacional*: estudos sobre a formação, profissionalização, disciplina, transparência, controle e responsabilidade da função pública = *Derecho disciplinario internacional*: estudios sobre formación, profesionalización, disciplina, transparencia, control y responsabilidad de la función pública. Belo Horizonte: Fórum, 2011. v. 1, t. I, p. 223-227. v. 1: Título Português, t. I: Título Espanhol. ISBN 978-85-7700-446-1.

# Historia, Propósitos y Actividades del Colegio de Derecho Disciplinario, Control Gubernamental y Gestión Pública, A.C.

### Pablo Eleazar Moreno Moreno

Desde su origen la administración pública mexicana se ha caracterizado por ser la actividad que aspira a la plena aplicación del Estado de Derecho. La actividad gubernamental ha implicado desde todos los tiempos, una revisión permanente, básicamente la actuación de los servidores públicos que se encuentra regulada por un conjunto de normas que proporcionan el marco jurídico en el que deben desempeñar sus funciones.

Es necesario el perfeccionamiento de ese marco jurídico para darle un mayor esfuerzo y aumentar la productividad de los servidores públicos. Estos deben contar con un código de ética que delimite el marco de sus derechos y obligaciones al servicio del Estado.

En México, existe la Ley Federal de Responsabilidades Administrativas de los Servidores Públicos, que tiene como objeto regular el Título Cuarto de la Constitución Política de los Estados Unidos Mexicanos, que prevé las responsabilidades a las que están sujeto aquellos, que se reputaran como servidores públicos esto es, a los representantes de elección popular, a los miembros del Poder Judicial Federal y del Poder Judicial del Distrito Federal, los funcionarios y empleados y, en general, a toda persona que desempeñe un empleo, cargo o comisión de cualquier naturaleza en el Congreso de la Unión, en la Asamblea Legislativa del Distrito Federal o en la Administración Pública Federal o en el Distrito Federal, así como a los servidores públicos de los organismos a los que la Constitución les otorga autonomía y quienes responderán por los actos u omisiones en que incurran en el desempeño de sus respectivas funciones. Las Constituciones de los Estados de la República precisarán, en los mismos términos y para los efectos de sus responsabilidades, el carácter de servidores públicos de quienes desempeñen empleo, cargo o comisión en los Estados y en los Municipios.

El Titulo Cuarto Constitucional que se comenta, refiere a las diferentes formas de responder de los servidores públicos, estos responden por su actuación en el ámbito, penal, en ámbito político, laboral, civil y administrativo, éste último encierra precisamente el ámbito de lo que hoy denominamos "Derecho Disciplinario".

En México el tema del Derecho Disciplinario se encuentra vinculado al régimen de responsabilidades administrativas de los servidores públicos, por lo cual es más común la connotación de "responsabilidades administrativas", que, "derecho disciplinario".

La legislación prevé que se aplicarán sanciones administrativas a los servidores públicos por los actos u omisiones que afecten la legalidad, honradez, lealtad, imparcialidad y eficiencia que deban observar en el desempeño de sus empleos, cargos o comisiones, valores distintos a los que imperan en la responsabilidad penal, política o civil, como consecuencia de sus faltas.

Es nuestra preocupación lograr un adecuado desarrollo del actuar de los servidores públicos en el desempeño de sus funciones, así como el deseo de desarrollar una materia del derecho que en lugar de concentrarse en el ámbito sancionador, se prevea como una cultura de prevención a las faltas cometidas dentro del ejercicio público, en una consideración más integral del servidor público, como sujeto humano, consecuentemente con capacidades diversas, llamémosle competencias, con necesidad de integrarse adecuadamente al desempeño público; que le exige y le debe obsequiar, formación, capacitación y desarrollo, que le permita cumplir adecuadamente con las obligaciones generales como particulares del desempeño público, respondiendo más que al orden jurídico, a valores éticos.

Insoslayable también resulta en la necesidad de mantener la funcionalidad de la estructura administrativa del Estado el mecanismo de disciplina, quien, como, cuando, por qué y cual sanción es aplicable a determinada conducta.

**Historia**. Nuestro Colegio comienza a integrarse con quienes formaron parte de la segunda generación egresada del Diplomado de Responsabilidades de los Servidores Públicos impartido por el Instituto Nacional de Administración Pública, A.C., mejor conocido en México como el INAP, donde surge la idea de agrupar profesionales en el estudio del control gubernamental y las responsabilidades públicas; se orienta entonces al estudio de la disciplina en el servicio público y las consecuencias de su alteración.

Durante doce años de reiterados encuentros con la intención de intercambiar ideas, impresiones, inquietudes y experiencias tanto laborales como de investigación, se llegó a la conclusión de que existía una necesidad colectiva de crear una institución con una visión académica, que buscara fomentar la pluralidad del conocimiento y la libertad de pensamiento sin importar, sexo, raza, clase social, preferencias políticas o religión que coadyuve a la formación y estudio del Derecho, con un objeto específico de la disciplina en la Administración Pública.

Cada uno de quienes participaron en estas reuniones informales aplicaba lo que en México conocemos como el Régimen de Responsabilidades Administrativas de los Servidores Públicos; cada caso expuesto era tratado por el grupo con respeto, rigor jurídico y ético, aportando ideas, soluciones, estableciendo criterios casuísticos pero generales a los problemas planteados, entre la teoría, el rigor, el reconocimiento de la condición humana del caso concreto y la necesidad de ser analizado, tratado y resuelto en la condición axiológica del silogismo jurídico: la norma, la conducta y la solución de la vinculación por la alteración de los valores éticos que exige el orden jurídico en el desempeño público.

Asimismo aportando conocimientos técnicos y científicos, fundamentalmente el deseo colectivo de compartir experiencias para un ejerció pragmático, eficiente y eficaz.

Bajo este argumento, el perfeccionamiento permanente de la administración pública, se logra con la aplicación en la gestión gubernamental de metodologías que hagan aptos a quienes la ejercen, mediante la especialización en el control gubernamental y una rama de derecho naciente, el derecho disciplinario.

La colegiación como el mecanismo de desarrollo y calidad de los miembros que integran la agrupación, busca en su contenido, el reconocimiento de la persona, de sus valores éticos, el conocimiento del marco jurídico y la aplicación efectiva de la administración en el ejercicio público; igualmente mediante la aportación propositiva de investigaciones en el ámbito del control gubernamental hacen de la actividad cotidiana una pasión por el desempeño público, la dedicación y aprecio por lo público o la cosa pública desde la perspectiva de la organización, sus valores, reglas de disciplina, sistema de sanciones y sujetos de obligación formaron parte de cada discusión. El Colegio de Derecho Disciplinario, Control Gubernamental y Gestión, Pública, A.C. y suscribe su acta de nacimiento el 12 de julio del 2006.

El Colegio de Derecho Disciplinario, Control Gubernamental y Gestión Pública, A.C., nace como una Asociación Civil, sin fines de lucro, que fue fundada como Institución Académica y que tiene por objeto desarrollar actividades que tengan como finalidad primordial, el formar profesionistas con alto nivel de especialización en derecho disciplinario, control gubernamental y gestión pública proporcionando los instrumentos necesarios a través de capacitación continua a sus asociados, así como a instituciones de carácter público y privado, fomentando la investigación jurídica y la divulgación de la misma mediante foros de debate y publicaciones; creando instrumentos técnicos y materiales que permitan promover el crecimiento y aplicación de estas disciplinas jurídicas, administrativas, contables y otras técnicas o científicas, buscando ser el nexo entre los sectores público y privado e impulsores en el mejoramiento de las Instituciones, construyendo modelos y sistemas innovadores a fin de ser reconocidos como un factor de cambio en el desarrollo jurídico, político y social del país, buscando siempre que los asociados participen activamente en la modernización de la administración pública.

Como toda estructura social, evoluciona, se ajustó a partir del 12 de julio del 2008, modificándose la estructura a efecto de aprovechar la experiencia de quienes perteneciendo a la asociación no se desempeñan en el ejercicio gubernamental, para prestar y asesorar a la propia administración sin limitaciones jurídicas derivadas de las Leyes de Adquisiciones, Arrendamientos y Servicios del Sector Público, de Obras Públicas y Servicios Relacionadas con las mismas y desde luego la Ley Federal de Responsabilidades Administrativas de los Servidores Públicos, para que de igual forma establecer un comité ejecutivo asesor, eminentemente académico, de servidores públicos, sin percepciones económicas, ya que sin pertenecer a la estructura social, aportan su amplia experiencia. La calidad humana de los sujetos que formen parte del Colegio de Derecho Disciplinario, Control Gubernamental y Gestión Pública, A.C., debe corresponder a su aspiración de perfeccionamiento cotidiano.

Cabe destacar que su conformación se integra de ex servidores públicos en su estructura social, especialistas en la Administración, Gestión y Control Gubernamental; también participan servidores públicos en activo, quienes integran un comité ejecutivo, encaminado al ámbito académico, con el propósito de aportar su sola experiencia para las mejores propuestas académicas.

El propósito primordial de nuestro organismo es formar profesionistas con alto nivel de especialización en derecho disciplinario, gestión pública y control gubernamental proporcionando los instrumentos necesarios a través de capacitación continua de sus asociados como a instituciones de carácter público y privado; fomentando la investigación jurídica y la divulgación de la misma mediante foros de debate y publicaciones, creando instrumentos técnicos y materiales que permitan promover el crecimiento y aplicación de estas disciplinas jurídicas, administrativas, contables y otras técnicas o científicas, buscando ser el nexo entre los sectores público y privado e impulsores en el mejoramiento de las Instituciones, construyendo modelos y sistemas innovadores a fin de ser reconocido como un factor de cambio en el desarrollo jurídico, político y social nuestro país, buscando siempre que los asociados participen activamente en la modernización de la administración pública en sus tres niveles de gobierno.

**Objetivos.** Sus objetivos, son ambiciosos, pretendemos ser una institución reconocida en la formación de especialistas en las diversas áreas de la Administración Pública, así como contribuir a que sus miembros obtengan el reconocimiento del sector Público y Privado; lograr un nivel de excelencia en el servicio público a través de la capacitación y asesoría de sus integrantes; brindar a sus asociados un alto nivel de capacitación a través de la mejora continua de cursos y de sus profesores; proporcionar los servicios de asesoría que le sean requeridos por las diversas instituciones públicas, privadas y sociales. Pretendemos crear foros de debate, como el pasado 2º Congreso Internacional de Derecho Disciplinario efectuado el mes de septiembre los días 7, 8 y 9 en la Ciudad de México, en los diversos temas que comprenden la gestión gubernamental, con la participación multidisciplinaria de especialistas de diversa corriente ideológica. Conseguir de nuestros asociados su compromiso y confianza hacia el colegio, a fin de conducirlo al cumplimento de su misión y visión. Establecer un cuerpo sólido de investigadores en temas de interés de la Administración Pública, que representen elementos de cambio y líderes de opinión en la gestión gubernamental. Y por último formar especialistas líderes, emprendedores, innovadores, con gran visión en el planteamiento de estrategias y en la toma de decisiones.

Nuestra responsabilidad adquirida consiste en lograr que los asociados y demás personas a quienes se imparta capacitación, llenen sus expectativas en cuanto a los temas de mayor interés de la Administración Pública, La gestión Gubernamental y el Derecho Disciplinario, y se vea reflejado en su mejor desempeño como Servidor Público.

Bajo esta tesitura consideramos que la capacitación que se obsequie abarca diversas disciplinas; debe ser especializada y sujeta a evaluación a efecto de que responda a las necesidades propias de quienes participan; le imprimimos un aspecto muy propio, que tiene por objeto reconocer al capacitado como ente humano.

Dentro de las múltiples actividades de nuestra asociación es la de buscar el perfeccionismo de la Administración Pública en sus tres niveles de gobierno: Federal, Estatal y Municipal, mediante la formación especializada de quienes en ella se desempeñan, con capacitación, aplicando diferentes técnicas didácticas para la mejor comprensión y el desarrollo pragmático de los conocimientos adquiridos.

**Nuestra misión.** Buscamos formar profesionistas con un alto nivel de especialización que por sus valores y capacidad participen en los cambios y modernización en el ámbito del sector público, propiciando la participación del sector privado e involucrando a la sociedad civil.

**Nuestra visión.** Debemos consolidarnos como líderes en la formación de especialistas en Administración Pública, siendo el vínculo entre los sectores Públicos y Privados e impulsores en el mejoramiento de las instituciones, creando modelos y sistemas innovadores a fin de ser reconocidos como un factor de cambio en el desarrollo político y social de México.

Nuestra trayectoria profesional en tan poco tiempo es amplia, pues el Colegio de Derecho Disciplinario, Control Gubernamental y Gestión, Pública, A.C. ha impartido cursos y talleres en más de una ocasión con temas tales como:
- Curso de Inducción e Integración Humana.
- Elementos Básicos para la Investigación en el Ámbito de Responsabilidades de los Servidores Públicos.
- La Ley de Adquisiciones, Arrendamiento y Servicios del Sector Público.
- Adquisiciones Gubernamentales y la Sustentabilidad Ambiental.
- Recisión Administrativa de Contratos y Adjudicación Directa en la Ley de Adquisiciones, Arrendamientos y Servicios del Sector Público.
- Ley de Presupuesto y Responsabilidad Hacendaria.
- Ley de Transparencia y Acceso a la Información Pública Gubernamental.
- Constitución Política de los Estados Unidos Mexicanos.
- Ley de Amparo.
- Como Establecer Responsabilidades Administrativas en los Procesos de Auditoria.
- Ley de la Comisión Nacional de Derechos Humanos.
- Garantías Individuales.

- Derecho Administrativo.
- Práctica de Derecho Administrativo.
- Derecho Procesal Administrativo.
- Medios de Defensa en Materia de responsabilidades Administrativas de los Servidores Públicos.
- Recursos Administrativos.
- Medios de Defensa Derivados de la Ley General del equilibrio Ecológico y la Protección al Ambiente.
- Fiscalización Superior.
- Adquisiciones Gubernamentales.
- Derecho Registral.

Estos temas han sido impartidos al personal de diversas instituciones públicas y privadas tales como:

- Universidad Nacional Autónoma de México.
- Instituto Federal Electoral.
- Secretaría de Economía.
- SERVICEG, S.A. de C.V.
- Secretaría de la Función Pública.
- Comisión Nacional para el Desarrollo de los Pueblos Indígenas.
- Procuraduría General de Justicia del Distrito Federal.
- Fideicomisos instituidos en relación con la agricultura.
- Secretaría del Medio Ambiente y Recursos Naturales.
- Consultoría y capacitación para el control de la Contaminación, S.A. de C.V.
- Municipio de Veracruz, Veracruz, México.
- Gobierno del Estado de Sinaloa.
- Comisión Nacional de Seguros y Fianzas.
- Instituto Nacional de la Administración Pública.
- Secretaría de Gobernación.
- Secretaria de Hacienda y Crédito Público.
- Luz y Fuerza del Centro (ya extinta).
- Televisión Metropolitana, S.A. de C.V.
- Secretaría de Desarrollo Social.
- Procuraduría Federal de Protección al Ambiente.
- Servicios Aeroportuarios de la Ciudad de México, S.A. de C.V.
- Cineteca Nacional.
- Comisión Nacional del Agua.

En nuestra trayectoria internacional les puedo mencionar de nuestra participación en el 1er. Congreso Internacional de Derecho Disciplinario, efectuado en la ciudad de Bogotá Colombia, donde se expuso una síntesis de la evolución de las normas constitucionales y ordinarias en el ámbito de la responsabilidad en México, se habló sobre el marco jurídico vigente de la responsabilidad en el servicio público y régimen disciplinario.

La organización del Congreso arriba mencionado originó el 2o. Congreso Internacional de Derecho Disciplinario realizado por el Colegio de Derecho Disciplinario, Control Gubernamental y Gestión Pública, A.C., en colaboración con el Instituto Nacional de Administración Pública, A.C., donde fue la sede del mismo, así también participó la Secretaría de Gobernación y la Universidad Nacional Autónoma de México, por conducto de la facultad de Derecho; nos distinguieron con su presencia destacadas autoridades de nuestro gobierno como la Auditoría Superior de la Federación, el Tribunal Electoral del Poder Judicial de la Federación, el Tribunal Federal de Justicia Fiscal y Administrativa y la Suprema Corte de Justicia de la Nación. Contamos también con la presencia de distinguidos representantes de países amigos como: Brasil, Venezuela, Argentina, Costa Rica, Panamá, España y Colombia.

Es importante subrayar que nuestra Institución ha marcado un precedente en la historia del Derecho disciplinario en México, toda vez que es un tema, que no ha sido explorado por instituciones gubernamentales o de la misma sociedad.

Queremos lograr que el Derecho Disciplinario sea una de las áreas que conozca todo funcionario público, bien sea por el hecho de ser sujeto disciplinable, o de ser funcionario que tenga a su cargo el ejercicio de aplicar las acciones Disciplinarias previstas por los ordenamientos jurídicos y el pleno conocimiento de la normatividad aplicable a cada caso.

No creemos en la casualidad, el Colegio de Derecho Disciplinario, Control Gubernamental y Gestión, Pública, A.C. forja su historia a través del trabajo, la perseverancia y la constancia, esperando corresponder así, a la confianza de quienes han requerido nuestro apoyo, para tener como beneficiario final a la sociedad en su conjunto.

---

Informação bibliográfica deste texto, conforme a NBR 6023:2002 da Associação Brasileira de Normas Técnicas (ABNT):

MORENO MORENO, Pablo Eleazar. Historia, Propósitos y Actividades del Colegio de Derecho Disciplinario, Control Gubernamental y Gestión Pública, A.C. In: BAUTISTA CELY, Martha Lucía; SILVEIRA, Raquel Dias da (Coord.). *Direito disciplinário internacional*: estudos sobre a formação, profissionalização, disciplina, transparência, controle e responsabilidade da função pública = *Derecho disciplinario internacional*: estudios sobre formación, profesionalización, disciplina, transparencia, control y responsabilidad de la función pública. Belo Horizonte: Fórum, 2011. v. 1, t. I, p. 229-236. v. 1: Título Português, t. I: Título Espanhol. ISBN 978-85-7700-446-1.

PARTE III

# CONTEÚDOS CENTRAIS DO DIREITO DISCIPLINÁRIO: FUNÇÃO PÚBLICA EM SENTIDO ORGÂNICO OU SUBJETIVO, REGIME JURÍDICO, DISCIPLINA, FORMAÇÃO, PROFISSIONALIZAÇÃO, TRANSPARÊNCIA, CONTROLE E RESPONSABILIDADE

# A Relação Jurídica de Função Pública e as suas Particularidades

## Ana Fernanda Neves

**Sumário**: Introdução – **1** A relação jurídica de função pública – **1.1** O conceito de função pública – **1.2** A laboralização da função pública – **1.2.1** A prestação de serviço na função pública como uma relação laboral – **1.2.2** As causas da laboralização da função pública – **1.3** A tipologia de vínculos e a natureza da relação jurídica de função pública – **1.4** Os sujeitos da relação jurídica de função pública – **1.4.1** O empregador público – **1.4.2** O trabalhador – **1.5** O objecto da relação jurídica de função pública – **1.5.1** O objecto mediato da relação jurídica de função pública – **1.5.2** O objecto imediato da relação jurídica de função pública – **2** As especificidades da relação jurídica da função pública – **2.1** As fontes do Direito da função pública – **2.2** Os princípios da relação jurídica de função pública – **2.2.1** Princípios relativos à relação com o empregador público – **2.2.1.1** O princípio da prossecução do interesse público – **2.2.1.2** O princípio da separação do poder político – **2.2.1.3** O princípio da igualdade – **2.2.2** Princípios relativos à relação com a comunidade – **2.2.2.1** O princípio do serviço aos administrados – **2.2.2.2** O princípio do mérito – **2.2.2.3** O princípio da responsabilidade – Conclusões – Referências

## Introdução

A caracterização da relação jurídica de função pública importa a identificação das suas especificidades. O seu contraponto reside na relação jurídica de emprego privado. O Direito Administrativo regula a organização e a actividades administrativas; os trabalhadores são, assim, objecto necessário da sua atenção. Independentemente de outras características, na relação jurídica de função pública, um indivíduo exerce uma actividade para um empregador mediante uma remuneração, como numa qualquer relação jurídica de emprego. O Direito laboral comum não lhe é, pois, indiferente, sendo convocado para a regular.[1]

---

[1] RAMALHO. Intersecção entre o regime da função pública e o regime laboral: breves notas. *Revista da Ordem dos Advogados*.

Martha Lucía Bautista Cely, Raquel Dias da Silveira (Coord.)
Direito Disciplinário Internacional – *Derecho Disciplinario Internacional*

A relação jurídica de função pública ou de emprego público conserva, não obstante, a sua identidade. Revela-o a análise dos seus elementos nucleares e dos princípios estruturadores do seu regime.

# 1 A relação jurídica de função pública

## 1.1 O conceito de função pública

A locução função pública designa, tradicional e fundamentalmente, o conjunto dos indivíduos que trabalham na Administração Pública de acordo com um específico regime de Direito Administrativo, distanciado do Direito laboral comum.[2] Na sua expressão primeira, tem o sentido objectivo de recortar uma função (actividade/tarefas) que é pública, sem distinção de tipos de vínculos laborais, áreas de actividade administrativa ou categorias de trabalhadores. Delimitada face ao conceito de cargos públicos[3] e ao designativo de funções públicas,[4] tem o alcance de circunscrever o exercício subordinado de uma actividade e o termo pública de reportar a sua vocação ou destino e os recursos financeiros que a permitem. Exige em certo padrão de desempenho funcional e de responsabilidade. Este duplo padrão é independente de um específico regime jurídico de trabalho; impõe um mínimo denominador comum de regime jus-publicista a todas as relações de emprego na Administração Pública, o qual é dado ou corresponde aos seus princípios fundamentais. Nesta medida, todas estas relações estão compreendidas no conceito de função pública.[5]

---

[2] SÁNCHEZ MORÓN. *Derecho de la función pública*, p. 22.

[3] "Os cargos públicos são os 'cargos políticos' (*v.g.*, Presidente da República, membro do Governo da República ou do Governo regional), os 'cargos de juiz e os dos titulares de quaisquer outros órgãos do Estado, sejam criados pela Constituição (Provedor de Justiça, membros do Conselho Superior da Magistratura, etc.) ou sejam criados pela lei (membros da Comissão Nacional de Eleições, do Conselho Nacional de Educação, etc.),' assim como 'os cargos dirigentes de quaisquer entidades públicas (institutos públicos, associações e fundações públicas, Universidades públicas, empresas públicas, etc.), incluindo as que têm regime de Direito privado', mas já não os cargos dirigentes da Administração Pública" (Jorge Miranda, anotação ao artigo 50.º da Constituição da República Portuguesa, *in*: MIRANDA; MEDEIROS. *Constituição portuguesa anotada*, v. 1, p. 998).

[4] A expressão no plural é utilizada no artigo 15.º, n.º 2, da Constituição da República Portuguesa, sobre o exercício de funções públicas por estrangeiros e apátridas.

[5] Sobre os sentidos possíveis da locução função pública, cf. NEVES. *Relação jurídica de emprego público*: movimentos fractais, diferença e repetição, p. 21-27.

## 1.2 A laboralização da função pública

### 1.2.1 A prestação de serviço na função pública como uma relação laboral

Na elaboração dogmática do Direito da função pública, deve ser conferida centralidade ao posicionamento jurídico mútuo do trabalhador e do empregador, à compreensão da função pública a partir da relação jurídica que entre eles se estabelece.[6] Esta relação jurídica é, para além das suas especificidades, uma relação jurídica laboral, em que um indivíduo exerce uma actividade sob a autoridade e direcção de um empregador.

### 1.2.2 As causas da laboralização da função pública

Esta compreensão explica-se pela democratização da Administração Pública, que, entre o mais, importa comunicação entre esta e a sociedade e obrigações directas da mesma face aos indivíduos e respectivos grupos,[7] a possibilidade de participação de todos no exercício de empregos públicos e a separação entre poder político e poder administrativo. É, igualmente, expressão do reconhecimento dos funcionários como titulares dos direitos e liberdades dos cidadãos em geral, incluindo os destes enquanto trabalhadores.[8] Explica-se, de igual modo, pela superação da ideia de impermeabilidade jurídica ou de juridicidade especial da dimensão interna da Administração Pública. Releva, ainda, o valor económico e a influência na eficácia da respectiva actividade, que depõe no sentido da contratualização dos deveres e da concretização das obrigações dos trabalhadores, assim como depõe a necessidade de um *ethos* de conduta profissional pública.[9] Deve ter-se presente que está também em causa a participação dos poderes públicos nacionais na execução de uma multiplicidade de conjuntos normativos ultra-estatais e na prossecução de interesses públicos transnacionais.[10]

---

[6] O mesmo se passa em geral no Direito Administrativo. Como assinala Luís S. Cabral de Moncada, hoje não se pode pensar o mesmo "sem a consideração do indivíduo como centro de imputação de direitos e reciprocamente como destinatário de deveres" (*A relação jurídica administrativa*: para um novo paradigma de compreensão da actividade, da organização e do contencioso administrativos, p. 7).

[7] *In*: PAREJO ALFONSO; JIMÉNEZ-BLANCO; ORTEGA ÁLVAREZ. *Manual de derecho administrativo*, p. 503.

[8] *In*: PAREJO ALFONSO; JIMÉNEZ-BLANCO; ORTEGA ÁLVAREZ. *Manual de derecho administrativo*, p. 503-504.

[9] CARLONI. Ruolo e natura dei C.D. "Codici Etici" delle amministrazioni pubbliche. *Diritto Pubblico*, p. 326-327, 331.

[10] DELLA CANANEA. I pubblici poteri nello spazio giuridico globale. *Rivista Trimestrale di Diritto Pubblico*, p. 25-26, 33; CASSESE. Administrative Law Without the State?

# 1.3 A tipologia de vínculos e a natureza da relação jurídica de função pública

A percepção da contraposição de interesses e prestações entre trabalhador e empregador e a pouca eficácia da funcionalização solidarista do primeiro ao interesse geral[11] tornam injustificável o desnivelamento na expressão de vontades na constituição da relação jurídica. Esta não se constitui, assim, em regra, através de acto administrativo. É titulada por vínculos contratuais. E, paralelamente, acompanhando o sentido laboralista primeiro da relação jurídica, é maior o espaço normativo reconhecido à autonomia individual e colectiva.[12] Significa isto que o trabalhador e o empregador públicos podem dispor, individualmente, quanto a parte, ainda que pouco significativa, dos seus direitos e deveres mútuos, e que os representantes dos respectivos interesses convencionam sobre o regime laboral e intermedeiam a resolução de conflitos. Em certas áreas da actividade administrativa, os interesses públicos a cargo do empregador são melhor acautelados pela conformação unilateral da relação jurídica de função pública e definição unilateral do respectivo, querido especificamente distante do Direito laboral comum.[13]

## 1.4 Os sujeitos da relação jurídica de função pública

### 1.4.1 O empregador público

O empregador público não é uno mas plúrimo: são tantos quantos os sujeitos públicos cuja individualidade jurídica lhes permite ser parte

---

The Challenge of Global Regulation. *New York University Journal of International Law and Politics*, p. 663 *et seq.*; e CANOTILHO. Precisará a teoria da Constituição europeia de uma teoria do Estado?. *In*: ACOSTA SÁNCHEZ *et al.* *Colóquio ibérico*: Constituição europeia: homenagem ao Doutor Francisco Lucas Pires, p. 667.

[11] Esta mesma constatação está há muito feita no Direito do Trabalho. Como nota Orlando de Carvalho, a lógica do Direito do Trabalho é "a de viabilizar e estabilizar a relação entre dois pólos de interesses substancial e funcionalmente antagônicos (...)" (Empresa e direito do trabalho. *In*: JORNADAS LUSO-HISPANO-BRASILEIRAS DE DIREITO DO TRABALHO, 4., *Temas de direito do trabalho*: direito do trabalho na crise, poder empresarial, greves atípicas, p. 16).

[12] José Joaquim Gomes Canotilho fala de um "Estado contratualizador" como aquele que, por contraposição ao "Estado-estatutário", "estabelece relações contratuais com os seus funcionários à semelhança do sector privado" (Precisará a teoria da Constituição europeia de uma teoria do Estado?. *In*: ACOSTA SÁNCHEZ *et al.* *Colóquio ibérico*: Constituição europeia: homenagem ao Doutor Francisco Lucas Pires, p. 673).

[13] É o que acontece, fundamentalmente, com a relação de emprego dos militares das Forças Armadas em quadros permanentes, dos trabalhadores com funções de representação externa do Estado, com funções relativas a informações de segurança, de investigação criminal e de segurança pública.

em relações jurídicas, que apenas a si responsabilizam.[14] Diferentemente da empresa privada, são heterónimos os seus fins.[15] Esta heteronomia, que é ainda também, substancialmente, de recursos, as tarefas públicas que asseguram e o insuficiente quadro concorrencial em que operam importam a consideração como empregador público não apenas das pessoas colectivas públicas ou de outras entidades públicas (dos órgãos do Estado não integrados na Administração Pública), mas também de pessoas colectivas integradas na Administração indirecta privada.[16]

## 1.4.2 O trabalhador

O trabalhador na relação jurídica de função pública é o indivíduo que disponibiliza a sua força de trabalho, que desenvolve uma actividade, sob a autoridade e direcção de um empregador público. Na categorização dos trabalhadores, fez escola a delimitação do conceito de funcionário e deste pela nota da profissionalidade, que destaca o trabalho na função pública como um modo de vida, uma profissão, do qual retira a sua base de subsistência; a que se associa a indeterminabilidade segura ou vitalicidade do vínculo jurídico e o seu carácter estatutário.[17] Na verdade, é insuficiente como elemento distintivo, seja porque é igualmente identificável noutras relações de emprego público,[18] seja porque o desempenho de uma actividade na Administração Pública, as mais das vezes, de cariz técnico e/ou material, não é em si uma profissão, envolvendo sim o exercício de várias, muitas com paralelo no sector privado.[19] O legislador quando regula, hoje, o emprego público, sem precisar, considera estrutural e transversalmente todos os trabalhadores

---

[14] O empregador público deve ser entendido como um centro de imputação de fins e de recursos e como tal passível de avaliação no quadro do «mercado administrativo» próprio da Administração plural ou poliárquica. Os órgãos administrativos corporizam os poderes do empregador público, exercendo-os.

[15] CARLONI. Ruolo e natura dei C.D. "Codici Etici" delle amministrazioni pubbliche. *Diritto Pubblico*, p. 332.

[16] Sobre o conceito de Administração directa privada, cf. OTERO. *Vinculação e liberdade de conformação jurídica do sector empresarial do Estado*, p. 222-230. Ver também COUTINHO DE ABREU. *Sociedade anónima, a sedutora*: Hospitais, S.A. – Portugal, S.A., p. 11-35.

[17] CAETANO. *Manual de direito administrativo*, v. 2, p. 671-672.

[18] Ver, inclusive, sobre a profissionalidade no Direito do Trabalho, DIÉGUEZ CUERVO. Poder empresarial: fundamento, contenido y límites. *In*: JORNADAS LUSO-HISPANO-BRASILEIRAS DE DIREITO DO TRABALHO, 4., *Temas de direito do trabalho*: direito do trabalho na crise, poder empresarial, greves atípicas, p. 335-336.

[19] NEVES. O contrato de trabalho na Administração Pública. *In*: MIRANDA (Coord.). *Estudos em homenagem ao Professor Doutor Marcello Caetano*: no centenário do seu nascimento.

da Administração Pública, ainda que o vínculo laboral que titula a respectiva relação de emprego seja privado e ainda que tenha carácter transitório ou precário.[20]

O trabalhador para ser parte numa relação jurídica de função pública deve preencher determinados requisitos, exigências básicas de idoneidade e de aptidão. O sentido restritivo do acesso aos empregos públicos destes requisitos, definindo quem na comunidade pode ser beneficiário dos mesmos, impõe a sua definição pelo legislador parlamentar.[21]

## 1.5 O objecto da relação jurídica de função pública

### 1.5.1 O objecto mediato da relação jurídica de função pública

O objecto mediato da relação jurídica de função pública é a prestação do trabalhador, a actividade que realiza, delimitada pelo respectivo posto de trabalho ou emprego e pelas qualificações que exige. Mais do que a continuidade da prestação efectiva, que motivo justificável podem não tornar possível, é a disponibilidade do trabalhador para a efectuar que constitui a pretensão do empregador.[22]

### 1.5.2 O objecto imediato da relação jurídica de função pública

O objecto imediato da relação jurídica de função pública respeita aos direitos, poderes e deveres das partes. Os poderes do empregador são poderes funcionais que habilitam os seus órgãos administrativos a adequar, continuamente, a conduta do trabalhador às suas necessidades e fins. São, no essencial, o poder de direcção e o poder disciplinar. O primeiro consiste no poder de fixar, dentro dos limites legais e convencionais, seja por via individual e concreta, seja por via geral e abstracta ou geral e concreta, os termos em que o trabalho deve ser prestado.[23]

---

[20] Parece ter recuperado a noção de agente administrativo de Marcello Caetano, a do indivíduo que, por qualquer título, exerça actividade para com empregador público, sob a direcção dos órgãos respectivos. CAETANO. *Manual de direito administrativo*, v. 2, p. 641.

[21] Assim, em Portugal, nos termos do artigo 47.º, n.º 1 e n.º 2, e do artigo 165.º, n.º 1, alínea "b)" e alínea "t)" da Constituição da República Portuguesa (doravante, CRP).

[22] MONTEIRO FERNANDES. *Direito do trabalho*, p. 121-124.

[23] RAMALHO. *Direito do trabalho*, v. 2, p. 582 *et seq.*

Compreende o poder de determinar e de conformar a prestação de trabalho, quanto ao conteúdo, tempo e local da sua realização e, bem assim, quanto a deveres acessórios do trabalhador. Permite, também, articular a prestação do trabalhador com as demais prestações de trabalho, assumindo uma feição organizativa. O poder organizativo é, no entanto, anterior e mais amplo do que a sua projecção na relação jurídica de emprego. O poder disciplinar consiste na possibilidade de o empregador conformar a conduta do trabalhador à disciplina laboral, delimitada pela relação jurídica de emprego, e de aplicar sanções pelas infracções correspondentes, fazendo repercutir no vínculo jurídico de emprego os seus efeitos.[24]

Os direitos e os deveres do trabalhador na relação jurídica de função pública são os de um qualquer trabalhador parte numa relação laboral, com um conteúdo ajustado às respectivas natureza e características jurídicas. Não afecta a sua qualidade de cidadão, o gozo dos seus direitos e a sujeição aos seus deveres, o qual não se transforma, por pertencer à função pública, num cidadão especial, num sentido ampliativo ou restritivo. Os direitos e os deveres em causa são funcionais, respeitam, têm causa, conteúdo e extensão na actividade exercida e no conexo estatuto profissional, podendo, nesta medida — e não com fundamento em qualquer dever extrafuncional — relevar o seu desrespeito fora do local e/ou tempo de serviço. A sua expressão concreta ou a medida da sua exigência é susceptível de variar em função das categorias e níveis de responsabilidade profissionais. Os direitos do trabalhador são direitos individuais e colectivos. Entre os primeiros, figuram, por exemplo, o direito à remuneração, o direito à assistência material na situação de desemprego involuntário, o direito à formação profissional e o direito à protecção funcional. Entre os segundos, os direitos de exercício colectivo (como a liberdade sindical e o direito de greve) e os direitos de que são titulares as suas estruturas representativas (como o direito de contratação colectiva das associações sindicais e o direito de participação na elaboração da legislação do trabalho). Os deveres do trabalhador integram, juntamente com as obrigações que os concretizam, o complexo debitório do trabalhador para com o empregador público. Reflectem princípios gerais da função pública. Destacam-se, por exemplo, o dever de lealdade, o dever de correcção,

---

[24] "O poder disciplinar numa relação de trabalho, atenta a noção de subordinação jurídica, é 'uma das expressões mais directas da sujeição' do trabalhador, pelo que o é 'por natureza, e seja qual for o empregador'" (CROZAFON. Le contrôle juridictionnel de la sanction disciplinaire dans l'entreprise et dans l'administration. *Droit Social*, p. 201).

o dever de zelo, o dever de informação, o dever de assiduidade e de pontualidade.

## 2 As especificidades da relação jurídica da função pública

## 2.1 As fontes do Direito da função pública

As fontes do Direito da função pública diversificaram-se: são publicísticas e privatísticas, nacionais e internacionais. A diversificação deixa salvaguardada uma essencial coloração publícistica, identitária do emprego público.[25] A Constituição e a lei definem e traçam-lhe o alcance. A primeira, porque contém as vinculações jurídico-públicas do regime do emprego público. A segunda, dado que, por incumbência daquela, faz as demais opções fundamentais de regime, assegurando a coerência do sistema e a protecção dos seus valores essenciais (como a imparcialidade e a exclusividade).[26] Reserva-se, assim, o travejamento essencial dos aspectos principais do regime: dispõe sobre o acesso a emprego público (requisitos que deve preencher o trabalhador, princípios do concurso e excepções a este), tipologia dos vínculos laborais, formas de cessação dos mesmos, garantias dos trabalhadores... Seja por força da Constituição[27] seja de acordo com os parâmetros jurídicos internacionais, sobretudo, da OIT,[28] um espaço de intervenção normativo deve ser reservado aos instrumentos de regulamentação colectiva,[29] o que dá expressão à autonomia colectiva dos trabalhadores da Administração Pública e introduz maior diversidade nos regimes laborais. O Direito da União Europeia tem uma influência determinante sobre o regime

---

[25] CARLONI. Ruolo e natura dei C.D. "Codici Etici" delle amministrazioni pubbliche. *Diritto Pubblico*, p. 332.

[26] ROUSSEAU. Chronique de jurisprudence constitutionelle 2004. *Revue du Droit Public et de la Science Politique en France et à l'Étranger*, p. 305; e CARLONI. Ruolo e natura dei C.D. "Codici Etici" delle amministrazioni pubbliche. *Diritto Pubblico*, p. 334-400.

[27] Sobre o direito à contratação colectiva e a "reserva de convenção colectiva", ver MIRANDA; MEDEIROS. *Constituição portuguesa anotada*, v. 1, p. 1121-1122.

[28] Por exemplo a Convenção n.º 151 da OIT, relativa à protecção do direito de organização e aos processos de fixação das condições de trabalho da função pública (<http://www.gddc. pt/siii/docs/lei17-1980.pdf>. Última consulta em: 28 mar. 2011), adoptada pela Conferência Geral da Organização Internacional do Trabalho na sua 64.ª sessão, em Genebra, a 27 Jun. 1978; e a Convenção n.º 87 da OIT, sobre a liberdade sindical e protecção do direito sindical (<http://www.gddc.pt/siii/docs/lei45-1977.pdf>. Última consulta em: 28 mar. 2011).

[29] ROUSSEAU. Chronique de jurisprudence constitutionelle 2004. *Revue du Droit Public et de la Science Politique en France et à l'Étranger*, p. 305. Sobre a articulação entre a lei e os acordos colectivos, ver Décision n.º 2004-494 DC du 29 Avril 2004, p. 304-305, disponível em: <www. conseil-constitutionnel.fr/decision/2004/2004494dc.htm>. Última consulta em: 28 mar. 2011.

do emprego público dos Estados membros.[30] Trata-se, por um lado, e no essencial, da aplicação do princípio da livre circulação de trabalhadores.[31] Por outro lado, traduz a aplicação também ao emprego público de algumas disposições dos Tratados e de direito derivado relativas ao trabalho e emprego.[32]

## 2.2 Os princípios da relação jurídica de função pública

Os princípios da função pública são parâmetros de organização do sistema interno da mesma e de solução concreta dos problemas postos. Respeitam, quer à relação do trabalhador com o empregador público, quer para com a comunidade servida pela actividade que realizam.

### 2.2.1 Princípios relativos à relação com o empregador público

#### 2.2.1.1 O princípio da prossecução do interesse público

Os trabalhadores da Administração Pública e demais agentes do Estado e outras entidades públicas estão exclusivamente ao serviço do interesse público, apurado nos termos e em concretização da lei pelos órgãos administrativos competentes.[33] O interesse público é corporizado pelas atribuições e missões dos entes públicos empregadores. Como

---

[30] POCHARD. Les implications de la libre circulation: plus qu'une banalisation, la normalisation du droit de la fonction publique. *L'Actualité Juridique – Droit Administratif,* p. 1907; DENIZEAU. *L'idée de puissance publique à l'épreuve de l'Union européenne,* p. 38-70; e, entre muitos outros, Acórdão do TJUE de 09-09-2003, processo C-285/01, Isabel Burbaud e Ministère de l'Emploi et de la Solidarité (<http://www.curia.europa.eu>).

[31] O Direito da UE impõe uma concepção funcional dos empregos públicos e a abertura da generalidade destes aos nacionais de outros Estados-membros e, consequentemente, um regime que permita e não dissuada à mobilidade.

[32] Há todo um conjunto de actos jurídicos da UE em matéria laboral ou social que se aplicam também aos trabalhadores da Administração Pública, por exemplo, em matéria de contratos de trabalho a termo (Directiva 1999/70/CE do Conselho, de 28 Jun. 1999, respeitante ao acordo-quadro CES, UNICE e CEEP relativo a contratos de trabalho a termo), de igualdade de tratamento no emprego e na actividade profissional (Directiva 2000/78/CE do Conselho, de 27 Nov. 2000, que estabelece um quadro geral de igualdade de tratamento no emprego e na actividade profissional) e de reconhecimento de diplomas para acesso a uma profissão regulamentada (Directiva 2005/36/CE do Parlamento Europeu e do Conselho, que fixa um sistema geral de reconhecimento dos diplomas de estudos superiores que permitem o acesso a uma profissão regulamentada).

[33] Cf. artigo 269.º, n.º 1, da CRP.

qualquer trabalhador, o trabalhador na relação jurídica de emprego público está subordinado aos interesses do respectivo empregador. No caso do empregador público, os interesses estão heterodeterminados pela lei e há uma dupla limitação que se prende com a legalidade financeira, por um lado, e com a «responsividade» (prestação de contas à Comunidade). Os interesses públicos depõem contra a acumulação de empregos e/ou cargos públicos, como garantia da efectiva disponibilidade ou prestação de trabalho e segundo padrões de qualidade óptimos. Demanda o exercício da actividade laboral de forma imparcial, isenta e correcta do ponto de vista da atendibilidade dos interesses concretamente protegidos pela lei. Nesta perspectiva, o exercício de actividades privadas está sujeito a restrições, devendo ser noticiado e autorizado previamente.[34]

## 2.2.1.2 O princípio da separação do poder político

A esfera do poder público assenta em dois planos, o do poder político e o do poder administrativo. Tratam-se de dois poderes distintos e dotados de legitimidades diferentes, respectivamente, democrática — dada pela "confiança do público, que se exprime no quadro de eleições políticas livres e que é validada por cada mandato político" — e a legitimidade administrativa, assente nos méritos e na capacidade profissional dos trabalhadores, apurados em concurso público.[35] A relação destes com o poder político é, em parte, de dependência, porque lhes cabe preparar, informar e executar as políticas públicas definidas pelo Governo em funções, independentemente de qual seja (princípio da neutralidade política),[36] na medida em que têm tradução nos interesses públicos a prosseguir pelas pessoas colectivas empregadoras. A actuação administrativa para ser eficaz tem de ter autonomia face ao poder político, de modo a prevalecerem as "razões de ordem técnica" e o tratamento imparcial e equitativo dos administrados. Cabe-lhes assegurar a continuidade do funcionamento da Administração Pública para além dos ciclos eleitorais e, bem assim, assegurar o funcionamento dos serviços e organismos na dependência da Assembleia da República, da Presidência da República e das instituições judiciárias.

A independência do poder político postula "liberdade de julgamento ou de opinião" e, portanto, a não projecção do respectivo

---

[34] PRINCIPES EUROPEENS D'ADMINISTRATION PUBLIQUE, p. 12.

[35] PRINCIPES EUROPEENS D'ADMINISTRATION PUBLIQUE, p. 22.

[36] COUTINHO. A relação de emprego público na Constituição: algumas notas. *In*: MIRANDA (Coord.). *Estudos sobre a Constituição*, v. 3, p. 705-706.

exercício sobre a "integridade profissional" do trabalhador,[37] mesmo, em geral, nos cargos de livre escolha. O princípio em matéria de exteriorização de opiniões, designadamente, políticas, é o da sua expressão livre, no exercício ou fora do exercício de funções. O limite é a observância dos deveres laborais, como, por exemplo, o dever de imparcialidade, o dever de isenção e o dever de não divulgar matéria sujeita a reserva legal. Uma das formas da garantia de separação do poder político é a estabilidade da relação jurídica de emprego, a protecção contra a cessação sem justo motivo.[38]

Em nome da separação do poder político pode explicar-se a garantia do emprego e de não discriminação em virtude da filiação em partido político e da candidatura e/ou do exercício de cargos políticos. O princípio é o da cidadania activa dos trabalhadores, os quais, como quaisquer cidadãos, gozam do exercício dos direitos de participação política.[39] Uma das formas da sua garantia é a estabilidade da relação jurídica de emprego, a protecção contra a cessação sem justo motivo.[40]

## 2.2.1.3 O princípio da igualdade

O princípio da igualdade começa por ser um princípio contra a discriminação no acesso ao emprego público,[41] enriquecido, posteriormente, por uma cláusula aberta quanto aos motivos susceptíveis de

---

[37] PRINCIPES EUROPEENS D'ADMINISTRATION PUBLIQUE, p. 11.

[38] PAREJO ALFONSO; JIMÉNEZ-BLANCO; ORTEGA ÁLVAREZ. *Manual de derecho administrativo*, p. 502; artigo 53.º da CRP; e artigo 41.º da Constituição da República Federativa do Brasil.

[39] A lei pode, sem prejuízo disto, estabelecer restrições ao respectivo exercício pelos "militares e agentes militarizados dos quadros permanentes em serviço efectivo, bem como por agentes dos serviços e forças de segurança" (artigos 270.º e 275.º, n.º 4, da CRP). Neste sentido, ver a Lei de Defesa Nacional (Lei n.º 31-A/2009, de 07-07). Nesta, destaca-se a possibilidade, em tempo de paz, os militares em efectividade de serviço podem concorrer a qualquer órgão de soberania, das regiões autónomas e do poder e ao Parlamento Europeu, mediante licença especial, por tempo fixo, a conceder pelo chefe do Estado-Maior do ramo a que o militar pertence, desde que seja candidato não inscrito em partido político. A eleição para um segundo mandato determina a transição para a situação de reserva (artigo 33.º da Lei de Defesa Nacional).

[40] PAREJO ALFONSO; JIMÉNEZ-BLANCO; ORTEGA ÁLVAREZ. *Manual de derecho administrativo*, p. 502.

[41] Cf. artigo 6.º da *Declaração dos direitos do homem e do cidadão*, de 1789: "A lei é a expressão da vontade geral. Todos os cidadãos têm o direito de concorrer, pessoalmente ou através de mandatários, para a sua formação. Ela deve ser a mesma para todos, seja para proteger, seja para punir. Todos os cidadãos são iguais a seus olhos e igualmente admissíveis a todas as dignidades, lugares e empregos públicos, segundo a sua capacidade e sem outra distinção que não seja a das suas virtudes e dos seus talentos" (<http://www.eselx.ipl.pt/ciencias-sociais/tratados/1789homem.htm>. Última consulta em: 28 mar. 2011).

serem censurados por discriminatórios.[42] Evolui para uma igualdade no mérito, materializado no concurso público.[43] Depois, assume a dimensão de princípio regulador da própria relação jurídica de emprego público.[44] E aqui tem um sentido positivo, o de postular a diferenciação dos trabalhadores segundo critérios objectivos[45] e segundo o princípio da justa medida da diferenciação.[46] É, ainda, um princípio de discriminação correctiva. O princípio da igualdade constitui, também, um princípio de relacionamento funcional dos trabalhadores da Administração Pública com os administrados.

Em termos de posicionamento relativo de trabalhadores em face de um mesmo empregador, no exercício de uma mesma ou similar actividade, sujeitos a regimes de trabalho diferentes, coloca-se a questão de saber se a coexistência é contrária ao princípio da igualdade. Ela ocorre com a adopção legislativa de um novo regime de emprego e a salvaguarda do regime das relações de emprego existentes; e acontece quando a lei permite a utilização indiferenciada de diversos tipos de vínculos e regimes.[47] É de observar o seguinte: i) se a adopção de um novo regime de emprego é "uma opção constitucionalmente legítima do legislador", também o é a referida situação de coexistência, aparecendo como um resultado inevitável e, consequentemente, a "diferença nos elementos configuradores dos mesmos";[48] ii) sendo regimes de trabalhos distintos, não são necessariamente os mesmos os direitos e deveres dos respectivos;[49] não há nenhuma imposição mútua dos seus vários aspectos, isoladamente considerados, não devendo ser desdobrados

---

[42] Cf. artigos 13.º e 47.º da CRP.

[43] Cf. artigo 47.º da CRP e artigo 18.º da Constituição da República Federativa do Brasil.

[44] Cf. artigos 47.º, n.º 2, 59.º, n.º 1, alínea "a)", e 266.º, n.º 2, da CRP.

[45] Isto é, "situações concretas de diferenciação injustificada" (Acórdão do STJ de 27-11-2002, processo n.º 02S2237, ponto IV do sumário).

[46] Na gestão das relações de trabalho, impõe a adopção de critérios ou parâmetros objectivos, seja como garantia de não discriminação de certas categorias de trabalhadores (por exemplo, em razão do sexo, da origem geográfica...), seja como garantia de tratamento equitativo dos trabalhadores (*v.g.*, iguais possibilidades de aceder a categoria superior ou a posicionamento remuneratório mais elevado), seja no estabelecimento de diferenças de disciplina entre categorias diferentes de trabalhadores. Estes mesmos parâmetros se estendem à definição e aplicação do regime de cessação da relação jurídica de emprego.

[47] MORANCHO. *Laboralización de las administraciones públicas*, p. 11; e FERNÁNDEZ DOMÍNGUEZ; RODRÍGUEZ ESCANCIANO. *Hacia un nuevo régimen jurídico del personal al servicio de las administraciones públicas*, p. 247.

[48] Sentença n.º 99/1987, de 11-06, do Pleno do Tribunal Constitucional (TC) espanhol, processo n.º 763/1984, pela qual se declarou a inconstitucionalidade de determinados artigos da Lei n.º 30/1984, de 02-08, de Medidas para a Reforma da Função Pública (<http://www.igsap.map.es/cia/dispo/sent99-87.htm>, igualmente publicada em: <http://www.justicia.es>).

[49] Sentença do TC espanhol n.º 99/1987, de 11-06, citada.

na sua unidade e servir, cada extracto ou aspecto, juízos comparativos descontextualizados;[50] iii) não devem a Administração Pública e os tribunais substituir-se ao legislador, impondo, por essa via, contra a sua vontade e legitimidade, um *tertium genus* de regime; iv) o ajuizamento à luz do princípio da igualdade da situação jurídica de dois trabalhadores que, sob vínculos e regimes jurídicos diferentes, exercem uma mesma actividade, depende da eleição de um critério objectivo sob o qual a igualdade ou desigualdade deve ser perspectivada; o juízo não pode variar segundo o interesse e a vantagem (subjectivos) daqueles que invocam a violação da igualdade.[51]

## 2.2.2 Princípios relativos à relação com a comunidade

### 2.2.2.1 O princípio do serviço aos administrados

A actividade do trabalhador com relação jurídica de função pública releva, directa ou indirectamente, no plano do serviço aos administrados, missão e finalidade essenciais da administração pública. Os trabalhadores agem na esfera pública da sociedade, tratando de assuntos que contendem com direitos fundamentais das pessoas. Devem exercer a sua actividade na perspectiva da continuidade[52] e do funcionamento devido do serviço às pessoas. Desta feita, o trabalhador está obrigado para com a comunidade (o seu «empregador material») beneficiária e financeiramente contribuinte da actividade administrativa.[53] Os trabalhadores estão vinculados a observar, nesse exercício, os princípios da igualdade, da proporcionalidade, da justiça,

---

[50] No mesmo sentido, se pronunciou o TC italiano na "Sentenza 89/2003", de 13-03-2003, rejeitando a tese segundo a qual, na sequência da "privatização, resultante da reforma de 1993, a relação de trabalho sob a dependência das Administrações Públicas seja assimilada, sob qualquer aspecto, àquela estabelecida com um empregador privado". Ver sentença em: <http://www.cortecostituzionale.it>, e o comentário de Sergio Salvatore Manca a esta sentença: Conversione del rapporto di lavoro alle dipendenze delle PP. AA. a tempo determinato in indeterminato, em: <http://www.leggiweb.it>. Última consulta em: out. 2009.

[51] Em termos de, por exemplo, os trabalhadores em regime de Direito privado invocarem a duração de trabalho dos funcionários públicos e estes a flexibilidade remuneratória e da evolução profissional que é típica do regime jurídico de trabalho privado.

[52] Sobre o princípio da continuidade do serviço público, ver ponto 6.2. do Parecer n.º 62/2002, do Conselho Consultivo da PGR, in DR., II Série, n.º 67, de 20 Mar. 2003, p. 4432 *et seq.*, *maxime*, p. 4437, e Parecer do mesmo órgão n.º 3/2002, DR, II Série, n.º 193, de 22 Ago. 2002, p. 14.226 *et seq.*, *maxime*, 14.230.

[53] Tal como "as organizações públicas... servem os interesses da colectividade", também os seus trabalhadores estão, no exercício das suas funções, "ao serviço do público, dos cidadãos", devendo "toda a sua acção deve ser ordenada a assegurar o melhor desenvolvimento, a eficiência e a eficácia do serviço aos cidadãos" (IRELLI. *Corso di diritto amministrativo*, p. 131).

da imparcialidade e da boa fé. Manifesta-se, ainda, na responsabilidade pelo resultado da prestação à comunidade do serviço em que se encontra inserido. Nesta sede, pode discutir-se a medida da invocabilidade, por parte do trabalhador, da excepção por incumprimento das obrigações do empregador público.[54]

## 2.2.2.2 O princípio do mérito

O mérito condiciona a relação da comunidade com os empregos públicos e dos respectivos trabalhadores para com aquela. É o elemento determinante do acesso aos mesmos pelos seus membros. É definido na perspectiva de um desempenho capaz e da conexa capacidade funcional ou prestativa da Administração.[55] Por isso, o trabalhador é sujeito a um período de prova ou experimental, comprovativo da sua aptidão ou de aferição da sua capacidade;[56] realiza formação profissional de acordo com as suas obrigações laborais; e o seu desempenho é objecto de avaliação regular. O princípio do mérito postula, por outro lado, objectividade no exercício dos poderes do empregador público, isto é, a sua justificação nos interesses públicos que prossegue e o reflexo destes na valoração e decisões de posicionamento relativo dos trabalhadores.

## 2.2.2.3 O princípio da responsabilidade

Os trabalhadores titulares de relação jurídica de função pública respondem individualmente pelas acções e omissões que a sua actividade envolve. Trata-se de responsabilidade civil, criminal e disciplinar; é funcional, tenha a acção ou omissão em causa lugar no exercício de

---

[54] Se o trabalhador não pode cumprir a sua prestação por causa injustificada imputável ao empregador, por exemplo, porque não lhe é dito o que tem de fazer ou não lhe cometida qualquer tarefa, nem onde e nem como deve prestá-la, a questão que se coloca é a de saber se o trabalhador fica desobrigado do respectivo cumprimento (em termos que o levem, designadamente, a não comparecer ao serviço ou à acumulação não autorizada de um outro emprego). Em regra, não fica. Há que ponderar: i) que o trabalhador se compromete a estar disponível para prestar actividade dada; ii) a medida da projecção sobre a prestação de serviço às pessoas; iii) e os interesses públicos pertinentes, que envolvem, assim como o respeito dos direitos e interesses dos administrados associados à sua prestação; iv) a gravosidade do incumprimento do empregador.

[55] Acórdão do Plenário do TC n.º 683/99, de 21-12-1998, processo n.º 42/98, em: <http://www.tribunalconstitucional.pt>.

[56] Acórdão da 1.ª Secção do CA do TCA Norte de 26-07-2007, processo n.º 00194/06.1BEPNF, em: <http://www.dgsi.pt>.

funções ou seja conexa com esse exercício.[57] É uma garantia da realização da actividade administrativa de acordo com o direito, de protecção dos interesses públicos e dos direitos e interesses dos indivíduos.[58] A responsabilidade civil é acompanhada da responsabilidade solidária do empregador quando esteja em causa a violação de direitos, liberdades e garantias ou, em qualquer caso, cause prejuízos a outrem. Com a actuação ou omissão do funcionário ou agente, no exercício das suas funções e porque no exercício das suas funções, está em causa a actividade administrativa da entidade pública e a prossecução de interesses públicos titulados por esta;[59] daí a afirmação de um princípio de responsabilidade solidária, o qual, na medida em que faz intervir o património público, constitui uma garantia de solvabilidade para o lesado e de tutela dos seus direitos fundamentais. Tal não prejudica o exercício do direito de regresso. A tipologia, natureza e a relevância na actividade administrativa das funções exercidas pelo trabalhador podem, porém, justificar modelações na efectivação desta responsabilidade pessoal, circunscrevendo-a, por exemplo, à situação de dolo ou, também à de culpa grave no caso de certos trabalhadores e prevendo-a, sem distinções ao nível da culpa, para os trabalhadores em geral da Administração Pública.

## Conclusões

A relação jurídica de função pública é relação jurídica pela qual um indivíduo exerce uma actividade sob a direcção e a autoridade de órgão ou órgãos de um empregador público, cujo regime jurídico, independentemente do tipo de vínculo jurídico, comporta um mínimo denominador comum de regime jus-publicista.

Este é estruturado pelos princípios da prossecução dos interesses públicos a cargo do respectivo empregador público, pelo princípio da separação do poder político, pelo princípio do serviço às pessoas, pelo princípio da igualdade, pelo princípio do mérito e pelo princípio da responsabilidade.

---

[57] Benoît Delaunay, La Faute de L'Administration, L.G.D.J., 2007. p. 116-123.

[58] Sendo um factor de eficácia e legalidade administrativa, a "responsabilidade dos agentes da administração" constitui uma "condição comum fundamental da organização administrativa" (LARANJO. *Princípios e instituições de direito administrativo*, p. 27-28).

[59] RODRÍGUEZ-ARANA MUÑOZ. Nuevas orientaciones doctrinales sobre la responsabilidad patrimonial de la administración pública. *A&C – Revista de Direito Administrativo & Constitucional*.

A identidade da relação jurídica de função pública, não obstante a diversificação, privatização e contratualização das fontes da sua disciplina, é recortada pela Constituição e pela lei e, de forma determinante, pelo Direito da União, no caso dos respectivos Estados-membros.

## Referências

ABREU, Jorge Manuel Coutinho de. *Sociedade anónima, a sedutora*: hospitais, S.A. – Portugal, S.A. Coimbra: Almedina, 2003.

CAETANO, Marcello. *Manual de direito administrativo*. 10. ed. rev. e actual. pelo Prof. Dr. Diogo Freitas do Amaral. reimp. Coimbra: Almedina, 1980. v. 2.

CANOTILHO, José Joaquim Gomes. Precisará a teoria da Constituição europeia de uma teoria do Estado?. *In*: ACOSTA SÁNCHEZ, José *et al*. *Colóquio ibérico*: Constituição europeia: homenagem ao Doutor Francisco Lucas Pires. Coimbra: Coimbra Ed., 2005.

CARLONI, Enrico. Ruolo e natura dei C.D. "Codici Etici" delle amministrazioni pubbliche. *Diritto Pubblico*, a. 8, n. 1, p. 319-360, gen./apr. 2002.

CARVALHO, Orlando de. Empresa e direito do trabalho. *In*: JORNADAS LUSO-HISPANO-BRASILEIRAS DE DIREITO DO TRABALHO, 4., *Temas de direito do trabalho*: direito do trabalho na crise, poder empresarial, greves atípicas. Coimbra: Coimbra Ed., 1990.

CASSESE, Sabino. Administrative Law Without the State? The Challenge of Global Regulation. *New York University Journal of International Law and Politics*, v. 37, n. 4, p. 663-694, Nov. 2006. Disponível em: <http://www.iilj.org/gal/bibliography/galbib-igeneral.asp>. Acesso em: 28 mar. 2011.

COUTINHO, José Luis Pereira. A relação de emprego público na Constituição: algumas notas. *In*: MIRANDA, Jorge (Coord.). *Estudos sobre a Constituição*. Lisboa: Petrony, 1979. v. 3.

CROZAFON, Jean-Luc. Le contrôle juridictionnel de la sanction disciplinaire dans l'entreprise et dans l'administration. *Droit Social*, 1985.

DELAUNAY, Benoît. *La faute de l'administration*. Paris: LGDJ, 2007.

DELLA CANANEA, Giacinto. I pubblici poteri nello spazio giuridico globale. *Rivista Trimestrale di Diritto Pubblico*, v. 53, n. 1, p. 1-35, 2003.

DENIZEAU, Charlotte. *L'idée de puissance publique à l'épreuve de l'Union européenne*. Paris: LGDJ, 2004.

DIÉGUEZ CUERVO, Gonzalo. Poder empresarial: fundamento, contenido y límites. *In*: JORNADAS LUSO-HISPANO-BRASILEIRAS DE DIREITO DO TRABALHO, 4., *Temas de direito do trabalho*: direito do trabalho na crise, poder empresarial, greves atípicas. Coimbra: Coimbra Ed., 1990.

FERNÁNDEZ DOMÍNGUEZ, Juan José; RODRÍGUEZ ESCANCIANO, Susana. *Hacia un nuevo régimen jurídico del personal al servicio de las administraciones públicas*. Sevilla: Instituto Andaluz de Administración Pública, 2006.

IRELLI, Vincenzo Cerulli. *Corso di diritto amministrativo*. Nuova ed. riveduta ed ampliata. Torino: Giappichelli, 1997.

JORNADAS LUSO-HISPANO-BRASILEIRAS DE DIREITO DO TRABALHO, 4., *Temas de direito do trabalho*: direito do trabalho na crise, poder empresarial, greves atípicas. Coimbra: Coimbra Ed., 1990.

LARANJO, José Frederico. *Princípios e instituições de direito administrativo*. 2. ed. Coimbra: Imprensa da Universidade, 1894.

MIRANDA, Jorge; MEDEIROS, Rui. *Constituição portuguesa anotada*. 2. ed. rev. actual. e ampl. Coimbra: Coimbra Ed., 2010. v. 1.

MONCADA, Luís S. Cabral de. *A relação jurídica administrativa*: para um novo paradigma de compreensão da actividade, da organização e do contencioso administrativos. Coimbra: Coimbra Ed., 2009.

MONTEIRO FERNANDES, António de Lemos. *Direito do trabalho*. 11. ed. Coimbra: Almedina, 1999.

MORANCHO, Ramiro Grau. *Laboralización de las administraciones públicas*. Madrid: Trivium, 1998.

NEVES, Ana Fernanda. O contrato de trabalho na Administração Pública. *In*: MIRANDA, Jorge (Coord.). *Estudos em homenagem ao Professor Doutor Marcello Caetano*: no centenário do seu nascimento. Lisboa: Faculdade de Direito da Universidade de Lisboa, 2006.

NEVES, Ana Fernanda. *Relação jurídica de emprego público*: movimentos fractais, diferença e repetição. Coimbra: Coimbra Ed., 1999.

OTERO, Paulo. *Vinculação e liberdade de conformação jurídica do sector empresarial do Estado*. Coimbra: Coimbra Ed., 1998.

PAREJO ALFONSO, Luciano; JIMÉNEZ-BLANCO, Antonio; ORTEGA ÁLVAREZ, Luis (Coord.). *Manual de derecho administrativo*. 2. ed. corr. aum. Barcelona: Ariel, 1992.

POCHARD, Marcel. Les implications de la libre circulation: plus qu'une banalisation, la normalisation du droit de la fonction publique. *L'Actualité Juridique – Droit Administratif*, n. 36, p. 1906-1910, 27 oct. 2003.

PRINCIPES EUROPEENS D'ADMINISTRATION PUBLIQUE. Documents SIGMA, n. 27, 2000. Disponível em: <http://www.sigmaweb.org/dataoecd/26/28/36972575.pdf>. Acesso em: 28 mar. 2011.

RAMALHO, Maria do Rosário Palma. *Direito do trabalho*. Coimbra: Almedina, 2006. (Situações laborais individuais, v. 2).

RAMALHO, Maria do Rosário Palma. Intersecção entre o regime da função pública e o regime laboral: breves notas. *Revista da Ordem dos Advogados*, ano 62, v. 2, abr. 2002.

RODRÍGUEZ-ARANA MUÑOZ, Jaime. Nuevas orientaciones doctrinales sobre la responsabilidad patrimonial de la administración pública. *A&C – Revista de Direito Administrativo & Constitucional*, v. 3, n. 12, p. 73-86, abr./jun. 2003.

ROUSSEAU, Dominique. Chronique de jurisprudence constitutionelle 2004. *Revue du Droit Public et de la Science Politique en France et à l'Étranger*, v. 121, n. 1, p. 267 *et seq.*, jan./fév. 2005.

SÁNCHEZ MORÓN, Miguel. *Derecho de la función pública*. 3. ed. Madrid: Tecnos, 1996.

---

Informação bibliográfica deste texto, conforme a NBR 6023:2002 da Associação Brasileira de Normas Técnicas (ABNT):

NEVES, Ana Fernanda. A relação jurídica de função pública e as suas particularidades. *In*: BAUTISTA CELY, Martha Lucía; SILVEIRA, Raquel Dias da (Coord.). *Direito disciplinário internacional*: estudos sobre a formação, profissionalização, disciplina, transparência, controle e responsabilidade da função pública = *Derecho disciplinario internacional*: estudios sobre formación, profesionalización, disciplina, transparencia, control y responsabilidad de la función pública. Belo Horizonte: Fórum, 2011. v. 1, t. I, p. 239-256. v. 1: Título Português, t. I: Título Espanhol. ISBN 978-85-7700-446-1.

# A Função Pública em Sentido Orgânico ou Subjetivo no Brasil e a Consequente Dimensão de Eficácia do Regime Jurídico-Administrativo

## Luis Manuel Fonseca Pires

**Sumário**: 1 A construção de uma sociedade livre, justa e solidária – 2 O regime jurídico-administrativo e a função administrativa em sentido orgânico ou subjetivo no Brasil – **2.1** Eficiência e o seu conteúdo semântico junto à função administrativa – **2.1.1** As prioridades – **2.1.2** Os "novos patamares": a universalidade e a atualização técnica e/ou científica – **2.1.3** Profissionalização – **2.2** Moralidade administrativa e os seus paradigmas éticos – **2.2.1** O eixo metodológico: a coerência – Referências

## 1 A construção de uma sociedade livre, justa e solidária

Cuidar da função pública em sentido orgânico ou subjetivo pode provocar, em um primeiro contato com o tema, algum desconforto, afinal, é superado este critério, de há longa data, na definição de função administrativa, espécie de função pública.

Dito de outro modo, se não mais se considera o critério orgânico ou subjetivo à elaboração da noção de função administrativa — e por muito mais razão, à função pública —, qual a pertinência de deter-se em sua análise?

É que o elemento orgânico, embora realmente não sirva à qualificação de uma atividade como missão do Estado, integrante do espectro de tarefas identificadas como públicas, deveres estatais, em uma palavra, *funções*, por outro lado creio ser possível recordá-lo para intumescer a *dimensão de eficácia* do regime jurídico-administrativo quanto à própria Administração Pública — este recrudescimento da eficácia do regime do Direito Administrativo aplica-se aos demais Poderes, Legislativo e Judicial, ao exercerem de forma atípica a função administrativa, mas a abordagem central deste artigo é mesmo junto à Administração Pública por ser quem a promove como seu fim primacial.

A tendência constatada, no Brasil e no exterior, de vincar cada vez mais a Administração Pública contratos de parcerias com o setor privado, de realizar outorgas em número ascendente de serviços dos quais é titular (em não poucas ocasiões, em transferência da própria titularidade à livre iniciativa com a reserva ao Estado da figura de agente regulador), fomentos de atividades de interesse social em termos e intensidades frequentemente mais diversificados e ampliados (e que servem, de algum modo, a minimizar a presença do Estado em áreas como a pesquisa e a educação), são sinais preocupantes de um modelo que se faz acompanhar de uma renúncia a deveres em geral e à probidade no trato da coisa pública em particular — e que contamina mesmo a estrutura mais íntima do Estado, como a disciplina dos agentes públicos.

Referir-se à função pública em sentido orgânico não significa, portanto, resgatar e aventurar-se a defender o insustentável — a definição de tarefas como públicas em vista de quem as presta —, mas sim restabelecer, e principalmente, *avançar* na definição da dimensão significativa da função pública *quando* se refere ao seu encarregado por excelência, o Estado.

Seja como titular e prestador, ou bem como fiscalizador da tarefa delegada a particulares para a sua execução, o que anelo é mais do que reafirmar o sentido de função pública, e em destaque a função administrativa, mas ainda indicar, diante da Constituição Federal de 1988, novos paradigmas semânticos que devem ser imputados ao Estado.

Sem aguardar qualquer nova reforma constitucional — pois absolutamente dispensável —, sem se esperar a edição de normas infraconstitucionais determinantes de novéis institutos jurídico-administrativos — porque igualmente desnecessários, ao menos na maioria dos casos —, o que propugno é a compreensão da *função administrativa orgânica ou subjetiva* como a identificação de contemporâneos paradigmas pertinentes à Administração Pública: seus deveres de eficiência e moralidade.

Portanto, disponho-me a discorrer sobre a função administrativa orgânica ou subjetiva não em seu sentido clássico, mas em *interpretação evolutiva*, tal como define Luís Roberto Barroso este recurso de interpretação constitucional:

> (...) é um processo informal de reforma do texto da Constituição. Consiste ela na atribuição de novos conteúdos à norma constitucional, sem modificação do seu teor literal, em razão das mudanças históricas ou

de fatores políticos e sociais que não estavam presentes na mente dos constituintes.[1]

Nesta abordagem, sugiro a redescoberta — não por mim, mas pelos próprios leitores enquanto operarem com o direito público — dos conhecidos institutos do Direito Administrativo, do alcance das regras e dos princípios que compõem esta área da ciência jurídica, sempre frente à Constituição Federal de 1988, como instrumentos aptos e suficientes ao enfrentamento dos desafios tecnológicos, econômicos e sociais que avassaladoramente rompem neste início de milênio, e o mais importante: sem a necessidade de singela e grotescamente recusar o regime jurídico-administrativo (em fuga ao direito privado) e o interesse público; isto porque continuam a ser as linhas diretrizes do Estado Social — opção inequivocamente assumida desde o preâmbulo[2] da Constituição Federal e em seguida como um dos objetivos fundamentais da República Federativa do Brasil ao se prescrever o dever do Estado com a construção de uma sociedade livre, justa e solidária.[3]

"Construir", verbo anunciado neste texto constitucional, que deve comportar o quanto advertido por José Afonso da Silva:

> "Construir", aí, tem sentido contextual preciso. Reconhece que a sociedade existente no momento da elaboração constitucional não era livre, nem justa, nem solidária. Portanto, é signo lingüístico que impõe ao Estado a tarefa de construir não a sociedade — porque esta já existia —, mas a liberdade, a justiça e a solidariedade a ela referidas.[4]

Só se "constrói" permanentemente — e seria mesmo ilusão ou ingenuidade crer que haveria algum nível suficiente do qual nada mais existiria a erigir, e mais grave ainda supor que a nossa sociedade pudesse ter alcançado algum patamar satisfatório — só se "constrói", repito, a liberdade, a igualdade e a fraternidade, ideários incondicionais

---

[1] BARROSO. *Interpretação e aplicação da Constituição*: fundamentos de uma dogmática constitucional transformadora, p. 146.

[2] "Nós, representantes do povo brasileiro, reunidos em Assembléia Nacional Constituinte para instituir um Estado Democrático, destinado a assegurar o exercício dos direitos sociais e individuais, a liberdade, a segurança, o bem-estar, o desenvolvimento, a igualdade e a justiça como valores supremos de uma sociedade fraterna, pluralista e sem preconceitos, fundada na harmonia social e comprometida, na ordem interna e internacional, com a solução pacífica das controvérsias, promulgamos, sob a proteção de Deus, a seguinte Constituição da República Federativa do Brasil."

[3] Art. 3º, I.

[4] SILVA. *Comentário contextual à Constituição*.

de qualquer Estado Social e Democrático, se às normas constitucionais confere-se a *interpretação evolutiva*, a re-compreensão perene, o compromisso constante com a eficacidade das normas constitucionais de maneira a perlustrar horizontes ainda mais amplos que permitam afirmar e ensanchar a cidadania como ideal ético-jurídico.

Tome-se por ilustração ao que quero tratar o próprio Supremo Tribunal Federal que, sem a edição de norma alguma, fosse em emenda à Constituição ou por lei ordinária, evolutivamente interpretou o princípio da moralidade administrativa, inscrito no art. 37, *caput*, da Constituição Federal,[5] de modo a vetar o nepotismo — o que culminou, tão intensa e imarcescível pareceu esta intelecção aos Ministros, na edição de uma súmula vinculante.[6] O que pouco tempo antes não era bastante a reprovar juridicamente a distribuição de parentes em cargos em comissão, passou a ser inequívoco porque os valores contidos no sistema positivo são progressivamente apreendidos e redimensionados pelos intérpretes.

Insisto, portanto, que retomo o *sentido orgânico* ou *subjetivo* não como critério à definição da função administrativa, e sim como *elemento qualificador* da constante *evolução de eficácia do regime jurídico-administrativo*, da consequente progressão de intensidade dos deveres atrelados a esta espécie de função pública quando analisados em relação às próprias atividades da Administração Pública, pois o Estado deve *construir* a liberdade, a igualdade e a fraternidade.

## 2 O regime jurídico-administrativo e a função administrativa em sentido orgânico ou subjetivo no Brasil

A função administrativa sob o prisma orgânico, isto é, junto à Administração Pública, significa o dever de mutação evolutiva da eficacidade das normas constitucionais que compõem o regime jurídico-administrativo.

---

[5] "A Administração Pública direta e indireta de qualquer dos Poderes da União, dos Estados, do Distrito Federal e dos Municípios obedecerá aos princípios de legalidade, impessoalidade, moralidade, publicidade e eficiência (...)."

[6] A Súmula Vinculante nº 13 prescreve: "A nomeação de cônjuge, companheiro ou parente em linha reta, colateral ou por afinidade, até o terceiro grau, inclusive, da autoridade nomeante ou de servidor da mesma pessoa jurídica, investido em cargo de direção, chefia ou assessoramento, para o exercício de cargo em comissão ou de confiança, ou, ainda, de função gratificada na Administração Pública direta e indireta, em qualquer dos Poderes da União, dos Estados, do Distrito Federal e dos municípios, compreendido o ajuste mediante designações recíprocas, viola a Constituição Federal".

O enfoque subjetivo da função administrativa implica sua análise em relação à Administração Pública, órgão titular dos deveres atinentes à atribuição do poder que pertence ao povo,[7] o que encarece o compromisso com o diuturno progresso de significação — e por consequência, de eficácia — das normas da Constituição de modo a permanentemente expandir e intumescer a *supremacia do interesse público.*

Este evolver silencioso — sem a necessidade de modificação do texto constitucional, sendo mesmo dispensável o acréscimo de emendas, embora pudessem contribuir à persuasão retórica por novos argumentos —, este comprometimento evolutivo da representação de eficácia do regime jurídico-administrativo decorre do objetivo fundamental assumido expressamente pela República Federativa do Brasil de *construir* uma sociedade *cada vez mais* — daí, como visto acima, sobretudo nas lições de José Afonso da Silva, o sentido da palavra "construir" neste dispositivo — livre (mais livre), justa (mais justa) e solidária (muito mais solidária).

A projeção evolutiva a ser assumida pelo intérprete é imperativo constitucional. Se a Administração Pública não a reconhece, o cidadão, titular de direito subjetivo porque autorizado a exigi-la, pode reclamá-la ao Judiciário porque a estagnação do sentido atribuído às normas constitucionais representa lesão a direito que deve ser reparado por este Poder.[8]

Um exemplo da educação serve a ilustrar minhas assertivas. O art. 208, I, do texto constitucional diz que é dever do Estado garantir o "ensino fundamental obrigatório e gratuito, assegurada, inclusive, sua oferta gratuita para todos os que a ele não tiveram acesso na idade própria", enquanto o inciso seguinte prescreve a "progressiva universalização do ensino médio gratuito".

A jurisprudência e a doutrina firmaram a intelecção corretíssima da suficiente eficácia da norma extraída do inciso I. Sem a necessidade da edição de qualquer lei, federal, estadual ou municipal, é dever da Administração Pública realizar universalmente o ensino fundamental. Este dispositivo é inequivocamente de eficácia plena e imediata. Em relação ao inciso II, por se afirmar que a universalização deve ser *progressiva*, a mesma interpretação não é encontrada.

Contudo, a função administrativa em sentido orgânico, por representar a permanente transmutação de sentido — de projeção de

---

[7] Art. 1º, parágrafo único, da Constituição Federal.
[8] Nos termos do art. 5º, XXXV, da Constituição Federal.

eficácia — das normas constitucionais, exige nova leitura deste texto: à época da promulgação da Constituição, e sem dúvida alguma nos primeiros anos que se seguiram, não haveria como exigir do Estado o mesmo dever aos ensinos fundamental e médio; àquele o texto constitucional assegurou desde logo a universalização, a este fez a ressalva de sua universalização *progressiva*. No entanto, passados mais de vinte e dois anos da promulgação da Constituição Federal, quase um quartel de século, não há como persistir a negação à *plena universalização* do ensino médio. Houve tempo ao desenvolvimento *progressivo*. Deveria o Estado, atualmente, ter encontrado a plenitude da universalização da educação *também* ao ensino médio. Portanto, não se pode aceitar, no presente, a escusa da Administração Pública em assegurar vagas a todos no ensino médio sob a literalidade da palavra "progressiva". A Administração Pública tem o dever de reassumir o interesse público por reler e atribuir eficácia contemporânea às normas constitucionais.

Isto é a função administrativa em sentido orgânico — e não é pouco. A reassunção de deveres prescritos na ordem constitucional, redimensionados no bojo do regime jurídico-administrativo, de modo a ser, a Administração Pública, a promotora em vanguarda do interesse público.

E o mesmo não poderia ser esperado de particulares que por delegação colaboram com a realização da função administrativa. Não se poderia esperar de um concessionário do serviço público, se atende rigorosamente às pautas impostas pela concedente, que assuma a iniciativa de elaborar, em sua estrutura funcional, um plano de carreira, que promova a formação ética de seus empregados por cursos, regras internas da empresa que espontaneamente estabeleçam novas posturas de comportamento, não se pode exigir que imponha políticas internas de consciência ambiental a orientar sobre a necessidade de reciclagem do lixo internamente produzido pela empresa, o consumo comedido da água e outras medidas internas à sua rotina. Cumprido o fragmento da função administrativa que lhe foi trespassado, por contrato ou ato administrativo, do particular não se pode querer mais.

Mas da Administração Pública, sim. Pois o interesse público *constrói-se* — elabora-se, erige-se, reformula-se — perenemente. A progressividade de uma sociedade livre, justa e solidária — sem uma meta suficiente, mas sempre à frente do que se pode já ter sido conquistado — é o que exige a re-compreensão das normas em vigor de modo a elas ser conferido um progressivismo correspondente ao tempo e às exigências que a sociedade do presente necessita. A eficacidade das normas constitucionais, portanto, igualmente se *constrói*.

Das inúmeras abordagens que poderiam ser feitas à consideração destas premissas escolhi dois temas que me parecem clamar, de há muito, este compromisso da Administração Pública com a elaboração progressiva da eficácia da função administrativa. São eles: a eficiência e a moralidade administrativa.

## 2.1 Eficiência e o seu conteúdo semântico junto à função administrativa

O art. 37, *caput*, a prescreve. É um dos princípios expressos da Administração Pública, a *eficiência*. Em interpretações fragmentadas encontram-se leituras que propugnam, em seu nome, a superação do princípio da legalidade, como se fosse possível desconsiderá-lo enquanto prescrito no mesmo dispositivo, e que em intelecção combinada com o direito fundamental previsto no art. 5º, II, resulta que ninguém pode ser obrigado a fazer ou deixar de fazer algo senão em virtude de lei.

Eficiência, pois, sujeita-se ao princípio da legalidade enquanto vinculação positiva, pois é a lei que contempla o que a Constituição Federal inaugura como ordem social e democrática a ser permanentemente construída.

O que é preciso, pois, para o Estado ser *constitucionalmente eficiente* é conferir esta interpretação evolutiva em cumprimento às normas de eficácia plena da Constituição e que encontram em leis em vigor instrumentos aptos ao cumprimento dos seus fins, ou formular e aprovar projetos de lei que possam atender ao que da lei ainda realmente se depende (é o caso da estruturação do regime do quadro de carreira do funcionalismo público).

## 2.1.1 As prioridades

Se o compromisso do Estado brasileiro é determinado pela Constituição Federal, então suas leis que impulsionam o agir da Administração Pública, indispensáveis diante do princípio da legalidade, devem guardar as suas diretrizes.

Na elaboração do plano plurianual e dos orçamentos anuais é inadmissível a contemplação de recursos financeiros à publicidade — ainda que esta rubrica fundamente-se precipuamente em deveres de anunciar à sociedade medidas de prevenção à saúde, promoção da cidadania e outras de inequívoco interesse público — em patamares que se aproximam, coincidam, ou pior, suplantam a previsão com a saúde e a educação.

O art. 198, §2º, da Constituição Federal prescreve que anualmente se aplicarão às políticas públicas de saúde os "recursos mínimos" que são calculados, em relação a cada ente federativo, nos termos dos incisos que se seguem. O art. 212 refere-se às políticas de educação e impõe à União o percentual "nunca menos de dezoito", e aos Estados, Distrito Federal e Municípios "vinte e cinco por cento, no mínimo".

A função administrativa em sentido orgânico define-se pelo comprometimento da Administração Pública com a progressão exponencial de todos os valores idealizados por normas constitucionais como imprescindíveis à conquista de novas esferas de promoção da liberdade, igualdade e fraternidade. A prescrição do *mínimo* não pode representar o suficiente. Não se autoriza a Administração Pública a inverter ou equiparar valores definidos em uma ordem de prioridades definida pela própria Constituição. A disposição de uma vinculação mínima de receitas à saúde e à educação não se contenta com o seu atendimento se tanto ou se mais passam a ser destinados a outras áreas que certamente se encontram bem abaixo na relação hierárquica de importância, como é exemplo a publicidade pública.

Assumir a Administração Pública a função administrativa em contemporâneas necessidades da sociedade quer dizer empregar às normas constitucionais, e às leis que impulsionam o cometimento das políticas públicas, eficácia atual, condizente com o que é premente, *além* do mínimo imposto, e só quando satisfeito o quanto for *atualmente* imprescindível à *construção* da justiça social — um agir constante, o labor eternamente incoativo —, apenas após a sua contemplação é possível admitir que receitas à publicidade passem do mínimo a ela indispensável a informar a sociedade. O mínimo, enfim, deve ser reservado à publicidade, não á educação ou à saúde.

## 2.1.2 Os "novos patamares": a universalidade e a atualização técnica e/ou científica

Como em tese de doutoramento pude pesquisar e particularmente concluir, "(...) uma política pública já implementada pode igualmente frustrar o 'núcleo essencial do direito fundamental' e, por conseguinte, violar o 'princípio da máxima efetividade das normas constitucionais'".[9] Pois o núcleo essencial de um direito à prestação pode ser solapado se a pretexto de existir a política pública a Administração Pública

---

[9] PIRES. *Controle judicial da discricionariedade administrativa*: dos conceitos jurídicos indeterminados às políticas públicas, p. 309.

desconsiderar: a) que deve ampliar a sua disponibilidade, *universalizá-la* de modo a alcançar senão todos, ao menos a maioria dos potenciais usuários — e *cada vez mais* ter por meta toda a população; b) que deve mantê-la *atualizada*, compatível com o avanço tecnológico e/ou científico que permita melhores condições de fruição pelos administrados.

Pois a *universalidade*, que implica expansão da política pública, e a sua *atualização* são os meios de cumprir com o princípio constitucional da *eficiência* da Administração Pública. Não há, pois, a *construção* de uma sociedade livre, justa e solidária se o Estado conforma-se com a simples criação da política pública. É preciso, outrossim, comprometer-se com a constante *universalidade* (expansão) e *atualização*, meios de cumprir com os *novos patamares* do *núcleo essencial* do direito à prestação que são permanentemente descobertos.

## 2.1.3 Profissionalização

Como me referi há pouco, se um particular, um concessionário ou um permissionário do serviço público, ou mesmo quem age paralelamente ao estado sob alguma qualificação jurídica própria do terceiro setor, desempenha com esmero a parcela da função pública que lhe foi assinalada, não há como exigir que em sua disciplina interna aja deste ou daquele modo. Não há como controlar qual o móvel que levou à direção da empresa, pessoa jurídica de direito privado, a convidar a coordenar as suas atividades este ou aquele profissional.

O mesmo não se pode dizer da Administração Pública. A ausência de planos de carreira, de valorização do mérito profissional, do aperfeiçoamento funcional são violações ao imperativo de *construção* de uma sociedade justa.

Raquel Dias da Silveira tratou com originalidade a respeito deste tema, a profissionalização da função pública:

> A profissionalização da "função pública" corresponde ao tratamento neutro e isonômico do servidor, valorizando-o como ser humano que faz do serviço público sua profissão. Assim, profissionalização do servidor público implica direito à remuneração justa pelo trabalho ofertado ao Estado; à organização sindical; à greve; ao ingresso meritório na função pública; à capacitação; à carreira; à promoção; ao acesso; às licenças; aos afastamentos para fins de capacitação; à percepção de vantagens pecuniárias decorrentes do aprimoramento profissional, entre outros.[10]

---

[10] SILVEIRA. *Profissionalização da função pública*, p. 67.

Martha Lucía Bautista Cely, Raquel Dias da Silveira (Coord.)
Direito Disciplinário Internacional – *Derecho Disciplinario Internacional*

O constructo de uma sociedade fraterna depende de planos práticos, e principia-se com o ingresso e a formação dos recursos humanos que dão vitalidade à ação do Estado. O mérito profissional, encarecido por Raquel Dias da Silveira, deve integrar-se na pauta de prioridades da função pública, e de modo correspondente à vocação pública, isto é, com a promoção da "lealdade, probidade, idoneidade, visão de futuro, desapego da função e consciência de serviço à coletividade".[11] Ainda outra abordagem que merece ser lembrada diz respeito aos cargos em comissão. No *XXIII Congresso Brasileiro de Direito Administrativo*, realizado em Florianópolis em outubro de 2009, Maria Fernanda Pires de Carvalho Pereira defendeu a necessidade de *motivação* para a nomeação e a exoneração nos cargos em comissão. Depois de relembrar as premissas pacificamente aceitas pela doutrina e a jurisprudência de que a assunção de cargos e empregos públicos sem concurso deve ser a exceção, realçou que quanto aos cargos em comissão a norma constitucional, além de atrelar às tarefas de direção, chefia e assessoramento, ainda exige, como pressuposto a qualquer uma delas, o indispensável elemento *confiança*. De tal sorte, mesmo que a nomeação encontre-se em uma competência discricionária, é necessário — disse ela — admitir a possibilidade de controle do provimento do cargo em comissão ao se verificar se o indicado preenche os requisitos necessários, o que conduz a exigir-se a *motivação* para os atos de nomeação e exoneração. Do mesmo modo, Raquel Dias da Silveira defende a necessidade de motivação para a investidura e a exoneração em cargos em comissão,[12] pois sem a fundamentação não há o controle da observância dos requisitos constitucionais — afinal, nomeação livre não significa seja arbitrária.

E assiste razão a elas. Ainda que a doutrina e a jurisprudência repitam, há anos, a liberdade que reside nos atos de nomeação e exoneração dos cargos em comissão, embora se tenha cristalizado este entendimento, é necessário avançar. Sem qualquer alteração legislativa, do que se encontra disposto, em particular do especial imperativo de empenho na *construção* da justiça — o segundo compromisso anunciado no texto por mim tantas vezes citado, o art. 3º, I, da Constituição —, é dever da Administração Pública atualizar-se na eficácia do art. 37, V, da Constituição Federal, que faculta a previsão de funções e cargos de confiança, para diante do princípio republicano que enaltece pertencer o

---

[11] SILVEIRA. *Profissionalização da função pública*, p. 84.
[12] SILVEIRA. *Profissionalização da função pública*, p. 91.

poder ao povo e a ele serem prestadas as contas,[13] assumir a necessidade, a despeito da competência discricionária, de *motivar* as nomeações e exonerações em funções e cargos de confiança.

## 2.2 Moralidade administrativa e os seus paradigmas éticos

Conta-se que Pompeia, mulher de César, imperador romano entre 49 e 44 a.c., teria sido processada por violar o pudor e a religião porque havia introduzido seu suposto amante, Clódio, mascarado de mulher, no espaço consagrado a uma deusa da qual ela, Pompeia, era sacerdotisa. César foi convidado a depor e afirmou a inocência dos dois, pois não acreditava naquela acusação de traição. No entanto, como ele havia rompido com Pompeia em razão do evento, a contradição levou o magistrado a insistir a respeito. Mas ele respondeu o porquê de pôr fim ao casamento: "Porque a mulher de César não pode ser manchada nem por uma suspeita".

Ainda que possivelmente existissem razões ocultas a esta encenação — posteriormente, Clódio candidatou-se ao tribunado da plebe, obteve o apoio de César, e por tudo se tornou seu eterno devedor, o que muito convinha ao imperador por contar com um aliado neste órgão de representação política; quanto à mulher, César simplesmente obteve o pretexto de livrar-se dela, o que há muito queria —, a imagem da *mulher de César* tornou-se símbolo da necessidade de uma postura adequada (ao menos aparentemente) ao papel social assumido.

A moralidade administrativa é expressamente prescrita no art. 37, *caput*, da Constituição Federal. Não basta *ser* — ou se crer, em sua avaliação particular, pessoal — honesto, é ainda necessário *parecer*. A moralidade administrativa — enquanto comando positivo — exige que se *seja* e que se *pareça* íntegro, probo, enfim, ético.

*Ser* e *parecer*, paradigmas ético-jurídicos. Indispensáveis à densificação jurídica da moralidade administrativa.

*Ser*, em inequívoca inspiração de Immanuel Kant, com raiz em um imperativo categórico — "Age apenas segundo uma máxima tal que possas ao mesmo tempo querer que ela se torne lei universal". O dever de ser íntegro, de não se prevalecer da função em benefício próprio ou dos seus, de ser transparente, de ater-se sem subterfúgios aos fins públicos que lhe são atribuídos, e outras expressões mais que se desdobram da ideia de honestidade, são convoladas do plano moral ao

---

[13] Art. 1º, parágrafo único, da Constituição Federal.

jurídico, tornam-se, por meio da *moralidade administrativa*, imperativos hipotéticos. Assumida a tridimensionalidade do direito, a descoberta dos valores que se albergam na forma jurídica da expressão *moralidade administrativa* é um desafio constante.

Parecer que não significa *aparecer* — como singelamente exigia César. *Parecer* quer dizer que no âmbito jurídico não bastam as prestações de contas com a consciência, as justificativas pessoais elaboradas no recesso da alma. Há necessidade, isto sim, de sua expressão *prática*. Em Aristóteles, a ética deve subordinar-se à política, ser sua *manifestação habitual*. O bem supremo em sua doutrina é a felicidade, o que depende da atividade da alma segundo a razão, a virtude. Os valores autênticos são os da alma, diz este notável filósofo, e em analogia ao sistema jurídico afirmo: os valores e as respectivas ações juridicamente legítimas são as que reverenciam respeito ao povo, o titular do poder.

## 2.2.1 O eixo metodológico: a coerência

Retomo, ainda brevemente e com o fim de exemplificar o ponto, a análise da Súmula Vinculante nº 13 e a sua reprovação ao nepotismo. Pois o entendimento dado pelo Supremo Tribunal Federal excepciona sua aplicação aos cargos de Ministros e de Secretários, os mais altos na escala hierárquica uma vez que diretamente respondem ao Chefe do Poder Executivo de cada ente federativo.

A percepção lograda (ainda parcialmente) pelo Supremo Tribunal Federal de que o princípio constitucional da moralidade é suficiente por si a dimanar a vedação ao nepotismo só me parece ter sido possível porque foi assumido que a função pública deve ser permanentemente revista, redimensionada a atender aos deveres constitucionais. Mas o consentimento, infelizmente, à violação deste mesmo princípio se a nomeação relacionar-se aos cargos ou de Ministros ou de Secretários não se justifica.

Pouco importa o *ser* honesto nos refolhos da consciência do Chefe do Executivo, a convicção intimista que carregue consigo de que a despeito de ser seu parente a pessoa nomeada é a mais apta à tarefa, pois a *função pública* é o agir em nome de terceiro, o povo, e por isto impõe a todos os agentes públicos o dever de amoldarem-se a um *padrão objetivo*, um *standard* de comportamento. É preciso, em outras palavras, além de *ser*, ainda *parecer* — isto é, expressar-se em um *hábito prático* — conforme esperado para quem não atua em nome próprio, mas em representação da coletividade. É a coerência entre o ser e o parecer.

A *coerência*, portanto, é fundamental à moralidade administrativa. É o seu *eixo metodológico*, o recurso indispensável a aferir se há a devida ordem entre o *ser* e o *parecer*. No âmbito público, não basta se crer honesto, é preciso *agir* como tal — como tal o sistema jurídico prescreve em padrões objetivos de comportamento, e não conforme as particularíssimas concepções de cada consciência. Não basta parecer, há necessidade de que as decisões e os atos mais do que se conformem a uma estrutura formal, é inadiável que as deliberações partam de um real compromisso com o bem comum.

Por isto, não há coerência em se reconhecer o nepotismo para alguns cargos de livre nomeação, e recusar sua ocorrência para outros só por serem de maior escalão. Neste exemplo, e em diversos outros do cotidiano da Administração Pública, o agente público deve *ser* e *parecer* com *coerência*, ou então não há moralidade na função pública.

## Referências

ARISTÓTELES. *Ética a Nicômacos*. Trad. de Mário da Gama Kury. 4. ed. Brasília: Ed. UnB, 2001.

BARROSO, Luís Roberto. *Interpretação e aplicação da Constituição*: fundamentos de uma dogmática constitucional transformadora. 5. ed. rev. atual. e ampl. São Paulo: Saraiva, 2003.

PIRES, Luis Manuel Fonseca. *Controle judicial da discricionariedade administrativa*: dos conceitos jurídicos indeterminados às políticas públicas. Rio de Janeiro: Elsevier: Campus Jurídico, 2009.

SILVA, José Afonso da. *Comentário contextual à Constituição*. 3. ed. de acordo com a Emenda Constitucional 53, de 10.12.2006. São Paulo: Malheiros, 2007.

SILVEIRA, Raquel Dias da. *Profissionalização da função pública*. Belo Horizonte: Fórum, 2009.

---

Informação bibliográfica deste texto, conforme a NBR 6023:2002 da Associação Brasileira de Normas Técnicas (ABNT):

PIRES, Luis Manuel Fonseca. A função pública em sentido orgânico ou subjetivo no Brasil e a consequente dimensão de eficácia do regime jurídico-administrativo. *In*: BAUTISTA CELY, Martha Lucía; SILVEIRA, Raquel Dias da (Coord.). *Direito disciplinário internacional*: estudos sobre a formação, profissionalização, disciplina, transparência, controle e responsabilidade da função pública = *Derecho disciplinario internacional*: estudios sobre formación, profesionalización, disciplina, transparencia, control y responsabilidad de la función pública. Belo Horizonte: Fórum, 2011. v. 1, t. I, p. 257-269. v. 1: Título Português, t. I: Título Espanhol. ISBN 978-85-7700-446-1.

# Sujeição Especial e Regime Jurídico da Função Pública no Estado de Direito Democrático e Social

### Carolina Zancaner Zockun

**Sumário:** 1 Do Estado Social e Democrático de Direito no Brasil – 2 Das relações de especial sujeição – 3 Quais são estas relações, do ponto de vista doutrinário? – 4 Concretamente, quais são as relações de sujeição especial? – 5 Existem ainda hoje, frente ao Estado de Direito, as relações de sujeição especial? – 6 Da relação Estado-servidor como relação de sujeição especial – Referências

## 1 Do Estado Social e Democrático de Direito no Brasil

A Constituição de 1988 buscou prestigiar, em diversos artigos, o princípio da legalidade, afastando, de uma vez por todas (ao menos em tese), o viés autoritário que existia na Carta precedente.

Ao abrir o Texto Constitucional de 1988, o leitor se depara, logo no art. 1º, que a República Federativa do Brasil se constitui em um Estado Democrático de Direito.

O Estado de Direito surgiu para disciplinar, além as relações de direito privado, também as condutas estatais, que devem estar pautadas na lei, posto ser esse o único instrumento de regulação válida de todas as relações formadas na sociedade, seja entre particulares, seja entre estes e o Estado.

Se é fato que o Direito regula condutas humanas de modo coercitivo para que a vida em sociedade se torne possível, não é menos verdade que o Direito atua dessa forma para fornecer ao cidadão um mínimo de segurança.

Quanto ao Estado Democrático, José Afonso da Silva esclarece que este é fundado no princípio da soberania popular, que impõe a participação efetiva e operante do povo na coisa pública.[1][2]

---

[1] SILVA. *Curso de direito constitucional positivo*, p. 121.

[2] O parágrafo único do art. 1º dispõe: "Todo o poder emana do povo, que o exerce por meio de representantes eleitos ou diretamente, nos termos desta Constituição". Vê-se, portanto, que a participação popular foi prestigiada por nosso sistema constitucional.

Além de Democrático e de Direito, o Brasil é, por determinação constitucional, um Estado Social, em virtude do disposto, dentre outros, nos artigos 1º, III; 3º, I, III e IV; 5º, LV, LXIX, LXXIII, LXXIV, LXXVI; 6º; 7º, I, II, III, IV, VI, X, XI, XII; 23; 170, II, III,VII e VIII.[3]

O Estado Social, ou Estado do Bem-Estar Social, também conhecido como *Welfare State*, é aquele em que se estabelecem obrigações positivas para que o Estado haja em prol de seus cidadãos, corrigindo os naturais desvios do individualismo clássico liberal, para que se possa alcançar a verdadeira justiça social.[4]

Constatado que o Brasil é um Estado Democrático de Direito, passemos a analisar a configuração do princípio da legalidade em nosso diploma maior.

Dentre os vetores normativos norteadores do ordenamento jurídico pátrio, a legalidade é princípio constitucional expresso, conforme se verifica da redação do art. 37, *caput*, ora transcrito: "A administração pública direta e indireta de qualquer dos Poderes da União, dos Estados, do Distrito Federal e dos Municípios obedecerá aos princípios de *legalidade*, impessoalidade, moralidade, publicidade e eficiência (...)" (grifos nossos).

Por ser baliza ao desenvolvimento da atividade administrativa, esse mandamento adjudica em favor do administrado o direito subjetivo ao controle das condutas da Administração. Tanto é assim que, em outra passagem, a Constituição Federal, em seu art. 5º, incisos XXIV, alínea "a", LXVIII, LXIX e LXX, prevê instrumentos constitucionais para garantia e restauração da legalidade. Tais instrumentos são, respectivamente, o direito de petição, o *habeas corpus*, o mandado de segurança individual e o mandado de segurança coletivo.

Diante disso, verifica-se que a legalidade corresponde tanto a um princípio constitucional, como a objeto de resguardo do interesse

---

[3] ZANCANER. Razoabilidade e moralidade: princípios concretizadores do perfil constitucional do Estado Social e Democrático de Direito. *In*: BANDEIRA DE MELLO (Org.). *Estudos em homenagem a Geraldo Ataliba*, v. 2, p. 621.

[4] Destaque-se, a propósito, o entendimento do jurista argentino Agustín Gordillo, ao esclarecer que "a diferença básica entre a concepção clássica do liberalismo e a do Estado de Bem-Estar, é que enquanto naquela se trata tão-somente de colocar barreiras ao Estado, esquecendo de fixar-lhe também obrigações positivas, aqui sem deixar de manter as barreiras, se lhe agregam finalidades e tarefas às quais antes não se sentia obrigado. A identidade básica entre Estado de Direito e Estado de Bem-Estar, por sua vez, reside em que o segundo toma e mantém do primeiro o respeito aos direitos individuais e é sobre esta base que constrói seus próprios princípios. (...) O fato de que a idéia do Estado de Bem-Estar implique alcançar certos objetivos de bem-comum, tampouco é demonstração de que seria antitética à noção de Estado de Direito, pois esta também admite a limitação dos direitos individuais com finalidade de interesse público" (*Princípios gerais de direito público*, p. 74-75).

individual e coletivo por meio dos instrumentos mencionados no parágrafo anterior.

Por conseguinte, José dos Santos Carvalho Filho adverte ser extremamente importante o efeito do princípio da legalidade no tocante aos direitos individuais, pois o princípio se reflete na consequência de que a própria garantia desses direitos depende de sua existência, autorizando-se então os indivíduos à verificação do confronto entre a atividade administrativa e a lei.[5]

Ainda, destaque-se que a legalidade é também protegida em prol do interesse público, quando a Constituição Federal, em seu art. 74, §2º, assevera que "qualquer cidadão, partido político, associação ou sindicato é parte legítima para, na forma da lei, denunciar irregularidades ou ilegalidades perante o Tribunal de Contas da União".

Cumpre, ainda, destacar o art. 5º, II, da Constituição Federal, que dispõe: "ninguém será obrigado a fazer ou deixar de fazer alguma coisa senão em virtude de lei".

O dispositivo acima citado sintetiza o princípio da legalidade, condicionando seu conteúdo a três focos principais de interpretação, quais sejam: (i) o de que os cidadãos somente serão obrigados a atuar ou a se omitir se houver prescrição legal; (ii) a inexistência de lei sobre determinada conduta significa que ela é permitida aos particulares; e (iii) não pode a autoridade se valer de outro veículo normativo para compelir a atuação de particular, pois só a lei obriga. E lei é o ato normativo oriundo de atividade típica do Poder Legislativo, órgão vertical do Estado e titular da representação popular por excelência, que inova de modo inaugural o ordenamento jurídico, após regular processo legislativo.[6]

Geraldo Ataliba acrescenta que "é mais que isso: a lei é, no direito constitucional brasileiro, necessariamente genérica, isônoma, abstrata e irretroativa".[7]

A atuação administrativa, entretanto, é pautada pelo princípio da legalidade administrativa,[8] cujo fundamento constitucional é o art. 37, *caput*.

Tal artigo, como dantes mencionado, estabelece que a Administração Pública deve obediência à legalidade; legalidade esta

---

[5] CARVALHO FILHO. *Manual de direito administrativo*, p. 12.

[6] Conforme BANDEIRA DE MELLO. *Princípios gerais de direito administrativo*, v. 1, p. 260.

[7] ATALIBA. *República e Constituição*, p. 124.

[8] Também conhecido como princípio da legalidade restrita ou princípio da restritividade, conforme ARAÚJO. *Curso de direito administrativo*, p. 51.

diversa daquela disposta no art. 5º, II, pois a submissão do Estado à lei enseja que este só atue em estrita conformidade com os ditames nela estabelecidos.

É dizer: se os particulares podem fazer tudo o que não está proibido em lei, à Administração só é permitido atuar dentro dos precisos limites legais.

Com pena de ouro, Hely Lopes Meirelles averbou:

> Na Administração Pública não há liberdade nem vontade pessoal. Enquanto na administração particular é lícito fazer tudo que a lei não proíbe, na Administração Pública só é permitido fazer o que a lei autoriza.[9]

Assim, o princípio da legalidade possui duas facetas: a legalidade que permeia a atuação dos particulares e a legalidade atrelada à função administrativa.[10]

No mesmo sentido, Lúcia Valle Figueiredo nos brinda com a afirmação de que há de se entender como regime da estrita legalidade não apenas a proibição prática de atos vedados pela lei, mas, sobretudo, a prática, tão somente, dos expressamente por ela permitidos.[11]

Destaque-se, contudo, que o princípio da legalidade estrita deixa de ser aplicado em sua totalidade quando se estiver diante de determinadas relações, em que um dos polos não seja a generalidade dos cidadãos, mas indivíduos específicos que entretêm relações diferenciadas, voluntárias ou involuntárias, com o Estado.

Vejamos quais são estas relações.

## 2 Das relações de especial sujeição

O primeiro jurista a empregar a terminologia "relações de sujeição especial" foi Laband, em 1845, para designar a relação dos funcionários públicos em relação a seus superiores.[12]

---

[9] MEIRELLES. *Direito administrativo brasileiro*, p. 86.

[10] No mesmo sentido, Santi Romano: "é princípio fundamental do direito público moderno que esta função deva ser exercida dentro dos limites da ordenação jurídica e segundo os escopos traçados pela lei, que é a sua fonte principal" (*Princípios de direito constitucional geral*, p. 255).

[11] FIGUEIREDO. *Curso de direito administrativo*, p. 66.

[12] Conforme GALLEGO ANABITARTE. Las relaciones especiales de sujeción y el principio de la legalidad de la Administración: contribución a la teoría del Estado de derecho. *Revista de Administración Pública*, p. 13.

Mas foi Otto Mayer que disseminou o conceito de maneira geral no Direito Administrativo em 1888.[13] Para este jurista, a relação especial de sujeição surge quando existe acentuada dependência que se estabelece, em favor de um determinado fim da Administração Pública, para todos aqueles que se insiram nesta estrutura especial. Destaca, ainda, que na relação de especial sujeição há sempre um estado de liberdade restringida, na qual o afetado tem que se ajustar a tudo o que a Administração exigir.

Otto Mayer embasa sua teoria sob a ideia de "reserva de lei". Estavam sob a reserva de lei somente as "intervenções na liberdade e na propriedade". Para a regulamentação de outras matérias não havia necessidade de lei, bastando a mera produção de atos administrativos.

As relações de sujeição especial surgem, então, da ideia de "direitos domésticos" da Administração. Seriam notas essenciais destas relações, segundo Otto Mayer: (i) a relação de dependência; (ii) a liberdade restringida; e (iii) a impossibilidade de se estabelecer com anterioridade a extensão e o conteúdo das prestações.

Na verdade, a relação de sujeição especial obriga o indivíduo a obedecer ordens que não tem sua origem direta na lei.

Para José Manuel Sérvulo Correia, a relação de especial sujeição apresenta muitas semelhanças com a das *mesures d'ordre intérieur* do Direito francês.[14]

Atualmente, a doutrina se divide quanto à existência ou não deste tipo de relação, vez que muitos entendem que tais relações devem ser consideradas "mortas".

# 3 Quais são estas relações, do ponto de vista doutrinário?

A doutrina se divide quanto às relações que estão inseridas nas relações de especial sujeição.

Este tema tem sido objeto de grandes debates. A primeira grande discussão sobre o tema foi realizada em 1956 pela Associação de Professores Alemães de Direito Público. Alfredo Gallego Anabitarte narra os pontos levantados nesta reunião, demonstrando a posição dos diferentes doutrinadores.[15]

---

[13] Conforme GALLEGO ANABITARTE. Las relaciones especiales de sujeción y el principio de la legalidad de la Administración: contribución a la teoría del Estado de derecho. *Revista de Administración Pública*, p. 13.

[14] CORREIA. *Legalidade e autonomia contratual nos contratos administrativos.*

[15] GALLEGO ANABITARTE. Las relaciones especiales de sujeción y el principio de la legalidad de la Administración: contribución a la teoría del Estado de derecho. *Revista de Administración Pública*, p. 15-24.

Assim, Richard Thoma traz exemplos de relações de especial sujeição do direito privado, como o pátrio poder, a subordinação do trabalhador ao empregador, trabalhadores ligados a um grêmio ou sindicato obrigatório, estudantes e universidades.

Já para Obermayer, as relações de sujeição especial são aquelas relações jurídico-públicas de submissão, no âmbito do Direito Administrativo, nas quais se encontram aquelas pessoas que, como parte integrante do aparato administrativo, estão sob a direção imediata do Poder público, com certo caráter duradouro e em favor de um terminado fim administrativo.

Krüger ponderou que o homem começa sua vida em uma relação de especial sujeição na Maternidade e termina em outra, no cemitério. Ao longo de sua vida poderá também se encontrar em uma relação deste tipo: como funcionário, como usuário de estabelecimentos públicos, como receptor de subvenções etc.

Nawiaski acresceu que em qualquer Estado em que se viva existem relações de sujeição especial.

No que tange à Wolff, este faz uma crítica da colocação dos usuários de estabelecimentos públicos como sujeitos de uma relação especial. Para ele, a utilização de qualquer instituição pública não cria *status especial* algum, mas apenas uma *obrigação contratual*.

Forsthoff divide a atividade administrativa em 3 categorias: (i) Administração Soberana; (ii) atividade administrativa em forma de serviços de abastecimentos; e (iii) atividade administrativa em forma de empresas industriais. As relações de especial sujeição encontram-se na ideia de Administração Soberana (de coação). Para o jurista, as características deste tipo de relação são: (a) uma diminuição da liberdade pessoal; (b) impossibilidade de estabelecer detalhadamente uma base legal; e (c) imprevisibilidade das situações e respectivas obrigações a regular.

Destoando de seus colegas, Jellinek afirmou que as relações de sujeição especial dentro dos próprios organismos estatais são ordenações desprovidas de qualidade jurídica, uma vez que não produzem efeito algum frente a terceiros, não podendo, pois, serem qualificadas como normas jurídicas.

Finalmente, Anabitarte esclarece que existem conceitos cuja indeterminação da situação de fato a que se referem, não podem ser definidos. Assim, para o autor, qualquer definição de relação de especial sujeição será sempre insuficiente e, portanto, inútil.

# 4 Concretamente, quais são as relações de sujeição especial?

Aparentemente, a doutrina que aceita a existência das relações de sujeição especial, é unânime quanto à colocação das seguintes situações sob a égide destas relações: (i) relação jurídica funcional; (ii) relação em matéria militar, o que, segundo Jesús González Pérez, é a posição de sujeição mais forte que existe, porque a hierarquia exige a submissão, respeito e obediência em grau inimaginável nas outras relações; (iii) a relação do estudante de ensino público; e (iv) a relação do presidiário.

Também costumam ser inseridas na situação de relações de sujeição especial: (v) a liberdade vigiada; e (vi) a relação com estabelecimentos de beneficência e sanatórios do tipo obrigatório.

# 5 Existem ainda hoje, frente ao Estado de Direito, as relações de sujeição especial?

Desde que a Suprema Corte alemã, em 14.3.1972, proferiu decisão (*BVerfGE* 33,1) de que os direitos fundamentais dos presos somente poderiam ser restringidos com base em uma lei, parte considerável da doutrina alemã chegou a afirmar que a teoria das relações de especial sujeição estava morta.[16]

Ricardo García Macho adverte que a partir desta decisão se restringiu o âmbito destas relações, mas isto não significa que a instituição desapareceu, mas que as garantias jurídicas das pessoas submetidas a elas melhoraram.[17]

No mesmo sentido, Wolff, Bachof e Stober:

> (...) não se trata do "se", mas do "como" da limitação dos direitos fundamentais (...), que *terá de ser sempre proporcional e respeitar o princípio da igualdade*. Isto significa que não podem ser impostos quaisquer deveres de tolerância ou de prestação que vão para além do que é exigível pelo *respectivo fim das relações de status especial*, pela posição funcional do atingido e pela adequada capacidade de funcionamento das relações de *status*.[18]

---

[16] Ver, por todos, FUß, Ernst-Werner. *Zum Abschied vom besonderen Gewaltverhältnis*, 1985, *apud* GARCÍA MACHO. En torno a las garantías de los derechos fundamentales en el ámbito de las relaciones de especial sujeción. *Revista Española de Derecho Administrativo*, p. 525.

[17] GARCÍA MACHO. En torno a las garantías de los derechos fundamentales en el ámbito de las relaciones de especial sujeción. *Revista Española de Derecho Administrativo*, p. 525.

[18] WOLFF; BACHOF; STOBER. *Direito administrativo*, v. 1, p. 494.

No Direito português, Luís S. Cabral de Moncada adverte que o atestado de óbito que foi passado às relações de sujeição especial na Alemanha foi precipitado. Em Portugal, sugere que não há reserva de lei nos aspectos estritamente pedagógicos e científicos do ensino, mas há reserva de lei quando se estiverem em causa direitos dos alunos, dos docentes e das instituições.[19]

No Direito argentino atualmente nega-se a existência de ditas relações. Jorge Luis Salomoni afirma: "las relaciones de sujeción especial constituyen un concepto que es ajeno a nuestro Derecho, y su fundamentación es inconsistente".[20]

Na Espanha, a controvérsia também se instaurou: Ricardo García Macho e Mariano López Benítez admitem a existência das relações de sujeição especial com restrições,[21] mas Lasagabaster Herrarte destaca a inutilidade da categoria e conclui:

> Su utilización, como se ha intentado poner de manifiesto, provoca más problemas los que evita, es caprichosa y, especialmente, produce una gran inseguridad jurídica. De aquí que se proponga su definitivo abandono. La Constitución y las normas generales de la interpretación aportan los instrumentos precisos para hacer innecesario acudir a las denominadas, descriptivas y, jurídicamente, difícilmente definibles RSE.[22]

Finalmente, no Brasil, alguns doutrinadores aceitam expressamente a existência destas relações, como Celso Antônio Bandeira de Mello.[23] Igualmente, os autores que se dedicaram ao Direito Administrativo sancionador, como Regis Fernandes de Oliveira,[24] Daniel Ferreira,[25] Heraldo Garcia Vitta,[26] Rafael Munhoz de Mello,[27] Fábio Medina Osório[28] e Eduardo Rocha Dias[29] também tratam do tema.

---

[19] MONCADA. Luís Cabral. As relações especiais de poder no direito português. *Revista Jurídica da Univ. Moderna*, ano 1, n. 1, p. 225, 1998.

[20] SALOMONI. La cuestión de las relaciones de sujeción especial en el derecho público argentino. *In*: MUÑOZ; SALOMONI (Dir.). *Problemática de la administración contemporánea*: una comparación europeo-argentina, p. 178.

[21] GARCÍA MACHO. En torno a las garantías de los derechos fundamentales en el ámbito de las relaciones de especial sujeción. *Revista Española de Derecho Administrativo*; e LÓPEZ BENÍTEZ. *Naturaleza y presupuestos constitucionales de las relaciones especiales de sujeción*.

[22] LASAGABASTER HERRARTE. *Las relaciones de sujeción especial*.

[23] BANDEIRA DE MELLO. *Curso de direito administrativo*.

[24] OLIVEIRA. *Infrações e sanções administrativas*, p. 17-18.

[25] FERREIRA. *Sanções administrativas*, p. 35-47.

[26] VITTA. *A sanção no direito administrativo*, p. 72-84.

[27] MUNHOZ DE MELLO. *Princípios constitucionais de direito administrativo sancionador*: as sanções administrativas à luz da Constituição Federal de 1988, p. 157-168.

[28] OSÓRIO. *Direito administrativo sancionador*, p. 251-262.

[29] DIAS. *Sanções administrativas aplicáveis a licitantes e contratados*, p. 76-78.

Grande parte da doutrina pátria sequer menciona a existência deste tipo de relação e alguns, como Marçal Justen Filho, não vislumbram um conteúdo próprio e autônomo para o conceito de *sujeição especial*, diverso do conceito de discricionariedade.[30]

Nossa posição é no sentido de que não se pode negar a existência das relações de sujeição especial, principalmente no que tange à situação do servidor público.

Entretanto, destaque-se a dificuldade em encontrar seus confins. Adotamos a posição de Celso Antônio Bandeira de Mello, para a definição dos condicionantes destas relações. Para o autor, são condicionantes positivos que de quaisquer relações de especial sujeição:

> a) tenham que encontrar seu fundamento último em lei que, explícita ou implicitamente, confira aos estabelecimentos e órgãos públicos em questão atribuições para expedir ditos regramentos, os quais consistirão em especificações daqueles comandos; b) que os referidos poderes possam exibir seu fundamento imediato naquelas mesmas relações de sujeição especial (...); c) restrinjam suas disposições ao que for instrumentalmente necessário ao cumprimento das finalidades que presidem ditas relações especiais; d) mantenham-se rigorosamente afinadas com os princípios da razoabilidade e proporcionalidade (...); e) conservem seu objeto atrelado ao que for relacionado tematicamente e, em geral, tecnicamente com a relação que esteja em causa.[31]

De outra sorte, são condicionantes negativos, segundo o professor:

> a) não podem infirmar qualquer direito ou dever, ou seja, não podem contrariar ou restringir direitos, deveres ou obrigações decorrentes de norma (princípio ou regra) de nível constitucional ou legal, nem prevalecer contra a superveniência destes; b) não podem extravasar, em relação aos abrangidos pela supremacia especial (por suas repercussões), nada, absolutamente nada que supere a intimidade daquela específica relação de supremacia especial; c) não podem exceder em nada, absolutamente nada, o estritamente necessário para o cumprimento dos fins da relação de supremacia especial; d) não podem produzir, por si mesmas, conseqüências quer restrinjam ou elidam interesses de terceiros, ou os coloquem em situação de dever (...).

---

[30] JUSTEN FILHO. *Curso de direito administrativo*, p. 142.

[31] BANDEIRA DE MELLO. *Curso de direito administrativo*, p. 834-835.

## 6 Da relação Estado-servidor como relação de sujeição especial

Adotada a premissa de que aceitamos a existência das relações de sujeição especial, nos moldes preconizados por Celso Antônio Bandeira de Mello, buscaremos demonstrar, em que pese a dificuldade desta tarefa, que a relação servidor-Estado é uma relação de sujeição especial.

Em monografia de valor indiscutível, a professora Luísa Cristina Pinto e Netto, após estudar profundamente a natureza jurídica da função pública, averbou:

> O Executivo está limitado pela reserva de lei, da vinculação aos direitos fundamentais e da plena proteção jurisdicional na relação de função pública. Na verdade, os princípios que caracterizam a relação de especial sujeição são incompatíveis com o Estado Democrático de Direito. (...) Não mais se pode admitir a ideologia das tradicionais relações de sujeição, pois hoje é necessária uma nova *legitimação* da função pública.[32]

De fato, correto o entendimento da professora, pois não se podem admitir as relações de sujeição especial, no Estado Democrático de Direito, da forma como foram concebidas no passado.

Entretanto, adaptando-as à novel concepção social e democrática e trazendo-se à baila os condicionantes positivos e negativos erigidos por Celso Antônio Bandeira de Mello, reconhecemos que a situação jurídica a que está submetido o servidor público possui uma natureza peculiar e esta, a nosso ver, pode ser considerada uma relação de sujeição especial.

Com efeito, considera-se uma relação como de sujeição especial quando a intensidade do liame que liga o indivíduo à Administração é tamanha que sua relação permite uma mitigação do princípio da legalidade.[33]

Ainda, as relações de sujeição especial somente existem quando alguém se insere na intimidade de um órgão ou entidade administrativa. Fora destas situações não há que se falar em sujeição especial.

Ademais, a relação de sujeição especial é necessária nestas situações de intimidade intensa, pois "seria impossível, impróprio e inadequado que todas as convenientes disposições a serem expedidas

---

[32] NETTO. *A contratualização da função pública*, p. 223.
[33] VITTA. *A sanção no direito administrativo*, p. 78.

devessem ou mesmo pudesse estar previamente assentadas em lei e unicamente em lei, com exclusão de qualquer outra fonte normativa".[34]

No caso dos servidores públicos, pode-se afirmar que inexiste uma relação mais intensa do que a travada com o Estado e, isto porque, os servidores, pela teoria do órgão, não são representantes do Estado, mas são o próprio Estado, o meio pelo qual o Estado se comunica, se põe em movimento, se impõe, se sustenta.

Deveras,

> (...) segundo a teoria do órgão, este não é estranho à pessoa jurídica, mas parte integrante dela. Como elemento constitutivo da pessoa jurídica, o órgão não tem personalidade diferenciada da entidade a qual integra. (...) A vontade das pessoas jurídicas que integram a Administração Pública se expressa por intermédio dos agentes públicos que, por sua vez, incorporam a vontade do Estado, conforme "a teoria da imputação".[35]

Logo, a relação funcional é inexoravelmente uma relação diferenciada, dada a intensidade do vínculo que conecta servidor e Estado.

É certo que, embora exista um estatuto legal que discipline parte substancial da vida funcional, isto não significa que não possa surgir a necessidade de um regramento não imediatamente reportado à lei, mas nela sempre tendo seu fundamento último.

Veja que a relação de sujeição especial e a consequente mitigação do princípio da legalidade existem para o atendimento do interesse público, pois é necessária uma atuação mais rápida, eficaz e, sobretudo, com maior intensidade da Administração, sendo insuficiente, no caso, a supremacia geral do Estado.[36]

Por tal razão, a relação jurídica que existe entre o servidor e o Estado é uma relação de sujeição especial, nos moldes preconizados por Celso Antônio Bandeira de Mello, isto é, com obediência aos condicionantes positivos e negativos explanados.

# Referências

ARAÚJO, Edmir Netto de. *Curso de direito administrativo*. São Paulo: Saraiva, 2005.

---

[34] BANDEIRA DE MELLO. *Curso de direito administrativo*, p. 834.

[35] SILVEIRA. *Profissionalização da função pública*, p. 64.

[36] Nesse sentido, VITTA. *A sanção no direito administrativo*, p. 78.

ATALIBA, Geraldo. *República e Constituição*. 2. ed. atual. por Roséléa Miranda Folgosi. São Paulo: Malheiros, 1998.

BANDEIRA DE MELLO, Celso Antônio. *Curso de direito administrativo*. 28. ed. São Paulo: Malheiros, 2011.

BANDEIRA DE MELLO, Oswaldo Aranha. *Princípios gerais de direito administrativo*. Rio de Janeiro: Forense, 1969. 2 v.

CARVALHO FILHO, José dos Santos. *Manual de direito administrativo*. 13. ed. rev. ampl. e atual., contendo Emenda Constitucional nº 45, de 08/12/2004, e as leis das parcerias público-privadas (lei n. 11.079, de 30/12/2004) e de falência (lei n. 11.101, de 9/2/2005). Rio de Janeiro: Lumen Juris, 2005.

CORREIA, José Manuel Sérvulo. *Legalidade e autonomia contratual nos contratos administrativos*. Reimpr. Coimbra: Almedina, 2003.

DIAS, Eduardo Rocha. *Sanções administrativas aplicáveis a licitantes e contratados*. São Paulo: Dialética, 1997.

FERREIRA, Daniel. *Sanções administrativas*. São Paulo: Malheiros, 2001.

FIGUEIREDO, Lúcia Valle. *Curso de direito administrativo*. 7. ed. rev. atual. e ampl. São Paulo: Malheiros, 2004.

GALLEGO ANABITARTE, Alfredo. Las relaciones especiales de sujeción y el principio de la legalidad de la Administración: contribución a la teoría del Estado de derecho. *Revista de Administración Pública*, v. 12, n. 34, p. 11-51, 1961. Disponível em: <http://dialnet.unirioja.es/servlet/articulo?codigo=2112496>. Acesso em: 29 mar. 2011.

GARCÍA MACHO, Ricardo. En torno a las garantías de los derechos fundamentales en el ámbito de las relaciones de especial sujeción. *Revista Española de Derecho Administrativo*, n. 64, p. 521-531, oct./dic. 1989.

GORDILLO, Agustín. *Princípios gerais de direito público*. Trad. de Marco Aurélio Greco. São Paulo: Revista dos Tribunais, 1977.

JUSTEN FILHO, Marçal. *Curso de direito administrativo*. 3. ed. rev. e atual. São Paulo: Saraiva, 2008.

LASAGABASTER HERRARTE, Iñaki. *Las relaciones de sujeción especial*. Madrid: IVAP – Organismo Autónomo del Gobierno Vasco: Civitas, 1994.

LÓPEZ BENÍTEZ, Mariano. *Naturaleza y presupuestos constitucionales de las relaciones especiales de sujeción*. Córdoba; Madrid: Servicio de Publicaciones de la Universidad de Córdoba: Civitas, 1994.

MEIRELLES, Hely Lopes. *Direito administrativo brasileiro*. 27. ed. atual. por Eurico de Andrade Azevedo, Délcio Balestero Aleixo e José Emmanuel Burle Filho. São Paulo: Malheiros, 2002.

MONCADA, Luís S. Cabral de. As relações especiais de poder no direito português. *Revista Jurídica da Universidade Moderna*, a. 1, n. 1, p. 223-249, 1998.

MUNHOZ DE MELLO, Rafael. *Princípios constitucionais de direito administrativo sancionador*: as sanções administrativas à luz da Constituição Federal de 1988. São Paulo: Malheiros, 2007.

NETTO, Luísa Cristina Pinto e. *A contratualização da função pública*. Belo Horizonte: Del Rey, 2005.

OLIVEIRA, Regis Fernandes de. *Infrações e sanções administrativas*. São Paulo: Revista dos Tribunais, 1985.

OSÓRIO, Fábio Medina. *Direito administrativo sancionador*. 2. ed. rev. atual. e ampl. São Paulo: Revista dos Tribunais, 2005.

ROMANO, Santi. *Princípios de direito constitucional geral*. Trad. de Maria Helena Diniz. São Paulo: Revista dos Tribunais, 1977.

SALOMONI, Jorge Luis. La cuestión de las relaciones de sujeción especial en el derecho público argentino. *In*: MUÑOZ, Guillermo Andrés; SALOMONI, Jorge Luis (Dir.). *Problemática de la administración contemporánea*: una comparación europeo-argentina. Buenos Aires: Ad-Hoc, 1997.

SILVA, José Afonso da. *Curso de direito constitucional positivo*. 23. ed. rev. e atual. nos termos da reforma constitucional (até a Emenda Constitucional n. 42, de 19.12.2003, publicada em 31.12.2003). São Paulo: Malheiros, 2004.

SILVEIRA, Raquel Dias da. *Profissionalização da função pública*. Belo Horizonte: Fórum, 2009.

VITTA, Heraldo Garcia. *A sanção no direito administrativo*. São Paulo: Malheiros, 2003.

WOLFF, Hans Julius; BACHOF, Otto; STOBER, Rolf. *Direito administrativo*. Trad. de António F. de Sousa. 11. ed. rev. Lisboa: Fundação Calouste Gulbekian, 2006. v. 1.

ZANCANER, Weida. Razoabilidade e moralidade: princípios concretizadores do perfil constitucional do Estado Social e Democrático de Direito. *In*: BANDEIRA DE MELLO, Celso Antônio (Org.). *Estudos em homenagem a Geraldo Ataliba*. São Paulo: Malheiros, 1997. (Direito administrativo e constitucional, v. 2).

---

Informação bibliográfica deste texto, conforme a NBR 6023:2002 da Associação Brasileira de Normas Técnicas (ABNT):

ZOCKUN, Carolina Zancaner. Sujeição especial e regime jurídico da função pública no Estado de direito democrático e social. *In*: BAUTISTA CELY, Martha Lucía; SILVEIRA, Raquel Dias da (Coord.). *Direito disciplinário internacional*: estudos sobre a formação, profissionalização, disciplina, transparência, controle e responsabilidade da função pública = *Derecho disciplinario internacional*: estudios sobre formación, profesionalización, disciplina, transparencia, control y responsabilidad de la función pública. Belo Horizonte: Fórum, 2011. v. 1, t. I, p. 271-283. v. 1: Título Português, t. I: Título Espanhol. ISBN 978-85-7700-446-1.

# Educação para a Administração Pública

## Leonardo Carneiro Assumpção Vieira

**Sumário: 1** Colocação do tema – **2** A educação para a administração pública como imperativo organizacional – **2.1** A alienação funcional do servidor público – **2.2** Merecimento e educação para a administração pública – **3** A educação para a administração pública como programa governamental – **3.1** Organização da educação para a administração pública como indicador de profissionalização – **3.2** Panorama da educação para a administração pública no Brasil – **3.3** O caso do bacharelado em Administração Pública da Fundação João Pinheiro no contexto das experiências brasileiras em educação para a administração pública – **4** Considerações finais – Referências

## 1 Colocação do tema

O desempenho da função pública expressa dupla dimensão: laboral e política. Na dimensão laboral o indivíduo garante seu sustento e assume sua identidade na sociedade produtiva. Em sua dimensão política, o trabalho na função pública implica o manejo de prerrogativas destinadas à boa gestão do interesse público.[1] É, pois, um indivíduo especial: enquanto cidadão, é trabalhador; enquanto trabalhador, é cidadão.

Trabalhadores/cidadãos devem ter acesso à educação necessária para o bom desempenho de seu mister e ao pleno exercício de sua cidadania. Educação que vá além do tacanho conhecimento da dimensão objetiva do que deve ser feito. É desejável que o educando conheça a técnica e compreenda as razões, tenha oportunidade de treinar suas

---

[1] Para Cármen Lúcia Antunes Rocha, a esta ideia corresponde o direito que tem o administrado de ingressar no serviço público como agente e, por esta forma, de participar da gestão da coisa pública pelo provimento de cargos, funções e empregos (ROCHA. *Princípios constitucionais dos servidores públicos*, p. 143).

habilidades, e, por fim, tenha acesso a um ambiente no qual se sinta seguro para exercitar as atitudes que julgue corretas. Obviamente, tal empreitada não cabe apenas à instituição escolar. A formação moral e humanística tem sua base em vivências mais amplas e até anteriores à escola.

Este artigo tem por tema a educação para a administração pública. Encartado em uma obra jurídica, talvez denote certo ceticismo para com a grande confiança que costumamos depositar nas normas jurídicas como mecanismo de prescrição da conduta humana, em especial no âmbito da administração pública.

Após algum desvio de conduta vir escandalosamente a público, é comum a edição de norma jurídica como resposta "moralizadora". Pois bem, este artigo não se referirá a nenhuma dessas normas. Ainda assim, por caminho diverso, o da educação, pretende chegar ao mesmo objetivo. É que a educação e o direito se encontram no território da conduta humana.

As propedêuticas lições de Ciência do Direito explicam que o direito é dever-ser ideal. Ideal porque as prescrições normativas à conduta humana não serão, necessariamente, cumpridas. A despeito disso, a grande maioria das prescrições normativas são voluntariamente cumpridas. Reside aí a distinção entre as normas morais e as normas jurídicas: as normas morais não estão asseguradas por sanção estatal organizada; as normas jurídicas sim. Estas sujeitam o desobediente às consequências asseguradas pelo aparato estatal.

Daí a aparente *contradictio in adjectis* da medida moralizadora que se basta na vigência de uma norma jurídica. O destino desta norma os aplicadores do direito conhecem bem. Será mais um verso no caudaloso oceano de palavras de nosso ordenamento.

Partindo desse ceticismo, o presente artigo se propõe a pular o muro da ciência jurídica em direção à reflexão sobre a formação dos agentes públicos e seu reflexo na cultura organizacional, na política pública de pessoal e na busca por mais moralidade e eficiência na administração pública.

## 2 A educação para a administração pública como imperativo organizacional

Os desafios da administração pública residem na necessidade de resposta ao binômio: grandes organizações e legalidade estrita.

Ou seja, primeiramente, por atuar em grandes organizações, exige-se do profissional do serviço público o domínio das competências necessárias para interagir com milhares de pessoas[2] e participar da oferecem de serviços complexos e diversificados, que vão da saúde e educação pública a planos previdenciários.

Em segundo lugar, no tocante à legalidade estrita, as organizações estatais, em todas as suas atividades, sejam atividades-fim, sejam atividades-meio, apenas podem se desenvolver conforme as normas jurídicas em vigor, sob pena de responsabilização do agente. Ao contrário do que se passa com os particulares, que podem fazer tudo que a lei não lhe proíbe, os agentes públicos só podem atuar de acordo com a prévia determinação legal.

Os profissionais do serviço público devem, portanto, estar preparados para lidar com este duplo desafio: grandes organizações regidas pelo princípio da estrita legalidade.

Contraditoriamente, ao menos no Brasil, verifica-se um quadro de extrema carência de profissionais capacitados para atuar na administração pública. Há muito pouco investimento na formação de tais profissionais, seja pela falta de planejamento da política de pessoal, seja pela escassez de recursos à disposição destas iniciativas.

## 2.1 A alienação funcional do servidor público

No contexto anteriormente descrito, no qual o trabalhador se insere em uma organização que conta, frequentemente, com dezenas de milhares de outros trabalhadores e cujas normas são de estrita observância, a falta de capacitação é trágica.

Quem já atuou em consultoria para órgãos públicos, notadamente para pequenos Municípios brasileiros, pôde constatar trabalhadores com precária alfabetização respondendo por atividades como licitação, empenho, gestão de recursos humanos, assessoria parlamentar entre outras atividades igualmente complexas.

Não é de se estranhar a dificuldade de tais profissionais com a compreensão mais ampla do ordenamento jurídico. Tampouco causa

---

[2] Tomemos a seguinte referência apenas em relação ao número de trabalhadores. No Brasil, a Administração Pública Federal conta com, aproximadamente, 800 mil servidores, o Estado de Minas Gerais, com 500 mil servidores e o Município de Belo Horizonte com cerca de 40 mil servidores. Daí a colocação do problema do tamanho das organizações estatais. Quantas empresas privadas contam com tantos empregados? Se tomássemos como ponto de comparação a população atendida *versus* clientela, não haveria, decerto, empresa privada que pudesse ser colocada em contraste.

qualquer espanto a incapacidade de tais indivíduos em relacionar sua atividade específica com o atingimento dos objetivos organizacionais.

Denominamos "alienação funcional" a situação do servidor que não consegue estabelecer, de modo minimamente razoável, as conexões conceituais, jurídicas e organizacionais necessárias para o bom desempenho de suas competências legais.[3]

Para além do desperdício de recursos públicos que a alienação funcional acarreta, há que se ter em conta o trabalho especial em pauta. Não se pode admitir, na Administração Pública, o trabalho operário alienado preconizado nos primórdios da administração científica,[4] pois, conforme já dito, este indivíduo, enquanto cidadão, é trabalhador; e enquanto trabalhador, é cidadão.

Negar-lhe a compreensão de seu mister é negar-lhe o exercício pleno de sua cidadania; é ocultar-lhe o conhecimento das consequências e responsabilidades que advirão de comportamentos inadequados;[5] é, enfim, reduzir o desempenho de funções públicas à venalidade de sua retribuição pecuniária.

É possível arrolar, ainda, ao menos três outras repercussões da alienação funcional dos agentes públicos:

1. Ineficácia do planejamento organizacional: na medida em que a distribuição formal de competências, o estabelecimento de metas de desempenho, e a desejável participação no processo de elaboração e execução orçamentárias dependem de agentes habilitados, e habituados, a mensurar, registrar e avaliar sistematicamente as atividades desempenhadas pelo órgão. Por esta razão será ineficaz o projeto gerencial que se baste no estabelecimento de procedimentos de avaliação individual de desempenho divorciados da capacitação dos servidores e da correlação entre metas organizacionais, desempenho coletivo e desempenho individual;

2. Violação de garantias do cidadão: na medida em que o agente incapaz de compreender seu papel na sociedade,

---

[3] O termo "alienação funcional" é preferido à "alienação organizacional" pois não se resume à falta de compreensão da organização como sistema mas vai além, implicando o despreparo para o exercício das próprias competências funcionais.

[4] Para Frederick Winslow Taylor, era desejável a separação entre a elite pensante, composta por especialistas, dos operários. O seu pensamento era: o cérebro no escritório e o braço na oficina, ou ainda, não cabe à oficina pensar.

[5] Vale recordar o disposto no Decreto-Lei nº 4.657, de 4.9.1942, conhecido como Lei de Introdução ao Código Civil Brasileiro, em seu art. 3º: "Ninguém se escusa de cumprir a lei, alegando que não a conhece".

suas responsabilidades e o caráter fundamental das garantias do cidadão, tende a evitar a publicidade, a motivação e o respeito ao direito de informação e ao direito de petição. Este comportamento pode ser explicado, ao menos em parte, pelo permanente temor do agente público alienado funcionalmente de ter cometido algo errado, visto ser incapaz de dimensionar se o que fez é legal ou não. Por não compreender as repercussões de seu mister, qualquer pedido de esclarecimento é logo visto como uma ameaça à sua incolumidade jurídica. Deste modo o cidadão-requerente e o acesso deste às informações pretendidas passa a ser evitado a todo custo;

3. Descontrole da administração pública: na medida em que as soluções ilegais, as pressões fisiológicas e os comportamentos ímprobos encontrarão muito menos resistência por parte de agentes incapazes de representar intelectualmente a lesividade de tais comportamentos ou, ainda, agentes que desconheçam as vias e os órgãos encarregados da adoção de medidas corretivas. O agente público alienado vê passivamente o merecimento dar lugar ao favoritismo político e a isonomia dar lugar ao casuísmo. A eficácia dos princípios da legalidade, impessoalidade, moralidade, publicidade, eficiência e de tantos outros preceitos do regime jurídico-administrativo é, pela ignorância destes agentes públicos, a todo instante golpeada.

## 2.2 Merecimento e educação para a administração pública

O merecimento é critério de justiça distributiva que rege a distribuição de oportunidades pessoais de natureza profissional em uma dada sociedade. Pelo mérito se justifica que um cidadão tenha uma oportunidade que outro não terá. O merecimento é, portanto, um critério justo de hierarquização social. Tanto pode ser percebido como valor legitimante, quanto pode estar positivado em normas jurídicas definindo direitos subjetivos.[6]

O merecimento poderia, como já ocorreu, vincular-se à condição de nascimento, à antiguidade ou a outros discrimines. No ocidente, a ideia de merecimento como decorrência da preparação e do esforço pessoal é construção do iluminismo e está relacionada com a afirmação dos valores da burguesia enquanto classe social emergente.

---

[6] VIEIRA. *Merecimento na Administração Pública*: concurso público, avaliação de desempenho e política pública de pessoal.

A noção de merecimento é a pedra de toque da política de pessoal da administração pública. No Brasil, assim como em outros Estados, a ordem jurídica alberga esse valor em normas jurídicas constitucionais e legais.

Ao examinarmos a Constituição brasileira de 1988, verificamos em várias passagens menção ao princípio do merecimento: no princípio da ampla acessibilidade aos cargos públicos (art. 37, I), no princípio do concurso público (art. 37, II), na limitação material à utilização de cargos de provimento em comissão e em funções de confiança (art. 37, V), na excepcionalidade da admissão de pessoal temporário (art. 37, IX), na exigência de avaliação especial de desempenho como requisito de estabilização do servidor (art. 41, §4º), na possibilidade de perda do cargo por insuficiência de desempenho (art. 41, III), e, dentre outras, até na exigência de concurso de efetivação para os servidores sem concurso anistiados pelo Poder Constituinte Originário (ADCT, art. 19).

A expressa, e até enfática, afirmação do merecimento no texto normativo exige, como condição de sua plena eficácia, que a todos os cidadãos seja ofertada educação de qualidade e, aos servidores em especial, educação para a administração pública. Isto porque o verdadeiro merecimento só se realiza em um contexto de igualdade de oportunidades, seja para acesso ao serviço público, seja para sua evolução funcional.

A adoção de instrumentos de merecimento objetivo sem a garantia da igualdade de oportunidades acarreta justamente o resultado inverso daquele preconizado pela ideia de merecimento, qual seja, a injusta exclusão daquele indivíduo esforçado, apto, mas que não teve acesso aos meios necessários para o sucesso na seleção.

Foi com a intenção de denunciar essa situação que o pensador britânico Michael Young, em seu romance *The Rise of the Meritocracy*, formula uma ficção social em que a democracia, forma de governo, é substituída por um governo dos mais aptos: a meritocracia. Ocorre que nesta sociedade excludente e autoritária, são sempre os filhos dos governantes, os únicos que tem acesso à educação de qualidade, que obtêm aprovação e são considerados merecedores nas provas.

Portanto, é necessário garantir o investimento público em educação de qualidade, em todos os níveis, como a primeira condição para a verdadeira vigência do princípio do merecimento no acesso aos cargos públicos.

E, afinal, no tocante ao merecimento no desempenho dos cargos públicos é que se coloca a necessidade de garantir a educação para a administração pública como programa governamental. A mobilidade funcional, algumas questões estritamente disciplinares e até mesmo o desempenho de equipes estão intimamente relacionadas com a preparação do trabalhador/cidadão para o manejo do interesse público nas grandes organizações estatais.

## 3 A educação para a administração pública como programa governamental

Na maioria dos entes federados brasileiros inexiste a percepção de que a formação do servidor público é função administrativa[7] que faz parte da política pública de gestão de pessoas na Administração Pública. O emprego do conceito de "política pública" é pouco frequente quando temos em pauta as atividades-meio.[8] E, via de regra, os movimentos sociais pouco se interessam pelo acompanhamento das políticas públicas que tratam de atividades-meio. Diversos fatores concorrem: a tradição autoritária e unilateralista que afasta o usuário do serviço do ambiente decisório, o pragmatismo dos movimentos reivindicatórios e a complexidade das questões sob análise. Assim, cabe estimular os atores sociais interessados na definição das políticas públicas de pessoal (associações de usuários de serviços públicos, sindicatos, Ministério Público) para que participem, reivindiquem, controlem a educação para a administração pública.

A Constituição e a legislação contêm expressões normativas de como deve se dar a gestão de pessoal no serviço público. Há princípios (ampla acessibilidade, mérito, regime jurídico único), procedimentos (concursos, avaliações de desempenho, processos disciplinares), planejamento (orçamentos, carreiras, estatísticas) e instituições (órgãos de gestão de pessoal, de previdência, de correição) que, em seu conjunto, compõem uma política pública, equivale dizer uma determinada abordagem do desafio que é a gestão de pessoas na administração pública.

Essa política pública é composta por vários programas, ou seja, por várias iniciativas com propósitos específicos e estratégicos no contexto da política pública, um dos quais é o que este artigo denomina educação para a administração pública.[9]

---

[7] Na sistemática de repartição de competências do federalismo brasileiro é competência implícita de cada ente federado que decorre da competência de administrar seus servidores públicos. É também competência comum aos entes federados, pois refere-se ao direito de cada cidadão de obter a educação profissionalizante necessária ao desempenho de seu mister.

[8] Não se pode perder de vista que a política fiscal, a política monetária e a política de pessoal são atividades-meio, e, ao mesmo tempo, políticas públicas. Essas, todavia, merecem sempre grande atenção da imprensa.

[9] O vocábulo "educação" é preferido, pois dificulta a redução do tema à formação técnica. Esta é imprescindível, mas o agente público é, antes de tudo, um ser humano. Como já dito, o problema não se resume à instrumentalização de saberes para utilização imediata.

A educação para a administração pública como um programa governamental pressupõe sua introdução no contexto do planejamento estratégico dos governos. Quais propostas os partidos apresentam para este tema? Como tem sido tratado nos orçamentos? O temos levado em conta na contabilização do custo e do valor agregado dos serviços públicos? Qual o perfil educacional dos atuais servidores públicos? Quais as metas para os próximos quatro anos de governo? Que resultados foram alcançados nos últimos anos? Quais os maiores desafios?

A Constituição brasileira conta, desde o advento da Emenda Constitucional nº 19/98, com a seguinte previsão no §2º de seu art. 39:

> Art. 39. A União, os Estados, o Distrito Federal e os Municípios instituirão, no âmbito de sua competência, regime jurídico único e planos de carreira para os servidores da administração pública direta, das autarquias e das fundações públicas. (...)
>
> §2º A União, os Estados e o Distrito Federal manterão escolas de governo para a formação e o aperfeiçoamento dos servidores públicos, constituindo-se a participação nos cursos um dos requisitos para a promoção na carreira, facultada, para isso, a celebração de convênios ou contratos entre os entes federados.

O caráter programático da referida norma é destacado pela ausência de sanção específica. Se admitimos que não há repercussão alguma no ordenamento a tal preceito, na perspectiva jurídico-normativista concluiremos que não há caráter jurídico no texto. Seria lastimável, especialmente por se tratar de dispositivo constitucional. Parece mais apropriado entender que este preceito deve ser interpretado em conjunto com outros dispositivos do ordenamento, que ele é vinculativo e definidor de direitos subjetivos e de obrigações jurídicas.

O trabalhador que tem nas mãos as competências estatais tem o direito de ser adequadamente preparado e o Estado tem o dever de apenas confiar a gestão dos interesses sociais a pessoas preparadas. Nesta perspectiva há o dever jurídico da estruturação da educação para administração pública como programa governamental e neste ponto se acopla o preceito do §2º do art. 39 da Constituição brasileira. Ou seja, a omissão estatal nesta matéria deve ser percebida como violação de direitos individuais e difusos a merecer a intervenção do Ministério Público e do Poder Judiciário.

## 3.1 Organização da educação para a administração pública como indicador de profissionalização

Profissão é a ação de professar, de declarar publicamente uma crença, opinião ou modo de ser. Também significa a atividade pela qual o indivíduo se preparou para exercer. E, a partir disso, o vocábulo *profissão* foi designando qualquer ofício desempenhado por alguém.

Trabalho digno pressupõe profissionalização e, esta, a educação.[10]

O grau de organização da educação para a administração pública é fator indicativo do nível de profissionalização da função pública em determinado ente estatal.

Necessário registrar que não é a organização da educação o único fator indicativo da profissionalização. A profissionalização é noção mais ampla que envolve a institucionalização de mecanismos de merecimento, de retribuição pecuniária, de garantia de direitos fundamentais e, enfim, de educação, com a finalidade de garantir, por um lado, qualidade ao serviço, e, de outro, dignidade ao trabalhador.

Nessa linha fez-se apropriada uma descrição tipológica da organização da educação para a administração pública. Evitando descrições casuísticas e datadas, tal método colocará em perspectiva a situação dos programas governamentais de formação de servidores públicos.

Lancemos, portanto, o olhar sobre a Administração Pública brasileira. Conforme já foi destacado, a assimetria é uma de suas características marcantes.

Desse modo, há que se partir da inexistência de esforços governamentais. Ainda assim, neste primeiro patamar, verificamos a busca do saber pelos próprios agentes públicos. Com recursos próprios estes se matriculam em cursos relacionados com a atividade desempenhada.

O segundo patamar, ainda insuficiente, é aquele no qual a Administração Pública promove, episodicamente, cursos de curta ou média duração para os servidores que já desempenham determinada atividade.

O desejável é o estabelecimento, para cada cargo ou função, de um patamar de formação e capacitação sem o qual o exercício não

---

[10] Educação e profissionalização andam juntas. Raquel Dias da Silveira anota com sensibilidade: "A profissionalização da 'função pública' corresponde ao tratamento neutro e isonômico do servidor, valorizando-o como ser humano que faz do serviço público sua profissão. Assim, profissionalização do servidor público implica direito à remuneração justa pelo trabalho ofertado pelo Estado; à organização sindical; à greve; ao ingresso meritório na função pública; à capacitação; à carreira; à promoção; à percepção de vantagens pecuniárias decorrentes do aprimoramento profissional, entre outros" (*Profissionalização da função pública*, p. 67).

pode ter início. Assim, neste terceiro patamar, além da verificação da escolaridade mínima, uma vez selecionado o candidato, a Administração promove cursos de formação, ou como requisito para a posse ou para a entrada em exercício.

O quarto patamar, que se pode considerar ideal, é aquele no qual a Administração Pública mantém, de modo permanente, uma instituição voltada não só à formação de quadros, mas também à sua reciclagem, à pesquisa e à participação da sociedade em suas atividades.

A oferta dos saberes à sociedade civil é necessária pois, hoje, a administração pública não se resume à gestão do aparato estatal. Na atualidade, a gestão da coisa pública se assenta em um conjunto ordenado de normas constitucionais e legais que vão além da Administração Pública, abrangendo também todas as organizações que recebam recursos públicos por meio de convênio ou contrato. A presença de recursos públicos atrai o influxo das normas de direito público. Assim, não basta educar o servidor, necessário também capacitar os parceiros da Administração Pública.

Pois bem, essa instituição merecerá o nome de escola se, nela, o conhecimento puder circular de modo livre e se a crítica e o contraditório puderem ser exercitados sem o temor de qualquer forma o patrulhamento ideológico ou político. Isto não quer dizer que a instituição deva apresentar um perfil acadêmico puro, pelo contrário, é desejável que esteja vinculada ao órgão de planejamento do ente governamental.[11] Ocorre que essa vinculação não pode, de modo algum, tolher a crítica e o livre debate de ideias. Segundo Karl Popper, esta é a mais marcante característica do trabalho científico. Para este autor, é ciência o que pode ser refutado.[12]

A administração pública que tem à disposição dos cidadãos e trabalhadores uma escola estará, decerto, no caminho da profissionalização.

---

[11] Melhor seria também que essa escola de administração pública não se arrogasse o epíteto de "escola de governo". Isto porque Governo é atividade que se dá na dimensão da representação e da conciliação das aspirações sociais. Estudar a política, ou estudar o governo não legitima alguém a representar e governar; embora seja desejável (quiçá imprescindível) que o governante também esteja preparado sob aquela dimensão teórica.
O canadanse Donald Hall preferiu a expressão "desenvolvimento gerencial no setor público" (HALL. Desenvolvimento gerencial no setor público: tendências internacionais e organizações-líderes. *Cadernos ENAP*).

[12] Para maiores informações, cf. POPPER. *A lógica da pesquisa científica*.

# 3.2 Panorama da educação para a administração pública no Brasil

O Brasil começou tarde seu esforço de burocratização e profissionalização do serviço público.[13] O pioneiro foi o presidente Getúlio Vargas, já em meados da terceira década do Século XX.[14] Este movimento iniciado no Estado Novo não logrou a continuidade e a universalidade necessárias para romper a tradição patrimonialista e, sobretudo, a improvisação e o amadorismo nos demais âmbitos federados do serviço público brasileiro.[15]

Na segunda metade do Século XX nenhuma iniciativa de educação para administração pública alcançou abrangência nacional a ponto de merecer de registro. Iniciativas existem, mas são isoladas e ora restrita a algum ente federado, ora a algum órgão ou carreira.

Existe, no Brasil, a "Rede Nacional de Escolas de Governo" uma articulação dos órgãos e instituições de perfil bem variado, alguns meros núcleos de capacitação, outros respeitados centros de pesquisa.[16]

A Rede Nacional de Escolas de Governo está integrada, atualmente, por 39 instituições municipais, 88 instituições estaduais e 43 federais. Em alguns Estados federados há órgãos ou instituições no Executivo, no Legislativo, no Judiciário e no Ministério Público e no Tribunal de Contas. O mesmo ocorre na União que também possui órgãos especializados em alguns Ministérios.

Desde o início da década de noventa o custo do serviço público brasileiro passou a figurar no epicentro dos debates políticos. O tema já se apresentou sob o *slogan* "custo Brasil", justificou a introdução do princípio da eficiência no *caput* do art. 37 da Constituição da República

---

[13] Começou tarde se considerarmos que a profissionalização da administração pública é diretriz imposta diretamente pelas noções de moralidade, impessoalidade e legalidade, princípios clássicos na formação das primeiras burocracias europeias nos séculos XVIII e XIX. A este movimento correspondeu outro, o de criação de centros especializados de preparação de profissionais aptos a exercer as mais variadas tarefas no interior da máquina estatal, dentre os quais vale destacar a École Nationale d'Administration – ENA (FRA) e a Academia de Speyer (ALE). Deve ser levado em conta que naquele período o Brasil era colônia do Império português e, portanto, a presença de instituições de ensino superior era absolutamente indesejável. Ainda assim, tendo a independência nacional sido proclamada em 1821, é mais uma vez notável que apenas um século depois a questão entrasse pela primeira vez de modo mais destacado entre as preocupações governamentais.

[14] WAHRLICH. Classificação de cargos e implantação do sistema do mérito: a lei do reajustamento de 1936, suas origens, conteúdo e primeiras repercussões. *Revista de Administração Pública*.

[15] MARTINS. Reforma da Administração Pública e cultura política no Brasil: uma visão geral. *Cadernos ENAP*.

[16] A relação das instituições participantes está disponível em: <http://www2.enap.gov.br/rede_escolas>. Acesso em: 29 mar. 2011.

# Martha Lucía Bautista Cely, Raquel Dias da Silveira (Coord.)
Direito Disciplinário Internacional – *Derecho Disciplinario Internacional*

e, mais recentemente, aparece-nos sob a forma de metas de superávit fiscal e pressões para redução do nível de tributação. A questão repercute no principal componente das despesas dos entes federados: as despesas com pessoal. Somente na União o gasto anual é da ordem de R$93.128 milhões,[17] excluídas as despesas com consultorias e serviços terceirizados, ao que corresponde 17,5 % de sua despesa corrente líquida e a aproximadamente 5% do PIB.[18] No Estado de Minas Gerais o conjunto de gastos com pessoal e encargos sociais (excluídas consultorias e locação de mão de obra) representava, em 2004, aproximadamente 50% do total da despesa realizada.

Este pesado comprometimento de recursos com pessoal não decorre de distorção na proporção de servidores públicos. Conforme se vê na TAB. 1, o Brasil não apresenta, ao contrário do que já se divulgou, uma taxa elevada de servidores públicos por conjunto de população. Com 44,2 servidores públicos para cada 1.000 habitantes, encontramonos aquém de outros Estados em desenvolvimento como Argentina (47,5) e México (54,4). Aliás, conforme aponta estudo da UnB, os dados indicam que a proporção de servidores/população tende a crescer a medida que a análise segue na direção de Estados mais desenvolvidos.[19] Assim, há que se concluir que a questão reside mais na qualidade do gasto com os servidores públicos.

### TABELA 1
Brasil comparado com outros países, anos diversos: taxa de servidores por 1.000 habitantes

| País/Ano | Servidores | População | Taxa por 1.000 hab. |
|---|---|---|---|
| Brasil (2003) | 7.918.593 | 178.985.306 | 44,2 |
| Argentina (1999) | 1.738.963 | 36.578.358 | 47,5 |
| Costa Rica (2002) | 168.564 | 4.089.609 | 41,2 |
| México (1996) | 4.422.206 | 81.249.645 | 54,4 |
| Portugal (1999) | 716.418 | 10.170.500 | 70,4 |
| Espanha (2000) | 2.243.344 | 40.171.000 | 55,8 |

Fonte: Centro Latino-Americano de Administração para o Desenvolvimento (CLAD) *apud* NOGUEIRA. Caracterização dos servidores públicos no Brasil em comparação com outros países. *Observatório de Recursos Humanos em Saúde – NESP/CEAM/UnB.*

---

[17] BRASIL. Ministério do Planejamento, Orçamento e Gestão; Secretaria de Recursos Humanos. *Boletim Estatístico de Pessoal.*

[18] Conforme projeção para 2005 elaborada pela Secretaria do Tesouro Nacional, consultada no endereço: <http://www.stn.gov.br>. Acesso em: ago. 2005.

[19] NOGUEIRA. Caracterização dos servidores públicos no Brasil em comparação com outros países. *Observatório de Recursos Humanos em Saúde – NESP/CEAM/UnB.*

Voltando à reflexão sobre a qualificação da massa de trabalho do setor público brasileiro, também podemos considerar o fenômeno dos "centros de excelência".[20] Administração Pública brasileira reflete, de modo geral, a maior das contradições da sociedade em que se encontra inserida: a desigualdade. Assim, o serviço público apresenta verdadeiros abismos no que diz respeito à qualidade de seus serviços e à racionalidade de sua gestão.

Há órgãos públicos que constituem "centros de excelência", contam com profissionais muito bem remunerados, plano de carreira bem estruturado e recursos materiais abundantes. A estes se contra-põem órgãos públicos paupérrimos, servidores mal remunerados e com vínculo jurídico indefinido, errático planejamento e recursos insuficientes. A coexistência de tão opostas realidades representa bem a incompletude da burocratização e profissionalização da Administração Pública brasileira.

Conforme dito, alguns poucos órgãos se apresentam como referências de organização e treinamento. Estes se situam, em sua maioria, no âmbito do serviço público federal, seja pela mais longa tradição de institucionalidade, seja pelo maior nível de remuneração.

Em plano inferior situam-se os Estados e suas capitais que, embora, em geral, não disponham dos mesmos atrativos dos órgãos da União, pelo menos se beneficiam da estrutura de ensino presente em seu espaço geográfico para recrutar profissionais de melhor calibre para seus quadros reduzindo a necessidade de grandes dispêndios em treinamento.

Na base da pirâmide encontram-se os Municípios situados na periferia dos polos regionais ou mesmo afastados de qualquer núcleo de desenvolvimento. Para estes a racionalidade preconizada pela legislação de licitação, de responsabilidade fiscal, de previdência, nos manuais de contabilidade pública e nas instruções dos Tribunais de Contas são abstrações difíceis de serem apreendidas e aplicadas pelos seus quadros próprios. Proliferam-se, assim, empresas privadas de consultoria de administração pública municipal que visam superar a deficiência da formação de quadros nos municípios.

Por essa via, a democracia e a gestão da coisa pública esbarram num obstáculo que apenas a educação pode, aos poucos, remover. Por

---

[20] A questão dos centros de excelência foi bem analisada em Martins (Reforma da Administração Pública e cultura política no Brasil: uma visão geral. *Cadernos ENAP*; e SANTOS. *Reforma administrativa no contexto da democracia*: a PEC n. 173/95, suas implicações e adequação ao Estado brasileiro).

Martha Lucía Bautista Cely, Raquel Dias da Silveira (Coord.)
Direito Disciplinário Internacional – *Derecho Disciplinario Internacional*

dificultar a circulação de informações e normas sobre o funcionamento da máquina estatal, a grande lacuna do sistema de ensino municipal acaba por justificar o desequilíbrio federativo. É, assim, fortalecida a tese de que os recursos públicos devem ser centralizados para sua melhor economia. Ao mesmo tempo, é agravada a condição de atraso das administrações municipais de menor porte.

## 3.3 O caso do bacharelado em Administração Pública da Fundação João Pinheiro no contexto das experiências brasileiras em educação para a administração pública

Em meio a tanta diversidade de iniciativas de educação para a administração pública, cabe destacar uma experiência, a da Fundação João Pinheiro (FJP), órgão ligado à Secretaria de Estado de Planejamento e Gestão do Estado de Minas Gerais.[21] Tal instituição empreende esforços educacionais em cursos de graduação, pós-graduação e extensão, assim como promove pesquisas geográficas, econômicas, históricas e sobre políticas públicas.

Uma singularidade desta instituição é a bem-sucedida experiência do bacharelado em Administração Pública que corresponde a uma etapa do concurso público para acesso ao cargo de Especialista em Políticas Públicas e Gestão Governamental (EPPGG). Após a conclusão do curso o bacharel é empossado e indicado para atuar em órgão do Poder Executivo do Estado de Minas Gerais.

Após quase duas décadas do início desta experiência, o Estado de Minas Gerais passou a contar com um corpo técnico disseminado por diversos órgãos que partilham de uma sólida base de compreensão da administração estadual. Ainda que se verifique um considerável êxodo para carreiras melhor remuneradas, a presença deste contingente técnico é marcante. Cada vez mais estes profissionais têm sido prestigiados com postos de direção e, *pari passu*, a condução das políticas públicas vai se racionalizando. Por outro lado, à medida que vivenciam a administração estadual, os estagiários ou egressos do Curso Superior de Administração Pública (CSAP), trazem as questões para debate acadêmico em monografias de conclusão de graduação ou especialização, ou, ainda, como dissertações de mestrado.

De todo modo, esta ótima iniciativa figura, mesmo no contexto da Administração Pública mineira, como uma exceção. Muitas outras

---

[21] Para mais informações sobre a instituição, acesse: <http://www.fjp.gov.br>.

carreiras profissionais não dispõem de oportunidades educacionais e um grande contingente de servidores ainda desempenha a função pública em caráter precário. Tais paradoxos não desluzem a excelência do Curso Superior de Administração Pública da Fundação João Pinheiro, bem como de outros cursos oferecidos pela instituição.

O que ainda se verifica hoje é fruto de décadas de assimetrias, irracionalidades e interferências indevidas do poder político sobre a função pública. Enfim a questão da desigualdade permanece, assim como no seio da sociedade, uma questão a ser resolvida no âmbito do serviço público.

Outra análise que pode ser feita a partir da experiência do Curso Superior de Administração Pública da Fundação João Pinheiro é a propósito da interação direta entre instituições de ensino e corporações. Este é um dos temas mais atuais da gestão de recursos humanos e suas vertentes são várias: cursos *in company*, universidade corporativa, certificação profissional, ensino à distância, entre outras.

Embora sem dados precisos que permitam quantificar, os resultados oriundos do investimento público nos cursos oferecidos pela Fundação João Pinheiro parecem muito vantajosos para a sociedade e para o erário. A questão que surge a partir daí é a aplicação desta equação a outros setores e carreiras do serviço público brasileiro.

## 4 Considerações finais

Se as reflexões e propostas neste artigo em sua maioria se afastaram do Direito, com este se encontram em seu plano de eficácia. A formação dos agentes públicos é um pressuposto da boa administração e, portanto, do cumprimento do direito em sua mais ampla e constitucional acepção.

Cumpre perceber a alienação funcional do servidor como mais uma modalidade de espoliação do patrimônio público, de precarização das relações de trabalho e de aviltamento da cidadania.

Por outro lado, necessário abandonar a concepção de que a educação para a administração pública possa se resumir à formação de uma elite pensante. Isto seria a legitimação de uma forma moderna de aristocracia (por vezes equivocadamente denominada meritocracia) já chamada por Raymundo Faoro de estamento burocrático.[22]

---

[22] FAORO. *Os donos do poder*: formação do patronato político brasileiro.

Necessário compreender o acesso à educação para a administração pública, além de pressuposto de boa administração, como direito subjetivo do agente público. Não apenas daquele agente público que se encontre próximo geográfica ou politicamente do poder. De qualquer servidor. Pois somente garantindo o republicano princípio da igualdade de oportunidades se promove, verdadeiramente, o merecimento.

## Referências

BRASIL. Ministério do Planejamento, Orçamento e Gestão; Secretaria de Recursos Humanos. *Boletim Estatístico de Pessoal*, v. 9, n. 112, ago. 2005. Disponível em: <http://www.servidor.gov.br/publicacao/boletim_estatistico/bol_estatistico.htm>. Acesso em: 29 mar. 2011.

FAORO, Raymundo. *Os donos do poder*: formação do patronato político brasileiro. 3. ed. rev. São Paulo: Globo, 2001.

HALL, Donald. Desenvolvimento gerencial no setor público: tendências internacionais e organizações-líderes. Trad. de Leticia Schwarz. *Cadernos ENAP*, n. 21, p. 1-99, 2002. Disponível em: <http://www.enap.gov.br/index.php?option=content&task=view&id=258>. Acesso em: 29 mar. 2011.

MARTINS, Luciano. Reforma da Administração Pública e cultura política no Brasil: uma visão geral. Trad. de Istvan Vadja. *Cadernos ENAP*, n. 8, p. 1-61, 1995. Disponível em: <http://www.enap.gov.br/index.php?option=content&task=view&id=258>. Acesso em: 29 mar. 2011.

NOGUEIRA, Roberto Passos. Caracterização dos servidores públicos no Brasil em comparação com outros países. *Observatório de Recursos Humanos em Saúde – NESP/CEAM/UnB*, Brasília, abr. 2005. Disponível em: <http://www.observarh.org.br/nesp/interna.php?id=149>. Acesso em: 29 mar. 2011.

POPPER, Karl Raimund. *A lógica da pesquisa científica*. Tradução de Leônidas Hegenberg e Octanny Silveira da Mota. 8. ed. São Paulo: Cultrix, 2000.

ROCHA, Cármen Lúcia Antunes. *Princípios constitucionais dos servidores públicos*. São Paulo: Saraiva, 1999.

SANTOS, Luiz Alberto dos. *Reforma administrativa no contexto da democracia*: a PEC n. 173/95, suas implicações e adequação ao Estado brasileiro. Brasília: DIAP; Arko Advice, 1997.

SILVEIRA, Raquel Dias da. *Profissionalização da função pública*. Belo Horizonte: Fórum, 2009.

VIEIRA, Leonardo Carneiro Assumpção. *Merecimento na Administração Pública*: concurso público, avaliação de desempenho e política pública de pessoal. Belo Horizonte: Fórum, 2011.

WAHRLICH, Beatriz Marques de Souza. Classificação de cargos e implantação do sistema do mérito: a lei do reajustamento de 1936, suas origens, conteúdo e primeiras repercussões. *Revista de Administração Pública*, v. 10, n. 3, p. 7-46, jul./set. 1976.

YOUNG, Michael. *The Rise of the Meritocracy*. New Brunswick, NJ: Transaction Publishers, 1994.

---

Informação bibliográfica deste texto, conforme a NBR 6023:2002 da Associação Brasileira de Normas Técnicas (ABNT):

VIEIRA, Leonardo Carneiro Assumpção. Educação para a Administração Pública. *In*: BAUTISTA CELY, Martha Lucía; SILVEIRA, Raquel Dias da (Coord.). *Direito disciplinário internacional*: estudos sobre a formação, profissionalização, disciplina, transparência, controle e responsabilidade da função pública = *Derecho disciplinario internacional*: estudios sobre formación, profesionalización, disciplina, transparencia, control y responsabilidad de la función pública. Belo Horizonte: Fórum, 2011. v. 1, t. I, p. 285-301. v. 1: Título Português, t. I: Título Espanhol. ISBN 978-85-7700-446-1.

# LA RESPONSABILIDAD DISCIPLINARIA COMO INSTRUMENTO DE TRANSPARENCIA Y EFICIENCIA DE LA GESTIÓN PÚBLICA

## Miriam Mabel Ivanega

**Sumario**: 1 La Administración Pública en la actualidad. Cuestiones de ética, transparencia y eficiencia – **1.1** Ética y transparencia – **1.2** Eficacia y eficiencia – **2** Disciplina y responsabilidad de los funcionarios públicos – **3** Reflexiones – Bibliografía

## 1 La Administración Pública en la actualidad. Cuestiones de ética, transparencia y eficiencia

La Administración Pública simboliza al Estado y al bien común como generador de cohesión social, de equidad y eficacia,[1] posición que, en la actualidad, no la instituye como titular absoluta de aquel bien, si bien posee una acción dinámica entre el poder público y los agentes sociales.[2]

Desde el principio de la Administración Pública, su reforma fue — es y seguirá siendo — una cuestión que acompaña inexorablemente su existencia. Esta particularidad, en la democracia constituye un trabajo permanente porque es permanente la adecuación de Gobiernos y Administraciones hacia las necesidades colectivas y especialmente a la generación de las mejores condiciones vitales que van a permitir el ejercicio de la libertas solidaria de las personas. Para ello, dicha

---

[1] AGUILERA PORTALES, Rafael Enrique. La participación ciudadana en la administración pública. *AÍDA – Ópera Prima de Derecho Administrativo*: Revista de la Asociación Internacional de Derecho Administrativo, México, a. 3, n. 5, p. 15-57, ene./jun. 2009.

[2] RODRÍGUEZ-ARANA MUÑOZ, Jaime. La participación en la nueva ley de medidas para la modernización del gobierno local. *Revista Iberoamericana de Derecho Público y Administrativo*, a. 5, n. 5, p. 102, 2005; y, del mismo autor, *Ética, poder y Estado*. Buenos Aires: RAP, 2004. p. 88.

reforma "debe hacerse desde la realidad". En ese marco, las nuevas políticas públicas han de centrarse en la preocupación de la sociedad: sus aspiraciones, expectativas, sus problemas, dificultades e ilusiones.[3]

De la mano de la primacía de los tratados de derechos humanos, las reformas estatales, las nuevas tecnologías y en la era de la globalización, las políticas públicas han de estar dirigidas — entre otras cuestiones — a lograr Administraciones Públicas cuya organización, estructura y procedimientos permitan cumplir con los fines que la comunidad le impone.[4]

Los objetivos de los procesos de reforma y modernización administrativas deben entonces, dirigirse a conseguir una Administración más eficaz, que cueste menos y cuya acción se dirija al ciudadano. La legitimación de esta organización tiene que basarse en la capacidad de la acción pública para satisfacer aquellas demandas, siempre en el marco del principio de legalidad y sabiendo que su función se justifica en la medida que sirve con objetividad los intereses generales. Si se pierde de vista esta dimensión se produce el quiebre del sentido y significación de la organización.[5]

En ese desafío, estará presente la incidencia directa que la internacionalización del derecho tiene sobre la estructura administrativa y los procedimientos que aplica. A lo que se suma, el justo equilibrio de sopesar la protección de derechos individuales en el contexto de las necesidades sociales, ámbito en el cual, muchas veces, bien individual y bien común pueden parecer opuestos.[6]

Sin duda alguna, estamos en el ámbito de los derechos fundamentales cuyo significado — siguiendo al profesor Romeu Felipe Bacellar Filho — radica en el deber del Estado no solamente de abstenerse de intervenir en el ámbito de la protección, sino también de protegerlos

---

[3] RODRÍGUEZ-ARANA MUÑOZ, Jaime. *El buen gobierno y la buena administración de instituciones públicas.* Navarra: Aranzadi, 2006. p. 17.

[4] Sin perjuicio de lo señalado, es insoslayable a la hora de analizar las transformaciones de la Administración Pública, el rol que le cabe a la sociedad. Tal como indica Gordillo, no es posible referirse a una administración moderna en una sociedad arcaica, o viceversa, pues entre ellas hay una relación directa. Todo esfuerzo por modernizar la Administración no puede obviar la modernización de la sociedad (GORDILLO, Agustín. La modernización de la administración pública. *AÍDA – Ópera Prima de Derecho Administrativo*: Revista de la Asociación Internacional de Derecho Administrativo, México, a. 1, n. 1, p. 153-171, ene./jun. 2007).

[5] RODRÍGUEZ-ARANA MUÑOZ. La participación en la nueva ley de medidas para la modernización del gobierno local. *Revista Iberoamericana de Derecho Público y Administrativo*, p. 100.

[6] Sobre ello, ver IVANEGA, Miriam Mabel. *Cuestiones de potestad disciplinaria y derecho de defensa.* Buenos Aires: RAP, 2010.

contra la agresión de terceros. Esta concepción muestra una nueva dimensión, pues el Estado de una posición de "adversario" se ubica en una función de "guardián".[7]

En síntesis, el vínculo entre el bien común y el reconocimiento y goce de los derechos fundamentales, surge de una visión integradora, en la medida que la autoridad pública — en su carácter de custodia y promotora del bien común — debe hacer efectiva la vigencia de aquéllos.

Este es el marco, en el cual Administración Pública ha de desplegar toda su potencia. Y es la actividad ciudadana, la que permite reformular la relación con los organismos públicos e instalar el control de la sociedad. Ello obliga a aquella a cumplir con tres condiciones: implementar sistemas eficientes para deslindar y concretar la responsabilidad de los funcionarios públicos; la denominada "tutela administrativa efectiva" — y sus consecuencias frente a la mora en los procedimientos —; y por último, la capacitación y motivación de los agentes públicos. En esta oportunidad, reflexionaremos sobre el primero.

## 1.1 Ética y transparencia

La transparencia debe ser una política pública, en el que se concrete la congruencia entre la Ética y la Política. Por ende, debe considerar la pertinencia, honestidad, eficiencia y eficacia, como sus elementos mensurables.

La Convención de las Naciones Unidas contra la Corrupción en su artículo 7º establece que los Estados Parte, cuando sea apropiado y conforme con los principios fundamentales de su ordenamiento jurídico, procurará adoptar sistemas de convocatoria, contratación, retención, promoción y jubilación de empleados públicos y, cuando proceda, de otros funcionarios públicos no elegidos, o mantener y fortalecer dichos sistemas. Esos sistemas estarán basados en principios de eficiencia y transparencia y en criterios objetivos como el mérito, la equidad y la aptitud. Además incluirán procedimientos adecuados de selección y formación de los titulares de cargos públicos que se consideren especialmente vulnerables a la corrupción, así como, la rotación de esas personas a otros cargos. Los Estados también deberán

---

[7] BACELLAR FILHO, Romeu Felipe. Dignidad de la persona humana, garantía de los derechos fundamentales, derecho civil, derechos humanos y tratados internacionales. *Revista Iberoamericana de Derecho Público y Administrativo*, a. 9, n. 9, p. 150, 2009.

fomentar una remuneración adecuada y escalas de sueldo equitativas, teniendo en cuenta el nivel de desarrollo económico estatal y promover programas de formación y capacitación que permitan cumplir los requisitos de desempeño correcto, honorable y debido de sus funciones y proporcionen capacitación especializada y apropiada para que sean más conscientes de los riesgos de corrupción inherentes al desempeño de sus funciones.

La protección que persigue esta Convención apunta a un fenómeno que sobrepasa los límites geográficos de los países y afecta al sector público y al privado, pues su existencia en el ámbito estatal supone la actuación de un particular que, con su actuación, coadyuva a la formación de relaciones corruptas.[8]

Corrupción implica "la utilización de potestades públicas para intereses particulares",[9] identificándose con la figura de la desviación de poder, esto es, "el uso del poder con violación de la finalidad — de interés público — que inspiró el otorgamiento de las facultades pertinentes al órgano; un uso que deriva en provecho directo de quien lo ejerce o de quien gestiona una conducta determinada".[10]

Convertido en un "verdadero asesino (...) que destruye las reglas de juego",[11] los mecanismos para contrarrestar sus efectos deben siempre partir del reconocimiento del flagelo y sus consecuencias negativas; y de la necesidad de su erradicación.

Señala García de Enterría que desde los años ochenta del siglo XX, tanto en Europa como en países de otros continentes se tomó conciencia de que la corrupción operaba como un verdadero "meta-sistema", de mayor efectividad incluso que los aparatos oficiales sobre los que se había asentado y de los que se alimentaba.[12]

---

[8] En ese sentido puede verse también COMADIRA, Julio Rodolfo. *Derecho administrativo*: acto administrativo, procedimiento administrativo, otros estudios. 2. ed. actualizada y ampliada. Buenos Aires: Lexis-Nexis; Abeledo-Perrot, 2003, Capítulo XXIII; y KLITGAARD, Robert E. Combatiendo la corrupción: información e incentivos. *Nueva Sociedad*, Venezuela, n. 145, p. 56-65, set./oct. 1996.

[9] GONZÁLEZ PÉREZ, Jesús. *La ética en la administración pública*. 2. ed. Madrid: Civitas, 2000. p. 63-64.

[10] JEANNERET DE PÉREZ CORTÉS, María. Función pública, ética pública y corrupción. *In*: ORGANIZACIÓN ADMINISTRATIVA, FUNCIÓN PÚBLICA Y DOMINIO PÚBLICO: jornadas organizadas por la Facultad de Derecho de la Universidad Austral (19, 20 y 21 de mayo de 2004). Buenos Aires: RAP, 2005. p. 649.

[11] KLITGAARD, Robert E. *Controlando la corrupción*: una indagación práctica para el gran problema social de fin de siglo. Trad. de Emilio M. Sierra Ochoa. Buenos Aires: Sudamericana, 1994.

[12] GARCÍA DE ENTERRÍA, Eduardo. *Democracia, jueces y control de la Administración*. 3. ed. ampliada. Madrid: Civitas, 1997. p. 82 *et seq*.

Sin distinción entre países ricos y pobres, se manifiesta de diferentes formas, tal como lo demuestran los catálogos de actos corruptos que incluyen los ordenamientos jurídicos. Responde a una multiplicidad de causas, las cuales no pueden ser todas removidas por el derecho, a pesar de que éste sí "puede elaborar una batería de instrumentos que tiendan a hacer reprimible lo que hasta ahora parece impune; y tiendan a prevenir lo que hasta ahora sólo parece algo destinado a una inocua represión".[13]

La Convención de las Nacionales Unidas antes citada y la Convención Interamericana contra la Corrupción (CICC)[14] son el resultado de la creciente preocupación por estas prácticas, que afectan las transacciones internacionales y los gobiernos de todo el mundo.

Estos instrumentos jurídicos tienen elementos comunes con otras convenciones, como la de Organización para la Cooperación y el Desarrollo Económico (OECD) para el Combate contra el Soborno a Funcionarios Públicos Extranjeros en Transacciones Comerciales Internacionales y la Convención de las Naciones Unidas contra la Delincuencia Organizada Transnacional.

La OEA y la OECD en abril de 2007 firmaron un acuerdo con el objeto de fortalecer la lucha contra la corrupción en la América. Los fines tenidos en mira se basan en la concertación de acciones de cooperación en a) materia de modernización del Estado y b) anticorrupción.

En cuanto al primer objetivo, se identificaron las áreas temáticas de empleo público y Administración; presupuesto y gasto público; gobierno abierto y participación ciudadana y el gobierno electrónico.

Respecto de las medidas anticorrupción, se analizaron los temas de prevención de conflictos de intereses, promoción de la integridad a través de la transparencia y la responsabilidad y el fortalecimiento de esfuerzo anticorrupción en área de mayor riesgo, como contratación y administración pública y el *lobbying*.[15]

La marcada preocupación social en los últimos años es percibida por la mayoría de los politólogos, juristas e intelectuales, situación que alertó a las autoridades gubernamentales de todas las latitudes acerca de los problemas que apareja la existencia de un Estado detrás del Estado, caracterizado por prácticas reñidas con las bases elementales del orden democrático y con el derecho mismo. Se presenta, entonces,

---

[13] VANOSSI, Jorge Reinaldo A. Primera aproximación al enfoque jurídico de la corrupción. *El Derecho – ED*, n. 149, p. 745, set. 1992.

[14] Artículo III, incisos 5º y 11.

[15] Transparencia y rendición de cuentas, en el sitio web: <http://www.respondanet.com>.

en un marcado desprecio hacia los principios de legalidad, publicidad, transparencia, control y responsabilidad de los actos de gobierno, que refleja una alarmante disfunción estructural, política y administrativa.[16]

Entre los aspectos que resultan afectados por las prácticas corruptas se ubica el procedimiento administrativo, que en cualquier Estado de Derecho permite "imponer a la Administración y a quienes prestan servicio el deber de objetividad y sometimiento a la ley".[17]

Los procedimientos irregulares visten de manera formal la atención a intereses particulares, clientelistas, ajenos a todo interés público, lo que supone un grado de agresión al ordenamiento y a los derechos de los ciudadanos. Se suelen utilizar el derecho y la legalidad como coartadas de un fenómeno de corrupción. Ejemplos de esta situación se encuentran en dos ámbitos: en la selección del personal público y en los contratos administrativos.[18]

En el primer supuesto, la exigencia constitucional de idoneidad, además de los requisitos establecidos reglamentariamente — basados en la capacitación, el mérito —, están dirigidos a que lograr que los mejores sean los que puedan acceder a formar parte de la Administración. De ahí que la imparcialidad en los procesos de selección deba estar asegurada a través de la exigencia de parámetros objetivos. Sin embargo, la realidad suele mostrar desvíos, cuyo análisis no abordaremos en esta oportunidad, aun cuando es evidente que el "direccionamiento" de los concursos, para favorecer a personas determinadas, suele ser la modalidad tradicional en estos procedimientos.

El segundo ámbito en el que la corrupción se presenta en forma frecuente, es el de las contrataciones administrativas, cuyo impacto económico-financiero lo reviste de una trascendencia particular. Incluimos tanto el procedimiento de formación del contrato, como su ejecución.

En el campo contractual, la legitimidad de cualquier decisión debe examinarse considerando, por un lado, la obligación que pesa sobre la Administración de no incurrir en prácticas que impliquen comprometer intereses superiores, que ella misma debe preservar; y por el otro, que el contratista se comporte con diligencia, prudencia y

---

[16] COMADIRA, Julio Rodolfo. La regulación jurídica de la ética pública. *Revista de Derecho Público*, 2002-2: La emergencia económica, segunda parte, Santa Fe, Rubinzal Culzoni, p. 598 *et seq.*, 2002.

[17] NEVADO-BATALLA MORENO, Pedro T. *Legalidad y buena administración*: garantía del ciudadano frente a la corrupción y las malas prácticas en la gestión pública. Bogotá: Pontificia Universidad Javeriana: Ibañez, 2009. p. 35 *et seq.*

[18] Nos basamos en NEVADO-BATALLA MORENO, *op. cit.*, p. 56 *et seq.*

buena fe, en atención a su condición de colaborador de aquella en la realización de un fin público.[19]

Frente a esa realidad, un modelo ético aparece como una herramienta fundamental en la gestión pública.

La ética, en términos de Julio Rodolfo Comadira, no es un mero análisis lingüístico, ni puro empirismo psicológico o sociológico; "es ciencia teórica porque su objeto reside en la fundamentación teórica del orden práctico humano y supone, por ende, un conocimiento cierto y sistemático de la debida ordenación de los actos humanos; es práctica precisamente porque se refiere a algo que el hombre ha de realizar con arreglo a la razón y es normativa porque estudia las reglas que fijan lo debido para la acción de éste".[20]

La ética pública es entendida como "el conjunto de normas morales que rigen la conducta del hombre en cuanto integrante de un pueblo o ciudad — en cuanto ciudadano, sea o no funcionario, y en orden al bien común, bien público o bienestar general".[21]

La idea central está puesta en el servicio a la colectividad, es decir, en la realización del bien común.[22]

La experiencia moral del ciudadano como funcionario y del particular en tanto colaborador de la Administración, constituyen el punto de partida de la investigación en la ciencia de la ética pública; su resultado es la determinación del sentido de aquella experiencia con base en los principios universales que proporciona la razón. Ello supone la exigibilidad de ciertos valores deseables, respecto de la conducta de los agentes públicos. La conducta de éstos será ética si se exteriorizara el cumplimiento de los deberes y pautas que derivan de aquellos valores.[23]

Ética pública y ética privada no son diferentes, sino que la primera es la proyección en el ámbito público de los principios éticos comunes.[24] Por ello, y en idéntico sentido, se entiende que no existen

---

[19] IVANEGA, Miriam Mabel. El principio de buena fe en los contratos administrativos. *Revista Argentina del Régimen de la Administración Pública*, n. 360, p. 25, 2009. En ese sentido, respecto a una rescisión contractual, ver: CSJN. *Fallos* 325:1787 (2002).

[20] COMADIRA. La regulación jurídica de la ética pública, *op. cit.*

[21] GONZÁLEZ PÉREZ, *op. cit.*, p. 40.

[22] RODRÍGUEZ-ARANA MUÑOZ, Jaime. *La dimensión ética*. Madrid: Dykinson, 2001. p. 293. Ver también SACRISTÁN, Estela B. Una reflexión sobre la faz ética de los requisitos del acto administrativo. *El Derecho – Diario de Doctrina y Jurisprudencia*, a. 48, n. 12540, p. 1-6, 8 jul. 2010.

[23] COMADIRA, Julio Rodolfo. La ética pública y el ciudadano común. *elDial.com*: Biblioteca Jurídica Online, Buenos Aires, 2003. Disponible en el sitio web: <http://www.eldial.com>.

[24] RODRÍGUEZ-ARANA MUÑOZ, Jaime. *Principios de ética pública*: ¿corrupción o servicio?. Madrid: Montecorvo, 1993. p. 24-25. Ver también CAPUTI, María Claudia. *La ética pública*. Buenos Aires: Depalma, 2000.

dos morales o éticas, sino que dos manifestaciones distintas de una misma realidad: dos dimensiones diferentes de un mismo fenómeno.[25]

*La ejemplaridad y la honradez son virtudes que deben presidir la actuación de los servidores públicos. El político y el funcionario deben respetar los estándares de conducta de la sociedad, la conducta moral exigible y exigida en la normal convivencia de las personas estimadas honestas.*[26]

Como ciencia, se apoya entre lo que se puede y lo que se debe hacer. Y con igual sustento, aplicada a la función pública la ética tiene su eje central en la idea de servicio.[27]

Nada más ilustrativo que Max Weber, en su distinción en cuanto a la acción éticamente orientada, la que puede ajustarse a dos máximas distintas entre sí e irremediablemente opuestas:

> Puede orientarse conforme a la "ética de la convicción" o conforme a la "ética de la responsabilidad" (...). Cuando las consecuencias de una acción realizada conforme a la ética de la convicción son malas, quien la ejecutó no se siente responsable de ellas, sino que responsabiliza al mundo, a la estupidez de los hombres o la voluntad de Dios que lo hizo así. Quien actúa conforme a una ética de la responsabilidad, por el contrario, toma en cuenta los defectos del hombre medio. (...) no se siente en situación de poder descargar sobre otros aquellas consecuencias de su acción que él pudo prever. Se dirá siempre que esas consecuencias son imputables a su acción.[28]

## 1.2 Eficacia y eficiencia

Ser eficaz consiste en lograr o alcanzar los objetivos propuestos, las metas programadas, o los resultados deseados. De esta forma, una actividad, un proyecto o un programa, serán efectivas en la medida que los propósitos, metas o resultados sean obtenidos o logrados.

La eficacia es propia de la naturaleza de toda organización, dado que no podría concebirse organismo o ente público que careciera de objetivos, finalidades o propósitos que justifiquen su existencia.

---

[25] GONZÁLEZ PÉREZ, *op. cit.*, p. 27-28.

[26] "Una cosa es una ética pública no confesional y otra muy distinta que sólo sea relevante la conducta delictiva o la que ponga en peligro los caudales públicos y secretos oficiales" (GONZÁLEZ PÉREZ, *op. cit.*, p. 42 et seq.).

[27] RODRÍGUEZ-ARANA MUÑOZ. *Ética, poder y Estado, op. cit.*, p. 7, 35-36.

[28] WEBER, Max. *El político y el científico*. Trad. de Francisco Rubio Llorente. Madrid: Alianza Editorial, 1998. p. 164.

Es importante para lograr eficacia en la gestión, que las metas propuestas sean mensurables, claras y precisas.[29]

Parejo Alfonso señala que la eficacia está relacionada con la efectividad, definida como la cualidad de efectivo, "significando este adjetivo *real y verdadero, en oposición a los quimérico, dudoso o nominal* y hacer efectivo *llevar a efecto,* es decir, y conforme al significado (entre otros) de esta última voz, *lo que se sigue en virtud de una causa"*.[30]

La eficiencia, en forma complementaria, es un criterio que relaciona la productividad de las operaciones o actividades con una medida, criterio o estándar de desempeño.

Está "unida a un modelo de rendimiento y se configura a través de la relación entre la productividad — insumos y resultado — y el modelo o patrón de rendimiento".[31]

En el ejercicio de las funciones tiene jerarquía constitucional, al constituir un valor imprescindible para obtener el bienestar general y la prosperidad del país, pudiendo apreciarse respecto de la estructura de la Administración Pública, desde un punto de vista estático y dinámico. El primero, permite saber como se combinan sus componentes para producir el resultado esperado, la óptica dinámica lleva a considerar la actitud del aparato para responder a nuevas necesidades, con acciones adheridas al fin.[32]

# 2 Disciplina y responsabilidad de los funcionarios públicos

La Administración pública está compuesta por personas que, con defectos o virtudes, cumplen con sus funciones, pero que en ciertas situaciones incurren en dolo, negligencia o culpa. "Supuesto en los que parece lógico que no responda única y exclusivamente la Administración, sino que responda porque es el causante del daño, el funcionario que actúa en determinado sentido y que provoca una determinada lesión o perjuicio en un derecho o en un bien de un ciudadano".[33]

---

[29] En este aspecto los "presupuestos por programas" permiten establecer las metas proyectadas por cada entidad pública.

[30] PAREJO ALFONSO, Luciano. *Eficacia y administración:* tres estudios. Madrid: Instituto Nacional de Administración Pública: Boletín Oficial del Estado, 1995. p. 92.

[31] MATA, Ismael. Legalidad y eficiencia en la administración pública. *In:* CARDÓN, Rubén C. A. *Estudios sobre tribunales de cuentas y de control público.* Salta: Comisión Bicameral Examinadora de Obras de Autores Salteños, 1996. p. 340.

[32] MATA, *op. cit.,* p. 341, 343.

[33] RODRÍGUEZ-ARANA MUÑOZ, Jaime. Nuevas orientaciones doctrinales sobre la responsabilidad patrimonial de la administración pública. *A&C – Revista de Direito Administrativo & Constitucional,* v. 3, n. 12, p. 73-86, abr./jun. 2003.

El sistema de responsabilidad del personal al servicio de la Administración, es un instrumento sobresaliente al servicio del Estado de Derecho, "garantizador del principio de legalidad y batiente de la corrupción".[34]

La atribución de competencias lleva consigue la asignación de responsabilidades por su ejercicio.

Si bien la responsabilidad del Estado y de los funcionarios constituye sustancialmente una garantía, que el primer interesado en que el principio de legalidad sea cumplido por sus agentes, es el propio Estado. De ese modo, la responsabilidad de los funcionarios es un factor preventivo o de disuasión para los agentes públicos que, por las razones que fueren, se sintieren tentados de actuar en forma irregular.

En definitiva, un sistema de responsabilidad protector de los diversos bienes jurídicos que se vinculan con la actividad pública, que sea respetado tanto por aquellos que deben aplicarlo como por los sujetos sometidos a él, termina por convertirse también, en un modelo de gestión legal y eficiente.

En lo que nos interesa, el régimen disciplinario tiene una especial justificación y se convierte en un mecanismo esencial en la Administración Pública en el marco de los designios éticos y de la búsqueda de la eficiencia y eficacia de la gestión. Por ejemplo, el agente público, por la naturaleza de su actividad, tiene una serie de deberes y obligaciones que no se aplican a los empleados del sector privado; entre ellos, el sistema de incompatibilidades, de conflictos de intereses, la probidad. Ello es así porque se está en presencia de deberes que trascienden la esfera del interés de la propia Administración, como organización y que afectan a los principios generales del orden constitucional.[35]

En efecto, tratándose de servidores públicos, los intereses en juego en la responsabilidad disciplinaria distan de ser individuales. Por el contrario, son colectivos. La indebida actuación de aquél da lugar al cuestionamiento de la confianza que el ciudadano depositó en el aparato administrativo y compromete incluso bienes de interés colectivo.[36]

La Administración, como cualquier organización, asegura su adecuado funcionamiento mediante la utilización de instrumentos

---

[34] NEVADO-BATALLA MORENO, *op. cit.*, p. 120.

[35] SÁNCHEZ MORÓN, Miguel. *Derecho de la función pública*. 4. ed. Madrid: Tecnos, 2004. p. 285.

[36] RINCÓN CÓRDOBA, Jorge Iván. *Derecho administrativo laboral*: empleo público, sistema de carrera administrativa y derecho a la estabilidad laboral. Bogotá: Universidad Externado de Colombia, 2009. p. 576.

encaminados a asegurar la disciplina de las personas que lo forman. Esta realidad está presente en diversas áreas de conocimiento, como la "sociología, la psicología del trabajo, la ciencia de la administración y por supuesto el derecho".[37]

La responsabilidad disciplinaria se entrelaza directamente con el compromiso que tiene todo agente de cumplir con sus deberes y obligaciones, en el correcto ejercicio de los derechos reconocidos y en no incurrir en conductas prohibidas por las normas jurídicas.[38]

En el estudio de las potestades estatales, la doctrina española señala que, en la cuestión en materia sancionatoria en las llamadas relaciones de sujeción especial, la Administración para mantener el orden interno de su organización dispone siempre de un poder disciplinario que le permite imponer sanciones a sus agentes. La peculiaridad de estas sanciones reside en dos caracteres "el reconocimiento de una especie de titularidad natural de la Administración, derivada de actuar en su propio ámbito interno o doméstico, tutelando su propia organización y funcionamiento, por una parte, y, en segundo término, la estimación como ilícitos sancionables de conductas valoradas con criterios deontológicos más que estrictamente jurídicos (...). Por ello que la tradición del derecho público ha pretendido dispensar al ejercicio de este tipo de potestad de los requisitos generales de la legalidad y la tipicidad, sustituyendo estas reglas por una suerte de potestad doméstica, legitimada en la simple posición de un previo sometimiento general de los destinatarios de — voluntario normalmente, pero no siempre: soldados, presos — de las medidas disciplinarias".[39]

La integración general de estos poderes disciplinarios, entre los poderes sancionatorios generales, permite entender que "la única singularidad que hoy resta de las sanciones disciplinarias respeto de las demás sanciones administrativas es, en su relación con las penas judiciales, la inaplicación respecto de ellas del principio *non bis in idem*, esto es, su compatibilidad con dichas penas".[40]

En el contexto de los fines de esta potestad y partiendo de la base de que su fundamento radica en la preservación y autoprotección de la organización administrativa en el correcto funcionamiento de los servicios administrativos, se ha sostenido que el ejercicio de esta potestad

---

[37] RINCÓN CÓRDOBA, *op. cit.*, p. 568.

[38] RINCÓN CÓRDOBA, *op. cit.*, p. 569-570.

[39] GARCÍA DE ENTERRÍA, Eduardo; RAMÓN FERNÁNDEZ, Tomás. *Curso de derecho administrativo*. 13. ed. Madrid: Thomson-Civitas, 2006. t. II, p. 170 *et seq.*

[40] GARCÍA DE ENTERRÍA; RAMÓN FERNÁNDEZ, *op. cit.*, p. 170 *et seq.*

tiene características: a) implica el ejercicio de poderes inherentes de la Administración pública; b) la existencia de una relación de función pública; c) una conducta violatoria de deberes o prohibiciones por parte del agente que justifica el ejercicio de la potestad; d) un *fin*: asegurar el adecuado funcionamiento de aquella.[41]

Ciertos autores que basan la existencia en la propia organización administrativa, se enmarcan en la tesis de las facultades inherentes de la Administración Pública. En ese extremo se postula que el Estado se vale de la Administración para satisfacer de manera concreta, práctica y permanente su fin, el bien común. De esta forma, el poder disciplinario tiene como objeto resguardar el orden interno de la organización.[42]

En la República Argentina, la Corte Suprema de Justicia de la Nación,[43] en sus anteriores composiciones, y la Procuración del Tesoro de la Nación han insistido en este enfoque, considerando que aquella potestad tiene por finalidad asegurar y mantener el normal funcionamiento de los servicios a su cargo, por el cual la imposición de las sanciones disciplinarias es consecuencia del ejercicio de una facultad inherente al poder de administrar.[44]

Se advierte que estos criterios se ubican en la base sociológica de la cuestión administrativa y disciplinaria, demorando su consideración más estrictamente jurídica. Coincidimos en que la organización requiere de un orden que exige disciplina, pero conectada al derecho. De ahí que la organización no adquiere su poder disciplinario de su condición de tal, sino del otorgamiento de esa facultad por la ley.[45]

A estos argumentos cabe agregar que la Administración no es un fin en sí, sino un medio para conseguir el objetivo estatal del bien común. Por ello el poder disciplinario trasciende a la Administración e incide en la sociedad mediante la transparencia y el ejemplo que deben mostrar los funcionarios públicos.

---

[41] Ver COMADIRA, Julio Rodolfo. Responsabilidad administrativa de los funcionarios públicos. *In*: RESPONSABILIDAD DEL ESTADO Y DEL FUNCIONARIO PÚBLICO: jornadas organizadas por la Facultad de Derecho de la Universidad Austral (28, 29 y 30 de junio de 2000). Buenos Aires: RAP, 2001.

[42] GOANE, René Mario. El poder disciplinario de la administración: algunos aspectos controvertidos en la doctrina nacional. *In*: CASSAGNE, Juan Carlos (Ed.). *Derecho administrativo*: obra colectiva en homenaje al Profesor Miguel S. Marienhoff. Buenos Aires: Abeledo-Perrot, 1998.

[43] CSJN. *Fallos*: 254:43; 250:418; 258:92.

[44] PTN. *Dictámenes*: 121:166; 199:175.

[45] GARCÍA PULLÉS, Fernando Raúl. *Régimen de empleo público en la administración nacional*. Buenos Aires: Lexis-Nexis, 2005. p. 285.

El criterio de la potestad inherente puede tener efectos ilimitados.

Por ello, a nuestro entender es necesario realizar algunas precisiones diferenciando los objetivos del procedimiento sumarial y la sanción.

Si ahondamos en el bien jurídico protegido a través de la potestad disciplinaria, y en sus objetivos prioritarios, el procedimiento sumarial en consuno con esos fines servirá para determinar la existencia de faltas disciplinarias que, más allá de involucrar una culpa o negligencia, también permitirán detectar las fallas de los sistemas de gestión y de los procedimientos y controles internos.

Entendido de esta manera, el sumario coadyuvará a detectar las deficiencias de la organización, aún sin proponérselo el instructor como fin principal. La búsqueda de la verdad material, es fundamental en esta materia, pues es la que dá contenido a la mentada inherencia que proclama un sector de la doctrina y la jurisprudencia.

En forma consecuente, la inherencia en términos absolutos por sí misma no tiene cabida en la juridicidad actual, debe encontrar su base y límite en los principios del procedimiento administrativo que se instituyen en principios generales del derecho. En consecuencia, no podría privarse a la Administración de la facultad de iniciar una investigación interna para detectar irregularidades y, en su caso, las falencias de su propia organización.

Radicalmente opuesto es el caso de la aplicación de una sanción disciplinaria. Si durante la sustanciación de un sumario se determinara que los posibles involucrados no se encuentran sujetos a la potestad disciplinaria (*v.g.*, por haber dejado de pertenecer a los cuadros de la Administración antes de su inicio, por no revestir el carácter de personal con estabilidad) no podría la autoridad competente dictar un acto sancionatorio basado en la inherencia de la potestad y el orden interno que debe preservar.

En definitiva, la estructura administrativa es jurídica, y por ello, es imposible aplicar una sanción disciplinaria sin el respeto del principio de juridicidad. Ello sería contrario a la noción misma de Administración pública.

Por último, es necesario puntualizar que la inherencia no es peligrosa en sí misma. Toda organización pública o privada reconoce un orden interno basado en estructuras, procedimientos, delimitación de competencias. La noción de organización lleva supone en sí misma, el sentido del orden. La disciplina, en ese sentido, sí es inherente, por formar parte de la esencia de todo ente organizado. Pero ello no puede traducirse en *potestades disciplinarias inherentes*, pues el poder debe ser el producto del reconocimiento constitucional y legal. Es decir que el problema no es la inherencia, sino las consecuencias de extenderlas para justificar la actuación estatal.[46]

# 3 Reflexiones

El Estado Constitucional de Derecho obliga a analizar las responsabilidades de los funcionarios públicos, a partir de los principios que lo informan y de la transformación operada en la Administración Pública. Ello se resume en la revalorización de las funciones a cargo de los agentes y en el reconocimiento de sus derechos y del interés público comprometido en toda actividad estatal.

En ese marco, la persona como individuo y como parte de una sociedad, se encuentra protegida frente a los avances injustos de los poderes públicos en su doble faz: por un lado, la Administración debe respetar a la ley; por el otro, el legislador debe respetar la Constitución, las Convenciones de Derechos Humanos y demás disposiciones supranacionales.[47]

De ahí que con razón se haya sostenido la importancia de pensar en una organización pública diferente, permeable al nuevo orden jurídico, que se ajuste al sistema jurídico de derechos humanos, que provocó un impacto de imprevisibles consecuencias.[48]

Los cambios producidos en los ambientes y misiones de las organizaciones públicas desde el establecimiento de la antigua ortodoxia, han sido muy significativos. Hace ya más de dos décadas, que se vienen analizando diversas tendencias que inciden sobre aquellas organizaciones, que no siempre logran adaptarse de conformidad con las exigencias políticas, económicas, culturales. La complejidad social y organizacional, las relaciones entre los sectores público y privado, la continuidad de los cambios tecnológicos, los recursos y desarrollo limitados de los primeros, la diversidad de la fuerza de trabajo, la calidad de vida, el ambientalismo son algunos de los aspectos que inciden en la estructura.

---

[46] Ampliar en IVANEGA. *Cuestiones de potestad disciplinaria y derecho de defensa, op. cit.*, Capítulo II.

[47] GORDILLO, Agustín. *Tratado de derecho administrativo*. 10. ed. Buenos Aires: Fundación de Derecho Administrativo, 2009. (Defensa del usuario y del administrado, t. II, p. III-28 *et seq.*).

[48] GUTIÉRREZ COLANTUONO, Pablo Ángel. *Administración pública, juridicidad y derechos humanos*. Buenos Aires: Abeledo-Perrot, 2009. p. 270 *et seq.*

Las interacciones fuera de los vínculos verticales típicos del ámbito público dan paso a un contexto complejo y ambiguo, que confía en la interdependencia de niveles y unidades tanto dentro de la organización como entre éstas y los privados.[49]

Esta necesaria adaptación de las estructuras administrativas no modifica sino, por el contrario, reafirma la idea de que se está frente a una organización puesta al servicio de la comunidad, en la cual el rol de los agentes públicos y las responsabilidades que derivan del ejercicio de sus funciones, constituyen un pilar esencial. Brindar respuestas eficaces e idóneas en el desempeño de sus cargos, responder por los compromisos asumidos y hacerse cargo del resultado de su actividad, constituyen ejemplos del lugar que les cabe en el desarrollo del Estado constitucional de Derecho.

En todo, el comportamiento de los agentes públicos implica cumplir sus funciones con profesionalidad, eficiencia, ética, imparcial, adoptar la *conducta debida*, la que se merece la sociedad demandante de servicios, de obras, de derechos que efectivamente se concreten. En consecuencia, las responsabilidades por la actuación irregular no se encuentran ubicadas en el contexto jurídico meramente formal: siempre su aplicación concreta obedecerá a intereses estatales superiores.

# Bibliografía

AGUILERA PORTALES, Rafael Enrique. La participación ciudadana en la administración pública. *AÍDA – Ópera Prima de Derecho Administrativo*: Revista de la Asociación Internacional de Derecho Administrativo, México, a. 3, n. 5, p. 15-57, ene./jun. 2009.

BACELLAR FILHO, Romeu Felipe. Dignidad de la persona humana, garantía de los derechos fundamentales, derecho civil, derechos humanos y tratados internacionales. *Revista Iberoamericana de Derecho Público y Administrativo*, a. 9, n. 9, 2009.

BOZEMAN, Barry (Coord.). *La gestión pública*: su situación actual. Trad. de Mónica Utrilla de Neira. 2. reimp. México: Fondo de Cultura Económica, 2006.

CAPUTI, María Claudia. *La ética pública*. Buenos Aires: Depalma, 2000.

---

[49] Ver BOZEMAN, Barry (Coord.). *La gestión pública*: su situación actual. Trad. de Mónica Utrilla de Neira. 2. reimpr. México: Fondo de Cultura Económica, 2006, en particular el Capítulo XXII.

COMADIRA, Julio Rodolfo. *Derecho administrativo*: acto administrativo, procedimiento administrativo, otros estudios. 2. ed. actualizada y ampliada. Buenos Aires: Lexis-Nexis: Abeledo-Perrot, 2003.

COMADIRA, Julio Rodolfo. La ética pública y el ciudadano común. *elDial. com*: Biblioteca Jurídica Online, Buenos Aires, 2003. Disponible en el sitio web: <http://www.eldial.com>.

COMADIRA, Julio Rodolfo. La regulación jurídica de la ética pública. *Revista de Derecho Público*, 2002-2: La emergencia económica, segunda parte, Santa Fe, Rubinzal Culzoni, p. 598 *et seq.*, 2002.

COMADIRA, Julio Rodolfo. Responsabilidad administrativa de los funcionarios públicos. *In*: RESPONSABILIDAD DEL ESTADO Y DEL FUNCIONARIO PÚBLICO: jornadas organizadas por la Facultad de Derecho de la Universidad Austral (28, 29 y 30 de junio de 2000). Buenos Aires: RAP, 2001.

GARCÍA DE ENTERRÍA, Eduardo. *Democracia, jueces y control de la administración*. 3. ed. ampliada. Madrid: Civitas, 1997.

GARCÍA DE ENTERRÍA, Eduardo; RAMÓN FERNÁNDEZ, Tomás. *Curso de derecho administrativo*. 13. ed. Madrid: Thomson-Civitas, 2006. t. II.

GARCÍA PULLÉS, Fernando Raúl. *Régimen de empleo público en la administración nacional*. Buenos Aires: Lexis-Nexis, 2005.

GOANE, René Mario. El poder disciplinario de la administración: algunos aspectos controvertidos en la doctrina nacional. *In*: CASSAGNE, Juan Carlos (Ed.). *Derecho administrativo*: obra colectiva en homenaje al Profesor Miguel S. Marienhoff. Buenos Aires: Abeledo-Perrot, 1998.

GONZÁLEZ PÉREZ, Jesús. *La ética en la administración pública*. 2. ed. Madrid: Civitas, 2000.

GORDILLO, Agustín. La modernización de la administración pública. *AÍDA – Ópera Prima de Derecho Administrativo*: Revista de la Asociación Internacional de Derecho Administrativo, México, a. 1, n. 1, p. 153-171, ene./jun. 2007.

GORDILLO, Agustín. *Tratado de derecho administrativo*. 10. ed. Buenos Aires: Fundación de Derecho Administrativo, 2009. (Defensa del usuario y del administrado, t. II).

GUTIÉRREZ COLANTUONO, Pablo Ángel. *Administración pública, juridicidad y derechos humanos*. Buenos Aires: Abeledo-Perrot, 2009.

IVANEGA, Miriam Mabel. *Cuestiones de potestad disciplinaria y derecho de defensa*. Buenos Aires: RAP, 2010.

IVANEGA, Miriam Mabel. El principio de buena fe en los contratos administrativos. *Revista Argentina del Régimen de la Administración Pública*, n. 360, 2009.

JEANNERET DE PÉREZ CORTÉS, María. Función pública, ética pública y corrupción. *In*: ORGANIZACIÓN ADMINISTRATIVA, FUNCIÓN PÚBLICA Y DOMINIO PÚBLICO: jornadas organizadas por la Facultad de Derecho de la Universidad Austral (19, 20 y 21 de mayo de 2004). Buenos Aires: RAP, 2005.

KLITGAARD, Robert E. Combatiendo la corrupción: información e incentivos. *Nueva Sociedad*, Venezuela, n. 145, p. 56-65, set./oct. 1996.

KLITGAARD, Robert E. *Controlando la corrupción*: una indagación práctica para el gran problema social de fin de siglo. Trad. de Emilio M. Sierra Ochoa. Buenos Aires: Sudamericana, 1994.

MATA, Ismael. Legalidad y eficiencia en la administración pública. *In*: CARDÓN, Rubén C. A. *Estudios sobre tribunales de cuentas y de control público*. Salta: Comisión Bicameral Examinadora de Obras de Autores Salteños, 1996.

NEVADO-BATALLA MORENO, Pedro T. *Legalidad y buena administración*: garantía del ciudadano frente a la corrupción y las malas prácticas en la gestión pública. Bogotá: Pontificia Universidad Javeriana: Ibañez, 2009.

PAREJO ALFONSO, Luciano. *Eficacia y administración*: tres estudios. Madrid: Instituto Nacional de Administración Pública: Boletín Oficial del Estado, 1995.

RINCÓN CÓRDOBA, Jorge Iván. *Derecho administrativo laboral*: empleo público, sistema de carrera administrativa y derecho a la estabilidad laboral. Bogotá: Universidad Externado de Colombia, 2009.

RODRÍGUEZ-ARANA MUÑOZ, Jaime. *El buen gobierno y la buena administración de instituciones públicas*. Navarra: Aranzadi, 2006.

RODRÍGUEZ-ARANA MUÑOZ, Jaime. *Ética, poder y Estado*. Buenos Aires: RAP, 2004.

RODRÍGUEZ-ARANA MUÑOZ, Jaime. *La dimensión ética*. Madrid: Dykinson, 2001.

RODRÍGUEZ-ARANA MUÑOZ, Jaime. La participación en la nueva ley de medidas para la modernización del gobierno local. *Revista Iberoamericana de Derecho Público y Administrativo*, a. 5, n. 5, 2005.

RODRÍGUEZ-ARANA MUÑOZ, Jaime. Nuevas orientaciones doctrinales sobre la responsabilidad patrimonial de la administración pública. *A&C – Revista de Direito Administrativo & Constitucional*, v. 3, n. 12, p. 73-86, abr./jun. 2003.

RODRÍGUEZ-ARANA MUÑOZ, Jaime. *Principios de ética pública*: ¿corrupción o servicio?. Madrid: Montecorvo, 1993.

SACRISTÁN, Estela B. Una reflexión sobre la faz ética de los requisitos del acto administrativo. *El Derecho – Diario de Doctrina y Jurisprudencia*, a. 48, n. 12540, p. 1-6, 8 jul. 2010.

SÁNCHEZ MORÓN, Miguel. *Derecho de la función pública*. 4. ed. Madrid: Tecnos, 2004.

VANOSSI, Jorge Reinaldo A. Primera aproximación al enfoque jurídico de la corrupción. *El Derecho – ED*, n. 149, p. 745, set. 1992.

WEBER, Max. *El político y el científico*. Trad. de Francisco Rubio Llorente. Madrid: Alianza Editorial, 1998.

---

Informação bibliográfica deste texto, conforme a NBR 6023:2002 da Associação Brasileira de Normas Técnicas (ABNT):

IVANEGA, Miriam Mabel. La responsabilidad disciplinaria como instrumento de transparencia y eficiencia de la gestión pública. *In*: BAUTISTA CELY, Martha Lucía; SILVEIRA, Raquel Dias da (Coord.). *Direito disciplinário internacional*: estudos sobre a formação, profissionalização, disciplina, transparência, controle e responsabilidade da função pública = *Derecho disciplinario internacional*: estudios sobre formación, profesionalización, disciplina, transparencia, control y responsabilidad de la función pública. Belo Horizonte: Fórum, 2011. v. 1, t. I, p. 303-320. v. 1: Título Português, t. I: Título Espanhol. ISBN 978-85-7700-446-1.

# El Control Interno Disciplinario en Colombia

## Martha Lucía Bautista Cely

**Sumario**: 1 Control disciplinario externo – 2 Control disciplinario interno – 3 Conclusiones

El objeto de este artículo, está encaminado a dar una visión general de la estructura, implementación y legalización del control interno disciplinario que rige en forma general a todos los servidores públicos en Colombia; de manera especial la competencia, conformación e idoneidad de los integrantes de las diversas oficinas de control interno disciplinario de las distintas entidades del Estado Colombiano.

Toda entidad tiene el deber funcional de implementar controles que redunden en la eficiencia, eficacia, transparencia y equidad de sus servidores y de los usuarios del servicio público en general. Para poder cumplir eficientemente los planes propuestos para la buena marcha de la administración pública y resultados de verdadera eficiencia debe desarrollarse métodos de medición y control que nos permitan identificar errores o fallas que ocasionen desviaciones entre lo que se ha planeado y lo que se está ejecutando e implantar las medidas correctivas que sean necesarias.

La moderna concepción del Estado Social de Derecho, Democrático y Participativo, hace inevitable que el concepto "Control", esté matizado por el ingrediente personal de quien realiza la labor o actividad, para que junto con quienes observan y valoran dicha tarea se convierta en el verdadero elemento gerencial que hoy reclama la sociedad, todo ello, en orden a desarrollar y preservar las empresas y entidades públicas o privadas, con resultados eficientes, eficaces y transparentes.

Debe precisarse que la definición que nos ocupa, en un mundo globalizado, sin fronteras, lleno de tecnología al alcance de todos los ciudadanos y servidores públicos, tiene que ser suficientemente aprehendido y empoderado, esto es, competentemente interiorizado, asimilado y cotejado, para que su significado no se restringa al de la mera vigilancia que un tercero hace de la actividad de otro. El concepto control tiene que estar inspirado de ese elemento de dirección personal que en términos modernos y desarrollados denominamos "Autocontrol".

Las sociedades modernas, contemporáneas y competitivas que nos rodean exigen que todo servidor, público o privado, controle su propia actividad, igualmente reclaman que debe tener conciencia de que su acción no se restringe al mero cumplimiento del deber funcional, esencialmente ha de tener presente que sus actos además de ser controlados por otros, indiscutiblemente tienen que serlo por sí mismo, por tanto, debe asumir, claramente, que su accionar produce consecuencias en las labores diariamente ejecutadas y que todas ellas deben ser apropiadas con mayor rigurosidad. Esta asunción de conciencia y consecuencias es lo que en términos modernos se denomina "responsabilidad".[1]

Este proceso de verificación (auto control) y mejoramiento continuo al que está llamado todo ser humano, de manera especial todo servidor público, por su inherente inteligencia, ingenio, compromiso y responsabilidad social, tiene que ser una exigencia personal constante e incesante, pero sobre todo, asumida de manera voluntaria por quien la confecciona.

A partir de la Posguerra, en la moderna concepción del Estado Social de Derecho, Democrático y Participativo, el concepto de control se halla inmerso en varias constituciones del mundo, es el caso de la Alemana y de la Española, para nuestro caso, de manera marcada y reiterada, en nuestra propia Carta Constitucional, en ciertos eventos con dicho término en otros con el término vigilar.

Además de otros controles mencionados en esta exposición, nuestra Carta Política Colombiana hace referencia al término control en innumerables artículos, no obstante, para el objeto de esta labor se rescata aquellos que llevan sobreentendido la noción de autocontrol, tal es el caso del llamado "Control Disciplinario", control de gestión

---

[1] BAUTISTA CELY, Martha Lucía; HERNÁNDEZ RAMÍREZ, Fabio. *El control interno de las entidades estatales*. Bogotá: Instituto Colombiano de Derecho Disciplinario, 2008.
*Diccionario de la real Academia de la lengua*: "Cargo u obligación moral que resulta para uno de reparar el posible yerro en cosa o asunto determinado. – De responsable: deuda, obligación de reparar y satisfacer por si o por otro, a consecuencia de delito, de una culpa o de otra causa legal".

y control social, términos estos contenidos de manera expresa en los artículos 256.3 y 277.6; 267 a 274; 40,103, 270 y 356, de la constitución, respectivamente, que resultan preponderantes en la administración pública, que son de obligatorio cumplimiento, pero que a pesar del transcurrir histórico de algunas normas que los desarrolla, generan confusión, principalmente por los vaivenes de la política, la inestabilidad de ciertos cargos públicos y la desidia de ciertos servidores en su aplicación.

Toda actividad del ser humano que tiene como propósito alcanzar un objetivo o meta debe ser planificada, ejecutada y revisada, para su desarrollo requiere recursos, lo mismo que medir sus propios riesgos, momento en el cual nace el sentido de administración y la idea del proceso que se debe confeccionar para luego obtener resultados con base en los objetivos propuestos. Justamente, en este proceso es donde interviene el término o concepto "control" o una verificación o supervisión, para que no haya desviación de procesos, objetivos y resultados.

Trátese de actividades personales o de empresa surgen cuatro elementos esenciales como son: el de la planificación, junto con el de la organización a través de procesos, su ejecución, administración o dirección y su control, este último es el que permite el logro de los objetivos propuestos, por supuesto, corrigiendo las desviaciones que pueden presentarse.

En un sentido amplio, en toda organización debe existir sistemas de control que constituyan un conjunto de garantías de legitimidad y oportunidad en la actividad administrativa, siendo uno de ellos el "Control Disciplinario", visto como la "vigilancia superior de la conducta oficial de quienes desempeñen funciones públicas, en procura de la eficacia, eficiencia y transparencia de la actividad de la administración pública".

El Derecho Disciplinario, como instrumento jurídico y esencia de ese control estatal, es una de las especialidades del poder punitivo o sancionador del Estado, su titularidad o potestad radicada en cabeza del mismo Estado, como supremo órgano de dirección y control no solo social sino de sus agentes.

Por mandato constitucional y legal en Colombia, dicha potestad estatal se ejerce a través de la Procuraduría General de la Nación, Personerías Distritales y Municipales y a las oficinas de control interno disciplinario de la entidades estatales, en el orden nacional y territorial, respectivamente, la titularidad de la acción disciplinaria para que se investigue y sancione a los servidores públicos y particulares que ejercen funciones públicas o manejan recursos públicos, cuando se trate de reprimir las acciones y omisiones antijurídicas en que incurren, en relación con el ejercicio de sus funciones.

Una de las modalidades del control interno a cargo del Estado, y de hecho uno de los más importantes y trascendentales en la búsqueda imperiosa de la eficiencia y la buena marcha de la administración, es el "Control Disciplinario". Es preciso advertir que nuestra Carta Magna no hace referencia a un control interno disciplinario de manera expresa, pero si a un régimen disciplinario interno, es el caso del artículo 108 para los estatutos de los partidos y movimientos políticos.

El "Control Disciplinario" es el poder jurídico de que está dotada la administración pública para investigar hechos y conductas de los servidores públicos o de los particulares que ejercen funciones públicas que atenten contra el deber funcional, la probidad administrativa y el buen servicio público, en orden a identificar a los responsables y aplicarles la sanción que legalmente les corresponde para encauzar su conducta.

En el mismo sentido, lo hace el actual régimen disciplinario de los servidores públicos en Colombia, como es el Nuevo Código Disciplinario Único "Ley 734 de 2002" y son múltiples los artículos a que a él hace referencia, pero debe hacerse énfasis en que esta última norma, según su artículo 76, destaca los parámetros y requisitos legales bajo los cuales deberá implementarse y funcionar la "Oficina de Control Interno Disciplinario", que tiene que ser implementada al más alto nivel y cuya estructura jerárquica permita preservar la garantía de la doble instancia, encargada de conocer y fallar en primera instancia los procesos disciplinarios que se adelanten contra sus servidores y si no fuere posible garantizar la segunda instancia por razones de estructura organizacional conocerá del asunto la Procuraduría General de la Nación de acuerdo a sus competencias. Lo cual significa que esta oficina encargada de la función disciplinaria del Estado, hace parte de los órganos asesores de la entidad y debe estar ubicada en la estructura organizacional en el más alto nivel.

El control interno disciplinario es una actividad indiscutiblemente potestativa del estado de manera continua y encaminada a lograr el cumplimiento de los fines del Estado, con la cual contribuye a encauzar la conducta de los servidores públicos y de los particulares que ejercen funciones públicas o manejan recursos públicos, a través de mecanismos de revisión permanente y autonomía propia, señala el comportamiento deseable de los servidores, define comportamientos, valores, principios y las conductas violatorias de la disciplina preestablecida.

El "Control Disciplinario" como función y método, es un sistema que implica de por sí, responsabilidades del Estado, tal es el caso de definir perfectamente las reglas de base de dicha disciplina, reglas que tienen que ser preservadas y exigidas por la administración (parte sustantiva), así mismo tiene que fijar el procedimiento mediante el cual se establecerá la responsabilidad o absolución del servidor público investigado o disciplinado, cuando ha infringido su deber funcional (parte Adjetiva).

El Derecho Disciplinario, de orden y raigambre constitucional, permite al Estado ejercer la potestad sancionadora frente al servidor público y al particular que ejerce funciones públicas o maneja recursos públicos, del mismo modo permite a la Procuraduría General de la Nación, a las Personerías y a las Oficinas de control interno disciplinario el ejercicio de la acción disciplinaria, cuando sus servidores con su conductas desviadas incurren en faltas disciplinarias, así se infiere de lo consagrado en los artículos 6º, 122, 123 y 124 de la Constitución Política (CP), 1, 2, 3 y 16 de la Ley 734 de 2002, Código Disciplinario Único (CDU).

El Control Disciplinario interno de las entidades estatales, así como el que ejerce la Procuraduría General de la Nación, las Personerías Distritales y Municipales busca de manera generalizada el cumplimiento de los fines del Estado, contenidos en la carta política y en la ley, de manera específica tiene como propósito asegurar la obediencia, eficiencia y eficacia de quienes se encuentran adscritos a las entidades públicas o de quienes con ellas se comprometen al ejercicio de una función pública, para que de esta forma se ejerza mejor la función, se brinde un mejor servicio, así como para garantizar una excelente gestión estatal, conforme lo demanda el artículo 209 de la Constitución Política.

Esa potestad disciplinaria estatal en Colombia se encuentra determinada legalmente de la siguiente manera:

> Por mandato constitucional y legal el control disciplinario de la administración pública se ejerce a través de dos entes completamente independientes, en el primero, es decir el "control disciplinario interno", la titularidad de la acción disciplinaria corresponde desarrollarla a las *oficinas de control disciplinario interno de las entidades estatales*, en el segundo, por ejercicio preferente del poder disciplinario, corresponde a la *Procuraduría General de la Nación y a las Personerías Distritales y Municipales*, a este último se le denomina "control disciplinario externo".[2]

---

[2] Consultar Constitución Política, Art. 277.6. Ley 734 de 2002, Art. 1, 2, 3 y 69.2.

# 1 Control disciplinario externo

El control disciplinario externo radica en la Procuraduría General de la Nación, de acuerdo a sus competencias y funciones estructuradas en el Decreto ley 262 de 2000 y en las normas que lo modifica y complementa. En ejercicio de ese poder preferente, el poder disciplinario investiga y sanciona disciplinariamente a los servidores del Estado que incumplen sus deberes funcionales sin justificación alguna.

Las Personerías Distritales y Municipales, frente a la administración que intervienen, también tienen Ese preferente poder disciplinario, por expreso mandato de la ley disciplinara.

El Consejo Superior de la Judicatura, por mandato jurisprudencial con efecto *erga omnes*, ejerce el control disciplinario respecto de los funcionarios de la rama judicial.[3]

Las atribuciones de la Procuraduría General de la Nación, como ente externo de control disciplinario de las entidades estatales, están instituidas directamente en la Constitución Política, según lo previsto en los artículos 275 y siguientes. El artículo 278.2, le asigna la función de emitir los conceptos disciplinarios en el caso de los funcionarios sometidos a fuero constitucional. De acuerdo con el artículo 277.6 de la Constitución Política, le corresponde a la Procuraduría General de la Nación el ejercicio Preferente del Poder Disciplinario, para su desarrollo podrá iniciar, proseguir o remitir cualquier investigación o juzgamiento de su competencia a los órganos de control disciplinario interno de las entidades públicas, del mismo modo puede ordenar que se suspenda el trámite de cualquier actuación disciplinaria que se siga en cualquier entidad estatal y que se le remita para asumir su conocimiento. Igualmente, podrá asumir el proceso en segunda instancia. Esta facultad constitucional y legal del ejercicio preferente del poder disciplinario, como ya se dijo, también radica en las Personerías Distritales y Municipales.

De conformidad con las competencias que le fija la Ley (Régimen de Competencias interno de la Procuraduría General de la Nación, Decreto 262 de 2000), ejecuta el procedimiento señalado en el Código Disciplinario Único, Ley 734 de 2002, estatuto éste que reitera dicha atribución en sus artículos 78 y 79, y que señalan lo siguiente:

> Competencia de la Procuraduría General de la Nación. Los procesos disciplinarios que adelante la Procuraduría General de la Nación y las

---

[3] Ver sentencia de la Honorable Corte Constitucional C-942 de 2002.

personerías distritales y municipales se tramitarán de conformidad con las competencias establecidas en la ley que determina su estructura y funcionamiento y resoluciones que la desarrollen, con observancia del procedimiento establecido en este código.

Faltas cometidas por funcionarios de distintas entidades. Cuando en la comisión de una o varias faltas conexas hubieren participado servidores públicos pertenecientes a distintas entidades, el servidor público competente de la que primero haya tenido conocimiento del hecho, informará a las demás para que inicien la respectiva acción disciplinaria. Cuando la investigación sea asumida por la Procuraduría o la Personería se conservará la unidad procesal.[4]

# 2 Control disciplinario interno

El control disciplinario interno tiene sustento constitucional y es desarrollado de forma legal por la ley 734 de 2002 y demás ordenamientos legales que lo complementan. La Circular conjunta DAFP-PGN n. 001, del 2 de abril de 2002, contiene los parámetros para la implementación de la oficina de Control Disciplinario, que permite asegurar que los empleados al servicio de la respectiva Entidad se sometan a las pautas de conducta y control necesarios para el debido cumplimiento de sus objetivos.

En las entidades del Estado Colombiano el control disciplinario interno es ejercido por medio de la *unidad u oficina de control interno disciplinario,* es esta oficina la encargada de conocer y fallar en primera instancia los procesos disciplinarios que se adelanten contra los servidores Públicos de cada entidad estatal u organismo del Estado. La segunda instancia será de competencia del nominador, salvo disposición legal en contrario.

En Colombia la Ley disciplinaria tiene muy bien definido el concepto de Control disciplinario interno, es el caso de los artículos 76 y 77 del Nuevo Código Disciplinario Único (NCDU) o ley 734 de 2002. Estos artículos señalan que toda entidad u organismo del Estado, con excepción de las competencias de los Consejos Superior y Seccionales de la Judicatura, deberán organizar una unidad u oficina de control interno disciplinario del más alto nivel, cuya estructura jerárquica permita preservar la garantía de la doble instancia, encargada de conocer y fallar en primera instancia los procesos disciplinarios que se adelanten

---

[4] Ver artículos 76, 77, 78 y 79 de la Ley 734 de 2002 (NCDU).

contra sus servidores. Dice esa normativa que si no fuere posible garantizar la segunda instancia por razones de estructura organizacional conocerá del asunto la Procuraduría General de la Nación de acuerdo a sus competencias.

Lo anterior significa que si una entidad del Estado no puede garantizar el principio de la doble instancia, debe remitir el asunto a la Procuraduría General de la Nación para que de acuerdo a las competencias establecidas en el Decreto 262 de 2000 o normas que lo modifiquen o complementen, resuelva la segunda instancia y garantice este principio de orden constitucional y legal.

Desde la Ley 200 de 1995, anterior código disciplinario, se define concretamente la expresión "control disciplinario interno", además de otras normas.[5] En el mismo sentido lo hace la Ley 734 de 2002, en su nombrado artículo 76 ídem, actual código Disciplinario en nuestro País, donde destaca que la Oficina de control interno disciplinario, es la encargada de conocer y fallar en primera instancia los procesos disciplinarios que se adelanten contra sus servidores.

La expresión o concepto de control interno o externo disciplinario obligatoriamente nos remite al tema de las llamadas relaciones especiales de sujeción, entendidas estas como las relaciones de subordinación jerárquica en la que se encuentra todo servidor público, por mandato legal. Estas relaciones se hallan presente en la administración pública para mantener el orden interno en las Entidades del Estado, de tal suerte que estas relaciones corresponden a fines legalmente previstos en un Estado Social de Derecho y se convierten en instrumentos jurídicos indispensables y definitivos para el cumplimiento de los fines de la administración pública.

Con el advenimiento de la Ley 734 de 2002 (NCDU), la unidad u oficina de control interno disciplinario adquiere mayor responsabilidad, importancia, realce y forma; por exigencia legal debe ser organizada en todas la Entidades u organismos del Estado, además de asignársele la competencia de conocer y fallar en primera instancia los procesos disciplinarios que se adelanten contra los servidores de la Entidad, constituyéndose así, en órgano asesor del más alto nivel.

---

[5] Ley 4ª de 1913, Ley 165 de 1938, Decreto 2091 de 1939, Decreto 358 de 1940, Ley 19 de 1958, Ley 65 de 1967, Decreto 728 de 1968,Decretos 2400 y 3074 de 1968, 1050 y 3135 de 1968, 1848 de 1969, 250 de 1970 y 1660 de 1978, Decreto 116 de 1973, 1950 de 1973, Decreto 2492 de 1975, Ley 25 de 1974, Decreto 3404 de 1983, Decreto 2933 de1981, Ley 13 de 1984 y decreto 482 de 1985, Leyes 49 de 1987, 4 de 1990 y 27 de 1992. Decretos leyes 052 de 1987, 1888 de 1989 y Decreto 1660 de 1978, Acuerdos 10 de 1971 y 12 de 1987.

El artículo 76 de este nuevo Código Disciplinario Único, define que:

Parágrafo 2º. Se entiende por oficina del más alto nivel la conformada por servidores públicos mínimo del nivel profesional de la administración.

Parágrafo 3º. Donde no se hayan implementado oficinas de control interno disciplinario, el competente será el superior inmediato del investigado y la segunda instancia corresponderá al superior jerárquico de aquél.

El numeral 32 del artículo 34 de la misma Ley 734, al enlistar los deberes de los servidores públicos, señala que toda entidad debe:

Implementar el control interno disciplinario al más alto nivel jerárquico del organismo o entidad pública, asegurando su autonomía e independencia y el principio de segunda instancia, de acuerdo con las recomendaciones que para el efecto señale el Departamento Administrativo de la Función Pública, a más tardar para la fecha en que entre en vigencia el presente código, siempre y cuando existan los recursos presupuestales para el efecto.

Así las cosas, de conformidad con la Ley 734 de 2002, la competencia en primera instancia, para conocer de las investigaciones disciplinarias que se adelanten contra los funcionarios de la entidad, le corresponde a la unidad u oficina de control interno disciplinario y no al superior jerárquico inmediato como lo preveía la anterior ley 200 de 1995; hoy en día, por excepción y por expreso mandato contenido en el artículo 51 del NCDU, cuando se altere en menor grado o de manera insignificante el orden interno de la entidad, puede hacerse un simple llamado de atención por parte del inmediato superior, sin que ello constituya antecedente disciplinario, la norma en cita señala:

Lo preceptuado por el artículo 51 del NCDU, clarificado por la sentencia C-1076 de 2002, dispone que al Superior Jerárquico inmediato del servidor público investigado, solamente le corresponderá efectuar llamados de atención, sin necesidad de acudir al formalismo procesal y sin generar antecedente disciplinario alguno, cuando el orden interno de la dependencia de la entidad se contraríe en mínimo grado y sin que se haya afectado sustancialmente el deber funcional.

Antes de entrar en vigencia el Nuevo Código Disciplinario Único, respecto al precitado artículo 76, debe mencionarse que, su contenido fue objeto de precisiones y recomendaciones por parte del Departamento Administrativo de la Función Pública y la Procuraduría General de la Nación, con el fin de implementar los mecanismos pertinentes para la operatividad y funcionalidad de la oficina de control interno disciplinario.

Para tal fin fue expedida conjuntamente por la Procuraduría General de la Nación y el Departamento Administrativo de la Función Pública, la Circular DAFP-PGN No, 001 del 2 de abril de 2002, dirigida a todos los Representantes Legales de los Organismos y Entidades de las Ramas y Órganos del Estado, en todos sus órdenes y niveles.

Dicha circular señala que para implementar u organizar la Unidad u Oficina de control disciplinario interno, en una entidad u organismo del Estado, distinta a la mencionada en el artículo 76 de la Ley 734 de 2002 (ver artículo 76), se puede optar por alguna de las modalidades que a continuación se exponen:

a) A efectos de garantizar tanto la autonomía de la unidad u oficina de control interno disciplinario y el principio de segunda instancia, la cual, por regla general corresponde al nominador, así como la racionalidad de la gestión, el mecanismo para cumplir la función disciplinaria será la conformación de un GRUPO FORMAL DE TRABAJO, mediante acto interno del jefe del organismo, adscrito a una de las dependencias del segundo nivel jerárquico de la organización, coordinado por el Director de dicha dependencia.

b) En el evento en que la magnitud de la entidad o la índole de la función, determinen un volumen significativo de procesos disciplinarios, que haga necesaria la creación de una oficina disciplinaria dentro de la estructura formal de la entidad, deberá adelantarse el trámite técnico, administrativo y presupuestal necesario para formalizar, en una norma expedida por autoridad competente (Decreto nacional, Ordenanza departamental, Acuerdo distrital o municipal, etc.), la Oficina Disciplinaria, con la denominación que corresponda a la estructura organizacional. (Ej. Subdirección, División, Oficina, Unidad, etc. de control disciplinario interno).

A dicha dependencia se asignarán los cargos que se requieran, ya sea modificando la planta de personal o reubicando internamente los ya existentes. La segunda instancia en este caso recaerá igualmente en el nominador. (...)

Cuando la entidad cuente con una planta de personal muy reducida, que haga imposible la conformación del grupo de trabajo, la función disciplinaria se ejercerá, de conformidad con lo previsto en el Parágrafo 3º del artículo 76 del Código Disciplinario Único, por el jefe inmediato del investigado y la segunda instancia corresponderá al superior jerárquico del mismo. En este caso se entiende por jefe inmediato, a la luz de las normas de administración de personal vigente, el coordinador o jefe de dependencia o el jefe del organismo, según el caso.

Cuando el superior inmediato sea el jefe del organismo, la segunda instancia corresponderá a la Procuraduría General de la Nación, a través del funcionario competente en dicho organismo de control.

Los organismos o Entidades del orden nacional que tengan regionales o seccionales, en caso de ser necesario, podrán organizar o implementar la unidad u oficina disciplinaria a través de la conformación de un grupo interno de trabajo, adscrito a la dependencia del más alto nivel jerárquico dentro de la Regional o Seccional, en las condiciones señaladas en el literal a) antes descrito.

Constituido el grupo formal en las condiciones anotadas, o se haya creado la dependencia estructural, el número de funcionarios que conformará la Unidad u Oficina de control disciplinario interno, así organizada, dependerá del promedio de procesos disciplinarios que se han venido adelantando y del respectivo estudio de cargas de trabajo.

Debe precisarse que si bien es cierto el artículo 34, numeral 32 de la Ley 734 de 2002, prevé la unidad u oficina de control disciplinario interno como una oficina autónoma e independiente, con su propia planta de personal (lo que de hecho, comporta nuevas erogaciones con cargo, desde luego, a los presupuestos públicos). De la misma manera lo es, que esa oficina debe implementarse, pues se trata de un deber funcional cuyo incumplimiento genera *responsabilidad disciplinaria*.

Durante el tiempo que demore la entidad efectuando los trámites pertinentes, es decir, el intervalo de tiempo dentro del cual se produce la aplicación del régimen de transición enunciado, las investigaciones disciplinarias en primera instancia, serán competencia del superior inmediato del investigado y la segunda instancia del superior jerárquico de aquél. Esta situación se da únicamente con el fin de evitar ausencia de justicia material y vacíos que en materia disciplinaria pudieran presentarse, pero solamente mientras se pone en marcha definitivamente la Unidad u Oficina de control disciplinario interno.

En materia de competencias para el ejercicio de la titularidad de la acción disciplinaria, en primera instancia, es una facultad que está atribuida a la unidad u oficina de control interno disciplinario y solo por la excepción antes anotada a los superiores inmediatos, en otras palabras, cuando no se ha implementado aquella oficina, a la que de hecho corresponde la competencia de instancia de todos los funcionarios de la Entidad y la segunda al nominador, el superior inmediato asume la facultad disciplinaria mientras se crea y desarrolla aquella oficina.

Sin dejar de lado que la Ley Disciplinaria es el instrumento jurídico legal de obligatorio cumplimiento que regula la conducta de los servidores públicos y la de particulares que ejercen funciones públicas o manejan recursos públicos, debe decirse que el "control interno disciplinario" de las entidades estatales corresponde a la unidad u oficina de control interno disciplinario, como encargada de ejercer la potestad disciplinaria del estado la titularidad de la acción disciplinaria, a ella le corresponde adelantar tanto la indagación preliminar, como la formal investigación disciplinaria y producir el fallo disciplinario de instancia, respecto de los servidores públicos a ella adscritos, cualquiera sea la naturaleza del cargo o el nivel al cual corresponda el empleado. En ese contexto, Ley 734 de 2002, artículo 76, que estipula que dicha oficina se encargará de "conocer y fallar en primera instancia los procesos disciplinarios que se adelanten contra sus servidores"; y la segunda instancia radica en cabeza del nominador.

La normatividad relacionada con la existencia de las unidades u oficinas de control disciplinario interno, contienen la exigencia de garantizar tanto la autonomía como el principio de segunda instancia. Corresponde al nominador implementar los mecanismos necesarios que puedan dar cumplimiento a estos requerimientos legales.

Corresponde al nominador establecer una jerarquía superior y que el control interno disciplinario sea ejercido en primera instancia por funcionarios que se encuentren en el segundo nivel jerárquico de la institución, lo que significa que al crearse la oficina especializada en el ejercicio de la función disciplinaria.

El nominador de cada Entidad debe concentrar en una única autoridad interna la facultad disciplinaria, para el caso que nos ocupa, en la unidad u oficina de control interno disciplinario que por mandato legal es la encargada del ejercicio de la acción disciplinaria y en ella radica la competencia para conocer y fallar en primera instancia los procesos disciplinarios de todos los servidores de la entidad que se vean comprometidos en actuaciones irregulares que menoscaben la buena prestación del servicio o función.

El cumplimiento de los parámetros anteriores permite que la labor disciplinaria que se ejerza a través de las unidades u oficinas de control interno disciplinario sea una actividad mediante la cual la potestad del Estado salvaguarda la moral pública, la transparencia, la objetividad, la legalidad, la honradez, la lealtad, la igualdad, la imparcialidad, la celeridad, la publicidad, la economía, la neutralidad, la eficacia y la eficiencia que todo funcionario público debe observar en el desempeño normal de sus funciones.

La magnitud de una unidad u oficina de control interno disciplinario se determina teniendo en cuenta el tamaño de la Entidad y el volumen de los procesos Disciplinarios o promedio que se vienen adelantando. Sin embargo, una unidad u oficina de control interno disciplinario, por pequeña que sea la Entidad y el flujo de procesos a cargo, mínimo deberá estar conformada por el Jefe de la oficina de control disciplinario interno, designado como Coordinador, y funcionarios profesionales adscritos cuantos la necesidad del servicio lo amerite. Máxime que debemos tener en cuenta, que la oficina de control disciplinario interno no solo tiene a su cargo la labor de instrucción y adelantamiento de procesos, es decir, la función sancionadora, sino la función preventiva disciplinaria, en mi sentir la más importante, dado que contribuye a minimizar los errores y desviaciones en que puedan incurrir los servidores de la entidad.

La facultad disciplinaria Colombiana se halla limitada y controlada por las exigencias constitucionales y legales, de un lado tenemos la particular previsión legislativa orientada a regular los asuntos disciplinarios de manera clara, precisa, sencilla, de modo que facilite su comprensión por parte de los funcionarios investigados, de otra, se exige el respeto por las garantías constitucionales de quienes aplican la ley disciplinaria, respecto de quienes a pesar de no existir exigencia legal de especialidad en la materia, lo mínimo que se debe reclamar es que sean personas del nivel profesional del Derecho, y respecto de quienes también se tiene el Control Contencioso Administrativo.

Resulta evidente que la administración tiene que garantizar el cumplimiento de los procedimientos contenidos en la normativa disciplinaria, así como el de preservar las garantías constitucionales, también debe garantizar la idoneidad de los funcionarios encargados de la aplicación disciplinaria. Es por ello, que es un requisito indispensable para el fiel cumplimiento de la función investigadora y sancionadora disciplinaria la competencia o aptitud que garantice la credibilidad y confiabilidad exigible normalmente de quien imparte justicia, en este caso "justicia disciplinaria".

Mientras los Claustros Universitarios no solo de nuestro País sino de los demás países, encuentran la importancia y necesidad de implementar esta rama del derecho no solo en los programas de postgrado sino en los albores de la vida universitaria, debe exigirse una labor responsable y minuciosa en el proceso de escogencia y selección de los aplicadores disciplinarios que conformaran las oficinas de control interno disciplinario de las entidades estatales, con el objeto de que quienes imparten justicia disciplinaria, verdaderamente sean personas idóneas en la interpretación y aplicación de dicha ley.

El derecho disciplinario requiere de servidores con competencia calificada que garanticen el debido proceso, el derecho de defensa y de contradicción de los investigados, así como el derecho de las víctimas cuando de investigaciones por violaciones al Derecho Internacional de los Derechos Humanos o infracciones al Derecho Internacional Humanitario se trate, pues el Estado es el primer garante del los derechos fundamentales que la constitución política y la ley obligan a preservar.

El intérprete o aplicador del Derecho Disciplinario debe dar ejemplo de responsabilidad, eficiencia, eficacia y transparencia en todos los actos que como funcionario público ejecute; aún en su vida privada debe ser modelo de ciudadano para que su función en ningún momento pueda ser objeto de cuestionamiento alguno, debe actuar con total imparcialidad frente a las investigaciones que le corresponda asumir en el ejercicio de sus funciones, que cumpla así con el modelo de funcionario público que requiere la unidad u oficina de control disciplinario interno y que necesita la sociedad.

Su comportamiento no puede ser otro que un apego irrestricto a la Constitución Política, a la Ley y a los reglamentos, lo mismo que a la pulcritud, honestidad, celeridad y a la eficacia, sin asomo siquiera de dudas en su actuar menos de corrupción alguna; su proceder debe estar siempre enmarcado dentro de los principios de la actividad administrativa del Estado, según lo ordenado por el Artículo 209 de la Constitución Política, y no realizar comportamiento que atenten contra la finalidad misma de la función pública y de la Justicia; debe ser un defensor del debido proceso, del correcto funcionamiento de la actividad disciplinaria, así como un protector de los derechos y garantías fundamentales que intervienen en el proceso disciplinario.

La unidad u oficina de control interno disciplinario por mandato legal, es la encargada de conocer y fallar en primera instancia los procesos disciplinarios que se adelanten contra los servidores públicos de cada una de las entidades y organismos del estado; esa facultad se entiende como la función de instruir, investigar y fallar respetando las garantías fundamentales de los intervinientes en el proceso disciplinario (Ley 734 de 2002, artículos 66, 67, y 75 al 77). En otras palabras, es la función de desarrollar el procedimiento disciplinario en todas sus etapas, interpretando y aplicando la ley disciplinaria con todas las consecuencias y benevolencias, en cumplimiento estricto de sus normas rectoras; de ahí que esa Oficina no solo debe ser del más alto nivel, conformada por servidores públicos mínimo del nivel profesional de la administración, según su estructura jerárquica, sino que debe preservar la garantía de la doble instancia y estar conformada por personas idóneas y competentes.

Es oportuno advertir que frente a esta potestad disciplinaria dada su misma naturaleza, sobre la misma recae el Control Contencioso Administrativo, en garantía de su finalidad misma dentro de la función pública y de la Justicia.

En todos los casos, la segunda instancia será de competencia del nominador, salvo disposición legal en contrario. En aquellas entidades u organismos que existan regionales o seccionales se podrán crear oficinas de control interno disciplinario, bajo los mismos parámetros que se ha venido tratando, pero preservando la segunda instancia en cabeza del nominador.

## 3 Conclusiones

El control disciplinario es un sistema indispensable de la Administración Pública en la medida que, como lo ha dicho la Honorable Corte Constitucional Colombiana, el mismo se orienta a garantizar que la función pública sea ejercida en beneficio de la comunidad, para la protección de los derechos y libertades de los asociados.

El derecho disciplinario está integrado por todas aquellas normas mediante las cuales se exige de los servidores públicos un determinado comportamiento en el ejercicio de sus funciones, pues los servidores públicos responden no sólo por infracción a la Constitución Política, a las leyes y los reglamentos sino también por la omisión o extralimitación en el ejercicio de sus funciones.

De conformidad con la Carta Superior Colombiana el Control Disciplinario de la Administración Pública se ejerce en dos formas: por un lado, tenemos el control disciplinario externo, cuyo ejercicio corresponde a la Procuraduría General de la Nación y a las Personerías Distritales y Municipales; por otro, el control disciplinario interno, desarrollado en la ley, es el que ejerce cada una de las entidades públicas a través de las unidades u oficinas de control disciplinario interno, en casos excepcionales, el inmediato superior o el nominador, en desarrollo de la potestad sancionadora de la administración.

Con el control disciplinario se busca mantener el orden en las entidades del Estado, encauzar la conducta de sus servidores, garantizar el cumplimiento de los fines del Estado, lo mismo que las garantías Fundamentales de quienes intervienen en las acciones por ella iniciadas.

El control disciplinario constituye una valiosa herramienta jurídica de administración. La actual ley disciplinaria, Ley 734 de 2002, avanza en el rediseño del régimen disciplinario y puntualiza que la unidad u oficina de control interno disciplinario debe organizarse en todas las entidades u organismos del Estado al más alto nivel. Para estos efectos, igualmente, le corresponde a régimen disciplinario conocer y fallar en primera instancia los procesos disciplinarios que se adelanten contra los servidores de la respectiva entidad.

El Derecho Disciplinario, por medio del control interno y externo disciplinario, se ha convertido en una de las herramienta jurídicas más importantes y efectivas en la lucha contra la corrupción; es por ello que los interesados en esta materia y en especial en mantener un orden justo y social, así como en propender por el verdadero cumplimiento de los fines para los cuales fueron creadas las diversas entidades públicas, consideran que el reto es el de continuar trabajando en la consolidación de una dogmática disciplinaria concreta, en cada uno de nuestros países; que permita desarrollar y aplicar el estatuto disciplinario vigente a través de órganos autónomos e independientes, como deben ser las oficinas de control interno disciplinario, oficinas que sin lugar a dudas deben estar conformadas por interpretes y aplicadores de la ley disciplinaria de manera proba y calificada.

Para la difusión y verdadera consolidación de esta disciplina, todos los países, debemos trabajar bajo acuerdos jurídicos auspiciados por organizaciones en la materia a nivel nacional y en la CIDD a nivel internacional a fin de desarrollar programas encaminados al impulso del desarrollo del Derecho Disciplinario en pro cura de la buena marcha de la administración pública y colaborar decididamente en la lucha contra la corrupción, postulados acordes con la naturaleza jurídica del derecho disciplinario y sin desconocer el precedente constitucional propio de cada nación.

---

Informação bibliográfica deste texto, conforme a NBR 6023:2002 da Associação Brasileira de Normas Técnicas (ABNT):

BAUTISTA CELY, Martha Lucía. El control interno disciplinario en Colombia. *In*: BAUTISTA CELY, Martha Lucía; SILVEIRA, Raquel Dias da (Coord.). *Direito disciplinário internacional*: estudos sobre a formação, profissionalização, disciplina, transparência, controle e responsabilidade da função pública = *Derecho disciplinario internacional*: estudios sobre formación, profesionalización, disciplina, transparencia, control y responsabilidad de la función pública. Belo Horizonte: Fórum, 2011. v. 1, t. I, p. 321-336. v. 1: Título Português, t. I: Título Espanhol. ISBN 978-85-7700-446-1.

# La Incidencia del Control Preventivo en la Potestad Disciplinaria

## Domingo J. Sesin

**Sumario**: **1** Introducción – **2** Tribunal de Cuentas: noción conceptual y tipología – **3** Función administrativa. Control externo. Imparcial. Técnico. Independencia funcional – **4** Tipos de control – **5** Control de legitimidad o, más precisamente, de juridicidad – **6** La importancia del control previo o *a priori* – **7** El control de gestión: noción conceptual – **8** Naturaleza del control de gestión – **9** Diferencias del control de gestión con el de legalidad o juridicidad – **10** Exigencia de planificación en la actividad de gestión – **11** La reforma italiana mediante la Ley n. 14/1994 – **12** Concepto de economicidad, eficiencia y eficacia – **13** El control de juridicidad ampliado también abarca el control de gestión, eficacia, eficiencia y economicidad – **14** El control integral no debe implicar un control absoluto: posible invasión en la división de poderes – **15** Conclusiones – Bibliografía

## 1 Introducción

El objetivo de este trabajo es mostrar el funcionamiento de un órgano con jerarquía constitucional, como es el Tribunal de Cuentas, que tiene a su cargo el control del gasto público en lo que respecta a su función de prevención de la potestad disciplinaria del Estado. Más que castigar, importa evitar el castigo con instrumentos de control eficientes, eficaces y rápidos que tengan por objeto preservar la conducta de quienes en este caso manejan fondos públicos y custodiar el patrimonio del Estado, el interés público en juego y la honorabilidad de quienes presiden los más Altos Cuerpos. Si existen instrumentos eficaces de prevención o de control preventivo, se debilita la incidencia práctica del ejercicio completo de la potestad disciplinaria del Estado.

## 2 Tribunal de Cuentas: noción conceptual y tipología

Este relevante organismo tiene a su cargo el contralor externo de los gastos públicos y perfecciona la inversión de la renta. En general, ejerce el control de legalidad de la inversión y tendencialmente el control de gestión.

El ordenamiento extranjero nos presenta una variada tipología:

a) Aquellos que, desde un punto de vista jurídico formal, forman parte de la Administración Pública, como el francés de la *Cour de Comptes*, creado por Napoleón en 1807.

b) Los que en parte tienen autoridad de cosa juzgada al igual que los Tribunales de Justicia en lo que respecta al juicio de cuentas y responsabilidad, como la *Corte dei Conti* italiana, dotados de independencia funcional.

c) Los que dependen de las Cámaras del Congreso, siguiendo el modelo angloamericano (contralor general, auditor general).

d) Los que, si bien están vinculados al Poder Legislativo por ser el ojo técnico del Legislador, sin embargo, se caracterizan por su autonomía funcional frente al poder político, aunque sin funciones jurisdiccionales.

En el extranjero, existen posturas aisladas que lo ubican como verdadero poder del Estado.

En este último sentido, es dable recordar a título ilustrativo que, con fundamento en la doctrina del Sun Yat-Sen, receptada en la Constitución China de 1931 y 1947, se establecieron cinco poderes. Además del Ejecutivo, Legislativo y Judicial, se crearon el del examen de funcionarios y el del control. Dentro de las funciones de este último, se prevén la censura y la aprobación de cuentas (LAIN. *L'Esprit et la pratique de la constitution chinoise*).

En la doctrina francesa, se encuentran algunas posturas que pretenden asignarle al Tribunal de Cuentas la categoría de quinto poder, denominado poder contable. Ello, por cuanto, al negar la aprobación de órdenes de pago por incumplir los mandatos legales, actúa como un verdadero poder independiente con amplia jurisdicción para controlar al poder administrador (MARGE. *Le contrôle des finances*, p. 120-121).

En cambio, en España, aunque no lo llaman poder del Estado, existen criterios que lo ubican como órgano de jerarquía constitucional atento su autonomía y plena independencia, ya que no es concebible un control público subordinado a los demás poderes. Asimismo, ningún órgano tiene atribuciones para interferir en el ejercicio de la misión fiscalizadora (MENDIZÁBAL ALLENDE. Función y esencia del Tribunal de Cuentas. *Revista de Administración Pública*, p. 59 *et seq.*; y GARCÍA-TREVIJANO. *Principios jurídicos de la organización administrativa*, p. 103).

Los Tribunales de Cuentas argentinos, en general, se encuentran en la última categoría descripta en "d)", como órganos con jerarquía constitucional o garantizados por la Constitución, pero sin constituir un cuarto poder.

## 3 Función administrativa. Control externo. Imparcial. Técnico. Independencia funcional

En la República Argentina, la función de contralor que realiza el Tribunal de Cuentas es de carácter eminentemente administrativo, conjuntamente con el régimen jurídico aplicable.

Por imperativo del artículo 109 de la Constitución Nacional y de los artículos 138 y 153 de la Constitución de la Provincia de Córdoba, el ejercicio de la función judicial corresponde exclusivamente al Poder Judicial provincial.

Es obvio que el Tribunal de Cuentas no integra el Poder Judicial. Tampoco lo resuelto en los trámites de rendición de cuentas y de determinación de responsabilidad tiene autoridad de verdad legal, insusceptible de revisión judicial ulterior. Ello, por no provenir del órgano imparcial e independiente que constitucionalmente debe decidir, en definitiva, con autoridad de cosa juzgada a través del proceso legal respectivo. No obstante, en lo que respecta al examen de cuentas y de responsabilidad, podríamos aceptar que se ejerce una función jurisdiccional-administrativa, que de todos modos queda sujeta a la revisión judicial.

La Corte Suprema de Justicia de la Nación ha consagrado el principio del control judicial suficiente, que debe operar ulteriormente para los supuestos en los que órganos o tribunales administrativos resuelvan controversias, recursos, investigaciones, apliquen sanciones, etc. ("Fernández Arias", *Fallos*, 247:646). Se opone, entonces, a la hipótesis de que tales órganos ejerzan funciones judiciales, por lo que debe quedar siempre abierto el acceso a la Justicia, por medio de la acción pertinente y no de un simple recurso.

Es un órgano de control externo, porque no forma parte de la organización administrativa de ninguno de los poderes del Estado ni depende de éstos. Por ello, es un control que opera desde fuera y no dentro de la Administración.

La independencia y la imparcialidad también son sus características fundamentales. La primera presenta dos aspectos: a) personal, de quienes conducen el Tribunal, quienes deben tener una serie de garantías (inamovilidad); y b) funcional, que presupone la carencia de vínculos jerárquicos.

La imparcialidad se relaciona con la índole de la materia sometida a su conocimiento, de carácter técnico, no político, como la neutralidad y objetividad en su accionar.

En la filosofía política griega, Aristóteles y Platón enseñan que las notas distintivas de los órganos de fiscalización financiera son la especialización técnica y la independencia funcional.

Aced y Bartrina (*Curso de contabilidades oficiales*, p. 452) afirma que la independencia y la imparcialidad son condiciones indispensables para que la función del Tribunal resulte eficaz, con el objetivo de que su decisión no aparezca desvirtuada por el halago o el temor, lo que significaría la impunidad de los responsables y el envilecimiento de la sociedad, por lo que el órgano fiscalizador no debe depender del fiscalizado.

## 4 Tipos de control

Existe una variada tipología que se puede clasificar del siguiente modo:

a) Con referencia a la materia sobre la que recae el control: juridicidad y mérito. Este último se vincula a la valoración política. En mi criterio, esta zona de reserva constitucional debe quedar al margen del control cuando es realizado por un órgano externo de carácter técnico. El control de juridicidad en sentido amplio comprende: 1) el de legalidad o juridicidad y 2) el de gestión que, a su vez, abarca el de economía, eficiencia, eficacia y regularidad.

b) Con relación al momento en que se produce: preventivo, previo, concomitante y posterior.

c) Con respecto a la obligatoriedad del control: necesario, eventual o accidental.

d) Con relación al ámbito en el que actúa: interno y externo. Entre estos últimos, no hay superposición. El control interno actúa en la organización respectiva y depende de ella. Es, en esencia, un control concomitante, contemporáneo al desarrollo de la gestión a fin de orientar o corregir en forma inmediata su conducta.

En el marco del actual sistema nacional, el control puede ser de legalidad, regularidad financiera o fiscalización financiera (razonabilidad, registro e información contable) y de gestión (comprensivo de las tres E: economía, eficacia y eficiencia). Estos tres tipos convergen hoy en lo que se denomina control integral (como se verá más adelante, en mi opinión, esta última denominación es inadecuada y confusa por no armonizar con nuestro orden jurídico).

## 5 Control de legitimidad o, más precisamente, de juridicidad

Las reformas introducidas por el sistema constitucional comparado, como la ley Fundamental de Bonn (art. 20, ap. 3º), la Constitución Italiana de 1948 (art. 97) y la Constitución Española (arts. 9.2 y 103.1), expresan que la actuación de la Administración Pública hoy no sólo se sujeta a la ley sino también al derecho. Lo mismo ocurre con la reforma constitucional argentina y las modernas constituciones provinciales, que, como la de Córdoba, subordinan la Administración al orden jurídico (art. 174).

Su efecto práctico es que se otorga significativa importancia a los principios generales del Derecho, los cuales junto a la ley pasan a constituir el marco de juridicidad que sirve como fuente de la actividad administrativa.

Actuar dentro del orden jurídico para satisfacer el interés público no es lo mismo que aplicar automática o ciegamente el contenido de la norma, por cuanto debe tenerse presente el ordenamiento entero en el cual se inserta y adquiere su verdadero sentido.

En lugar de requisitos de legitimidad del acto administrativo, debemos hablar de requisitos de juridicidad y, consecuentemente, de control de juridicidad: su razón es que la terminología actualmente en uso, legitimidad o legalidad, podría entenderse *prima facie* demasiado apegada a la ley y olvidar de tal forma que la Administración moderna debe someterse a un contexto mucho más amplio. De tal manera, también son elementos que hacen a la juridicidad del acto: la buena fe, la igualdad, la proporcionalidad, la razonabilidad, el precedente; y sus vicios: la desviación de poder, la falsedad en los hechos, la ilogicidad manifiesta, el error manifiesto de apreciación, la arbitrariedad, la irrazonabilidad, entre otros. Ello amplía los clásicos elementos o requisitos de legitimidad que tradicionalmente recaen sobre la competencia, causa, motivación, objeto, forma, procedimiento y fin, con sus consecuentes vicios.

Por lo tanto, con el control de juridicidad, la estrategia o metodología de fiscalización no debe construir su silogismo lógico jurídico sobre la base sólo de la ley, sino revisar el acto con un criterio amplio de adecuación a la unicidad del orden jurídico.

# 6 La importancia del control previo o *a priori*

Sabido es que el control previo o *a priori* se realiza una vez dictado el acto administrativo que repercute en la hacienda pública, pero antes de que adquiera eficacia, es decir, antes de que produzca efectos jurídicos mediante la notificación, publicación y su final ejecución.

El acto administrativo es una declaración de voluntad de quien desempeña una función administrativa que produce efectos jurídicos directos. Puede provenir de cualquier poder del Estado y de todo órgano público o privado siempre que ejerza potestades públicas. El objeto del control no sólo recae en el acto administrativo que importe un gasto, sino también en el procedimiento previo a la emisión de aquél, conforme los requisitos y vicios previstos en la ley de procedimientos administrativos aplicable.

En la praxis, una vez sometido el acto al control del Tribunal, éste puede: a) visar el acto; b) observarlo; c) pedir aclaraciones o nuevos elementos integrativos del juicio; d) sanearlo y e) visar parcialmente.

Tanto la visación como la observación son actos administrativos de contralor insusceptibles de ser recurridos administrativamente o revisados judicialmente por el órgano controlado. El administrado afectado tampoco puede cuestionar la visación o la observación. Sólo podrá hacerlo indirectamente como consecuencia del acto que, en definitiva, dicte la Administración *a posteriori* de la intervención del Tribunal de Cuentas.

En el supuesto a), después de la visación, el acto es devuelto a la autoridad administrativa quien recién lo puede notificar o publicar en su caso. A partir de entonces, el acto adquiere plena eficacia y nace, por lo tanto, a la vida jurídica. En el supuesto b), el efecto jurídico de la observación es suspender los efectos del acto. Si la Administración comparte lo decidido por el Tribunal, resuelve el retiro del acto, es decir, lo deja sin efecto. En el caso de que no comparta la observación, el Gobernador o la máxima autoridad del poder respectivo puede dictar un decreto de insistencia con la firma de todos los Ministros (si es el Ejecutivo). En este supuesto, corresponde al Tribunal visar con reserva y elevar los antecedentes a la Legislatura a fin de que analice la eventual responsabilidad de los gobernantes. Este tipo de visación no implica sanear el acto, sino posibilitar su ejecución, sin perjuicio de las responsabilidades pertinentes.

El Legislador ejerce aquí una función política. No puede restarle ni validez ni eficacia al acto ya cumplido. Lo único que puede hacer es analizar la responsabilidad política de quien emitió el decreto de insistencia. La responsabilidad exclusiva compete al órgano que la dispone. Incurren en severa responsabilidad quienes ejecuten el acto antes de la insistencia.

En mi criterio, fundándose la observación en razones jurídicas, la insistencia no puede basarse sólo sobre ponderaciones de mérito, oportunidad o conveniencia. La urgencia, emergencia o, aun, el estado de necesidad siempre deben encuadrarse en el ordenamiento jurídico. En suma, la insistencia debe dar razones de juridicidad, incluso cuando también puedan exteriorizarse valoraciones de mérito.

Ahora bien, desde el punto de vista práctico, nada impide que después de la observación la Administración remita al Tribunal nuevos elementos de juicio o modifique el acto, en cuyo caso podrá generar un nuevo pronunciamiento del Tribunal de Cuentas.

En el supuesto "c)", si el Tribunal pide aclaraciones, es conveniente que la Administración se esfuerce en enviar todos los antecedentes posibles a fin de evitar una eventual observación.

En la hipótesis "d)", una vez saneados o subsanados los errores materiales, el acto vuelve al Tribunal de Cuentas a los fines de una nueva visación. En este marco, la rectificación de errores formales, la ratificación o confirmación y la conversión constituyen los remedios jurídicos que permiten el saneamiento o la emisión de un nuevo acto depurado.

Sin la intervención previa del Tribunal de Cuentas, el acto no nace a la vida jurídica, por lo que no puede ejecutarse al carecer de eficacia. Aun en el supuesto de que el administrado se hubiere notificado antes de la visación, de igual modo no nace a la vida jurídica, pues esa notificación es inválida por prematura. El acto no visado es insusceptible de generar derecho subjetivo (CSJN. *Fallos*, 187:483; 655:191; 229:320; ARGENTINA. *Ley de Contabilidad y el Régimen de Contrataciones del Estado*, p. 188). La Procuración del Tesoro ha señalado: "(...) las decisiones observadas y no insistidas no acuerdan titularidad a derecho subjetivo o interés legítimo alguno, toda vez que las mismas han carecido de vigencia" (PT, 89:241).

Los actos de control pueden ser: a) instructorios (tienden a requerir mayores elementos de juicio de oficio); b) deliberativos (el

Tribunal emite su decisión: visación u observación); y c) ejecutivos (actividad registral o archivo de documentación).

Si después de la observación la Administración remite nuevos elementos de juicio, bien puede el Tribunal de oficio revocar la observación. Este criterio ha sido sustentado por la Corte de Casación Italiana (Sez. Un. 23.11.73 n. 3.086. *Foro Ammnistrativo*, 1975, p. 223).

Si una vez emitido el acto se reforma la normativa que lo regula cuando debe ser sometido al control del Tribunal de Cuentas, corresponde a éste aplicar el nuevo orden jurídico. De lo contrario, el acto resultaría viciado en la causa y el objeto (antecedente de derecho).

Es saludable que las diversas legislaciones establezcan un plazo para que se realice el control por el Tribunal. El silencio regulado en forma positiva, en cuanto a que si no se observa en un tiempo determinado significa que lo ha visado, es la mejor solución.

Para darle agilidad al sistema, sólo la observación debe ser fundada o motivada, no la visación expresa o ficta.

La clave y trascendencia del control previo es que, antes de la ejecución del acto, el Tribunal de Cuentas interviene con un eficaz procedimiento que impide la ejecución del acto. Y esto es fundamental para la transparencia, corrección administrativa y el interés público en juego, porque evita la producción de efectos jurídicos que nacerían de un acto viciado. Además, implícitamente, colabora con los funcionarios públicos al advertirles que existen desvíos antes de la consumación de la irregularidad a fin de que puedan evitarlo y, con ello, salven su eventual responsabilidad política, administrativa, penal o civil.

El control es más efectivo cuando es previo; esto es cuando se evita o corrige el actuar contrario al orden jurídico o disfuncional. En cambio, cuando se realiza *a posteriori* de la consumación de la irregularidad, el perjuicio al interés público, muchas veces irreparable, ya se produjo y lo único que podrá hacerse, además de simples sugerencias, es viabilizar la responsabilidad de los funcionarios involucrados. En el control previo, el funcionario percibe la sombra permanente del órgano de control externo y detecta a tiempo maniobras incorrectas, ineficaces, ilícitas, antieconómicas o disfuncionales.

El control previo y simultáneo no hace superflua la fiscalización posterior. Como dice Mirimonde (*La cour des comptes*, p. 8-9), esta última desempeña un papel complementario por cuanto el control previo en general no realiza una operación en su conjunto, sino de modo fragmentario. Debe ser rápido a fin de no entorpecer la actividad normal de la Administración. En cambio, el control posterior reconstruye la totalidad de una cuestión y se puede vincular a situaciones análogas con el objeto de llegar a importantes conclusiones y enseñanzas útiles.

No obstante las grandes ventajas del control previo, desde hace algún tiempo soplan fuertes vientos en contra de él. Se habla de la duplicidad de funciones con los órganos de control interno, que se amplía la planta de personal, entre otros aspectos. Incluso, algunos burócratas contables de la Administración activa, que no quieren ser controlados, efectúan severas críticas en torno a la falta de celeridad del trámite de emisión y ejecución del acto con motivo de la actividad desarrollada por el Tribunal de Cuentas.

Se ha llegado a sostener, también, que el control previo externo pone en tela de juicio la división de poderes por cuanto quien realiza el contralor externo interfiere en la actividad del Ejecutivo al cogestionar acciones propias de este último. Estoy en desacuerdo con esta postura, pues una de las claves de la división de poderes es el control y la transparencia; asimismo, que el controlador no dependa del controlado.

La experiencia indica que el ejercicio del control previo a cargo de órganos internos no es del todo eficaz, por cuanto son numerosas las presiones políticas de la cúspide de la organización de quien depende, el traslado de funcionarios, la designación de funcionarios políticos en funciones técnicas, etc.

El órgano de control externo previo, al no depender del controlado, está en mejores condiciones de garantizar la objetividad, la neutralidad política, la imparcialidad y la seguridad jurídica (estabilidad de sus pronunciamientos).

La dilación del procedimiento tampoco es un problema. La observación legal se remedia con el retiro, la subsanación, la conversión o la ratificación del acto viciado.

Por suerte, se han alzado otras voces que postulan una encendida defensa del control previo, a las que adhiero (ver, entre otros, TRIBUNAL DE CUENTAS: Municipalidad de Córdoba; y ROSATTI. La observación legal: instrumento del control externo de la Hacienda Pública. *El Derecho – Diario de Doctrina y Jurisprudência*)

Por sobre los intereses del gobierno de turno o de la burocracia, se encuentran los intereses de la sociedad y a ésta esencialmente le interesa que el acto viciado se suspenda, que no se ejecute en perjuicio de la comunidad. Mientras antes lleguemos, es mejor. Más que el castigo, la sociedad prefiere la prevención (evitando el perjuicio al interés público), el respeto al orden jurídico, la eficiencia, la eficacia y la economicidad.

De allí que es más relevante que el órgano de control externo prevenga el daño, asesore, oriente y perfeccione los modelos operativos de la actividad pública.

Poco sirve un órgano de control externo, con gran infraestructura organizacional y alta especialización técnica, si sólo realiza un control posterior analizando la eventual responsabilidad de los funcionarios, con la tendencia a justificar lo que ya fue.

Su actuación es histórica, le queda la nostalgia de no poder retrotraer las circunstancias pasadas. El pueblo reclama efectividad de los órganos de control, no quiere sólo un efecto declarativo, declamativo o eventualmente resarcitorio. Muchas veces, ni siquiera esto último es posible ya que si el perjuicio es millonario no alcanzan los patrimonios personales de los funcionarios para reparar el daño.

Lo elevados índices de corrupción que lamentablemente registra nuestro país en estos últimos años son una prueba elocuente de que el control externo posterior no basta. La experiencia de la Auditoria General de la Nación no ha sido satisfactoria, no obstante la idoneidad de sus integrantes.

## 7 El control de gestión: noción conceptual

Al respecto, es dable distinguir entre el control interno de gestión y el externo sobre la gestión.

El control sobre la gestión tiene el siguiente cometido:

a) Verifica la legitimidad y regularidad de la gestión. Por legitimidad se refiere al análisis del acto concreto pudiendo detectar los vicios de violación de ley, incompetencia y desviación de poder. En nuestro ordenamiento argentino, se verifica lo mismo, aunque con otras palabras que comprenden la totalidad de los elementos del acto administrativo. Por regularidad se quiere significar el respeto por el trámite procedimental administrativo reglado.

b) Analiza la correspondencia de los resultados de la actividad administrativa a los objetivos establecidos por la ley. Se refiere al control de economicidad, eficiencia y eficacia.

c) Verifica el funcionamiento de los órganos internos de control.

## 8 Naturaleza del control de gestión

Tiene carácter eminentemente colaborativo a fin de garantizar que cada sector de la Administración Pública responda al modelo ideal trazado por la Constitución (art. 174 de la Constitución de Córdoba y 97 de la Constitución Italiana). Pretende que las diversas unidades administrativas respeten los principios de legalidad, imparcialidad y eficiencia.

# 9 Diferencias del control de gestión con el de legalidad o juridicidad

La diversidad no sólo está en que el control de legitimidad concierne a los actos individuales, sino que el control de gestión recae sobre la actividad considerada en el conjunto de sus efectos operativos y sociales; sobre todo, en la estructura misma de la función de control. En efecto, en el marco del control de gestión, el Tribunal de Cuentas debe operar a posteriori haciendo una confrontación entre los resultados efectivamente logrados en la realidad y lo planificado normativamente *a priori*.

La Corte Constitucional Italiana (n. 335 del 12/20 de julio de 1995. *Revista Corte dei Conti*, n. 4, p. 163, 1995) sostuvo que el control posterior sobre la gestión no puede ser asimilado a un mero control de derecho objetivo con exclusión de cualquier apreciación que no sea estrictamente jurídica. El control de gestión, por sus objetivos, por sus efectos y por su modalidad de ejercicio, configura esencialmente un control de carácter empírico. Más que en parámetros normativos se inspira en cánones o estándares de común experiencia que encuentran su racionalización en los conocimientos técnico-científicos, propios de las varias disciplinas utilizadas a los fines de la evaluación de los resultados de la actividad administrativa.

# 10 Exigencia de planificación en la actividad de gestión

Ello implica, por una parte, la individualización del accionar administrativo que será sujeto a control, la definición de los criterios y parámetros para medir y evaluar, la identificación de la metodología de los análisis y la determinación de la actividad instructora e inspecciones por realizar.

# 11 La reforma italiana mediante la Ley n. 14/1994

Como es sabido, el sistema legal italiano garantiza un control preventivo amplio. El Tribunal de Cuentas tiene un plazo de treinta días para observar el acto. Si no lo hace, queda tácitamente visado. Si existe un pedido de informe, el plazo se suspende.

La gran reforma de 1994 se pone de manifiesto en los artículos 3 y 4 de la ley citada, con relación al control sucesivo o posterior de la gestión de la ejecución del presupuesto y del patrimonio de la Administración Pública. En esencia, se verifica la regularidad y legitimidad de la gestión así como el funcionamiento de los controles internos.

Analiza si los resultados de la actividad administrativa se adecuan a los objetivos establecidos por la ley, evaluando costos, modos y tiempos de la actividad administrativa.

El Tribunal de Cuentas define anualmente los programas y criterios sobre los cuales recaerá el control.

En conclusión, la renovación en Italia comporta la aparición de una nueva y más amplia noción de legitimidad financiera referida a la gestión pública. Se entiende por legitimidad financiera la correspondencia de los resultados de la actividad administrativa con los objetivos establecidos en la ley, en el marco de una evaluación comparativa de los costos, modos y tiempos en su desarrollo.

La terminología no técnica del Legislador de 1994 es hablar de una regularidad financiera.

Este concepto, si bien presupone la conformidad con la ley, sin embargo, abarca también el control sobre la actividad, en el sentido de que el juicio del control recae al mismo tiempo en la evaluación de los resultados y de los comportamientos.

La referida regularidad se relaciona con el contenido de aquellas formas de control que analizan la eficacia, eficiencia, economicidad y, en una palabra, la sana gestión de la cosa pública.

# 12 Concepto de economicidad, eficiencia y eficacia

Según el Manual de Control del Tribunal de Cuentas Europeo, "en el control de eficacia se verifica si los objetivos del ente controlado han sido alcanzados, en el de economicidad si se han elegido los medios menos onerosos para conseguir el objetivo fijado, y el de eficiencia si los medios han sido utilizados de manera apropiada".

El Tribunal de Cuentas Europeo realiza dos diversos tipos de control: a) de legalidad-regularidad; y b) de sana gestión financiera.

El auditor no puede cuestionar el mérito de las políticas adoptadas por el órgano decisor, pero sí puede y debe examinar cómo dichas políticas son implementadas. El control de gestión no puede cuestionar los objetivos políticos fijados, los méritos de éstos, pero sí tiene derecho a que esos objetivos sean establecidos en forma clara y cuantificada, y, desde luego, en la eficacia y eficiencia de su implementación. Son los medios no los fines los que son objeto de control. En sentido concordante, el Art. 174 de la Constitución de Córdoba dispone que la Administración debe estar dirigida a satisfacer las necesidades de la comunidad con eficacia, eficiencia, economicidad y oportunidad.

## 13 El control de juridicidad ampliado también abarca el control de gestión, eficacia, eficiencia y economicidad

Si el control de eficacia presupone verificar en esencia si una actividad administrativa ha alcanzado el objetivo propuesto, es indudable que ha existido antes una planificación prenormada en la que se ha incluido ese propósito. En consecuencia, expresa o implícitamente, ello comporta una actividad reglada o vinculada, donde el controlador debe verificar si los objetivos se han logrado conforme la planificación elaborada.

Aun cuando no exista un objetivo reglamentario o legislativamente prenormado, puede resultar de una regla técnica, científica o de experiencia, en cuyo caso también el contralor es perfectible ya que tal pauta pasa a formar parte de la juridicidad.

Lo mismo puede decirse si durante el control de eficiencia se analiza si los recursos utilizados para alcanzar los objetivos han sido los idóneos. Es decir, que aun cuando para realizar el contralor no tengamos una norma previa que detalladamente fije los medios o recursos para utilizar, lo mismo puede aplicarse una regla técnica, científica o de experiencia, de universal consenso o al menos tolerable que haga posible el control. Normalmente, los recursos utilizados para producir los objetivos se encuentran aprobados por criterios o padrones de desempeño, lo cual facilita el control sobre la base de dichas pautas objetivables.

La economicidad está estrechamente relacionada con el menor costo posible para la adquisición de los recursos necesarios para satisfacer el interés público. ¿No es acaso una pauta de carácter técnico la que debe utilizarse para efectuar el control? Es obvio que se debe contar con la mayor información confiable de los programas, proyectos o actividades, en función de los recursos humanos, financieros y físicos, teniendo presente la cantidad y calidad de lo producido sobre la base de los valores del mercado.

El examen de los proyectos, planes, programas y operaciones de la Administración Pública controlada, que verifica si se han logrado los objetivos previstos y si se han utilizado los recursos del Estado con eficiencia, economía, racionalidad, en el marco de la legalidad vigente, bien puede entrar dentro de un concepto alargado de juridicidad, desde que, en definitiva, se trata de actuar sobre la base de reglas normativas preestablecidas o pautas técnicas, científicas o de experiencia, de universal consenso o, al menos, tolerables. El control es perfectible, ya que, en definitiva, se trata de verificar si se han respetado reglas jurídicas o de otro tipo, pero reglas al fin, en las que el espacio de lo discrecional es generalmente inexistente y excepcionalmente reducido. Aun para este último supuesto, hay control de su ejercicio.

En definitiva, se puede hablar de control de legalidad relacionado con la verificación del cumplimiento de normas jurídicas y de control de gestión omnicomprensivo de la economía, eficacia y eficiencia. En mi criterio, ambos -de legalidad y de gestión- pueden formar parte del control de juridicidad en su sentido más amplio. Aun el control de regularidad o fiscalización financiera podría formar parte de este último por su subordinación a la aplicación de reglas técnicas que pasan a integrar el bloque reglado o vinculado. Tanto es así que su incumplimiento genera la posibilidad de aplicar sanciones y responsabilidades jurídicas.

## 14 El control integral no debe implicar un control absoluto: posible invasión en la división de poderes

Es sabido que en el mundo contemporáneo hoy se habla de control global o integral que comprende tanto la legalidad, la regularidad contable, como el control de gestión. Es decir, concierne a la verificación y constatación de todas aquellas acciones estatales relacionadas con los aspectos patrimoniales, financieros, normativos, de eficacia, eficiencia, economicidad y transparencia, entre otros.

Si bien es un control que en los últimos años tiene una mayor dimensión e importancia, sin embargo, su terminología podría inducirnos al error de hacer controlable en forma absoluta la actividad estatal. Ello implicaría lesionar el principio de división de poderes y la zona de reserva de la Administración. En efecto, como dijimos anteriormente, el controlador no debe valorar ni sustituir el núcleo interno de la discrecionalidad. No es su cometido pronunciarse sobre el mérito, la oportunidad o conveniencia de las políticas adoptadas;

sí, en cambio, sobre el procedimiento utilizado para ejecutarlas y los demás aspectos que hacen a la juridicidad de su ejercicio.

El órgano de control externo no puede decirle a un Presidente o a un Gobernador por qué pretende hacer un hospital en lugar de una autopista, o por qué pintó de blanco y no de rosada la casa de gobierno. Todo ello entra dentro de la zona de reserva constitucional que corresponde a la autoridad administrativa, su valoración subjetiva y resolución. El control sólo lo ejerce el Parlamento y, en definitiva, el pueblo a través del sufragio.

En Italia, hasta el año 1994, la *Corte dei Conti* (Tribunal de Cuentas), órgano extra poder de control del gasto público, realizaba el control de legalidad. A partir de dicho año, mediante la Ley n. 20, se amplió el control abarcando la gestión a fin de dar cumplimiento a lo preceptuado por el artículo 97 de la Constitución Italiana respecto del buen funcionamiento de la Administración. Sin embargo, no se precisaron sus límites. Su experiencia práctica — según algunos estudiosos de la Universidad de Bologna — fue negativa por cuanto en la realidad no ejerce bien el control de legalidad ni el de gestión, ya que, al desconocer los límites de este último, se generaron conflictos de poderes con la Administración activa, lo que a la postre debilitó ambos tipos de control.

Es preferible, entonces, un enérgico control de juridicidad, abarcador de las normas y principios jurídicos, de regularidad contable y de gestión (economía, eficacia y eficiencia), en la medida en que sea posible la verificación de la actividad en función de reglas, normadas legal o reglamentariamente o bien de carácter técnico, científico o de experiencia. Empero, debe detenerse en esa zona de reserva constitucional, omnicomprensiva del núcleo interno de lo discrecional, del mérito, oportunidad y conveniencia.

En otras palabras, en el marco del Estado de derecho, es dable incentivar el control intenso cuando sea posible la aplicación de reglas o pautas de universal consenso o al menos tolerables, y el solo control del ejercicio de las potestades discrecionales y las políticas delineadas por la Administración Pública, buscando lo mejor para el interés público, mediante la ponderación de la oportunidad, mérito y conveniencia de la medida.

En definitiva, quien ejerce la fiscalización externa controla la juridicidad en el sentido amplio descrito. No sustituye ni valora la discrecionalidad y con ello la oportunidad, mérito o conveniencia ya apreciada y seleccionada creativamente por la Administración. Llegamos así a un justo equilibrio.

## 15 Conclusiones

La insuficiencia del sistema de control se evidencia con la generalizada proliferación de causas por presuntos ilícitos penales, que tutelan los confines extremos del ordenamiento jurídico. No basta el mero control formal. Tampoco estoy de acuerdo con la exclusión del control previo.

El énfasis de los modernos órganos de control se ha expresado en las fiscalizaciones posteriores a la ejecución del gasto sin medidas sancionadoras efectivas. Discrepo rotundamente con esta tendencia. En mi criterio, se debe fortalecer el control previo, paralizando en su caso los actos administrativos pertinentes a través de la observación.

El control, esencialmente, debe tener por objeto una finalidad preventiva-correctiva a fin de que los errores puedan subsanarse o repararse antes de su ejecución. Poco importa el control posterior cuando el perjuicio al interés público ya se produjo. En lugar de ello, o de una causa penal o administrativa, es preferible para el funcionario como para la sociedad una observación oportuna.

En control nacional no es previo sino posterior. El control externo se produce después de la ejecución del acto que ocasiona gastos financieros o patrimoniales. Ante desvíos o irregularidades, se realizan recomendaciones a los órganos superiores que, muchas veces, quedan sólo en el archivo o llegan demasiado tarde cuando los perjuicios son irreparables.

Los Tribunales de Cuentas europeos, que en otros tiempos efectuaban juicios de cuentas, de responsabilidad y controles previos, fueron sustituidos por una auditoria integral e integrada que no enjuicia ni castiga al funcionario prevaricador sino que, cuando es pertinente, aporta las pruebas del presunto ilícito y, eventualmente, se pasa el caso al Poder Judicial. A menudo, el Tribunal de Cuentas no está en condiciones de distinguir la antijuridicidad penal de la mera irregularidad administrativa.

Quienes han implementado el control posterior integral e integrado desarrollan planes, programas y procedimientos de auditoria. En tal sentido, la actuación de la Auditoria General de la Nación no interfiere en los procesos decisorios, no coparticipa de la gestión ni condiciona la ejecutoriedad de los actos. Su accionar tiene un sentido docente, preceptivo y ejemplificador.

En todos los casos, los órganos de control externo padecen de una crónica debilidad, que debe superarse dinamizando sus instituciones.

Es menester hacer realidad lo que dice Mendizabal Allende (*op. cit.*, p. 27) cuando expresa que el órgano de control externo debe perseguir tres finalidades complementarias: a) Ser guardián de los intereses de la colectividad al cuidar que los tributos tengan la aplicación prevista y que se perciban sin evasión fiscal; b) Salvaguardar al administrador honesto que no debe ser víctima del juego político de sucias componendas de colaboradores inescrupulosos y c) Efectuar conclusiones útiles depurando la estructura y el funcionamiento de la Administración Pública.

En este marco principiológico, es dable arribar a las siguientes conclusiones: a) No debe cambiarse el control previo por el posterior de carácter integral e integrado. Por el contrario, debe perfeccionarse el contralor previo, concomitante y posterior en el marco de una mayor celeridad. Para los regímenes que lo hayan cambiado, es aconsejable volver al control previo, sin perjuicio del posterior como complementario. b) Deben potenciarse las auditorias externas, planes y programas de control. c) Debe extenderse el control a todos los organismos de la Administración que efectúen gastos: centralizada, desconcentrada y descentralizada, aun empresas del Estado y ONG en el caso de que dispongan y ejecuten dinero público. d) Es necesario fiscalizar también la percepción de la renta pública y con ello procurar exterminar la evasión impositiva, colaborando con los órganos competentes. e) Debe efectuarse el control de legalidad o juridicidad (con el alcance expresado), de regularidad y de gestión, respetando siempre la discrecionalidad política, que no puede ser revisada ni sustituida en lo que concierne a la oportunidad, mérito o conveniencia. f) Debe instituirse (en aquellas provincias y municipios que no lo han hecho) el Tribunal de Cuentas en la propia Constitución y garantizar su autonomía funcional y autarquía financiera, sin depender de ninguno de los poderes del Estado. g) Debe incrementarse la idoneidad de todo su personal a través de cursos de perfeccionamiento y concursos para ingresar y ascender.

Necesitamos con urgencia órganos de control externo del gasto público, enérgicamente preventivos, no débilmente represores, tanto de la inversión como de la percepción de la renta pública.

Es que, tal como señala Ivanega, "control y responsabilidad públicas resultan elementos ineludibles, integrantes necesarios de un Estado democrático, respetuoso de los derechos y garantías de la sociedad. En ese contexto, los organismos de control se convierten en instrumentos jurídicos necesarios e imprescindibles para lograr la satisfacción de los intereses de la comunidad" (*Mecanismos de control público y argumentaciones de responsabilidad*, p. 291).

En definitiva, estos son tiempos en los que tenemos que pensar profundamente, mediante el análisis de los diversos sistemas comparados, cuáles son aquellas herramientas, metodologías y organismos que fundamentalmente contribuyan a fortalecer la eficacia del control preventivo a fin de que la potestad disciplinaria que corresponda ejercer *a posteriori* de una conducta reprochable sea minimizada en cantidad y calidad.

Seguramente que ello contribuirá a proteger el interés público, el respeto al orden jurídico vigente y al patrimonio estatal.

En otras palabras, al mejorarse sustancialmente el control preventivo estaremos en mejores condiciones de disminuir o extinguir los actos de corrupción que desvirtúan la esencia del sistema democrático mismo.

Todo ello no implica retacear la importancia del carril disciplinario como metodología de encausar o expulsar a quienes han cometido las faltas susceptibles de sanción, sino de buscar el mejor sistema, que a modo de prevención contribuya a incrementar la legalidad y elevar la eficacia y eficiencia de la Administración con funcionarios idóneos y responsables en donde su accionar esté debida y oportunamente controlado.

## Bibliografía

ACED Y BARTRINA, Francisco. *Curso de contabilidades oficiales*: Estado, provincia, municipio. Madrid: Instituto Editorial Reus, 1941.

ARGENTINA. *Ley de Contabilidad y el Régimen de Contrataciones del Estado.* Buenos Aires: Ciencias de la Administración, 1981.

GARCÍA-TREVIJANO, José Antonio. *Principios jurídicos de la organización administrativa*. Madrid: Instituto de Estudios Políticos, 1957.

IVANEGA, Miriam Mabel. *Mecanismos de control público y argumentaciones de responsabilidad*. Buenos Aires: Depalma, 2003.

LAIN, Jung. *L'Esprit et la pratique de la constitution chinoise*. Dijon: M. Pornon, 1934.

MENDIZÁBAL ALLENDE, Rafael de. Función y esencia del Tribunal de Cuentas. *Revista de Administración Pública*, n. 46, p. 13-63, ene./abr. 1965.

MIRIMONDE, Albert Pomme de. *La cour des comptes*: historique, organisation, apurement des comptes, contentieyux, voies de recours, contrôle administratif. Paris: Recueil Sirey, 1947.

ROSATTI, Horacio Daniel. La observación legal: instrumento del control externo de la Hacienda Pública. *El Derecho – Diario de Doctrina y Jurisprudência*, t. 107, 20 mar. 1984.

TRIBUNAL DE CUENTAS: Municipalidad de Córdoba. Córdoba: Ed. Lerner, nov. 1993. t. II.

---

Informação bibliográfica deste texto, conforme a NBR 6023:2002 da Associação Brasileira de Normas Técnicas (ABNT):

SESIN, Domingo J. La incidencia del control preventivo en la potestad disciplinaria. *In*: BAUTISTA CELY, Martha Lucía; SILVEIRA, Raquel Dias da (Coord.). *Direito disciplinário internacional*: estudos sobre a formação, profissionalização, disciplina, transparência, controle e responsabilidade da função pública = *Derecho disciplinario internacional*: estudios sobre formación, profesionalización, disciplina, transparencia, control y responsabilidad de la función pública. Belo Horizonte: Fórum, 2011. v. 1, t. I, p. 337-355. v. 1: Título Português, t. I: Título Espanhol. ISBN 978-85-7700-446-1.

# Controle de Meios e de Resultados da Gestão Pública e as Contribuições do Direito Disciplinário para a Eficiência Administrativa

### Rodrigo Pironti Aguirre de Castro

**Sumário**: **1** Introdução – **2** Controle de meios e de resultados e as contribuições do Direito Disciplinário – **3** Conclusão – Referências

## 1 Introdução

Os temas ligados ao Direito Disciplinário, mormente no que se referem aos conceitos de controle de meios e de resultado, possuem relação direta com a evolução histórica dos modelos de Administração Pública e, nesse sentido, com a "nova" administração pública gerencial,[1] pautada pela efetiva realização do interesse coletivo e pelo princípio da eficiência.

Este artigo busca ressaltar a relevância de conceitos ligados ao controle de resultados e a sua inserção como mecanismo inerente ao Estado Gerencial e a realização do princípio da eficiência.

Assim, se faz necessário invocar, desde já, a importância do Direito Disciplinário para a concretização de um sistema de controle (seja ele pautado na verificação de meios ou resultados), que retorne à sociedade a eficácia na gestão da coisa pública, significando dizer que o controle deve, para além do aspecto formal, conter um aspecto substancial que lhe dê legitimidade.

---

[1] A expressão "nova" está entre aspas tendo em vista que, em que pese a reforma do Estado brasileiro preconizar a existência desse modelo, ainda não existe um modelo gerencial completado em nosso Estado, sendo ainda fortemente marcado por aspectos burocráticos, como veremos.

Relevante ainda a consideração de que o modelo de Estado atual — em que insere-se o Direito Disciplinário no Brasil — mescla características típicas de um modelo fortemente burocrático, onde os atos de império são fulcrados na análise de legalidade estrita, e um modelo com tendências de gestão gerencial, onde o controle se coloca como conformador da atuação administrativa.

## 2 Controle de meios e de resultados e as contribuições do Direito Disciplinário

O Direito Administrativo sofreu alterações consideráveis nos últimos anos, mormente com a Reforma do Estado, com uma nova concepção de controle fulcrado na gestão gerencial e no princípio da eficiência.

Para que se trace uma noção detalhada de todo esse contexto, veja-se o que versava o *Plano Diretor da Reforma do Aparelho do Estado* de 1995, *verbis*:

> A reforma do aparelho do Estado passa a ser orientada predominantemente pelos valores da eficiência e qualidade na prestação dos serviços públicos e pelo desenvolvimento de uma cultura gerencial nas organizações. A administração pública gerencial constitui um avanço, e até certo ponto um rompimento com a Administração Pública burocrática. Isto não significa, entretanto, que negue todos os seus princípios. Pelo contrário. A administração pública gerencial está apoiada na anterior, da qual conserva, embora flexibilizando alguns de seus princípios fundamentais, como a admissão segundo critérios rígidos de mérito, a existência de um sistema estruturado e universal de remuneração, as carreiras, a avaliação constante de desempenho, o treinamento sistemático. A diferença fundamental está na forma de controle, que deixa de se basear nos processos para se concentrar nos resultados, e não na rigorosa profissionalização da Administração Pública, que continua um princípio fundamental. (...) O paradigma gerencial contemporâneo, fundamentado nos princípios de confiança e descentralização da decisão, exige formas flexíveis de gestão, horizontalização de estruturas, descentralizações de funções, incentivos à criatividade. Contrapõe-se à ideologia do formalismo e do rigor técnico da burocracia tradicional. À avaliação sistemática, à recompensa pelo desempenho, e à capacitação permanente, acrescentam-se os princípios da orientação para o cidadão-cliente, do controle por resultados, e da competição administrada.[2][3]

---

[2] BRASIL. Ministério da Administração Federal e Reforma do Estado. *Plano Diretor da Reforma do Aparelho do Estado*, p. 21-24.

[3] Convém ressaltar que em virtude de todas essas transformações pelas quais passa o Direito Administrativo, muito se fala hoje em contratualização das relações por meio do contrato de

Em oposição à introdução de tais conceitos, mormente o conceito de eficiência administrativa tal como concebida no modelo gerencial, Lúcia Valle Figueiredo aduz:

> É de se perquirir o que muda com a inclusão do princípio da eficiência, pois, ao que se infere, com segurança, à Administração Pública sempre coube agir com eficiência em seus cometimentos.
>
> Na verdade, no novo conceito instaurado de Administração Gerencial, de "cliente", em lugar de administrado, o novo "clichê" produzido pelos reformadores, fazia-se importante, até para justificar perante o país as mudanças constitucionais pretendidas, trazer ao texto o princípio da eficiência.
>
> Tais mudanças, na verdade, redundaram em muito pouco de substancialmente novo, e em muito trabalho aos juristas para tentar compreender figuras emprestadas sobretudo do Direito Americano, absolutamente diferente do Direito brasileiro.[4]

A argumentação de que o princípio da eficiência sempre foi tido como orientador da atividade administrativa e que a concepção gerencial apenas agregou este conceito com foco secundário não pode prosperar.

Ora, a administração deve sim agir sempre de forma eficiente, porém, o que requer a nova concepção da eficiência administrativa é que esse princípio seja observado de forma privilegiada no atuar do gestor público, ou seja, que a eficiência oriente todos os demais conceitos constitucionais necessários ao bom desenvolvimento da atividade administrativa e ao alcance do resultado pretendido.

Sobre o tema, Gustavo Justino de Oliveira[5] alerta que a exposição de motivos interministerial nº 49/95 — parte integrante da mensagem Presidencial nº 866/95 —, ressalta como um dos resultados esperados da reforma administrativa "incorporar a dimensão da eficiência na administração pública: o aparelho de estado deverá se revelar apto a gerar mais benefícios na forma de prestação de serviço à sociedade com os recursos disponíveis, em respeito ao contribuinte",[6] alertando que outro resultado almejado seria:

---

gestão, com foco no controle de resultados. Nesse sentido, veja-se OLIVEIRA. *O contrato de gestão na Administração Pública brasileira.*

[4] FIGUEIREDO. *Controle da Administração Pública.*

[5] OLIVEIRA. *O contrato de gestão na Administração Pública brasileira,* p. 276.

[6] DIÁRIO DO SENADO FEDERAL. Brasília, 2 dez. 1997, p. 26.481.

# 360 | Martha Lucía Bautista Cely, Raquel Dias da Silveira (Coord.)
Direito Disciplinário Internacional – *Derecho Disciplinario Internacional*

(...) romper formatos gerais rígidos e uniformizadores: a reforma constitucional permitia a implantação de um novo desenho estrutural na Administração Pública brasileira que contemplará a diferenciação e a inovação no tratamento de estruturas, formas jurídicas e métodos de gestão e de controle.[7]

Como visto, são indissociáveis os conceitos de Administração Pública gerencial, eficiência administrativa e controle de resultados na análise reformista brasileira, sendo necessária uma precisa definição destes institutos, sobretudo no que tange ao regime jurídico-administrativo, uma vez que fundado sob a égide das normas constitucionais.[8]

Destaque-se que o modelo gerencial procura uma aproximação entre os modelos de gestão pública e de gestão privada, na tentativa de tornar o poder público semelhante ao setor privado, principalmente no que tange à noção de eficiência. Isso não autoriza, porém, que atos próprios do poder de polícia sejam tomados sem a devida conformação legal, pois frise-se, que o controle de resultados, próprio do modelo gerencial, ainda é no Estado Brasileiro, fortemente orientado por um modelo ainda burocrático e, portanto, eminentemente de meios.

Nesse contexto, saliente-se que com a Emenda Constitucional nº 19/98, o princípio da eficiência foi elevado a princípio constitucional, inserto no *caput* do art. 37 da Constituição da República. A partir de então, aumenta-se seu espectro que passa a conformar tanto a noção de eficiência quanto a de eficácia da atuação administrativa, ou seja, o princípio da eficiência preocupa-se com os meios empregados e com o atingimento de seus resultados, uma vez que não constitui um fim em si mesmo e deve estar corroborado por todos os demais princípios do texto constitucional.

Seria ilógico, neste sentido, permitir que pelo princípio da eficiência fosse possível a aprovação de determinado ato, por exemplo, apenas porque cumpriu seu requisito formal; é necessário também que dele se obtenha o resultado almejado, ao menor custo possível, sem prejuízo de sua qualidade.[9]

---

[7] DIÁRIO DO SENADO FEDERAL. Brasília, 2 dez. 1997, p. 26.481.

[8] Neste sentido, veja-se CANOTILHO. *Direito constitucional*, p. 198.

[9] Em sentido contrário, do qual se discorda, veja-se, CHIAVENATO. *Introdução à teoria geral da administração*, p. 238: "A eficiência não se preocupa com os fins, mas simplesmente com os meios. O alcance dos objetivos visados não entra na esfera de competência da eficiência; é um assunto ligado à eficácia". Acrescenta o autor, à mesma página: "Contudo, nem sempre a eficácia e a eficiência andam de mãos dadas. Uma empresa pode ser eficiente em suas operações e pode não ser eficaz, ou vice-versa. Pode ser ineficiente em suas operações e, apesar disso, ser eficaz, muito embora a eficácia fosse bem melhor quando acompanhada

A eficiência pode ser entendida como uma "medida da amplitude dos meios disponibilizados para atingir um objetivo (relação entre o resultado obtido e os meios disponibilizados para atingi-lo)".[10]

Na busca pela definição jurídica do termo, José Afonso da Silva revela que a eficiência administrativa "consiste na organização racional dos meios e recursos humanos, materiais e institucionais para a prestação dos serviços públicos de qualidade em condições econômicas de igualdade dos consumidores". O autor menciona, ainda, que seria a eficiência intrínseca a noção de boa administração, ou seja, a "correta gestão dos negócios públicos e no manejo dos recursos públicos".

Por sua vez, Alexandre de Moraes conceitua:

> (...) *princípio da eficiência* é o que o impõe à administração pública direta e indireta e a seus agentes a persecução do bem comum, por meio do exercício de suas competências de forma imparcial, neutra, transparente, participativa, eficaz, sem burocracia e sempre em busca da qualidade, primando pela adoção de critérios legais e morais necessários para a melhor utilização possível dos recursos públicos, de maneira a evitarem-se desperdícios e garantir-se maior rentabilidade social.[11]

Diogo de Figueiredo Moreira Neto, por sua vez, define eficiência como:

> A melhor realização possível da gestão dos interesses públicos, em termos de plena satisfação dos administrados com os menores custos para a sociedade, ela se apresenta, simultaneamente, como um atributo técnico da Administração, como uma exigência ética a ser atendida, no sentido weberiano de resultados e como uma característica jurídica exigível, de boa administração dos interesses públicos.[12]

E complementa que, com a eficiência, "abandona-se a ideia de que a gestão da coisa pública basta ser eficaz, ou seja, consiste apenas em desenvolver processos para produzir resultados".[13]

---

[da eficiência. Pode também não ser nem eficiente nem eficaz. O ideal seria uma empresa igualmente eficiente e eficaz".

[10] ALECIAN; FOUCHER. *Guia de gerenciamento no setor público*, p. 392.

[11] MORAES (Coord.). *Reforma administrativa*: Emenda Constitucional n. 19/98, p. 144.

[12] MOREIRA NETO. *Curso de direito administrativo*: parte introdutória, parte geral, parte especial, p. 103.

[13] MOREIRA NETO. Coordenação gerencial na Administração Pública: Administração Pública e autonomia gerencial: contrato de gestão: organizações sociais: a gestão associada de serviços públicos: consórcios e convênios de cooperação. *Revista de Direito Administrativo – RDA*, p. 39.

Ainda a esse respeito, o autor reforça a necessidade de mecanismos que facilitem a ação administrativa por meio de soluções de "ação concertada de entes públicos, integrando e potenciando, nos pactos de cooperação administrativos, em benefício dos administrados, meios e recursos públicos sabidamente cada vez mais escassos e limitados".[14]

É nesse contexto que, para Egon Bockmann Moreira, o princípio da eficiência é tido como, *verbis*:

> (...) uma nova forma de controle porque a inserção do termo eficiência como princípio do *caput* do art. 37 da CF tem conteúdo e alcance não excludentes, mas de amplitude diversa das previsões pretéritas do termo eficiência, que não eram tão genéricas como a atual e até poderiam ser interpretadas de forma puramente econômico-administrativas e vernaculista, submetidas aos estreitos limites dos textos que as envolvem. A toda evidência é outro o desiderato normativo da EC 19, de 1988. Por isso a necessidade de enfrentar o tema sob nova ótica. (...)
>
> Em primeiro lugar, acreditamos que o princípio da eficiência deve ser concebido como estritamente vinculado aos demais princípios do *caput* do art. 37 da CF: legalidade, moralidade, impessoalidade e publicidade. (...) Em segundo lugar, o princípio da eficiência dirige-se à maximização do respeito à dignidade da pessoa humana (CF, art. 1º). Esta é a finalidade básica da Administração Pública num Estado Democrático de Direito. Não basta a inconsciente busca dos fins legais. Estes sempre devem ostentar qualidades humanas e sociais positivas. (...) Em terceiro lugar, o princípio da eficiência é diretriz de controle *interna corporis* da Administração Pública, correspondendo a modo de avaliação interna dos servidores. (...) Em quarto lugar, o princípio da eficiência dirige-se ao controle de metas administrativas preestabelecidas em normas legais e/ou regulamentares e contratuais. Significa dever de desenvolver, verificar e fiscalizar a atividade administrativa exercida pela Administração, examinando-a de modo mais preciso e vinculado as disposições normativas pertinentes. Tanto mais exatas as obrigações daquele que exerce a atividade, mais viável será o controle da eficiência em seu desempenho.
>
> Este o ponto em que o princípio da eficiência mais se assemelha à visão econômico-administrativa privada. É a relação entre os objetivos predefinidos e aqueles alcançados. Pode analisar também a atividade desempenhada, seus custos, e eventualmente, a parcela de êxito atingido. Tudo dependerá da situação fática, seu conteúdo e limites.[15]

---

[14] MOREIRA NETO. Coordenação gerencial na Administração Pública: Administração Pública e autonomia gerencial: contrato de gestão: organizações sociais: a gestão associada de serviços públicos: consórcios e convênios de cooperação. *Revista de Direito Administrativo – RDA*, p. 49.

[15] MOREIRA. *Processo administrativo*: princípios constitucionais e a Lei 9.784/1999, p. 140-143.

Assim, com esta delimitação, muito embora o princípio da eficiência e a noção de eficiência administrativa tenham um conceito polissêmico, ou seja, compatível com várias estruturas e aplicados a inúmeras relações e ciências distintas, afasta-se desse contexto noções estritamente ligadas à economia e administração para conceituar o princípio da eficiência.

No direito brasileiro a eficiência não pode ser vista apenas como "dever irrestrito de reduzir custos e produzir superávits ou aumentar a lucratividade estatal, nem tampouco na condição de diretriz primeira da administração do Estado". Não é, pois, um princípio que autoriza "a supervalorização, no plano jurídico, dos chamados interesses públicos secundários".[16]

A existência do princípio da eficiência, como norma positivada no art. 37 da Constituição da República, impõe ao intérprete uma análise em prol do cidadão, uma interpretação ampliativa de seus direitos, conformando mais uma forma de controle e um dever de probidade da atividade administrativa.

Ampliando os conceitos trazidos pelos autores supracitados e delimitando de maneira ampla o tema da eficiência administrativa, Emerson Gabardo diverge da possibilidade de redução do princípio da eficiência a mero cumprimento formal de uma atividade, e ressalta:

> (...) a eficiência não pode ser reduzida a um princípio de cumprimento de objetivos formais. Aliás, ao contrário, parece ser perfeitamente possível argüir a ineficiência de um ato por cumprir suas metas. Seria o caso, por exemplo, da adoção de metas em um contrato de gestão firmado entre entes da Administração, mas que no momento de seu cumprimento não mais estejam de acordo com a eficiência administrativa, que é vetor geral da atividade pública.[17]

E conjugando as lições já referidas de intersetorialização, o professor Gustavo Justino de Oliveira traz o escólio de Emerson Gabardo quando aventa que "o princípio da eficiência é setorial, pois se refere exclusivamente à Administração Pública, mas está diretamente ligado ao princípio da eficiência do Estado como vetor geral (de caráter ético) do sistema constitucional",[18] retirando-lhe de seu conteúdo a função meramente legitimadora de novas políticas reformistas, elevando tal

---

[16] MOREIRA. *Processo administrativo*: princípios constitucionais e a Lei 9.784/1999, p. 143.

[17] GABARDO. *Princípio constitucional da eficiência administrativa*, p. 143.

[18] GABARDO. *Princípio constitucional da eficiência administrativa*, p. 89.

princípio ao patamar de "instrumento jurídico a serviço do regime administrativo consagrado constitucionalmente".[19]

Para além disso, ressalta Gustavo Justino de Oliveira:

> Com efeito, constata-se que no contexto reformador brasileiro (embora de modo aparentemente mitigado) a entronização da Administração Pública gerencial, fundada na eficiência como meio de maximização de resultados, foi encarada como uma forma de oposição e superação da Administração Pública burocrática.[20]

E complementa:

> Em que pesem os argumentos do discurso reformador bresseriano, assevera-se não ser possível consentir que o aparecimento do modelo gerencial visou suceder ao modelo burocrático.
>
> Tampouco demonstra-se pertinente equiparar o fenômeno da ascensão de um modelo pós-burocrático de gestão (*in casu*, o gerencial) àquele correspondente à história da eclosão do modelo burocrático de administração pública. Diferentemente daquele, este representou um autêntico movimento reativo, disposto a afastar e a tomar o lugar de modelos patrimonialistas de gestão pública, os quais, além de não promoverem a separação entre a propriedade pública e a propriedade privada, eram caracterizados por um exacerbado personalismo, nepotismo e fisiologismo.[21]

Resta claro, portanto, que o modelo gerencial — voltado à realização da eficiência administrativa — não substitui por completo o modelo burocrático, mas cumpre papel importante na evolução organizacional da sociedade, inovando e agregando conceitos antes desconhecidos, ou ao menos impensados, à Administração Pública.[22]

Em síntese, o modelo gerencial no Brasil — controle de resultados — não tem o condão de sobrepor-se — ou de certa forma excluir — ao modelo burocrático, ao contrário, muito embora já seja aplicado em vários cenários desse novo contexto de administração, tem ainda um caráter residual, constituindo-se numa projeção da Administração Pública, um modelo ainda ideal e não acabado, daí a importância do Direito Disciplinário.

---

[19] GABARDO. *Princípio constitucional da eficiência administrativa*, p. 17.

[20] OLIVEIRA. *O contrato de gestão na Administração Pública brasileira*, p. 284.

[21] OLIVEIRA. *O contrato de gestão na Administração Pública brasileira*, p. 284-285.

[22] Neste sentido, *vide* ABRUCIO. O impacto do modelo gerencial na Administração Pública: um breve estudo sobre a experiência internacional recente. *Cadernos ENAP*, p. 41.

Sinaliza o modelo gerencial, pois, para uma evolução no modelo de gestão dominante, incluindo técnicas e metodologias que agregam e são fundamentais para a eficiência na gestão da coisa pública e uma nova orientação nos atos de império estatais, no sentido de conformá-los aos princípios constitucionais e a noção de justiça social.

Odete Medauar, com vistas a uma proposta de harmonização desses modelos e exaltação do controle da eficiência, ressalta que a redução da responsabilidade e a rigidez da hierarquia administrativa são desfavoráveis ao controle[23] e propõe o que chama de controle de gestão:[24]

> (...) dificilmente se atingirá o ponto de abolição total do controle hierárquico, no aspecto de legalidade ou de mérito, embora se devam buscar novas técnicas de gestão e em decorrência novas técnicas de controle, de que é exemplo, o controle de gestão. Evidente que um controle tão abrangente como o de gestão, que recai sobre um conjunto de atividades desenvolvidas para o atingimento de um objetivo, absorve o de legalidade e o de mérito e tem a vantagem, segundo se depreende, do acompanhamento simultâneo da atuação, com medidas corretivas a cada passo, impedindo a dispersão e o mau uso dos recursos alocados; por outro lado, quebra a rigidez da estrutura hierarquizada, sem deixar, no entanto, de observar certo escalonamento, pela existência de um agente controlador e de um chefe de projeto. Necessário se tornar tentar aplicar esta nova técnica e estudar os resultados (...).[25]

Nota-se, de todo o exposto, que o princípio da eficiência administrativa não pode ser entendido como um fim em si mesmo, uma vez que deve conjugar todo o contexto normativo em que está inserido e os demais princípios influentes em determinado caso.

# 3 Conclusão

A contribuição do Direito Disciplinário propõe que se deve considerar todo o conjunto em que foi emanado o ato. Apenas dessa forma poderá atestar seu alcance e, por conseguinte, determinar se atingiu

---

[23] MEDAUAR. *Controle da Administração Pública*, p. 47.

[24] Frise-se que esta ponderação refere-se à tratativa do controle de gestão no âmbito da Administração Pública, ou seja, na relação *interna corporis* da Administração, não sendo considerados para fins deste estudo eventuais interações externas ou influxos de qualquer outra esfera ou poder.

[25] MEDAUAR. *Controle da Administração Pública*, p. 49.

ou não seu ponto ótimo; em outras palavras, se foi ou não eficiente, se realizou ou não os seus objetivos.

Para além disso, a atividade da Administração Pública não pode ser controlada ou avaliada em razão, apenas, de seus resultados, pois, em determinados momentos, a análise de cada etapa do desenvolvimento da ação administrativa demonstrará a melhor satisfação do interesse público pretendido.

Não se está, com esses argumentos, a excluir a apreciação do controle de legalidade, ao contrário, o controle de legalidade e os critérios que o envolvem devem ser permanentemente avaliados. Isto é próprio de uma administração ainda hierarquizada e burocrática.

Porém, privilegiar a eficiência e o controle de resultados é privilegiar o próprio sistema constitucional, uma vez que são enaltecidos os princípios do art. 37 da Constituição da República.

Assim, a pretende-se no Direito Disciplinário brasileiro a co-existência harmônica entre o controle de meios e de resultado — o controle de legalidade e o controle de legitimidade —, e não a exclusão de qualquer um deles.

## Referências

ABRUCIO, Fernando Luiz. O impacto do modelo gerencial na administração pública: um breve estudo sobre a experiência internacional recente. *Cadernos ENAP*, n. 10, p. 1-55, 1997. Disponível em: <http://www.enap.gov.br/index.ph p?option=content&task=view&id=258>. Acesso em: 30 mar. 2011.

ALECIAN, Serge; FOUCHER, Dominique. *Guia de gerenciamento no setor público.* Trad. de Márcia Cavalcanti. Brasília: ENAP; Rio de Janeiro: Revan, 2001.

BRASIL. Ministério da Administração Federal e Reforma do Estado. *Plano Diretor da Reforma do Aparelho do Estado.* Brasília: Presidência da República; Imprensa Oficial, 1995. Disponível em: <http://www.bresserpereira.org.br/ view.asp?cod=121>. Acesso em: 30 mar. 2011.

CANOTILHO, José Joaquim Gomes. *Direito constitucional.* 5. ed. totalmente refund. e aum. 2. reimpr. Coimbra: Almedina, 1992.

CHIAVENATO, Idalberto. *Introdução à teoria geral da administração.* 4. ed. São Paulo: McGraw-Hill, 1993.

FIGUEIREDO, Lúcia Valle. *Controle da Administração Pública.* São Paulo: Revista dos Tribunais, 1991.

GABARDO, Emerson. *Princípio constitucional da eficiência administrativa.* São Paulo: Dialética, 2002.

MEDAUAR, Odete. *Controle da Administração Pública*. São Paulo: Revista dos Tribunais, 1993.

MORAES, Alexandre de (Coord.). *Reforma administrativa*: Emenda Constitucional n. 19/98. 4. ed. rev. ampl. e atual. de acordo com a EC n. 20/98, a EC n. 25/00, a Lei n. 9.801/99, (normas gerais para perda de cargo público por excesso de despesa), a Lei complementar n. 96/99 (limite de despesa) e a Lei n. 9.962/99 (regime de emprego público do pessoal da administração federal direta, autárquica e fundacional). São Paulo: Atlas, 2001.

MOREIRA NETO, Diogo de Figueiredo. Coordenação gerencial na Administração Pública: Administração Pública e autonomia gerencial: contrato de gestão: organizações sociais: a gestão associada de serviços públicos: consórcios e convênios de cooperação. *Revista de Direito Administrativo – RDA*, n. 214, p. 35-53, out./dez. 1998.

MOREIRA NETO, Diogo de Figueiredo. *Curso de direito administrativo*: parte introdutória, parte geral, parte especial. 13. ed. totalmente rev. ampl. e atual. Rio de Janeiro: Forense, 2003.

MOREIRA, Egon Bockmann. *Processo administrativo*: princípios constitucionais e a Lei 9.784/1999. 2. ed. atual. rev. e aum. São Paulo: Malheiros, 2003.

OLIVEIRA, Gustavo Henrique Justino de. *O contrato de gestão na Administração Pública brasileira*. 2005. Tese (Doutorado em Direito do Estado) – Universidade de São Paulo, São Paulo, 2005.

---

Informação bibliográfica deste texto, conforme a NBR 6023:2002 da Associação Brasileira de Normas Técnicas (ABNT):

CASTRO, Rodrigo Pironti Aguirre de. Controle de meios e de resultados da gestão pública e as contribuições do direito disciplinar para a eficiência administrativa. *In*: BAUTISTA CELY, Martha Lucía; SILVEIRA, Raquel Dias da (Coord.). *Direito disciplinar internacional*: estudos sobre a formação, profissionalização, disciplina, transparência, controle e responsabilidade da função pública = *Derecho disciplinario internacional*: estudios sobre formación, profesionalización, disciplina, transparencia, control y responsabilidad de la función pública. Belo Horizonte: Fórum, 2011. v. 1, t. I, p. 357-367. v. 1: Título Português, t. I: Título Espanhol. ISBN 978-85-7700-446-1.

# Perspectivas del Control Judicial del Acto Administrativo Disciplinario en Colombia[1]

## Rafael Enrique Ostau de Lafont Pianeta

**Sumario**: **1** Consideraciones sobre el Derecho Disciplinario – **2** Estructura del régimen disciplinario vigente en lo administrativo y en lo judicial – **3** Elementos de la actuación administrativa disciplinaria y el control de legalidad de los actos administrativos disciplinarios – **4** Hacia un nuevo concepto del control contencioso sobre la actuación disciplinaria – **5** El recurso especial de control de legalidad sobre las decisiones disciplinarias

## 1 Consideraciones sobre el Derecho Disciplinario

El tema propuesto en este escrito impone como referente formular algunas consideraciones sobre el poder disciplinario, pues en un Estado Social de Derecho, donde la expresión valorativa de los derechos de los sujetos que pertenecen a él debe representar el punto de equilibrio entre el ejercicio de las libertades que le corresponden a los administrados y el ejercicio de los poderes atribuidos a las autoridades públicas, no cabe duda que la Rama Judicial y los Órganos de Control juegan un papel determinante. En un Estado con esas características, se imponen en materia de función pública unas responsabilidades mucho mayores, exigentes y rigurosas para los servidores públicos y se enfatizan garantías en favor de los asociados.

Tal como lo expresa el Artículo 2º constitucional, en el Estado Social de Derecho la cobertura de la responsabilidad de las autoridades públicas comprende esencialmente la protección de las personas en

---

[1] Este tema ha sido expuesto por el Autor en otros eventos y en cada caso ha sido enriquecido con nuevos aportes, razón por la cual sigue siendo una posición jurídica en construcción.

todos sus derechos, pero al mismo tiempo comporta el deber social de hacer posible la consecución de los fines esenciales de ese Estado. Por lo tanto, el papel del servidor público es mucho más exigente, transparente, apegado al respeto a la ley y consecuente con su finalidad, especialmente cuando el objeto de su acción es la persona humana, en tanto que ella pertenece a una colectividad que requiere ser protegida.

> Una de las principales características del Estado social de derecho consiste en la importancia que adquiere el juez en sus relaciones con el legislador y con la administración. Buena parte de ella se deriva del nuevo papel que juegan los principios constitucionales en las decisiones judiciales y su relación con los valores y normas de la Carta. (...)

> Los valores representan el catálogo axiológico a partir del cual se deriva el sentido y la finalidad de las demás normas del ordenamiento jurídico (...) pueden tener consagración explícita o no; lo importante es que sobre ellos se construya el fundamento y la finalidad de la organización política.

> De este tipo son los valores de convivencia, trabajo, justicia, igualdad, conocimiento, libertad y paz plasmados en el preámbulo de la Constitución. También son valores los consagrados en el inciso primero del artículo 2º de la Constitución en referencia a los fines del Estado: el servicio a la comunidad, la prosperidad general, la efectividad de los principios, derechos y deberes, la participación, etc. Todos ellos establecen fines a los cuales se quiere llegar. (...)

> El aumento de la complejidad fáctica y jurídica en el Estado contemporáneo ha traído como consecuencia un agotamiento de la capacidad reguladora de los postulados generales y abstractos. (...)

> Esta redistribución [entre la ley, los principios y las decisiones judiciales] se explica ante todo por razones funcionales: no pudiendo el derecho prever todas las soluciones posibles a través de los textos legales, necesita de criterios finalistas (principios) y de instrumentos de solución concreta (juez) para obtener una mejor comunicación con la sociedad.[2]

Bajo esa premisa, la conducta de los servidores públicos tiene que ser objeto de una permanente atención por parte de quiénes dentro del Estado tienen la misión trascendente de ejercitar el control sobre esa conducta. En la medida en que ésta sea verificada con respecto a su adecuación al ordenamiento jurídico, seguramente la misión de ese Estado va a ser mucho más objetiva y fundamentalmente democrática.

---

[2] Corte Constitucional. Sentencia T-406, 5 jun. 1992. M.P. Ciro Angarita Barón.

El planteamiento en relación con el papel de los servidores públicos dentro del nuevo modelo de Estado Social de Derecho, es lo que finalmente reafirma la necesidad de una regulación jurídica especial de la conducta de aquellos y es lo que en el contexto de un orden jurídico efectivo sustenta la versión moderna del llamado Derecho Disciplinario. Por supuesto, que hablamos de un Derecho Disciplinario sometido a unas características que pueden esquematizarse de la siguiente manera:

- Por su propia naturaleza, indudablemente se trata de un área especial del Derecho Administrativo. Estudiando los autores clásicos del Derecho Administrativo, no cabe duda alguna de que desde tiempos inmemoriales el control sobre la conducta de los servidores públicos tuvo un origen netamente administrativo, derivado de la responsabilidad del Estado de Bienestar, apelativo que surge después de la Segunda Guerra Mundial. Sólo en la medida en que se consideró que la conducta de los servidores públicos debía ser consecuente con los propósitos de ese Estado, se justificaba una regulación jurídica de ese comportamiento.

- Se ha dicho que el Derecho Disciplinario pertenece al área del Derecho Sancionador. Creo que, sin oponerme a ella, tal afirmación no es absolutamente consecuente con la naturaleza de lo que aquí se pretende y no lo es porque el Derecho Disciplinario tiene por objeto, no solamente indagar por la conducta infractora del servidor público, sino que igualmente le corresponde a ese derecho valorar la conducta correcta de tales servidores.

- Considero que la columna vertebral de nuestro Código Disciplinario[3] es muy acertada en cuanto a sus propósitos y al carácter neutral de su regulación. En ese orden, resulta sumamente importante la regla que aparece en el Artículo 129,[4] sobre Imparcialidad del funcionario en la búsqueda de la prueba, donde se le invoca al operador disciplinario no solamente la obligación de buscar la verdad real e investigar lo negativo de la conducta del servidor público, sino también

---

[3] Código Disciplinario Único, Ley 734 de 2002: <http://www.encolombia.com/derecho/CodigoDisciplinarioUnico/CodDisciplinarioU.htm>.

[4] "El funcionario buscará la verdad real. Para ello deberá investigar con igual rigor los hechos y circunstancias que demuestren la existencia de la falta disciplinaria y la responsabilidad del investigado y los que tiendan a demostrar su inexistencia o lo eximan de responsabilidad. Para tal efecto, el funcionario podrá decretar pruebas de oficio."

lo positivo de la misma. Esas expresiones del Código Disciplinario son las que determinan su verdadero eje ideológico y muestran que no fue concebido con el propósito de perseguir ni de estigmatizar al servidor público, sino de constituir un instrumento persuasivo, absolutamente necesario e indispensable para verificar que su conducta se ajuste al ordenamiento jurídico. En otras palabras, el objetivo que inspira su aplicación, es la de prevenir al servidor público acerca de la conducta correcta que debe adoptar en el cumplimiento de la misión que le ha sido encomendada. Consecuencialmente, entraña la advertencia, igualmente de carácter legal, según la cual, en la medida en que su conducta no se ajuste a esas previsiones, hará presencia, entonces, el poder coactivo del Estado, para propiciar la imposición de las sanciones a que haya lugar en cada caso.

- Finalmente, hay una característica que tiene que ver con el origen y la naturaleza del régimen disciplinario y es que por regla general dado su carácter esencialmente administrativo, se ha entendido que sus decisiones deben ser sometidas a un control judicial específico, que en el caso colombiano es el de la Jurisdicción de lo Contencioso Administrativo, sin perjuicio de que existan algunas excepciones sobre el particular.

## 2 Estructura del régimen disciplinario vigente en lo administrativo y en lo judicial

En este sentido, la estructura del régimen disciplinario vigente adoptado mediante la Ley 734 de 2002, "Por la cual se expide el Código Disciplinario Único", fundado en diversos preceptos constitucionales, presenta un perfil que identifica a un aparato del Estado concebido para ejercer las funciones de inspección y vigilancia sobre la conducta de los servidores públicos, aunque después de una larga *praxis* denota algunas falencias que hacen necesaria su revisión y adecuación conforme a la trascendencia de sus objetivos institucionales.

De allí emerge como consustancial a la organización estatal ese concepto de control[5] que es propio de la esencia misma de un Estado Democrático y Social de Derecho. Esa es la misión correctiva que se le

---

[5] Según el artículo 117 constitucional, "El Ministerio Público y la contraloría General de la República son órganos de control".

atribuye institucionalmente y con carácter preferente, a la Procuraduría General de la Nación y a las Personerías Municipales o Distritales de nuestro país.

Al respecto, resulta pertinente tener presente las funciones que la Constitución Política le confiere al Procurador General de la Nación específicamente en materia disciplinaria, por sí o por medio de sus delegados y agentes, y las que sobre la misma materia debe ejercer directamente sin posibilidades de Delegación.

Sobre lo primero, el artículo 277 constitucional dispone que le corresponde:

> 6. Ejercer vigilancia superior de la conducta oficial de quienes desempeñen funciones públicas, inclusive las de elección popular; ejercer preferentemente el poder disciplinario; adelantar las investigaciones correspondientes, e imponer las respectivas sanciones conforme a la ley.

Y, sobre lo segundo, el artículo 278 constitucional, señala:

> 1. Desvincular del cargo, previa audiencia y mediante decisión motivada, al funcionario público que incurra en alguna de las siguientes faltas: infringir de manera manifiesta la constitución o la ley; derivar evidente e indebido provecho patrimonial en el ejercicio de su cargo o de sus funciones; obstaculizar, en forma grave, las investigaciones que realice la Procuraduría o una autoridad administrativa o jurisdiccional; obrar con manifiesta negligencia en la investigación y sanción de las faltas disciplinarias de los empleados de su dependencia, o en la denuncia de los hechos punibles de que tenga conocimiento en razón del ejercicio de su cargo.

Por su parte, para efectos del ejercicio del poder disciplinario y de las funciones que le corresponden, el Procurador General de la Nación cuenta con la colaboración de los Procuradores Delegados a nivel Nacional, distribuidos según determinadas áreas de la actividad que cumple el Estado en orden a las entidades y sujetos disciplinables en el mismo nivel, y de los Procuradores Regionales y Provinciales, en el ámbito Departamental, Municipal y Distrital, sin perjuicio de las funciones que en la misma materia cumplen las llamadas Personerías igualmente Municipales y Distritales.

> El Ministerio Público será ejercido por el Procurador General de la Nación, por el Defensor del Pueblo, por los procuradores delegados y los agentes del Ministerio Público, ante las autoridades jurisdiccionales, por los personeros municipales y por los demás funcionarios que determine

la ley. Al Ministerio Público corresponde la guarda y promoción de los derechos humanos, la protección del interés público y la vigilancia de la conducta oficial de quienes desempeñen funciones públicas. (Art. 118 de la Const. Política)

De otro lado, la regulación de los postulados del Régimen Disciplinario y la aplicación que de ellos se ha hecho, han sido altamente enriquecedores para la determinación de su alcance, de tal manera que los operadores disciplinarios puedan aplicarlos con una orientación objetivamente universal, pero al mismo tiempo sustancialmente en forma específica para cada caso. Sobre el particular se referencian los relativos al Debido Proceso, el Efecto General Inmediato de las normas procesales, el Reconocimiento de la Dignidad Humana, la Presunción de Inocencia, la Gratuidad de la Actuación Disciplinaria, la Ejecutoriedad, la Celeridad de la Actuación Disciplinaria, la Culpa Probada y la Favorabilidad.

En esa misma línea, se desarrolla lo que podríamos denominar el control de la conducta de los sujetos disciplinables en cuanto a su adecuación al Ordenamiento Jurídico, a la que se refiere el artículo 4º de la Ley 734 de 2002, en los siguientes términos: "El servidor público y el particular en los casos previstos en este código sólo serán investigados y sancionados disciplinariamente por comportamientos que estén descritos como falta en la ley vigente al momento de su realización".

Al respecto, se observa que en el Código vigente se contempla una regulación detallada del control administrativo disciplinario y de los procedimientos que deben seguirse, sin perjuicio, se reitera, que con el tiempo se hayan identificado algunas debilidades propias de toda legislación, que pueden surgir de situaciones no previstas y que necesiten ser ajustadas a las realidades existentes.

Dado el carácter administrativo que tiene el ejercicio del Control Disciplinario que se le confiere a la Procuraduría General de la Nación y a las demás instituciones expresamente autorizadas para ello, surge correlativamente la necesidad de un control judicial especial que finalmente determine la legalidad de la actuación adelantada por las autoridades mencionadas y que en nuestro país le ha sido asignado a la Jurisdicción de lo Contencioso Administrativo, a través de sus distintos niveles de decisión, es decir, los Jueces Administrativos, los Tribunales Administrativos y el Consejo de Estado como Tribunal Supremo de lo Contencioso Administrativo y órgano de cierre de esta jurisdicción, jurisdicción esta que tiene, como las demás, un claro origen y fundamento constitucional, tal como se dispone en lo pertinente por el artículo 116 de la Carta Superior:

La Corte Constitucional, la Corte Suprema de Justicia, el Consejo de Estado, el Consejo Superior de la Judicatura, la Fiscalía General de la Nación, los tribunales y los jueces, administran justicia. También lo hace la Justicia Penal Militar.

Además de la órbita judicial anteriormente expuesta, existe en nuestro país una competencia disciplinaria excepcional atribuida igualmente por la Constitución Política a la Sala Disciplinaria del Consejo Superior de la Judicatura, en ejercicio de la cual se ejerce la vigilancia sobre la conducta de los Funcionarios Judiciales distintos a los Magistrados de las Altas Cortes. Al respecto, en armonía con lo dispuesto en el ya citado artículo 116 de la Carta, el artículo 254 ibídem, señala que:

El Consejo Superior de la Judicatura se dividirá en dos salas: (...)

2. La Sala Jurisdiccional Disciplinaria, integrada por siete magistrados elegidos para un período de ocho años, por el Congreso Nacional de ternas enviadas por el Gobierno. Podrá haber consejos seccionales de la judicatura integrados como lo señale la ley.

Por su parte, el artículo 256 constitucional dispone que:

Corresponden al Consejo Superior de la Judicatura o a los consejos seccionales según el caso y de acuerdo a la ley, las siguientes atribuciones: (...)

3. Examinar la conducta y sancionar las faltas de los funcionarios de la rama judicial, así como la de los abogados en el ejercicio de su profesión, en la instancia que señale la ley.

Sobre el particular, es pertinente que el país aborde en forma seria y profunda el análisis sobre la existencia y utilidad de mantener ese doble Régimen Disciplinario (Administrativo y Judicial), por cuanto su consagración denota una clara e injustificada discriminación en materia de juzgamiento, según la cual el ejercicio del control disciplinario sobre un juez (Funcionario Judicial) se realiza mediante una actuación ante la mencionada Sala Jurisdiccional Disciplinaria del Consejo Superior de la Judicatura, la cual tiene carácter judicial y eventualmente recurso de apelación, sin que contra la sentencia adoptada procedan recursos extraordinarios, en tanto que el mismo control disciplinario, por ejemplo, sobre un Alcalde municipal (Funcionario Administrativo), se desarrolla mediante una actuación administrativa que no solamente tiene una vía gubernativa que le confiere los recursos de reposición, apelación o queja, y otros instrumentos de defensa de sus derechos, como la posibilidad de plantear nulidades en vía administrativa y la Revocación Directa de los actos administrativos proferidos en desarrollo de la actuación disciplinaria, sino que, además, una vez adoptada la decisión definitiva mediante la cual se resuelve la situación jurídica del investigado, a ésta le es aplicable el control judicial de la misma actuación disciplinaria ante la Jurisdicción Contencioso Administrativa, competencia judicial que normalmente comporta dos instancias, según el contenido del acto objeto de controversia judicial.

En Colombia no nos hemos explicado fundamentalmente esa dualidad y es pertinente que se haga prontamente aprovechando los distintos foros de esta naturaleza y entre ellos el del Instituto Colombiano de Derecho Disciplinario, para de esa manera ir sembrando la necesidad de aplicar y garantizar el criterio de la igualdad real y no formal del investigado, sobre todo cuando una actuación disciplinaria puede, inclusive, conducir a la imposición de sanciones con carácter permanente a ciertos servidores públicos, como lo dispone el artículo 45 de la Ley 734 de 2002, cuando al definir las sanciones disciplinarias señala que:

> 1. La destitución e inhabilidad general implica: (...)
>
> d) En todos los casos anteriores, la imposibilidad de ejercer la función pública en cualquier cargo o función, por el término señalado en el fallo, y la exclusión del escalafón o carrera.

En consonancia con lo dispuesto por el artículo 46 del mismo Código Disciplinario Único, que al referirse al límite de las sanciones expresa:

> La inhabilidad general será de diez a veinte años; la inhabilidad especial no será inferior a treinta días ni superior a doce meses; *pero cuando la falta afecte el patrimonio económico del Estado la inhabilidad será permanente.*[6]

En el mismo sentido debe observarse la función disciplinaria que cumple el Congreso de la República (Artículo 16 de la Constitución Política) a través del llamado Juicio Político, que puede llegar inclusive

---

[6] El aparte enfatizado fue declarado Exequible por la Corte Constitucional en Sentencia C-948/02: "(...) bajo el entendido que se aplica exclusivamente cuando la falta sea la comisión de un delito contra el patrimonio del Estado, conforme a lo dispuesto en el inciso final del artículo 122 de la Constitución Política".

hasta destituir al Presidente de la República y a otros altos funcionarios del Estado, pues se trata de un juicio mixto que tiene ingredientes políticos, disciplinarios, éticos y judiciales. Sobre dicho juicio, el artículo 178 constitucional establece lo siguiente:

> La Cámara de Representantes tendrá las siguientes atribuciones especiales: (...)
>
> 3. Acusar ante el Senado, cuando hubiere causas constitucionales, al Presidente de la República o a quien haga sus veces, a los magistrados de la Corte Constitucional, a los magistrados de la Corte Suprema de Justicia, a los miembros del Consejo Superior de la Judicatura, a los magistrados del Consejo de Estado y al Fiscal General de la Nación.
>
> 4. Conocer de las denuncias y quejas que ante ella se presenten por el Fiscal General de la Nación o por los particulares contra los expresados funcionarios y, si prestan mérito, fundar en ellas acusación ante el Senado.

Por su parte, el artículo 174 constitucional reza:

> Corresponde al Senado conocer de las acusaciones que formule la Cámara de Representantes contra el Presidente de la República o quien haga sus veces; contra los magistrados de la Corte Suprema de Justicia, del Consejo de Estado y de la Corte Constitucional, los miembros del Consejo Superior de la Judicatura y el Fiscal General de la Nación, aunque hubieren cesado en el ejercicio de sus cargos. En este caso, conocerá por hechos u omisiones ocurridos en el desempeño de los mismos.

Y el artículo 175 constitucional, en lo pertinente determina:

> En los juicios que se sigan ante el Senado, se observarán estas reglas: (...)
>
> 2. Si la acusación (admitida) se refiere a delitos cometidos en ejercicio de sus funciones, o a indignidad por mala conducta, el Senado no podrá imponer otra pena que la de destitución del empleo, o la privación temporal o pérdida absoluta de los derechos políticos; pero al reo se le seguirá juicio criminal ante la Corte Suprema de Justicia, si los hechos los constituyen responsable de infracción que merezca otra pena.

De igual manera, en este tema surge el interrogante de si esa potestad que históricamente se le ha atribuido al Congreso de la República y sobre cuyas decisiones disciplinarias existe la duda de si son controlables por otra autoridad judicial, se justifica actualmente mantenerla bajo la filosofía de un Estado Social y Democrático de Derecho como el nuestro y, además, si vale la pena seguir persistiendo en esa doble naturaleza del régimen disciplinario, pues según el sujeto disciplinable en unos casos el Régimen es Administrativo (Regla General) y ese mismo Régimen se transforma en Judicial (Regla Excepcional) cuando se aplica a otros sujetos disciplinables.

## 3 Elementos de la actuación administrativa disciplinaria y el control de legalidad de los actos administrativos disciplinarios

El Código Disciplinario vigente en la actualidad, adoptado como se ha dicho por virtud de la Ley 734 de 2002, muy completo institucionalmente hablando, recoge no solamente aspectos filosóficos en cuanto a los principios en los que se inspira, sino que desde el punto de vista de su contenido propiamente jurídico, cubre los siguientes aspectos:

- Identifica al titular de la acción disciplinaria y los derechos que tiene la persona que pueda ser vinculada a una actuación de esta naturaleza.
- Indica cómo se debe actuar desde el mismo momento en que se conoce la existencia de una eventual infracción disciplinaria.
- Explicita procedimientos específicos y expresamente consagrados para dilucidar tales actuaciones y la pertinencia de utilizar los mecanismos adecuados, para que los servidores públicos vinculados puedan hacer valer sus derechos y controvertir la información suministrada en su contra.
- Indica cómo se regula el saneamiento del procedimiento administrativo disciplinario y la posibilidad de ejercer el derecho de contradicción frente a las decisiones que allí se adopten, así como también los recursos pertinentes por la vía gubernativa disciplinaria.
- Contempla la posibilidad de lograr la revocatoria de esas decisiones, a través de mecanismos especiales que en él se contemplan.
- Consagra expresamente la regulación excepcional que en materia de nulidades se plantea, pues no es usual en Colombia que por vía administrativa se puedan decretar esas nulidades.

Debe resaltarse en materia de nulidades en el procedimiento disciplinario, que cuando históricamente hemos seguido la clásica teoría de que los vicios del proceso constituyen, obviamente, una violación del debido proceso, pero que esa violación debe ser declarada por el juez, estamos involucrando en el tema administrativo disciplinario esa posibilidad, que es supremamente importante y además constituye una garantía para los servidores públicos vinculados a la actuación.

Existe igualmente una riqueza instrumental en materia probatoria, en desarrollo de la cual aplicamos el criterio universal propio de la Teoría General del Proceso, que impera en el Derecho Procesal Colombiano, según el cual existe una libertad probatoria en la actuación disciplinaria de carácter administrativo, dejando a salvo tanto los casos en los cuales el ordenamiento jurídico exija a su vez determinada prueba para un supuesto de hecho específico, como las reglas de valoración de la sana crítica, que configuran un criterio orientador en esa valoración final. Esto debe llevar al operador disciplinario a la íntima convicción de tomar la decisión que corresponda, pero bajo supuestos probatorios claros y objetivamente definidos en la actuación, sin perjuicio de que sea posible controvertir ante el juez contencioso las decisiones que se adopten.

Ahora, como por regla general la actuación disciplinaria es de carácter administrativo, tal como se ha expuesto anteriormente, las decisiones que se adoptan en desarrollo de los procedimientos disciplinarios constituyen verdaderos actos administrativos y aquellos mediante los cuales se les pone fin a tales actuaciones están sometidos al control judicial de la Jurisdicción de lo Contencioso Administrativo, la cual forma parte de la Rama Judicial del Poder Público en virtud de lo establecido por el artículo 116, en armonía con los artículos 236 y siguientes, de la Constitución Política, mediante el ejercicio de las acciones propias para impugnarlos, especialmente la de Nulidad y Restablecimiento del Derecho y mediante el proceso ordinario que se surte ante dicha jurisdicción, tal como lo regula el Código Contencioso Administrativo Colombiano, adoptado por el Decreto Extraordinario No. 01 de 1984.[7]

En efecto, durante la actuación administrativa disciplinaria las autoridades competentes para adelantarlas adoptan decisiones unilaterales que producen efectos jurídicos con respecto a la situación jurídica del investigado, las que suelen configurarse como actos administrativos de trámite y preparatorios de la decisión que concluye resolviendo el asunto objeto de investigación, decisión que al adoptarse mediante un acto administrativo definitivo es objeto, tal como se expuso

---

[7] Mediante la Ley 1437 de 18 de enero de 2011, se adopta un nuevo Código de Procedimiento Administrativo y de lo Contencioso Administrativo, el cual entrará a regir el 2 de julio de 2012, sin que por ello se altere el contenido de lo que aquí se expone.

en tema anterior, de los recursos procedentes por la denominada vía gubernativa.

Al impugnarse judicialmente el acto definitivo, junto con aquellos que resuelvan los recursos procedentes, igualmente se entienden demandados los actos previos a ellos expedidos durante el desarrollo del procedimiento, es decir, los de trámite y preparatorios, impugnación que por tratarse de actos administrativos particulares, creadores de una situación jurídica del mismo carácter, se controvierten mediante la mencionada acción de Nulidad y Restablecimiento del Derecho a que se refiere el artículo 85 del Código Contencioso Administrativo, así:

> Toda persona que se crea lesionada en un derecho amparado en una norma jurídica, podrá pedir que se declare la nulidad del acto administrativo y se le restablezca en su derecho; también podrá solicitar que se le repare el daño. La misma acción tendrá quien pretenda que le modifiquen una obligación fiscal, o de otra clase, o la devolución de lo que pagó indebidamente.

El proceso a que da lugar el ejercicio de la acción referenciada es el Ordinario regulado, como ya se dijo, por los artículos 206 y siguientes del Código Contencioso Administrativo, en cuyo desarrollo tanto el demandante como la entidad demandada tienen la oportunidad de formular sus pretensiones y de contestarlas, respectivamente, así como de adelantar el debate probatorio correspondiente, alegar de conclusión y consecuentemente controvertir la sentencia que se adopte, mediante los recursos extraordinarios contemplados en la misma legislación.

La competencia para conocer del proceso aludido se estable en una o dos instancias, de conformidad con la clase de sanción que se haya impuesto y la calidad del sujeto sancionado.

Como se puede constatar en la realidad, y ese es otro de los ejes centrales de este escrito, entre la actuación administrativa disciplinaria, primero, y la judicial, después, existe claramente y lo reafirmo, una duplicidad del poder controlador disciplinario posiblemente innecesaria en cuanto a su estructura y desarrollo procedimental, porque normalmente el control judicial se circunscribe a repetir a la inversa el proceso disciplinario que se ha adelantado ante la autoridad o ante el operador disciplinario correspondiente. En efecto, en el proceso disciplinario administrativo el servidor público es el indagado o acusado y la autoridad disciplinaria juzga su conducta; por su parte, en el proceso judicial en el que se controvierte el acto administrativo disciplinario, el servidor público sancionado pasa a ser acusador, en la medida en que impugna el acto disciplinario, convirtiéndose así en contradictor, y la autoridad disciplinaria termina siendo la demandada.

Por supuesto, entonces, en el proceso judicial, normalmente tramitado a dos instancias permitidas en un buen número de procesos disciplinarios, el interesado demandante por lo regular orienta sus esfuerzos a buscar por todos los medios la manera de hacer visible aquello que considera no le tuvieron en cuenta en la actuación disciplinaria, lo cual es comprensible y es esa, por lo tanto, su acusación central ante el juez competente. Todo esto, claro está, lleva a la realización de múltiples procesos prácticamente repetidos, en donde por lo regular se aportan o se solicitan pruebas muy similares, lo cual es desde todo punto de vista desgastante y altamente costoso en términos de dispensa de justicia.

¿A nivel de reflexión, es de preguntarse por razones de eficiencia en la justicia, hasta qué punto se justifica mantener en Colombia esa dualidad de procesos? Personalmente no estoy de acuerdo, pues pienso que ello es contrario a muchos de los principios inspiradores y sustentadores de una oportuna y eficaz administración de justicia. Me sostengo en la idea de que el juez, como garante del punto de equilibrio entre el ejercicio de los poderes públicos y la protección de las libertades ciudadanas, debe seguir manteniendo un control sobre la actividad disciplinaria, en razón de ser copartícipe en la toma de decisiones que contribuyen al mantenimiento de un transparente ejercicio de la función pública, muy propia de un Estado Democrático.

Pienso, entonces, que para evitar esa duplicidad, el correctivo debe provenir de los instrumentos judiciales establecidos para tal efecto, bajo la consideración de que en el proceso disciplinario administrativo el investigado cuenta con las garantías requeridas para la protección de sus derechos y, a su vez, el juez debe ser un tutor efectivo de éstos.

# 4 Hacia un nuevo concepto del control contencioso sobre la actuación disciplinaria

En el año 2007, en el encuentro anual que llevamos a cabo los miembros del Consejo de Estado, junto con toda nuestra jurisdicción, celebrado en esa ocasión en la ciudad de Armenia (Quindío), nos propusimos "REPENSAR" el alcance y la misión de la Jurisdicción Contenciosa y después de tres años de trabajo y estudio en una comisión pluralista, avanzamos notoriamente en la elaboración de un nuevo Código de Procedimiento Administrativo y de lo Contencioso Administrativo para el país, finalmente adoptado mediante la Ley 1437 de 18 de enero de 2011, sobre la base, entre otros, del criterio según el cual las actuaciones administrativas deben propender por la definición y protección de los derechos de los administrados y el juez contencioso debe ser un garante de la tutela efectiva de tales derechos.

En lo que a este planteamiento concierne, al analizar objetivamente el desarrollo del proceso disciplinario administrativo se observa con certeza y claramente que en él concurren elementos jurídicos de juzgamiento, mediante los cuales se delimitan los alcances de la conducta del investigado, se le conceden las oportunidades suficientes para desvirtuar los cargos que se le formulan, puede aportar y solicitar las pruebas que estime pertinentes, se le define su situación jurídica y se le conceden recursos para impugnar la decisión que se adopte, razones fundadas que permiten considerar que efectivamente el ejercicio del poder disciplinario en Colombia constituye filosóficamente la aplicación de un criterio de justicia material y que por los motivos expuestos debe fortalecerse frente a la queja usual que el servidor público invoca ante la Jurisdicción de lo Contencioso Administrativo acerca del desconocimiento de sus derechos.

No cabe duda, en mi sentir, de que el concepto de justicia en sentido material aludido se constata en el carácter de juzgamiento que comporta la actuación disciplinaria, lo cual se refleja inequívocamente en la estructura normativa que la regula y en el contenido de sus decisiones.

Siendo ello así, creo que un aspecto absolutamente determinante en el contexto de una verdadera expresión garantista de la actuación administrativa disciplinaria, en aras de facilitar el derecho de defensa del investigado, es el de establecer legalmente una defensa técnica obligatoria a través de apoderado en el proceso disciplinario. No es posible que en el país se siga permitiendo que quien sea juzgado disciplinariamente se siga defendiendo sin una representación adecuada en asuntos tan complejos, pues en mi opinión hay allí un notorio desequilibrio en el ejercicio del derecho de contradicción, porque el poder disciplinario como tal es especial y se encuentra a cargo de operadores que cumplen profesionalmente su función, situación que no es predicable usualmente del destinatario de la investigación, quien no suele ser experto en el campo de la defensa jurídico- técnica que implica lo disciplinario. Tales deficiencias generalmente reportan repercusiones adversas en la actuación administrativa como en la judicial.

Como referente de lo planteado recurro a un caso de la vida real que, guardadas las proporciones, ejemplifica ese problema de la falta de defensa eficiente en lo disciplinario y que puede generar repercusiones negativas: Alguna vez, un campesino vecino de la Sabana de Bogotá recibió una notificación de una Autoridad Ambiental, mediante la cual lo sindicaban como contaminador de las aguas de un cierto río y donde le señalaban múltiples disposiciones que se consideraban infringidas con su conducta. Pero además, le informaban sobre las normas aplicables en materia sancionatoria, señalando las sanciones de orden económico de las cuales podría ser acreedor si se comprobaba su conducta infractora. Este campesino, quien era analfabeta constatado, se enteró con ayuda de terceras personas que de ser declarado responsable de contaminación, el destino final era entregar y perder la parcela que había heredado de sus ancestros. Como es de imaginarse, esta persona era absolutamente incapaz de defenderse técnicamente de esta sindicación y, al intentarlo, seguramente lo haría en una forma notoriamente precaria e insuficiente y en consecuencia indefectiblemente sería sancionada.

Reorientado el proceso disciplinario administrativo y especialmente el derecho de defensa del investigado, se hace innecesario repetirlo ante la Jurisdicción de lo Contencioso Administrativo, pero ante el indispensable control judicial sobre los actos administrativos proferidos en desarrollo de aquel, se impone en beneficio de la racionalidad jurídica y una efectiva dispensa de justicia administrativa, la adopción de un mecanismo judicial mucho más dinámico pero al mismo tiempo garantista.

## 5 El recurso especial de control de legalidad sobre las decisiones disciplinarias

En armonía con lo expuesto, mi propuesta es la de que se implemente un recurso especial de Control de Legalidad sobre las decisiones disciplinarias adoptadas mediante actos administrativos disciplinarios, al cual procesalmente se le establecería una distribución de competencias según que la decisión fuere adoptada por el Procurador o por sus subalternos, y que como recurso especial tendría que ser de única instancia.

A manera de ejemplo comparativo, que podría reafirmarse para esta propuesta, en el nuevo Código de Procedimiento Administrativo y de lo Contencioso Administrativo hemos incorporado una propuesta de la Procuraduría General de la Nación sobre la distribución de las competencias, según la cual los actos del Procurador General serán conocidos en única instancia por el Consejo de Estado y los de los demás funcionarios por los tribunales en primera instancia y en segunda instancia por el Consejo de Estado. Estuvimos de acuerdo en que el Congreso incorporara esas reglas en el nuevo Código, por razón de la trascendencia de las decisiones que el Procurador adopta y de su investidura, y con el propósito de que un juez de inferior jerarquía no esté decidiendo sobre la legalidad de actos de una autoridad nacional.

Dado que se trata de un recurso especial de control de legalidad sobre las decisiones disciplinarias, donde el legitimado es obviamente la persona que se sienta afectada con la decisión, el término para interponer ese recurso se debe asimilar a los de caducidad de las acciones o recursos especiales. Por ejemplo, hay unos actos en materia agraria cuyo término de caducidad de la acción es de 15 días hábiles, el de otro acto importante en acción electoral es de 20 días hábiles y en el nuevo código se dispuso en treinta (30) días, porque consideramos que el gran número de citaciones posibles y una adecuada sustentación, amerita ese plazo un poco mayor. Igualmente, nada se opone a que el término de este recurso sea un promedio de los anteriores.

La causal en este recurso sería una sola, consistente en la violación del Debido Proceso en todos sus componentes, teniendo en cuenta que el primer supuesto de dicho control es el de la preexistencia de la ley con la cual se juzga, que incorpora la adecuada interpretación de la misma y ésta, per se, no puede quedar excluida del control judicial. Recordemos, por ejemplo, cómo la primera causal del recurso extraordinario de Casación ante la Corte Suprema de Justicia, a su vez causal única del derogado recurso extraordinario de Súplica ante el Consejo de Estado, incorpora tres figuras que me parecen propias del control propuesto y que tienen que ver con la preexistencia de la ley: la no aplicación de la ley, la indebida aplicación de la ley y la interpretación errónea de la ley.

Es de observar que el control de legalidad que se ejercería en este caso debe partir del supuesto anteriormente mencionado, según el cual la adopción de la decisión disciplinaria comporta una dispensa material de justicia. Pero doctrinaria y jurisprudencialmente, la correcta interpretación de la ley es un supuesto determinante de la correcta aplicación de la ley, en donde el juez no es un especulador en la definición del verdadero sentido de la regla jurídica, sino que hay unos criterios de razonamiento interpretativo vigentes en el Estado de Derecho, que deben ser respetados y que comportarían un control de legalidad adecuado a la decisión que se adopte. Por supuesto que una interpretación manifiestamente equivocada de la ley, puede conducir inclusive a una falta de aplicación de la misma ley.

Bajo esa premisa, pensaría que coincidimos en que el juez, como controlador y garante de los derechos de las partes, para efectos de adoptar una decisión determinada, debería en este recurso encausar, obviamente, los demás elementos ya conocidos del debido proceso: el proceso adecuado, la defensa técnica, la competencia, la motivación, el tema probatorio, el principio de favorabilidad, la sanción pertinente, etc.

La invocación de este recurso implica la sustentación específica en la parte pertinente que el actor considere configura la violación al debido proceso. De esta manera, no es que haya una técnica especial de sustentación, sino que se trataría de una discusión en estricto derecho, y así no caeríamos en tecnicismos exagerados que terminan igualmente atentando contra el mismo debido proceso.

En cuanto al procedimiento a seguir, considero que esta debe ser otra de las oportunidades en que se debe aprovechar el mandato de la Ley 1285 de 2009,[8] en relación con el mecanismo de la oralidad. Mi propuesta es que este recurso de control de legalidad a través de la oralidad, se circunscriba a la presentación de la solicitud, a la contestación de la misma y a la realización de una audiencia única, en la cual no haya un nuevo debate probatorio, salvo que el juez considere absolutamente necesarias algunas de las solicitadas por las partes, teniendo en cuenta que las pruebas ya debieron haberse practicado en la actuación administrativa y si hubo algunas conducentes que no se decretaron o si se decretaron no se practicaron, la violación del debido proceso es, entonces, manifiesta. La audiencia sería, entonces, de alegaciones y se circunscribiría fundamentalmente al saneamiento de la solicitud: por ejemplo, que si se está demandando el acto que no corresponda, se le haga saber a la parte demandada sobre qué acto la están demandando y a la parte demandante se le pregunte si quiere realmente demandar ese acto. Si éste de pronto afirma que no, que se equivocó, se le permite, entonces, aportar el acto que realmente se quiere impugnar.

En consecuencia, allí se realizaría en principio una sola audiencia, en donde se sanee el procedimiento, se fije el litigio y el juez ya debería estar en condiciones de dictar sentencia después de escuchar a las partes, como lo propone el nuevo Código de Procedimiento Administrativo y de lo Contencioso Administrativo. Dictar sentencia en el nuevo código, es dictar el sentido del fallo: la decisión disciplinaria se ajustó o no a derecho y como es de única instancia, se le concede al juez un plazo de 15 días para que entregue un resumen de la sentencia, dado el propósito de superar los textos extremada e innecesariamente extensos.

---

[8] Ley 1285 de 2009 (enero 22), Diario Oficial No. 47.240 de 22 de enero de 2009, por medio de la cual se reforma la Ley 270 de 1996, Estatutaria de la Administración de Justicia: <http://www.secretariasenado.gov.co/senado/basedoc/ley/2009/ley_1285_2009.html>.

Esta es la versión finalística de la decisión que se adoptó en un recurso nuevo que tiene el contencioso, creado también por la citada Ley 1285 de 2009, que es el mecanismo de Revisión Eventual de las decisiones proferidas en los procesos que se desarrollan mediante el ejercicio de Acciones Populares para proteger los derechos Colectivos. Obviamente, contra la providencia que resuelva este recurso no existirá ningún otro mecanismo de impugnación.

Para concluir, observaría que con la propuesta que aquí se formula nos ahorraríamos muchísimos procesos, porque el control de legalidad mencionado no implicaría uno nuevo, sino que sería un instrumento procesal muy especial, que evita para el Estado un notorio desgaste de la justicia, sería mucho más efectivo y terminaría controlando objetivamente el papel real del operador disciplinario, en su condición de juzgador de la conducta de quienes están sometidos a la órbita de sus competencias.

En los anteriores términos queda expuesta una propuesta en construcción que solo pretende propiciar espacios de estudio de las instituciones que conforman el Derecho Disciplinario y que a su vez permiten controlar de mejor manera la conducta de los servidores públicos, como supuesto garantista de sus derechos, pero igualmente como elemento determinante de la estabilidad del "Buen Gobierno" y del cumplimiento de los fines esenciales del Estado.

---

Informação bibliográfica deste texto, conforme a NBR 6023:2002 da Associação Brasileira de Normas Técnicas (ABNT):

PIANETA, Rafael Enrique Ostau de Lafont. Perspectivas del control judicial del acto administrativo disciplinario en Colombia. *In*: BAUTISTA CELY, Martha Lucía; SILVEIRA, Raquel Dias da (Coord.). *Direito disciplinário internacional*: estudos sobre a formação, profissionalização, disciplina, transparência, controle e responsabilidade da função pública = *Derecho disciplinario internacional*: estudios sobre formación, profesionalización, disciplina, transparencia, control y responsabilidad de la función pública. Belo Horizonte: Fórum, 2011. v. 1, t. I, p. 369-386. v. 1: Título Português, t. I: Título Espanhol. ISBN 978-85-7700-446-1.

# Competência para o Controle Judicial de Questões Oriundas da Função Pública em Face da Dualidade dos Regimes Jurídicos no Brasil e os Desafios para a Construção de uma Dogmática Autônoma

**Ney José de Freitas**

**Sumário**: 1 Introdução – 2 Regimes jurídicos dos servidores públicos no Brasil – **2.1** Regime estatutário – **2.2** Regime de emprego público – **3** Dualidade de regimes jurídicos: unicidade jurisdicional: questões controvertidas – **4** Considerações finais – Referências

## 1 Introdução

O Direito, como produto da cultura, logo, confinado à dimensão humana, está sujeito, como não poderia deixar de ser, ao fenômeno da mudança. Os institutos, os conceitos jurídicos, servem, por determinado tempo, e, depois, precisam, necessariamente, do sopro de uma nova perspectiva. A mudança pode ocorrer pela via legislativa, ou pelo influxo da onda que verte de uma ação hermenêutica atualizadora.[1]

O Direito Administrativo não poderia, em hipótese alguma, escapar a essa realidade. A visão tradicional deve ceder espaço para uma perspectiva amoldada a novos tempos, notadamente, aos fundamentos próprios do Estado Democrático de Direito, como preconiza o texto constitucional brasileiro em vigor.

---

[1] Neste sentido, com maior profundidade, cf. FREITAS. *Ato administrativo*: presunção de validade e a questão do ônus da prova.

Além disso, passados vinte e dois anos da promulgação da Constituição Federal de 1988 ainda existem questões a respeito da função pública que não foram devidamente equacionadas no sistema jurídico brasileiro, principalmente no que se refere à competência, tanto da Justiça Comum, quanto da Justiça Especializada, em ações que envolvam agentes públicos.

Antes de lançar algumas linhas sobre os desafios para a construção de uma dogmática autônoma, oportuno se faz à análise, ainda que breve, das características essenciais dos regimes jurídicos adotados no Brasil, no que diz respeito às funções públicas.

## 2 Regimes jurídicos dos servidores públicos no Brasil

O ordenamento jurídico brasileiro convive com a dualidade de regimes jurídicos da função pública. Existem empregados públicos que tem seu vínculo funcional regrado pela Consolidação das Leis do Trabalho (CLT), bem como, existem agentes públicos regidos por estatutos funcionais. Em relação a estes, especialmente, tem-se a coexistência de várias legislações aplicáveis, na medida em que se trata de tema sobre o qual cada ente federado possui autonomia para legislar.

Antes da Constituição Federal vigente os entes federados poderiam ter em sua estrutura agentes públicos com vínculos funcionais distintos, mesmo que desempenhando as mesmas funções administrativas. Assim, em uma mesma repartição pública, por exemplo, havia, simultaneamente, servidores públicos (estatutários) e empregados públicos (celetistas).[2]

Com a promulgação da Constituição Federal de 1988 ficou determinado que os profissionais da Administração Pública direta, autárquica e fundacional de cada ente federado teriam um "regime jurídico único", conforme a redação do art. 39.[3]

Cumprindo este mandamento constitucional, a maioria dos entes federados criou um regime jurídico funcional único, de natureza estatutária, composto, portanto, de servidores públicos. Mas, outros entes, normalmente municípios de menor porte, criaram um regime jurídico único e celetista, ou seja, formado por empregados públicos.[4]

---

[2] Celetista: sujeito às normas da CLT.

[3] MAFFINI. *Direito administrativo*, p. 259-261.

[4] MAFFINI. *Direito administrativo*, p. 259-261.

Ocorre que, com a promulgação da Emenda Constitucional nº 19, de 4.6.1998, esta exigência deixou de existir, de modo que cada esfera de governo poderia instituir o regime estatutário ou o contratual, com a possibilidade de conviverem os dois regimes na mesma entidade ou órgão.[5]

Todavia, o Supremo Tribunal Federal proclamou a inconstitucionalidade formal desta regra da Emenda nº 19/98. Diante disso, voltou a vigorar a redação original do art. 39 da Constituição Federal, pela qual "a União, os Estados, o Distrito Federal e os Municípios instituirão, no âmbito de sua competência, regime jurídico único e planos de carreira para os servidores da administração direta, das autarquias e das fundações públicas".

O STF há muito tempo vem afirmando a impossibilidade de invocação por servidor público de direito adquirido para manutenção de regime jurídico.[6]

Como bem observa o professor Romeu Felipe Bacellar Filho, "o servidor não é proprietário do cargo e nem da função pública que exerce, submetendo-se às vicissitudes modificadoras", no entanto, as radicais alterações no regime jurídico do servidor público repassam a ideia de inconstância e desrespeito ao princípio da segurança das relações jurídicas.[7]

## 2.1 Regime estatutário

Destaca Celso Antônio Bandeira de Mello que o regime jurídico estatutário atribui proteções peculiares aos servidores ocupantes de cargo público, como: a estabilidade, a reintegração, a disponibilidade remunerada e os critérios específicos para aposentadoria. São benefícios outorgados aos titulares de cargo público, mas não para regalo destes e sim para propiciar uma atuação impessoal do Estado, em favor

---

[5] A redação dada por esta Emenda Constitucional previa que "a União, os Estados, o Distrito Federal e os Municípios instituirão conselho de política de administração e remuneração de pessoal, integrado por servidores designados pelos respectivos Poderes".

[6] Neste sentido, destaca-se: "Lei nova, ao criar direito novo para servidor público, pode estabelecer, para o cômputo do tempo de serviço, critério diferente daquele determinado no regime jurídico anterior. Não há direito adquirido a regime jurídico" (STF. RE nº 99.522, Rel. Min. Moreira Alves. Julg. 1º.3.1983. *RDA*, n. 153, p. 110-113).

[7] BACELLAR FILHO. A segurança jurídica e as alterações no regime jurídico do servidor público. *In*: ROCHA (Coord.). *Constituição e segurança jurídica*: direito adquirido, ato jurídico perfeito e coisa julgada: estudos em homenagem a José Paulo Sepúlveda Pertence, p. 205-206.

do interesse público e dos administrados. Desta forma, afasta-se a probabilidade de que os agentes administrativos sejam "manejados por transitórios governantes em proveito de objetivos pessoais, sectários ou político-partidários".[8]

Para Miguel Sánchez Morón, se o século XIX contribuiu para o aparecimento e consolidação de distintos modelos de função pública, observadas as circunstâncias, tradições e acervo cultural de cada país, o século XX, sobretudo a partir da segunda metade, proporcionou a evolução dos regimes pelo aprimoramento das relações e, em determinados aspectos, pela aproximação dos institutos.[9]

Em razão deste fenômeno de aproximação, constata-se a inserção, no regime estatutário, de instrumentos próprios do Direito do Trabalho, em especial a sindicalização, a negociação coletiva e a greve, com vistas a ampliar a esfera de garantias dos funcionários estatais.[10]

Neste sentido, Odete Medauar observa que o art. 39, §3º, da Constituição de 1988 garante a aplicação das normas do art. 7º dirigidas aos trabalhadores urbanos e rurais, aproximando, desse modo, os regimes estatutários e trabalhistas, perfazendo, assim, uma tendência mundial de "aproximar, ao máximo, o tradicional regime dos servidores ao regime dos empregados do setor privado".[11]

Com efeito, o §3º do artigo 39 da Constituição Federal faz remissão aos direitos e garantias fundamentais dos trabalhadores em geral aplicáveis também aos servidores públicos, enumerados em incisos do art. 7º. São eles:

a) salário mínimo;
b) garantia de salário, nunca inferior ao mínimo, para os que percebem remuneração variável;
c) décimo terceiro salário;
d) remuneração do trabalho noturno superior à do diurno;
e) salário-família;
f) duração do trabalho normal não superior a oito horas diárias e quarenta e quatro semanais;
g) repouso semanal remunerado;
h) remuneração do serviço extraordinário superior, no mínimo, em cinquenta por cento à do normal;

---

[8] BANDEIRA DE MELLO. *Curso de direito administrativo*, p. 239.

[9] SÁNCHEZ MORÓN. *Derecho de la función pública apud* COELHO. Direito da função pública: fundamentos e evolução. *Revista do Tribunal de Contas do Estado de Minas Gerais*, p. 120.

[10] COELHO. Direito da função pública: fundamentos e evolução. *Revista do Tribunal de Contas do Estado de Minas Gerais*, p. 121.

[11] MEDAUAR. *Direito administrativo moderno*, p. 301.

i) férias anuais remuneradas, pelo menos, um terço a mais do que a remuneração normal;
j) licença à gestante;
k) licença-paternidade;
l) proteção do mercado de trabalho da mulher, mediante incentivos específicos, nos termos da lei;
m) redução dos riscos inerentes ao trabalho, por meio de normas de saúde, higiene e segurança; e
n) proibição de diferença de salários, de exercícios de funções e de critério de admissão por motivo de sexo, idade, cor ou estado civil.

A Constituição Federal, portanto, prevê um rol de direitos em favor dos servidores públicos, que consiste numa espécie de piso de garantias que se deve observar. Além disso, os entes federados — União, Estados, Distrito Federal e Municípios — poderão criar outras garantias que não aquelas previstas no texto constitucional. Contudo, não é possível estabelecer garantias aquém do rol de direitos sociais também aplicáveis aos servidores públicos.[12]

## 2.2 Regime de emprego público

A maioria da doutrina considera que, embora se submetam a algumas regras constitucionais peculiares, como o ingresso por concurso público e os limites remuneratórios a que estão sujeitos, os empregados públicos mantém com a Administração Pública, vínculo de natureza puramente contratual, regida pela CLT.

Todavia, o Estado não se transforma e nem pode se transformar em empregador comum pelo fato de contratar pelo regime da CLT. Tal opção não afasta a incidência de princípios e regras constitucionais aplicáveis onde se manifestar o exercício da função administrativa. O poder potestativo, como concebido no direito do trabalho, não cabe onde comanda a denominada relação de administração.

Ora, se o Estado comparece na condição de empregador a situação se modifica integralmente. A relação jurídica, como disse Adilson Abreu Dallari, adquire o timbre da publicização e recebe, de imediato, o impacto de um feixe de princípios e regras que conformam o regime jurídico-administrativo.[13]

---

[12] MAFFINI. *Direito administrativo*, p. 269.

[13] DALLARI. Estudos de direito público. *Revista da Associação dos Advogados da Prefeitura de São Paulo.*

Martha Lucía Bautista Cely, Raquel Dias da Silveira (Coord.)
Direito Disciplinário Internacional – *Derecho Disciplinario Internacional*

O administrador público, na condição de gestor da *res publica*, não detém liberdade para agir de acordo com a sua vontade que, aliás, é irrelevante no que atine aos empregados públicos, pois estes são servidores do Estado e não da pessoa do administrador público, como ocorreria numa relação de natureza privada.

Neste contexto, a relação jurídica que ata o empregado ao Estado é de natureza híbrida, regulada, a um só tempo, por princípios e regras constantes do texto constitucional e aplicáveis à Administração Pública, bem como pelo aparato normativo existente no âmbito do Direito do Trabalho.[14]

## 3 Dualidade de regimes jurídicos: unicidade jurisdicional: questões controvertidas

Após a análise das características essenciais do regime estatutário e também do regime de emprego público, duas questões controvertidas merecem destaque quando se busca entender os dilemas provocados pela dualidade de regimes jurídicos da função pública no Brasil.

A primeira questão refere-se ao direito de greve dos servidores públicos. Já a segunda, diz respeito à dispensa do empregado público, sem a devida motivação do ato administrativo.

Com relação à primeira questão, o art. 37, VI, da Constituição Federal prevê que "é garantido ao servidor público o direito de livre associação sindical", não deixando, portanto, dúvidas acerca da questão. Porém, o exercício do direito de greve pelos servidores públicos, destaca-se como um dos assuntos mais polêmicos sobre a matéria.[15]

Dispõe o art. 37, VII, da Constituição Federal que "o direito de greve será exercido nos termos e nos limites definidos em lei específica". Trata-se, segundo a jurisprudência do STF, de norma constitucional de eficácia limitada, de sorte a condicionar o efetivo exercício do direito de greve dos servidores públicos à edição de lei específica.[16] Ocorre que resta ainda pendente de regulamentação o direito de greve dos servidores públicos, por meio de lei ordinária conforme previsto na Constituição Federal de 1988.[17]

---

[14] Neste sentido, defendo a tese em FREITAS. *Dispensa de empregado público & o princípio da motivação.*

[15] MAFFINI. *Direito administrativo*, p. 269-270.

[16] A omissão legislativa foi proclamada pelo STF no Mandado de Injunção nº 585.

[17] No texto originário da Constituição, modificado pela Emenda Constitucional nº 19/98, era exigida lei complementar.

Embora tenha existido, no passado, o entendimento de que não seria possível o exercício do direito de greve dos servidores públicos, enquanto não sobrevier a edição de lei específica regulamentadora, o STF reconheceu a omissão legislativa, solucionando a ausência de lei específica aplicável aos servidores públicos, com a aplicação, em favor destes, da Lei nº 7.783/89 (Lei da Greve), aplicável aos trabalhadores em geral.[18]

A Suprema Corte admitiu a aplicação, no que couber, da Lei nº 7.783/89 para o exercício do direito de greve dos servidores públicos, até que ocorra a devida disciplina legislativa pelo Congresso Nacional, mediante a estipulação dos seguintes parâmetros:[19]

a) se a paralisação for de âmbito nacional, ou abranger mais de uma região da Justiça Federal, ou, ainda, compreender mais de uma unidade da federação, a competência para dissídio de greve será do Superior Tribunal de Justiça (por aplicação analógica ao art. 2º, I, "a", da Lei nº 7.701/88);[20]

b) ainda no âmbito federal, se a controvérsia estiver adstrita a uma única região da Justiça Federal, a competência será dos Tribunais Regionais Federais (aplicação analógica do art. 6º da Lei nº 7.701/88);

c) para o caso da jurisdição no contexto estadual ou municipal, se a controvérsia estiver adstrita a uma unidade da Federação, a competência será dos Tribunais de Justiça (também por aplicação analógica do art. 6º da Lei nº 7.701/88);

d) as greves de âmbito local ou municipal serão dirimidas pelo Tribunal de Justiça ou Tribunal Regional Federal com jurisdição sobre o local da paralisação, conforme se trate de greve de servidores municipais, estaduais ou federais.

Portanto, quanto ao foro competente para o julgamento destes litígios, decidiu a Suprema Corte que não é da competência da Justiça do Trabalho julgar os litígios envolvendo greve de servidores estatutários.[21] Muito embora a Emenda Constitucional nº 45 tenha assegurado à Justiça do Trabalho competência para processar e julgar as ações que envolvam o exercício do direito de greve, sem fazer qualquer

---

[18] MAFFINI. *Direito administrativo*, p. 270.

[19] Conforme Mandado de Injunção nº 670/ES, Rel. Min. Maurício Corrêa. Rel. p/ acórdão Min. Gilmar Mendes. Julg. 25.10.2007.

[20] A Lei nº 7.701/88 dispõe sobre a especialização de Turmas dos Tribunais do Trabalho em processos coletivos.

[21] Nesta linha, consta: STF. Reclamação nº 6568/SP, Rel. Min. Eros Grau. Julg. 24.9.2009.

menção aos trabalhadores da iniciativa privada ou da Administração Pública, inclusive com a possibilidade do manejo de ações individuais e coletivas.

Por outro lado, a decisão do STF do ponto de vista da Organização Internacional do Trabalho e dos tratados internacionais, também não reconhece que toda restrição ao direito de greve deve ser equilibrada pela adoção concomitante dos chamados "mecanismos de compensação" ou "garantias compensatórias", de forma que "sejam compensadas as restrições impostas a sua liberdade de ação durante os conflitos que possam surgir".[22]

Um dos mecanismos compensatórios mais importantes é justamente o da adoção de procedimentos de conciliação e arbitragem adequados, imparciais e rápidos em que os interessados possam participar em todas as etapas e que os laudos ditados sejam aplicados por completo e rapidamente.[23]

A negociação e o diálogo nas relações funcionais não implicam, de modo algum, em afronta à supremacia do interesse público, pois, os servidores, malgrado sejam titulares de função pública, encontram-se sujeitos às transformações sociais e econômicas de seu tempo. Assim sendo, a natureza do serviço prestado não pode ficar absolutamente afastada dessa realidade, sob pena de conferir-lhes tratamento isolado e desigual.[24]

Outra questão relacionada à função pública que também gera insegurança jurídica, pois, o STF ainda não se manifestou definitivamente, refere-se à dispensa imotivada de empregado público:

O Tribunal Superior do Trabalho, tradicionalmente, tem se posicionado pela possibilidade de dispensa imotivada de empregados públicos, aplicando sem qualquer alteração os dispositivos comuns da CLT sobre a demissão de empregados privados.

Inicialmente, o TST editou a Súmula nº 390 com o seguinte teor: "Ao empregado de empresa pública ou de sociedade de economia mista, ainda que admitido mediante aprovação de concurso público, *não é garantida* a estabilidade prevista no artigo 41 da CF/88".[25]

---

[22] Organização Internacional do Trabalho (OIT), 2006, verbete 595.

[23] FRAGA; VARGAS. O Estado e a greve: o direito de greve dos servidores públicos. *In*: SCHWARZ (Org.). *Direito administrativo contemporâneo*: Administração Pública, justiça e cidadania: garantias fundamentais e direitos sociais, p. 196-200.

[24] COELHO. Direito da função pública: fundamentos e evolução. *Revista do Tribunal de Contas do Estado de Minas Gerais*, p. 126.

[25] "Art. 41. São estáveis após três anos de efetivo exercício os servidores nomeados para cargo de provimento efetivo em virtude de concurso público.

Este entendimento foi reiterado na Orientação Jurisprudencial nº 247, em que o TST, afirmava a possibilidade de despedida imotivada de servidor público, celetista, concursado.[26] Porém, em 13.11.2007, com base em precedentes do STF, a redação da Orientação Jurisprudencial nº 247 foi alterada, e passou a vigorar com o seguinte conteúdo:

> Servidor público. Celetista. Concursado. Despedida imotivada. Empresa pública ou sociedade de economia mista. Possibilidade.
>
> 1. A despedida de empregados de empresa pública e de economia mista, mesmo admitidos por concurso público, *independe de ato motivado para sua validade.*
>
> 2. A validade do ato de *despedida do empregado da Empresa Brasileira de Correios e Telégrafos (ECT) está condicionada à motivação,* por gozar a empresa do mesmo tratamento destinado à Fazenda Pública, em relação à imunidade tributária e à execução por precatório, além das prerrogativas de foro, prazos e custas processuais. (grifos nossos)

Assim, no caso específico dos empregados da Empresa Brasileira de Correios e Telégrafos (ECT), o TST passou a considerar obrigatória a motivação do ato de dispensa de seus empregados. O que significa um admirável avanço na história recente da Justiça do Trabalho.

Porém, esta questão não está resolvida em definitivo, pois, tramita no STF, o Recurso Extraordinário nº 589.998, interposto pela ECT contra esta decisão do TST, sob o argumento de ofensa aos artigos 41 e 173, §1º, da Constituição Federal, por entender que a deliberação a respeito das demissões sem justa causa é direito da empresa. Defende também que esta decisão do TST interfere na liberdade existente no direito trabalhista, por incidir no direito das partes pactuarem livremente entre si.

---

§1º O servidor público estável só perderá o cargo:
I - em virtude de sentença judicial transitada em julgado;
II - mediante processo administrativo em que lhe seja assegurada ampla defesa;
III - mediante procedimento de avaliação periódica de desempenho, na forma de lei complementar, assegurada ampla defesa.
§2º Invalidada por sentença judicial a demissão do servidor estável, será ele reintegrado, e o eventual ocupante da vaga, se estável, reconduzido ao cargo de origem, sem direito a indenização, aproveitado em outro cargo ou posto em disponibilidade com remuneração proporcional ao tempo de serviço.
§3º Extinto o cargo ou declarada a sua desnecessidade, o servidor estável ficará em disponibilidade, com remuneração proporcional ao tempo de serviço, até seu adequado aproveitamento em outro cargo.
§4º Como condição para a aquisição da estabilidade, é obrigatória a avaliação especial de desempenho por comissão instituída para essa finalidade."
[26] Orientação Jurisprudencial nº 247: "Servidor público. Celetista concursado. *Despedida imotivada.* Empresa pública ou sociedade de economia mista. *Possibilidade*" (redação original).

A ECT sustenta, por outro lado, que o fato de possuir privilégios conferidos à Fazenda Pública não tem o condão de dar aos seus empregados, o benefício da despedida motivada e a estabilidade para garantir reintegração no emprego.

Durante este julgamento, o Min. Ricardo Lewandowski rebateu este último argumento, afirmando que não se trata da estabilidade no emprego (prevista pelo art. 41 da CF para servidor público), até porque os contratos trabalhistas dos servidores desta empresa pública são regidos pela CLT, que não a garante. Entretanto, pronunciou-se pela instauração de um procedimento preliminar para a demissão e, em caso de sua efetivação, a sua motivação. No entanto, em 24.2.2010, pedido de vista do Min. Joaquim Barbosa interrompeu o julgamento deste Recurso Extraordinário. Aguarda-se, com expectativa, o deslinde desta questão.

Parece, contudo, conveniente clarificar alguns aspectos relevantes do fenômeno da dispensa do empregado público.

O Estado empregador, quando contrata pelo regime trabalhista submete-se, por evidente, ao regramento contido nesse ramo do direito. Porém, a relação jurídica que se forma recebe, ainda, o influxo de princípios e regras próprias do direito administrativo, formando um regime híbrido.

A conformação deste regime híbrido decorre do fato de que o Estado empregador submete-se, integralmente, aos princípios constitucionais elencados no art. 37 da Constituição Federal de 1988[27] e outros, que embora não positivados, derramam-se pelo texto da Carta Política.

Essa circunstância colore com timbres fortes e diferenciados a relação jurídica de trabalho existente entre empregado e o Estado. Não é, nem pode ser, uma relação de trabalho como aquela que se origina, na sua pureza, da norma trabalhista. De outra margem, não resta dúvida de que o ato produzido pelo Estado, no exercício da função administrativa, somente pode ser encartado no conceito de ato administrativo.

O Estado não se equipara ao empregador particular. Tanto isso é certo que desde a admissão do empregado público é possível se constatar a presença de normas de direito público a derrogar o ordenamento jurídico trabalhista, visto que na ordem constitucional em vigor, não é juridicamente viável o ingresso no serviço público senão mediante prévia aprovação em concurso público, exigência que inexiste em relação ao empregador particular.

---

[27] "A administração pública direta e indireta de qualquer dos Poderes da União, dos Estados, do Distrito Federal e dos Municípios obedecerá aos princípios de legalidade, impessoalidade, moralidade, publicidade e eficiência."

Pois bem: se o Estado empregador não se equipara ao empregador particular, a conclusão somente pode ser no sentido de que o ato objeto da vontade estatal é ato administrativo, atraindo, portanto, a incidência de todo o aparato normativo e doutrinário criado para envolver esta espécie de ato jurídico.

Os empregados de empresas públicas e sociedades de economia mista (prestadoras de serviço público ou de interferência na atividade econômica), desde que admitidos por concurso, somente podem ser despedidos em face de interesse público, concretamente aferível, exigindo-se a motivação como requisito de validade do ato administrativo de dispensa, sob pena de invalidade.

Assim, a única forma validade de despedimento de empregado público é aquele gerado por justo motivo, apurado mediante processo administrativo disciplinar, assegurados o contraditório e a ampla defesa, portanto, com motivação suficiente e adequada para demonstrar, de modo irretorquível, que a quebra da relação de emprego decorreu de conduta incompatível com a manutenção do vínculo jurídico, tudo em resguardo de legítimo interesse público.

Como visto, não resta dúvida de que o direito de greve e a dispensa imotivada de empregado público são exemplos pontuais da insegurança provocada pela dualidade de regimes jurídicos da função pública no sistema jurídico brasileiro.

Direito e segurança andam juntos, pois, para se ter insegurança, direito não é necessário, como bem assevera a Ministra Cármen Lúcia Antunes Rocha. É o direito à segurança que define a sustentação, firmeza e eficácia do ordenamento jurídico.[28]

Cabe perceber, de todo modo, que o fato do nosso sistema jurídico apresentar dois órgãos judiciários — Justiça Comum e Justiça do Trabalho — como competentes para dirimir os conflitos entre Estado e seus agentes públicos constitui um grave fator de insegurança jurídica e representa, sem dúvida, o maior entrave para a construção de uma dogmática autônoma da função pública em terras brasileiras.

Para o STF, a Justiça do Trabalho é incompetente para conciliar e julgar as ações envolvendo servidores públicos estatutários, sendo competente a Justiça Comum, ou seja, a Justiça Federal (no caso de ações relativas aos servidores públicos federais) ou a Justiça Estadual (na hipótese de ações que envolvam servidores públicos estaduais ou municipais).

---

[28] ROCHA. O princípio da coisa julgada e o vício de inconstitucionalidade. *In*: ROCHA (Coord.). *Constituição e segurança jurídica*: direito adquirido, ato jurídico perfeito e coisa julgada: estudos em homenagem a José Paulo Sepúlveda Pertence, p. 168.

Contudo, se o servidor da Administração Pública direta ou indireta for regido pela CLT será a justiça laboral competente para conciliar e julgar os dissídios entre o denominado "empregado público" e a Administração Pública.

A empresa pública e a sociedade de economia mista que, nos termos do artigo 173, §1º, II, da Constituição Federal, explorem atividade econômica, serão submetidas ao regime próprio das empresas privadas, constituindo-se em pessoas jurídicas de direito público, com empregados regidos pela norma consolidada. Consequentemente, as lides serão julgadas pela Justiça do Trabalho.

Após debates que chegaram a ameaçar a própria existência da Justiça do Trabalho,[29] a Reforma do Judiciário que tramitou no Congresso Nacional evoluiu para consagrar, com a promulgação da Emenda Constitucional nº 45, de 8.12.2004, vigente a partir de 31.12.2004, quando publicada, não apenas a permanência desse ramo especializado do Poder Judiciário, como a ampliação de suas competências constitucionais.[30]

A Emenda Constitucional nº 45 estabelece que compete à Justiça do Trabalho processar e julgar "as ações oriundas da relação de trabalho, abrangidos os entes de direito público externo e da administração pública direta e indireta da União, dos Estados, do Distrito Federal e dos Municípios".[31] Note-se que não há qualquer ressalva sobre o regime jurídico envolvido nestas ações.

De forma cristalina, a Justiça do Trabalho, afinada ao tema desde suas origens, foi eleita pelo Constituinte Derivado como a única competente para concentrar todas as discussões envolvendo relações de trabalho.[32]

---

[29] Desde 1992 tramitava no Congresso Nacional a proposta de emenda constitucional nº 96-A/92 para extinção da Justiça do Trabalho. A proposta foi arquivada naquele ano, mas ressuscitada em 1999 e rejeitada no ano de 2000. A Emenda Constitucional nº 24/94 extinguiu a representação classista no âmbito da Justiça trabalhista. A Junta de Conciliação e Julgamento, órgão da Justiça do Trabalho antes da Emenda Constitucional nº 24, era composta de um juiz do trabalho togado que a presidia e dois juízes classistas temporários, representantes dos empregados e dos empregadores. respectivamente. Atualmente, em cada Vara do Trabalho, a jurisdição é exercida por um juiz singular, proveniente da carreira da magistratura trabalhista.

[30] OLIVEIRA. A reforma do Judiciário e a alteração competencial da Justiça do Trabalho. *Jus Navigandi*.

[31] Art. 114, inciso I, CF.

[32] O rol de competências da justiça laboral ampliada pela Emenda Constitucional nº 45 alcança inclusive matérias próprias do Direito Administrativo Sancionador, como as ações relativas às penalidades administrativas impostas aos empregadores pelos órgãos de fiscalização das relações de emprego (art. 114, inciso VII, CF).

Contudo, a ampliação da competência da Justiça do Trabalho gerou inconformismo pelos órgãos de classe dos juízes federais, em especial da Associação dos Juízes Federais do Brasil (Ajufe), a qual, em 25.1.2005, ajuizou ação direta de inconstitucionalidade (ADI nº 3.395-6) perante o STF, em face da redação contida no inciso I do art. 114 da Constituição Federal, após a Emenda Constitucional nº 45. Duas são as alegações apresentadas nesta Ação Direta de Inconstitucionalidade: a) inconstitucionalidade formal; b) indefinição do que seja a expressão "relação de trabalho".

O Min. Nelson Jobim concedeu liminar nesta ADI, suspendendo toda e qualquer interpretação que inclua na competência da Justiça do Trabalho, a apreciação de causas que sejam instauradas entre seus servidores e o Poder Público, a este vinculado por típica relação de ordem estatutária ou de caráter jurídico-administrativo. Esta Medida Cautelar, monocraticamente concedida, foi referendada pelo Plenário do STF em 5.4.2006, porém, ainda não há decisão definitiva quanto ao mérito da ação.

Em primeiro lugar, não há que se falar em inconstitucionalidade formal, pois, o texto levado à promulgação, foi aprovado por ambas as casas legislativas, em dois turnos, como exige a Constituição.[33] Além disso, o mero deslocamento de competência de um para outro órgão ou ramo do Poder Judiciário não envolve afronta ao art. 60, §4º, da Constituição Federal.[34] O constituinte derivado, de forma legítima e regular, apenas empregou maior lógica às estruturas e especialidades da prestação jurisdicional.[35]

Ainda que houvesse vício formal, o art. 114, em sua redação original, haveria de ser interpretado de forma a admitir a competência

---

[33] A comparação entre os textos aprovados pela Câmara dos Deputados e pelo Senado permite verificar que o trecho levado à promulgação obteve concordância expressa das duas casas legislativas, a saber: "Compete à Justiça do Trabalho processar e julgar: I - as ações oriundas da relação de trabalho, abrangidos os entes de direito público externo e da administração pública direta e indireta da União, dos Estados, do Distrito Federal e dos Municípios". Trata-se, portanto, de uma regra geral de competência e, como tal, independente e suficiente em si mesmo. O Senado acrescentou a seguinte exceção: "exceto os servidores ocupantes de cargo criados por lei, de provimento efetivo ou em comissão, incluídas as autarquias e fundações públicas dos referidos entes da Federação". Note-se que a exceção, aprovada somente pelo Senado Federal, trata de regra restritiva e acessória, que não compromete a existência por si só da principal. Conclusão: a promulgação da regra geral, aprovada por ambas as casas, encontra-se em perfeita consonância com o processo legislativo que norteia as emendas constitucionais. Neste sentido, manifesta-se como *amicus curiae* a Associação Nacional dos Procuradores do Trabalho (ANPT) na ADI nº 3.395.

[34] Cláusula pétrea, segundo a qual não será objeto de deliberação a proposta de emenda constitucional tendente a abolir a separação de poderes e os direitos e garantias individuais.

[35] OLIVEIRA. A reforma do Judiciário e a alteração competencial da Justiça do Trabalho. *Jus Navigandi*.

da Justiça do Trabalho para processar e julgar as ações dos servidores estatutários em face da administração pública. Uma vez que o texto original da Constituição Federal de 1988 já outorgava ao legislador ordinário a competência necessária para atribuir à Justiça do Trabalho "outras competências decorrentes da relação de trabalho".

Quanto à expressão "relação de trabalho", ao contrário do que sustentam os que alegam sua indefinição, pode-se dizer que a relação de trabalho será sempre onerosa e *intuitu personae* em relação ao prestador do trabalho, quer o trabalho seja autônomo ou subordinado, contínuo ou eventual. E ainda, quer sejam de natureza contratual ou estatutária, independentemente de seus autores. Em suma, o constituinte derivado fixou a competência laboral em amplo espectro, a alcançar, sob qualquer modalidade legal, todas as relações de trabalho, sejam descritas pela legislação trabalhista, civil ou administrativa.[36]

Aliás, o princípio da dignidade humana continua a ser o vetor central de todo sistema constitucional brasileiro. Mas, dentre todos os direitos fundamentais que procuram a realização da dignidade, não se pode deixar de reconhecer que o trabalho é um valor essencial para a dignidade do homem.[37]

Além disso, não há que se alegar ausência ou precariedade na estrutura da Justiça do Trabalho para o julgamento de ações envolvendo a Administração Pública, em sentido amplo. Primeiro, porque a Emenda Constitucional nº 24/99 modificou a estrutura da Justiça do Trabalho, com a extinção da representação classista, tornando-se um órgão estritamente técnico. Em segundo lugar, cumpre ressaltar que a especialização da Justiça do Trabalho exige de seus magistrados, desde o ingresso na carreira, a formação em Direito do Trabalho, Direito Civil e Direito Administrativo, dentre outros,[38] algo que apenas corrobora a preocupação com o estudo e aperfeiçoamento dos sistemas aplicáveis a cada modalidade de trabalho, independentemente da norma de regência e dos efeitos específicos que geram em cada atuação laboral disciplinada.[39]

---

[36] OLIVEIRA. A reforma do Judiciário e a alteração competencial da Justiça do Trabalho. *Jus Navigandi*.

[37] MEIRELES. A constituição do trabalho. *In*: MONTESSO; FREITAS; STERN (Coord.). *Direitos sociais na Constituição de 1988*: uma análise crítica vinte anos depois, p. 68.

[38] Conforme o conteúdo programático da Escola Nacional de Formação e Aperfeiçoamento de Magistrados do Trabalho (ENAMAT), órgão criado pela Emenda Constitucional nº 45/04. Disciplinas também integrantes do concurso público de ingresso na magistratura trabalhista.

[39] OLIVEIRA. A reforma do Judiciário e a alteração competencial da Justiça do Trabalho. *Jus Navigandi*.

A Justiça do Trabalho deve buscar a norma de regência do vínculo material estabelecido entre as partes, e não ao contrário, normas infraconstitucionais definirem o campo de competência processual que lhe é próprio. Por isso, não haveria que se discutir a competência da relação de trabalho entre o Estado e seus agentes públicos, uma vez que "a Justiça do Trabalho não é a Justiça da Consolidação das Leis do Trabalho como a muitos parece".[40]

Do mesmo modo, "a insistência no padrão empregado/empregador tende a deixar de fora diversos elementos do mundo do trabalho que poderiam perfeitamente ser atribuídos à Justiça do Trabalho, sem perda de qualidade, mas que ficam prejudicados pelo critério de fixação de competência em razão da pessoa", correndo o risco de ser expelido da órbita da Justiça do Trabalho, pela sutil diferença de regime jurídico.[41]

Ora, como já mencionado, tanto a relação jurídica que ata o empregado ao Estado, quanto este ao servidor público, reveste-se de uma natureza híbrida, regulada, a um só tempo, por princípios e regras constantes do texto constitucional e aplicáveis à Administração Pública, bem como pelo aparato normativo existente no âmbito do Direito do Trabalho.

# 4 Considerações finais

A dualidade de regimes jurídicos da função pública no ordenamento brasileiro, em certa medida, não gera barreiras intransponíveis para o progresso e a efetividade dos direitos de seus agentes públicos.

Muitas vezes, por negligência do legislador ordinário, permanecem indefinidas questões cotidianas do exercício da função pública, mesmo após mais de duas décadas da promulgação da Constituição Federal brasileira de 1988.

Diante desta inércia do poder público, o Judiciário é provocado a dirimir conflitos e, em muitos casos, normatizar questões relativas à função pública. O grande problema reside na insegurança gerada pela concessão de liminares que se prolongam no tempo, adquirindo contornos definitivos, a despeito de sua inerente precariedade.

Assim ocorre em situações relacionadas com o regime jurídico único, o direito de greve dos servidores públicos e a motivação do ato administrativo de dispensa de empregado público.

---

[40] OLIVEIRA. A reforma do Judiciário e a alteração competencial da Justiça do Trabalho. *Jus Navigandi*.

[41] SILVA. *Curso de direito do trabalho aplicado*, v. 8, p. 24.

O não reconhecimento da competência especializada da Justiça do Trabalho em dirimir os conflitos provenientes das relações de trabalho, quer sejam de natureza contratual ou estatutária, independentemente de seus autores, também constitui fator de insegurança jurídica. Este desprestígio da Justiça do Trabalho gera desnecessários conflitos de competência e criações jurisprudenciais, muitas vezes, equivocadas.

A construção de uma dogmática autônoma, muito mais do que a edição de novas normas jurídicas dependerá de um esforço de hermenêutica jurídica, capaz de demonstrar o real significado da dimensão política e sociológica do princípio da igualdade, bem como, dos fundamentos republicanos do valor social do trabalho e da dignidade humana.

Em suma, será preciso lançar um olhar atento para o sentido e o alcance do trabalho como direito humano essencial, tanto nas relações entre capital e trabalho, como naquelas mantidas entre o Estado e seus agentes públicos.

Para encerrar esta breve reflexão sobre esses desafios a serem enfrentados na construção de uma dogmática autônoma da função pública, cabe, aqui, registrar um pensamento de Marcel Proust: "Uma verdadeira viagem de descoberta não se resume à pesquisa de novas terras, mas envolve a construção de um novo olhar".

# Referências

BACELLAR FILHO, Romeu Felipe. A segurança jurídica e as alterações no regime jurídico do servidor público. *In*: ROCHA, Cármen Lúcia Antunes (Coord.). *Constituição e segurança jurídica*: direito adquirido, ato jurídico perfeito e coisa julgada: estudos em homenagem a José Paulo Sepúlveda Pertence. 2. ed. rev. e ampl. Belo Horizonte: Fórum, 2009.

BANDEIRA DE MELLO, Celso Antônio. *Curso de direito administrativo*. 13. ed. rev. ampl. e atual. até a Emenda Constitucional 31, de 14.12.2000. São Paulo: Malheiros, 2001.

CARVALHO FILHO, José dos Santos. *Manual de direito administrativo*. 6. ed. rev. ampl. e atual. Rio de Janeiro: Lumen Juris, 2000.

COELHO, Daniela Mello. Direito da função pública: fundamentos e evolução. *Revista do Tribunal de Contas do Estado de Minas Gerais*, v. 71, n. 2, p. 114-128, abr./jun. 2009.

DALLARI, Adilson Abreu. Estudos de direito público. *Revista da Associação dos Advogados da Prefeitura de São Paulo*, n. 8, 1995.

FRAGA, Ricardo Carvalho; VARGAS, Luiz Alberto de. O Estado e a greve: o direito de greve dos servidores públicos. *In*: SCHWARZ, Rodrigo Garcia (Org.). *Direito administrativo contemporâneo*: Administração Pública, justiça e cidadania: garantias fundamentais e direitos sociais. Rio de Janeiro: Elsevier: Campus, 2010.

FREITAS, Ney José de. *Ato administrativo*: presunção de validade e a questão do ônus da prova. Belo Horizonte: Fórum, 2007.

FREITAS, Ney José de. *Dispensa de empregado público & o princípio da motivação*. 3. tiragem. Curitiba: Juruá, 2003.

MAFFINI, Rafael. *Direito administrativo*. 3. ed. rev. e atual. São Paulo: Revista dos Tribunais, 2009.

MEDAUAR, Odete. *Direito administrativo moderno*. 10. ed. rev. e atual. São Paulo: Revista dos Tribunais, 2006.

MEIRELES, Edilton. A constituição do trabalho. *In*: MONTESSO, Cláudio José; FREITAS, Marco Antônio de; STERN, Maria de Fátima Coêlho Borges (Coord.). *Direitos sociais na Constituição de 1988*: uma análise crítica vinte anos depois. São Paulo: Anamatra; LTr, 2008.

OLIVEIRA, Alexandre Nery de. A reforma do Judiciário e a alteração competencial da Justiça do Trabalho. *Jus Navigandi*, Teresina, ano 10, n. 681, 17 maio 2005. Disponível em: <http://jus.uol.com.br/revista/texto/6733>. Acesso em: 30 mar. 2011.

ROCHA, Cármen Lúcia Antunes. O princípio da coisa julgada e o vício de inconstitucionalidade. *In*: ROCHA, Cármen Lúcia Antunes (Coord.). *Constituição e segurança jurídica*: direito adquirido, ato jurídico perfeito e coisa julgada: estudos em homenagem a José Paulo Sepúlveda Pertence. 2. ed. rev. e ampl. Belo Horizonte: Fórum, 2009.

SÁNCHEZ MORÓN, Miguel. *Derecho de la función pública*. 4. ed. Madrid: Tecnos, 2004.

SILVA, Homero Batista Mateus da. *Curso de direito do trabalho aplicado*. Rio de Janeiro: Elsevier: Campus, 2010. (Justiça do trabalho, v. 8).

---

Informação bibliográfica deste texto, conforme a NBR 6023:2002 da Associação Brasileira de Normas Técnicas (ABNT):

FREITAS, Ney José de. Competência para o controle judicial de questões oriundas da função pública em face da dualidade dos regimes jurídicos no Brasil e os desafios para a construção de uma dogmática autônoma. *In*: BAUTISTA CELY, Martha Lucía; SILVEIRA, Raquel Dias da (Coord.). *Direito disciplinário internacional*: estudos sobre a formação, profissionalização, disciplina, transparência, controle e responsabilidade da função pública = *Derecho disciplinario internacional*: estudios sobre formación, profesionalización, disciplina, transparencia, control y responsabilidad de la función pública. Belo Horizonte: Fórum, 2011. v. 1, t. I, p. 387-403. v. 1: Título Português, t. I: Título Espanhol. ISBN 978-85-7700-446-1.

# LA LEY DISCIPLINARIA Y EL DERECHO SANCIONADOR

### Carlos Arturo Gómez Pavajeau

**Sumario: 1** Inexistencia del principio de legalidad – **2** La constitucionalización del asunto y la entrada en vigencia del principio de legalidad – **3** La independización y autonomización del Derecho Disciplinario a través de los procesos legislativos – Bibliografía

El estudio del Derecho Comparado y las tradiciones legislativas europeas han marcado el ritmo del avance y cambios del Derecho Disciplinario en Colombia. Empero, debe destacarse, como asunto fundamental, que en nuestro país el Derecho Disciplinario ha recibido un tratamiento diferencial del ocurrido en dichas latitudes, toda vez que el mismo ha sido individualizado y extraído del estudio general del Derecho Sancionador Administrativo, muy seguramente por cuanto en nuestro medio el tratamiento, al menos doctrinal y jurisprudencial, se ha caracterizado por acercarlo de manera estrecha al Derecho Penal, de tal suerte que en no pocas ocasiones se ha visto como un apéndice de éste o, lo que es lo mismo, como un derecho penal en miniatura.

Tal forma de desarrollo evolutivo ha tenido muy buenos resultados, toda vez que, por una parte, ha permitido su separación del derecho punitivo administrativo para enfocarse en una disciplina que mira con especial interés su peculiar estructura de la responsabilidad, habida cuenta que al Derecho Disciplinario se le han acordado como funciones la garantía de los principios de la función pública y el cometido de encauzar desde la ética de lo público, el comportamiento de los servidores públicos y los particulares que ejercen funciones públicas.

En efecto, la jurisprudencia administrativa ha precisado recientemente que "en la organización Estatal constituye elemento fundamental para la realización efectiva de los fines esenciales del Estado Social de Derecho, la potestad para desplegar un control disciplinario sobre sus servidores, en atención a su especial sujeción al Estado en razón de la relación jurídica surgida por la atribución de la función pública; de manera pues, que el cumplimiento de los deberes y las responsabilidades por parte del servidor público, se debe efectuar dentro de la ética del servicio público, con acatamiento a los principios de moralidad, eficacia, eficiencia, que caracterizan la actuación administrativa y propenden por el desarrollo íntegro de la función pública con pleno acatamiento de la Constitución, la ley y el reglamento. De suerte, que el derecho disciplinario valora la inobservancia del ordenamiento superior y legal vigente, así como la omisión o extralimitación en el ejercicio de funciones; con lo que la ley disciplinaria se orienta entonces a asegurar el cumplimiento de los deberes funcionales que le asisten al servidor público o al particular que cumple funciones públicas, cuando sus faltas interfieran con las funciones estipuladas. Si los presupuestos de una correcta administración pública son la diligencia, el cuidado y la corrección en el desempeño de las funciones asignadas a los servidores del Estado, la consecuencia jurídica no puede ser otra que la necesidad del castigo de las conductas que atenten contra los deberes que le asisten. Así pues, la finalidad de la ley disciplinaria es la prevención y buena marcha de la gestión pública, al igual que la garantía del cumplimiento de los fines y funciones del Estado en relación con las conductas de los servidores que los afecten o pongan en peligro".[1]

De allí que, en Colombia, hablar de "la ley disciplinaria y el derecho sancionador", implique abordar el tema desde nuestra propia realidad jurídica, por lo que se hace necesario poner de presente aquellos elementos particulares y específicos que permiten una precomprensión del fenómeno jurídico tratado. El mismo, sin duda alguna, también se muestra polifacético.

# 1 Inexistencia del principio de legalidad

Se caracteriza este estadio del Derecho Disciplinario por concebir la disciplina a partir de los llamados principios de conveniencia y oportunidad, lo cual preconcebía una idea del Derecho Administrativo fundado en la discrecionalidad, lo que mostraba su origen napoleónico, en tanto se pretendía "darle a la Administración privilegios escandalosos en detrimento del ciudadano del común".[2]

---

[1] Consejo de Estado Sala de lo Contencioso Administrativo, Sección Segunda Subsección "A", sentencia de noviembre 26 de 2009, radicación No 52001-23-31-000-2002-01023-02 y No interno 0506-08, C.P. Gómez Arangurén.

[2] RIVERO, Jean. El derecho administrativo francés en el mundo. *In*: RIVERO, Jean. *Páginas de derecho administrativo*. Bogotá: Temis, 2002. p. 225.

Representaba esta idea a aquella según la cual, las *relaciones especiales de sujeción* eran un ámbito sustraído a la regulación y control del órgano legislativo, puesto que, en la versión clásica de la teoría, se mantenía como un sector de lo público no perneado por el principio de legalidad sino por la facultades reglamentarias en manos del ejecutivo. Se decía por lo teóricos del tema que el culto al principio de la voluntad individual, expresado por el sujeto al ingresar a la administración por virtud de un acto legal y reglamentario, se traducía en el apotegma *volenti non fit inuria*, lo cual autorizaba a la administración para manejar a su antojo y discreción las relaciones Estado-Servidor Público, toda vez que el sistema jurídico administrativo distinguía entre *relaciones generales de sujeción* y *relaciones especiales de sujeción*, las primeras insertadas en el principio de legalidad y las segundas, al dar cuenta de "un especial vínculo", regidas por condicionamientos que no presuponían la legalidad.[3]

Este estadio del Derecho Disciplinario, dados los anteriores presupuestos, se caracterizaba, por un lado por la ausencia de la existencia de un control judicial de la administración, pues todavía históricamente el Consejo de Estado era apenas un órgano consultivo del gobierno, y por otro, por regir el dogma de la separación absoluta de los poderes públicos, puesto que el judicial no podía injerir en el control del ejecutivo, lo cual ha sido denominado como aquella época en la cual la administración era dueña de sus actos y los mismos no necesariamente se encontraban insertados en el marco de la legalidad.[4]

La administración obraba, según importantes autores como Díez, Fraga, Fernández y Rivero, "libremente sin que su conducta esté determinada por la regla de derecho", facilitándose una "percepción intuitiva de lo discrecional" que generaba una libertad incondicionada, libre de todo control. Lo correcto o incorrecto no estaba determinado por el respeto de la legalidad, sino por la oportunidad y conveniencia de la acción administrativa, lo cual dependía del destinatario, el tiempo, el lugar, etc., y se encontraba referida la acción al contenido de la falta, la sanción y el procedimiento a seguir. Si la administración pertenece en exclusiva al soberano, el administrado no podrá controvertir sus

---

[3] GÓMEZ PAVAJEAU, Carlos Arturo. La relación especial de sujeción como categoría dogmática superior del derecho disciplinario. *In*: GÓMEZ PAVAJEAU, Carlos Arturo; MOLANO LÓPEZ, Mario Roberto. *La relación especial de sujeción*: estudios. Bogotá: Universidad Externado de Colombia, 2007. p. 167-169.

[4] RIVERO, Jean. La administración y el derecho. *In*: RIVERO, Jean. *Páginas de derecho administrativo*. Bogotá: Temis, 2002. p. 185 *et seq.*

decisiones en tanto se trata, la decisión administrativa, de un "momento enteramente discrecional e indiscutible".[5]

Muy seguramente, quien mejor ha descrito dicha situación, ha sido el colombiano Rodríguez Rodríguez, quien manifiesta que "quedaba al arbitrio del superior o jefe del organismo la consideración discrecional para calificar de falta una conducta, establecer el procedimiento y determinar y aplicar la sanción".[6]

En fin, "el castigo sólo se impone realmente cuando la necesidad lo exige, sirve para los fines administrativos".[7] Por ello no era difícil afirmar que no era necesario definir estrictamente lo que era falta disciplinaria, dado su "carácter esencialmente discrecional", por lo que se acordaba para el funcionario disciplinante los más "amplios poderes de apreciación".[8]

Posteriormente la ley se ocupó del tema, empero, es claro que tampoco se avanzó mucho, habida cuenta que los reglamentos administrativos seguían teniendo en la materia una amplia y enérgica influencia, puesto que los funcionarios estatales "debían cumplir con sus obligaciones en la forma determinada en las leyes y los reglamentos", so pena de incurrir en responsabilidad disciplinaria.[9]

No podía ser menos, toda vez que el estado del conocimiento sobre el asunto pregonaba que "las disposiciones dictadas dentro del marco de la relación de sujeción especial pertenecen al patrimonio doméstico de la administración y se producen en la forma de reglamentos administrativos, instructivos de servicios, etc."[10]

Incluso hoy, aun cuando con un fundamento diferente, cifrado en la necesidad de intervención a nivel del derecho administrativo sancionador en general, se acepta el poder de definición y la influencia de las potestades reglamentarias. En cierta forma así se pronuncia en nuestro medio Molano López, aunque por supuesto limita dicha

---

[5] Ampliamente en GÓMEZ PAVAJEAU, Carlos Arturo. *Dogmática del derecho disciplinario*. 2. ed. actualizada. Bogotá: Universidad Externado de Colombia, 2002. p. 51 *et seq.*

[6] RODRÍGUEZ RODRÍGUEZ, Gustavo Humberto. *Derecho administrativo general*. Bogotá: Ciencia y Derecho, 1995. p. 41-42.

[7] SPIEGEL, Ludwig. *Derecho administrativo*. Trad. por Francisco J. Conde. Barcelona: Labor, 1933. p. 136-138.

[8] JÈZE, Gaston. *Principios generales del derecho administrativo*. Buenos Aires: Depalma, 1949. p. 93-96. (El funcionamiento de los servicios públicos, t. 3).

[9] SAGUAYÉS LASO, Enrique. *Tratado de derecho administrativo*. Montevideo: Martín Bianchi Altuna, 1986. t. 1, p. 312, 324.

[10] MESTRE DELGADO, Juan Francisco. Potestad sancionadora de la administración pública. *In*: MARTIN-RETORTILLO, Sebastián. *Estudios sobre la constitución española*. Madrid: Civitas, 1991. t. 3, p. 2519.

intervención al campo de los instrumentos normativos diseñados por la Carta Política de 1991.[11]

## 2 La constitucionalización del asunto y la entrada en vigencia del principio de legalidad

Dicha forma de entender las cosas, expuestas en el acápite anterior, precede a la entrada en vigencia, en Colombia, de la Carta Política de 1991; esto demanda que la noción de *relación especial de sujeción* se entienda en el marco de un Estado Constitucional y en el ámbito de los principios, valores y derechos fundamentales constitucionales.

Pero ya, de antemano, se habían realizado esfuerzos por potenciar el valor definitorio del principio de legalidad en Derecho Disciplinario.

En efecto, una temática que por norma general venía siendo abordada por los reglamentos administrativos sufre una importante transformación a partir de 1984, cuando se expide la Ley 13 de ese año, "por la cual se establecen normas que regulan la administración del personal civil y demás servidores que prestan sus servicios en la Rama Ejecutiva del Poder Público en lo nacional y se dictan disposiciones sobre el régimen de Carrera Administrativa".

Empero, resulta claro que todavía quedaban rezagos de la anterior concepción, toda vez que dicha normatividad tenía aplicación:

a) Exclusivamente a nivel de la Rama Ejecutiva a nivel centralizado, por lo que el nivel descentralizado por servicios y el régimen de las Empresas Industriales y Comerciales del Estado, así como las de Economía Mixta, quedaban por fuera de su regulación, a merced del reglamento. Incluso, no era extraño, que en las últimas mencionadas la regulación disciplinaria hacía parte de sus estatutos de constitución, lo cual rebajaba su normatividad aún más allá de la potestad reglamentaria.

No obstante, debe decirse, que el Decreto 482 de 1985, reglamentario de la Ley 13 de 1984, extendió el ámbito de aplicación a las mencionadas en su artículo1, de todos modos contemplando la posibilidad de excepcionarla, por intermedio de "leyes o decretos leyes especiales".

b) Incluso, para el nivel ejecutivo centralizado, podían establecerse excepciones, pues el Parágrafo de su artículo 1 precisaba que "el régimen disciplinario previsto en la presente ley no se aplicará a los

---

[11] MOLANO LÓPEZ, Mario Roberto. Las relaciones de sujeción especial en el Estado Social. *In*: GÓMEZ PAVAJEAU, Carlos Arturo; MOLANO LÓPEZ, Mario Roberto. *La relación especial de sujeción*: estudios. Bogotá: Universidad Externado de Colombia, 2007. p. 139 *et seq.*

funcionarios que en esta materia se encuentren regulados por leyes o decretos especiales".

c) Las otras ramas del poder público y los órganos de control, autónomos e independientes, en gran medida, seguían rigiéndose por la normatividad reglamentaria. Pero lo más preocupante era que, a nivel territorial la administración descentralizada por funciones y por servicios, caso de las gobernaciones y municipalidades, el Derecho Disciplinario se regía íntegramente por el reglamento.

De todos modos, muy a pesar de considerar los avances, el reglamento seguía tocando temas cruciales del Derecho Disciplinario.

En efecto, se aseguraba que el régimen disciplinario tenía como finalidad el encauzamiento de "la conducta correcta de los funcionarios públicos" y el reconocimiento de "los derechos y garantías que les corresponden como tales", no obstante, en el ámbito de un positivismo legalista y ante una Constitución de corte formal como la de 1886, la ley definía el estatus de los derechos fundamentales, y era la misma Ley 13 de 1984 la que afirmaba una marcada prelación de los principios estatales de eficiencia en la prestación del servicio público, la moralidad y la responsabilidad, toda vez que "la interpretación de sus normas se hará con referencia al derecho administrativo, con preferencia a cualquier otro ordenamiento jurídico" (artículo 1).

Cuando se hablaba de "régimen disciplinario", en principio, se entendía que era el señalado en la Ley 13 de 1984, empero, pareciera que los desarrollos de la misma le daban un papel fundamental en tal juego al reglamento.

Nótese como, en aquellos artículos que mencionan la expresión "falta disciplinaria", no se hace referencia expresa a la ley como instrumento de definición de la misma (artículos 3, 4, 13, 14 y 15), pero sí, de manera clara, a otra noción más genérica en la cual tiene perfecta cabida el reglamento, cuando en el mencionado artículo 13 se dice que es falta disciplinaria el incumplimiento de los "deberes" y "el abuso de los derechos" consagrados en el "ordenamiento jurídico", aun cuando las prohibiciones sí iban referidas a las consignadas en dicha "ley". En materia de sanciones, al menos la referencia sí era con exclusividad a la ley, pues para ello se señalaba expresamente al artículo 15 de la misma.

Pero el Decreto 485 de 1985, reglamentario de la Ley 13 de 1984, pareciera que hubiese cerrado dichas posibilidades, toda vez que en su artículo 8 consagró el principio "De la previa definición legal de la falta y de la sanción disciplinaria", señalando que "ningún funcionario podrá ser sancionado por un hecho que no haya sido definido, previamente, por la Constitución o la ley como falta disciplinaria, ni sometido a sanción de esta naturaleza que no haya sido establecida por disposición legal anterior a la comisión de la falta que se sanciona". Se complementaba lo anterior con el artículo 9, "De las faltas disciplinarias", según el cual "constituyen faltas disciplinarias el incumplimiento de los deberes, la violación de las prohibiciones y el abuso de los derechos señalados en el Título II, Capítulo 2º del Decreto-ley 2400 de 1968, en la Ley 13 de 1984 y en las demás disposiciones legales vigentes".

Muy a pesar de lo anterior, se decía, refrendando lo expuesto por la Ley 13 de 1984, que "el régimen disciplinario previsto en este decreto es de naturaleza administrativa; la interpretación de sus normas se hará con referencia al derecho administrativo, con preferencia a cualquier otro ordenamiento jurídico y su aplicación deberá sujetarse a los principios de economía, celeridad, eficacia, imparcialidad, publicidad y contradicción que orientan toda actuación administrativa, de conformidad con lo previsto en el artículo 3 del Código Contencioso Administrativo" (artículo 2 del decreto 485 de 1985).

Importante norma, pero no deja de preocupar por lo recortado de las garantías, pues se repite, las mismas están sujetas a estándares meramente legales, a veces reglamentarios como aquí sucede, lo cual mostraba la posibilidad de exceptuarlas conforme a otras normas legales y también reglamentarias, de manera que todavía muy lejos estaban de cumplirse en Derecho Disciplinario las garantías constitucionales consagradas en el artículo 26 de la Constitución Nacional de 1886.

Sin duda alguna ello viene dado por el reconocimiento de la naturaleza disciplinaria fundada en el Derecho Administrativo, lo cual no dejaba de introducir equívocos gravísimos como aquellos relacionados con el "Valor de las pruebas", de que da cuenta el artículo 18 de la Ley 13 de 1984, según el cual, muy a pesar de que se decía regía la "sana crítica", "para aplicar una sanción disciplinaria bastará una declaración de testigo bajo juramento que ofrezca serios motivos de credibilidad o un indicio grave de que el inculpado es responsable disciplinariamente", amén de que "la amonestación escrita y la censura podrán aplicarse con fundamento en la sola percepción directa de los hechos y en análisis previo de los descargos verbales del funcionario", lo cual se repite, al menos respecto del primer postulado, por el artículo 28 del Decreto 485 de 1985, todo lo cual conduce a unos estándares de garantía muy inferiores a los manejados por la Administración de Justicia, especialmente en la de naturaleza penal.

Súmase a ello que, de manera caótica, se aplicaban las reglas probatorias del Código de Procedimiento Civil, con clara incidencia en las garantías, puesto que, por ejemplo, todo documento debía aportarse en original o copia auténtica (artículos 28, 29 y 30 de la Ley 13 de 1984), en perjuicio de la verdad material y con significativo recorte de las garantías procesales, toda vez que "durante las diligencias preliminares y la investigación disciplinaria se podrá pedir y allegar pruebas e informaciones sin requisitos ni términos especiales, de oficio o a petición del investigado" (inciso 2º del artículo 28 *ibidem*), puesto que en un proceso con marcada tendencia inquisitiva, el ritmo probatorio viene impuesto por el investigador estatal y de por sí, al no existir talanquera, se estimula la práctica y allegamiento de pruebas inconstitucionales e ilegales.

También, en materia de la formación del acto administrativo, regía la aplicación del Código Contencioso Administrativo, no suficiente en garantías para los efectos de la declaratoria de la responsabilidad personal y culpabilista (artículo 51 del Decreto 485 de 1985), que por supuesto dejaba en manos del reglamento lo concerniente al derecho de defensa y el debido proceso (artículos 10 a 40, 45 a 47 y 50 a 58, *ibidem*).

Pero también incidía, de manera definitiva el reglamento, en temas como la calificación de las faltas, las circunstancias agravantes y atenuantes de la responsabilidad, el tipo de sanción imponible en el caso concreto y específico (artículo 41, 42, 43 y 44 del Decreto 485 de 1985). Pero lo más grave, definía el reglamento, de manera taxativa y vinculante, las faltas por las cuales procedía la destitución del cargo con la consiguiente inhabilidad para el ejercicio de funciones públicas (artículos 48 y 50 *ibidem*).

Sin embargo, ya desde 1983, la Sala Plena de la Corte Suprema de Justicia venía elaborando una línea jurisprudencial que acercaría la naturaleza del Derecho Disciplinario a la del Derecho Penal, potenciándose el reclamo por la aplicación de las garantías procesales y derechos constitucionales consagrados en la Constitución Política de 1886, especialmente a partir de su artículo 26.

En efecto, se dijo que "el derecho punitivo es una disciplina del orden jurídico que absorbe o recubre como género cinco especies, a saber: el derecho penal delictivo (reato), el derecho contravencional, el derecho disciplinario, el derecho correccional y el derecho de punición por indignidad política (*impeachment*), y por lo tanto son comunes y aplicables siempre a todas estas modalidades específicas del derecho punible, y no sólo respecto de una de ellas ni apenas de vez en cuando, las garantías señaladas en la Constitución y en la legislación penal sustantiva y procesal que la desarrolle".[12]

---

[12] Sala Plena de la Corte Suprema de Justicia, sentencias 51 de abril 14 de 1983 y 17 de marzo 7 de 1985, M.P. Gaona Cruz.

Dicha línea jurisprudencial continuó aplicándose por la Corte Constitucional, la cual señaló muy prontamente a la entrada de su vigencia, que el Derecho Disciplinario "es, en últimas, un derecho penal administrativo, debe aplicarse con la observancia debida a los principios del derecho penal común", reclamando así la aplicación del artículo 375 del Código Penal de 1980, según el cual la Parte General de dicho estatuto, se aplicará "también a las materias penales de que tratan otras leyes o normas, siempre que éstas no dispongan otra cosa".[13] "Toda infracción merecedora de reproche punitivo tiene, como bien lo recuerda la Corte, una misma naturaleza, como idénticas son las consecuencias, no obstante que provengan de una autoridad administrativa o jurisdiccional, o las formales diferencias entre los trámites rituales".[14]

No podía ser menos, puesto que el artículo 29 de la Carta Política había establecido:

> El debido proceso se aplicará a toda clase de actuaciones judiciales y administrativas.
>
> Nadie podrá ser juzgado sino conforme a leyes preexistentes al acto que se le imputa, ante juez o tribunal competente y con observancia de la plenitud de las formas propias de cada juicio.
>
> En materia penal, la ley permisiva o favorable, aun cuando sea posterior, se aplicará de preferencia a la restrictiva o desfavorable.
>
> Toda persona se presume inocente mientras no se le haya declarado judicialmente culpable. Quien sea sindicado tiene derecho a la defensa y a la asistencia de un abogado escogido por él, o de oficio, durante la investigación y el juzgamiento, a un debido proceso público sin dilaciones injustificadas, a presentar pruebas y a controvertir las que se alleguen en su contra; a impugnar la sentencia condenatoria, y a no ser juzgado dos veces por el mismo hecho.
>
> Es nula, de pleno derecho, la prueba obtenida con violación del debido proceso.

El encabezamiento de la redacción no deja duda de su aplicación al campo disciplinario, pues téngase en cuenta que, ya la jurisprudencia constitucional, había hecho del Derecho Disciplinario una especie del *ius puniendi*, lo que preparaba el camino para su independencia y autonomía frente al Derecho Administrativo y el Derecho Penal.

---

[13] Corte Constitucional, sentencia T-438 de 1992, M.P. Cifuentes Muñoz.

[14] *Ibidem*, sentencia T-581 de 1992, M.P. Angarita Barón. Reiterada por sentencia T-097 de 1994, M.P. Cifuentes Muñoz.

Así lo ha reconocido la jurisprudencia administrativa cuando señala que "de conformidad con el artículo 29 de la Constitución Política y con la reiterada jurisprudencia de la Corte Constitucional, el derecho al debido proceso es garantía y a la vez principio rector de todas las actuaciones judiciales y administrativas del Estado. En consecuencia, en el momento en que el Estado pretenda comprometer o privar a alguien de un bien jurídico no puede hacerlo sacrificando o suspendiendo el derecho fundamental al debido proceso". De acuerdo a lo expuesto, se ha entendido que el debido proceso administrativo, se convierte en una manifestación del principio de legalidad, conforme al cual toda competencia ejercida por las autoridades públicas debe estar previamente establecida en la ley, como también las funciones que les corresponden cumplir y los trámites a seguir antes de adoptar una determinada decisión (C.P. arts. 4º y 122). En esta medida, las autoridades administrativas únicamente pueden actuar dentro de los límites señalados por el ordenamiento jurídico. En cuanto al alcance constitucional del derecho al debido proceso administrativo, la Corte ha dicho que este derecho es ante todo un derecho subjetivo, es decir, que corresponde a las personas interesadas en una decisión administrativa, exigir que la adopción de la misma se someta a un proceso dentro del cual se asegure la vigencia de los derechos constitucionales de contradicción, impugnación y publicidad. En este sentido, el debido proceso se ejerce durante la actuación administrativa que lleva a la adopción final de una decisión, y también durante la fase posterior de comunicación e impugnación de la misma".[15]

## 3 La independización y autonomización del Derecho Disciplinario a través de los procesos legislativos

La Carta Política de 1991, además de lo antes anotado, introdujo en su artículo 124, al Derecho Disciplinario el principio de legalidad, toda vez que señaló que, en el ámbito de la función pública, "la ley determinará la responsabilidad de los servidores públicos y la manera de hacerla efectiva". No obstante, a pesar de lo anotado allí y en el inciso 2º del artículo 29 *ibidem*, no puede perderse vista la importancia del reglamento para los efectos de considerar lo que es el ordenamiento

---

[15] Consejo de Estado Sala de lo Contencioso Administrativo, Sección Segunda Subsección "B", sentencia de agosto 3 de 2010, radicación No 25000-23-15-000-2010-01203-01 (AC), C.P. Arenas Monsalve.

jurídico disciplinario, toda vez que el artículo 122 precisa que "no habrá empleo público que no tenga funciones detalladas en la ley o reglamento"; lo cual es complementado por el inciso 2º del artículo 123, según el cual "los servidores públicos están al servicio del Estado y de la comunidad; ejercerán sus funciones en la forma prevista por la constitución, la ley y el reglamento".

Todo lo anterior resulta aplicable a los particulares que ejercen funciones públicas, toda vez que en el inciso final del artículo 123 de la Carta Política se dice que "la ley determinará el régimen aplicable a los particulares que temporalmente desempeñen funciones públicas y regulará su ejercicio".

La Ley 200 de 1995, denominada Código Disciplinario Único, materializó la evolución legal, doctrinal y jurisprudencial del Derecho Disciplinario, estableciendo que su ámbito de aplicación es general, salvo las excepciones constitucionales referidas a la Policía Nacional y las Fuerzas Militares. También así fue desarrollada la Ley 734 de 2002, ahora el CDU, que en su artículo 224 dispuso su aplicación por vía general, dando cuenta de la regulación de la *relación especial de sujeción estandarizada*, salvo las excepciones constitucionales mencionadas, que dan cuenta de unas *especiales relaciones de sujeción intensificadas*.

El CDU consagró el principio de legalidad en materia sustancial — tipos disciplinarios y sanciones — y procesal (artículos 4 y 6). En sus artículos 33 a 65 estableció las faltas disciplinarias y sus sanciones; entre los artículos 66 a 222 consignó las reglas procesales que garantizan los derechos de defensa, contradicción y debido proceso a los sujetos disciplinables, con la definición *in extenso* del rito procesal.

Para la constitución de un tipo disciplinario juega un papel importante las llamadas normas disciplinarias en blanco, en las cuales la materia de la prohibición o del mandato no están exhaustivamente relacionadas en la ley disciplinaria, debiendo completarse la misma con leyes o decretos con fuerza de ley diferentes.

Incluso se permite su complementación por la vía de normas infralegales, entre ellas, las reglamentarias, siempre y cuando estén referidas exclusivamente a las funciones, en armonía con los artículos 122 inciso 1º y 123, inciso 2º, de la Carta Política, con tal de que allí no se contemple *ex novo* el contenido de lo punible.

Por ello se dice que el reglamento no puede establecer prohibiciones *ex novo*, pues estaría usurpando lo que le compete a la ley, en consecuencia, sí puede servir de norma de reenvío para efectos de esta-

# Martha Lucía Bautista Cely, Raquel Dias da Silveira (Coord.)
Direito Disciplinário Internacional – *Derecho Disciplinario Internacional*

blecer el incumplimiento de funciones, *aun las detalladas en el reglamento*, y cuando *delimita* el contenido de la prohibición legal.[16] Ello ha permitido que la jurisprudencia constitucional considere al Derecho Disciplinario como una ciencia autónoma e independiente del Derecho Administrativo y del Derecho Penal, toda vez que, muy a pesar de existir elementos comunes con otras especies del Derecho Sancionatorio, también lo es que entre ellas "existen diferencias que no pueden ser desestimadas".[17] Por ello la remisión a los institutos del Derecho Penal sólo es legítima "en el evento de una inexistencia de regulación específica y suficiente, habida cuenta que el derecho disciplinario constituye una disciplina autónoma e independiente del orden jurídico",[18] esto es, se trata de una disciplina que "se erige como un ramo específico de la legislación que, sin perder sus propias características ni tampoco su objeto singular, guarda sin embargo relación en algunos aspectos con el derecho penal y con el derecho administrativo, como quiera que forma parte de un mismo sistema jurídico".[19]

En fin, existe, dada esa autonomía e independencia, la "imposibilidad de transportar íntegramente los principios del derecho penal al derecho disciplinario",[20] especialmente cuando son "contrarias a su naturaleza",[21] puesto que el Derecho Disciplinario es una especie, al igual que el Derecho Penal, del Derecho Sancionador o *ius puniendi* como género.[22]

## Bibliografía

GÓMEZ PAVAJEAU, Carlos Arturo. *Dogmática del derecho disciplinario*. 2. ed. actualizada. Bogotá: Universidad Externado de Colombia, 2002.

GÓMEZ PAVAJEAU, Carlos Arturo. La relación especial de sujeción como categoría dogmática superior del derecho disciplinario. *In*: GÓMEZ PAVAJEAU, Carlos Arturo; MOLANO LÓPEZ, Mario Roberto. *La relación especial de sujeción*: estudios. Bogotá: Universidad Externado de Colombia, 2007.

---

[16] Corte Constitucional, sentencia C-328 de 2003, M.P. Cepeda Espinosa.

[17] *Ibidem*, sentencia C-597 de 1996, M.P. Martínez Caballero.

[18] *Ibidem*, sentencia C-769 de 1998, M.P. Barrera Carbonell.

[19] *Ibidem*, sentencia C-725 de 2000, M.P. Beltrán Sierra.

[20] *Ibidem*, sentencia C-948 de 2003, M.P. Tafur Galvis.

[21] *Ibidem*, sentencia C-252 de 2003, M.P. Córdoba Triviño.

[22] *Ibidem*, sentencia T-1034 de 2006, M.P. Sierra Porto.

JÈZE, Gaston. *Principios generales del derecho administrativo*. Buenos Aires: Depalma, 1949. (El funcionamiento de los servicios públicos, t. 3).

MESTRE DELGADO, Juan Francisco. Potestad sancionadora de la administración pública. *In*: MARTIN-RETORTILLO, Sebastián. *Estudios sobre la constitución española*. Madrid: Civitas, 1991. t. 3.

MOLANO LÓPEZ, Mario Roberto. Las relaciones de sujeción especial en el Estado Social. *In*: GÓMEZ PAVAJEAU, Carlos Arturo; MOLANO LÓPEZ, Mario Roberto. *La relación especial de sujeción*: estudios. Bogotá: Universidad Externado de Colombia, 2007.

RIVERO, Jean. El derecho administrativo francés en el mundo. *In*: RIVERO, Jean. *Páginas de derecho administrativo*. Bogotá: Temis, 2002.

RIVERO, Jean. La administración y el derecho. *In*: RIVERO, Jean. *Páginas de derecho administrativo*. Bogotá: Temis, 2002.

RODRÍGUEZ RODRÍGUEZ, Gustavo Humberto. *Derecho administrativo general*. Bogotá: Ciencia y Derecho, 1995.

SAGUAYÉS LASO, Enrique. *Tratado de derecho administrativo*. Montevideo: Martín Bianchi Altuna, 1986. t. 1.

SPIEGEL, Ludwig. *Derecho administrativo*. Trad. por Francisco J. Conde. Barcelona: Labor, 1933.

---

Informação bibliográfica deste texto, conforme a NBR 6023:2002 da Associação Brasileira de Normas Técnicas (ABNT):

GÓMEZ PAVAJEAU, Carlos Arturo. La ley disciplinaria y el derecho sancionador. *In*: BAUTISTA CELY, Martha Lucía; SILVEIRA, Raquel Dias da (Coord.). *Direito disciplinário internacional*: estudos sobre a formação, profissionalização, disciplina, transparência, controle e responsabilidade da função pública = *Derecho disciplinario internacional*: estudios sobre formación, profesionalización, disciplina, transparencia, control y responsabilidad de la función pública. Belo Horizonte: Fórum, 2011. v. 1, t. I, p.405-417. v. 1: Título Português, t. I: Título Espanhol. ISBN 978-85-7700-446-1.

# Direito Disciplinário Continente: Direito Disciplinar como Parcela de Conteúdo, Aplicável nos Regimes Estatutário e Contratual

## Daniel Ferreira

**Sumário: 1** Considerações introdutórias: ¿Direito Disciplinário? – **2** Função pública e agente público: cargo, emprego e órgão público – **3** Vínculo profissional dos "servidores estatais": titulares de cargos públicos e ocupantes de empregos públicos – **4** A questão dos ocupantes de cargos comissionados e dos ocupantes de empregos para atender necessidade temporária de excepcional interesse público – **5** Os agentes políticos e sua não submissão ao direito disciplinário por falta de profissionalização da atividade e de subordinação hierárquica – **6** O "direito disciplinar" sobre o manto do estatuto e da CLT: a retomada da peculiar Lei nº 8.745/1993 como exemplo e modelo – **7** À guisa de conclusão: "Direito Disciplinar" e "Direito Disciplinário" – Referências

## 1 Considerações introdutórias: ¿Direito Disciplinário?

Como não poderia deixar de ser, o presente ensaio não tem qualquer pretensão de definitividade. Ou seja, tanto quanto os demais artigos que integram esta novidadeira obra (*rectius*: abordagem, melhor dizendo), seu objetivo é o de despertar o interesse e, em especial, *a crítica*, porque revela uma investigação em franco desenvolvimento, no Brasil e no mundo. E não apenas dos estudiosos do Direito Administrativo, como se vislumbra de antemão, mas dos seus diuturnos aplicadores, os gestores públicos: daqueles sujeitos que, pessoal e profissionalmente encarregados do exercício da função pública, hão de tutelar, *interna corporis*, a disciplina e a hierarquia como as mais evidentes vigas-mestras da organização administrativa.

Portanto, é um estudo para reflexão, tanto pelo seu desacerto potencial como pelos relevantes elementos de investigação que serão destacadamente trazidos à tona e com os quais se almeja demonstrar a utilidade-necessidade de se cogitar (e reconhecer!) a submissão dos profissionais exercentes de função pública a um *regime jurídico especializado* desde logo anunciado como *Direito Disciplinário*.

Alinhavado por princípios e regras peculiares, que lhe conferem identidade, esse "novo" (*sic*) ramo didaticamente autônomo do direito mais bem destaca, ademais, os requisitos de validade bem como os mecanismos preventivo, concomitante e repressivo de controle do exercício profissional da função administrativa.

Destarte, assim se anuncia que *Direito Disciplinário* e *Direito Disciplinar*, a nosso modesto e primeiro juízo, não se misturam, estando este albergado por aquele, numa relação *conteúdo-continente* que revela a disciplina interna e a sanção administrativa disciplinar tão apenas como manifestações típicas — e fortes, evidentemente —, porém nunca como essência de um universo de possibilidades, jurídicas e materiais, que hão de buscar inspiração, como *fim* e *fonte*, na *lealdade* e na *boa-fé* recíprocas (entre a Administração Pública e seu profissional colaborador) e na própria *dignidade da pessoa humana*.

## 2 Função pública e agente público: cargo, emprego e órgão público

Invocando Celso Antônio Bandeira de Mello, "comece-se por dizer que função pública, no Estado Democrático de Direito, é a atividade exercida no cumprimento do *dever* de alcançar o interesse público, mediante uso dos poderes instrumentalmente necessários conferidos pela ordem jurídica".[1] Nesse sentido, função pública é gênero, do qual são espécies as funções administrativa e judicial, dentre outras, e que dependem — todas — da intervenção humana para sua concretização.

Isto é, a atuação de uma pessoa humana na qualidade de agente público é *conditio sine qua non* para realização de qualquer atividade imputável ao Estado. Agente público e função pública são, assim, pura e simplesmente, qualidades jurídicas *do ser* e *do agir* que se revelam imprescindíveis para a organização administrativa, num vínculo que se perfaz por intermédio do exercício de um cargo ou emprego em âmbito intestino, sem prejuízo de outros estranhos ao aparato estatal, como os concessionários (de serviço público), os requisitados etc. Contudo, ao

---

[1] BANDEIRA DE MELLO. *Curso de direito administrativo*, p. 29.

Direito Disciplinário interessam apenas os primeiros, porque revelam os centros de competência propriamente ditos, as "unidades abstratas que sintetizam os vários círculos de atribuições do Estado",[2] os órgãos públicos enfim.

E é de tais pessoas humanas, porque investidas em cargo público ou ocupantes de emprego público, que se exige "o cumprimento do dever", como legal e/ou contratualmente estipulado, no sentido de atuar em prol da coletividade, num regime de sujeição especial,[3] portanto colorido pelo vínculo espontâneo de submissão. Donde, pois, que se reconheça, e desde logo, a sua adesão voluntária como expressão de *boa-fé* e de deliberado *espírito de colaboração*, por conta do qual dirigem o seu atuar visando à consecução dos interesses públicos, fatores esses mais do que relevantes nesta investigação, como mais adiante se fará notar.

Não é de se estranhar, de outra banda e apenas pelo dito, que outros sujeitos que também titularizam órgãos públicos igualmente se submetam aos ditames do Direito Disciplinário, porque a organização administrativa sempre se encontra presente, ainda que por via reflexa e mediata, nas demais estruturas orgânicas de poder, como do Poder Judiciário e do Ministério Público.

A diferença se dá, apenas, no que diz com os traços de disciplina e hierarquia *que* e *como* se perfazem num e noutro aparelho estatal, o que, entretanto, não desnatura e nem afasta, por exemplo, a necessidade similar de *formação, profissionalização, controle* e mesmo de *responsabilização* das pessoas humanas a quem se atribui, em caráter profissional, o exercício de funções públicas diferentes da administrativa.[4]

---

[2] BANDEIRA DE MELLO. *Curso de direito administrativo*, p. 140.

[3] Nem todo regime de sujeição especial, para ser assim caracterizado, exige submissão "voluntária", bastando o liame específico para tanto. É o que ocorre, *e.g.*, em relação aos presidiários que se submetem a um regime especial, mas que não alberga como válidas quaisquer inovações em termos de *proibições* e *deveres* que não aqueles extraíveis diretamente da lei, ou seja, nos mesmos termos da "sujeição geral". Anote-se, outrossim, que nem toda relação de sujeição especial tem natureza disciplinar, como bem observado por Lorenzo (*Sanciones administrativas*, p. 121-124).

[4] Perceba-se, demais disso e a título de esclarecimento, que a Lei Orgânica da Magistratura Nacional (Lei Complementar nº 35/79) retrata, em breve passagem, os magistrados como ocupantes de "cargos" (públicos):
"Art. 22. São vitalícios: (...)
§1º Os juízes mencionados no inciso II deste artigo, mesmo que não hajam adquirido a vitaliciedade, não poderão perder *o cargo* senão por proposta do Tribunal ou do Órgão Especial competente, adotada pelo voto de dois terços de seus membros efetivos." (grifos nossos)
O mesmo ocorre em relação ao Ministério Público (Lei nº 8.625/93):
"Art. 3º Ao Ministério Público é assegurada autonomia funcional, administrativa e financeira, cabendo-lhe, especialmente: (...)
V - propor ao Poder Legislativo a criação e a extinção *de cargos*, bem como a fixação e o reajuste dos vencimentos de seus membros." (grifos nossos)

# 422 | Martha Lucía Bautista Cely, Raquel Dias da Silveira (Coord.)
Direito Disciplinário Internacional – *Derecho Disciplinario Internacional*

## 3 Vínculo profissional dos "servidores estatais": titulares de cargos públicos e ocupantes de empregos públicos

Assume-se na categoria de "servidores estatais"[5] tanto os titulares de cargo público como os ocupantes de emprego público. Logo, aquelas pessoas que mantêm com as entidades governamentais,[6] suas autarquias e fundações de Direito Público, e com as pessoas governamentais de Direito Privado[7] um vínculo voluntário de natureza profissional, portanto de caráter oneroso e não eventual.

Os titulares de cargo público possuem relação de natureza legal, institucional, com o Poder Público, lastreada em ato normativo específico (o estatuto), por evidente. De modo diverso, a dos ocupantes de empregos públicos tem índole contratual e basicamente é regida pela CLT,[8] sem prejuízo da compulsória observância de outros direitos e deveres como constitucional ou legalmente estipulados.

Nada obstante, por conta de expressa determinação sempre constante da Lei Maior, ambos os liames exigem, para sua válida formação, que o "candidato" a integrante dos quadros de pessoal da Administração Direta, Indireta, Autárquica e Fundacional se submeta, para fins de acesso, *a um processo seletivo pautado pela transparência, isonomia, impessoalidade e competitividade (meritocracia).*[9] E mais, que uma

---

Todavia, sempre se revela a preferência de referi-los como "membros", como órgãos "de poder", muito embora seja evidente que todos integram a grande categoria de servidores públicos.

[5] Para mais detalhes sobre a classificação daqueles que agem em nome do Poder Público, portanto dos "agentes públicos", e tendo como pano de fundo a designação adotada no âmbito constitucional brasileiro, cf. BANDEIRA DE MELLO. *Curso de direito administrativo*, p. 244-256.

[6] União, Estados, Distrito Federal e Municípios.

[7] Empresas públicas, sociedades de economia mista e fundações de Direito Privado instituídas pelo Poder Público.

[8] Consolidação das Leis do Trabalho: Decreto-Lei n.º 5.452, de 1º de maio de 1943.

[9] Mesmo antes ou depois da EC nº 19/98, ou da suspensão de sua eficácia pelo STF e que perdura até o momento, sempre foi possível vislumbrar na organização administrativa (direta e/ou indireta) a presença de cargos *e de* empregos públicos. Confira-se, com destaques, na versão original e pós-emenda:
"Art. 37. *A administração pública direta, indireta ou fundacional*, de qualquer dos Poderes da União, dos Estados, do Distrito Federal e dos Municípios obedecerá aos princípios de legalidade, impessoalidade, moralidade, publicidade e, também, ao seguinte:
I - *os cargos, empregos* e funções públicas são acessíveis aos brasileiros que preencham os requisitos estabelecidos em lei;
II - *a investidura em cargo ou emprego público* depende de aprovação prévia em concurso público de provas ou de provas e títulos, ressalvadas as nomeações para cargo em comissão declarado em lei de livre nomeação e exoneração; (...)

vez assumida essa condição, mantenha seu comportamento adstrito aos parâmetros próprios da *hierarquia* e da *disciplina*.

Esse é o bem marcado contexto que nos obriga a uma releitura do Direito Administrativo e do Direito do Trabalho, relativamente à porção que trata (dos direitos e deveres) das pessoas que exercem *função pública* sujeita a *supervisão* e *controle* internos, porque ambos estão a exigir o reconhecimento de que o vínculo profissional, *per se*, não desnatura a necessidade e mesmo a preexistência de um regime jurídico mínimo comum. Regime aqui a ser revelado como o Direito Disciplinário, que apenas (*sic*) está a reclamar sua "descoberta"; não uma construção propriamente dita — ao que tudo indica.

## 4 A questão dos ocupantes de cargos comissionados e dos ocupantes de empregos para atender necessidade temporária de excepcional interesse público

Não fogem dessa regra nem os ocupantes de cargos comissionados e nem mesmo os empregados contratados por prazo determinado para

---

Art. 39. A União, os Estados, o Distrito Federal e os Municípios instituirão, no âmbito de sua competência, *regime jurídico único* e planos de carreira *para os servidores da administração pública direta, das autarquias e das fundações públicas*."

Ou seja, por ocasião da instalação da República com a feição própria de 1988, os cargos e empregos públicos poderiam ser vislumbrados, lado a lado na Administração Direta como resquício do regime anterior, porque se passou a exigir um regime jurídico profissional único, ainda que sem definição prévia, se legal ou contratual. Apenas à guisa de exemplo, no Município de Ponta Grossa, do Estado do Paraná, o RJU adotado foi o celetista.

Com a EC nº 19/98 passou-se ao seguinte:

"Art. 37. *A administração pública direta e indireta* de qualquer dos Poderes da União, dos Estados, do Distrito Federal e dos Municípios obedecerá aos princípios de legalidade, impessoalidade, moralidade, publicidade e eficiência e, também, ao seguinte:

I - *os cargos, empregos* e funções públicas são acessíveis aos brasileiros que preencham os requisitos estabelecidos em lei, assim como aos estrangeiros, na forma da lei;

II - *a investidura em cargo ou emprego público* depende de aprovação prévia em concurso público de provas ou de provas e títulos, de acordo com a natureza e a complexidade do cargo ou emprego, na forma prevista em lei, ressalvadas as nomeações para cargo em comissão declarado em lei de livre nomeação e exoneração. (...)

Art. 39. A União, os Estados, o Distrito Federal e os Municípios instituirão conselho de política de administração e remuneração de pessoal, integrado por servidores designados pelos respectivos Poderes."

Portanto, o fato de se constitucionalmente autorizar (ou não) a presença simultânea dos dois liames numa mesma estrutura governamental, por exemplo, em nada inibe o necessário reconhecimento de que os colaboradores — pessoas humanas que são — num e noutro caso, mereçam um *mesmo tratamento mínimo*, delineador de *direitos* e de deveres "comuns", que sirvam de limite e sustentáculo para o exercício de uma relação *profissional* pautada pela *segurança jurídica*, pela *lealdade*, pela *boa-fé* e pelo respeito à *dignidade da pessoa humana*.

atender necessidade temporária de excepcional interesse público, no âmbito da Administração Direta, Autárquica ou Fundacional.

Ou seja, embora seja evidente o destoante traço de precariedade e de temporalidade, respectivamente, e que não retrata o ordinário perfil de profissionalização do exercício de função pública como requerido em regra, ainda assim continua mantida a relação de sujeição especial, voluntária, remunerada e ambientada por escalonamento organizado de atribuições nas duas situações.

Portanto, a submissão de tais pessoas ao mesmo ambiente *profissional* marcado pela *hierarquia* e pela *disciplina* não se revela estranha, servindo as leis de regência[10] como reforço para a constatação de que

---

[10] Lei nº 8.112/90 (Estatuto dos Servidores Públicos Civis da União):
"Art. 116. São deveres do servidor:
I - exercer com zelo e dedicação as atribuições do cargo;
II - ser leal às instituições a que servir;
III - observar as normas legais e regulamentares;
IV - cumprir as ordens superiores, exceto quando manifestamente ilegais; (...).
Art. 117. Ao servidor é proibido:
I - ausentar-se do serviço durante o expediente, sem prévia autorização do chefe imediato;
II - retirar, sem prévia anuência da autoridade competente, qualquer documento ou objeto da repartição;
III - recusar fé a documentos públicos;
IV - opor resistência injustificada ao andamento de documento e processo ou execução de serviço; (...)
Art. 127. São penalidades disciplinares:
I - advertência;
II - suspensão;
III - demissão;
IV - cassação de aposentadoria ou disponibilidade;
V - destituição de cargo em comissão;
VI - destituição de função comissionada."
Lei nº 8.745/1993 (Dispõe sobre a contratação por tempo determinado para atender a necessidade temporária de excepcional interesse público, nos termos do inciso IX do art. 37 da Constituição Federal, e dá outras providências):
"Art. 1º Para atender a necessidade temporária de excepcional interesse público, os órgãos da Administração Federal direta, as autarquias e as fundações públicas poderão efetuar contratação de pessoal por tempo determinado, nas condições e prazos previstos nesta Lei.
Art. 2º Considera-se necessidade temporária de excepcional interesse público:
I - assistência a situações de calamidade pública;
II - assistência a emergências em saúde pública; (...)
Art. 3º O recrutamento do pessoal a ser contratado, nos termos desta Lei, será feito mediante processo seletivo simplificado sujeito a ampla divulgação, inclusive através do Diário Oficial da União, prescindindo de concurso público.
§1º A contratação para atender às necessidades decorrentes de calamidade pública, de emergência ambiental e de emergências em saúde pública prescindirá de processo seletivo. (...)
Art. 10. As infrações disciplinares atribuídas ao pessoal contratado nos termos desta Lei serão apuradas mediante sindicância, concluída no prazo de trinta dias e assegurada ampla defesa.
Art. 11. Aplica-se ao pessoal contratado nos termos desta Lei o disposto nos arts. 53 e 54; 57 a 59; 63 a 80; 97; 104 a 109; 110, incisos, I, in fine, e II, parágrafo único, a 115; 116, incisos

tanto o Direito Disciplinário como o Direito Disciplinar são similarmente aplicáveis em relação a elas, não por acaso impondo deveres e abstenções e sujeitando-os a sanções disciplinares de mesma ordem. A contrapartida é que, na medida do possível, os direitos também se revelam em muito aproximados.

## 5 Os agentes políticos e sua não submissão ao direito disciplinário por falta de profissionalização da atividade e de subordinação hierárquica

Chame-se a atenção, assim, para o fato de que estamos a reiteradamente insistir num ponto que por certo trará dúvidas e provocará reações diversas: em nosso primeiro e *provisório* entendimento, os titulares de mandato (executivo ou legislativo) não se submetem — e nem podem se submeter — ao Direito Disciplinário e ao Direito Disciplinar, pelo menos com a feição que em breve se revelará. Para eles, parlamentares e ocupantes de cargos públicos *direta ou indiretamente* preenchidos com lastro no sufrágio popular, não se aplicam as regras e princípios comuns destinados aos servidores estatais, mantidos sob vínculo legal ou contratual, por duas razões.

*Primus* pela ausência do caráter *profissional* do exercício da função pública, ou, melhor dizendo, porque não evidenciada a *função pública profissionalizada*, como argutamente percebida (e exigida!) por Raquel Dias da Silveira.[11] Tais agentes, porque vinculados *politicamente* ao Poder Público, estão obrigados ao cumprimento da Carta Magna e das leis *por força do mandato popular* conferido por prazo certo. Não em decorrência de um contrato ou de um estatuto ao qual se vinculam voluntariamente, visando, por um lado, a satisfação dos interesses públicos e, por outro, (em especial) a própria subsistência (e dos seus), com efeitos ampliativos de direito para frente e para "sempre".[12]

---

I a V, alíneas a e c, VI a XII e parágrafo único; 117, incisos I a VI e IX a XVIII; 118 a 126; 127, incisos I, II e III, a 132, incisos I a VII, e IX a XIII; 136 a 142, incisos I, primeira parte, a III, e §§1º a 4º; 236; 238 a 242, da Lei nº 8.112, de 11 de dezembro de 1990."

Lei nº 8.112/90:

"Art. 135. A destituição de cargo em comissão exercido por não ocupante de cargo efetivo será aplicada nos casos de infração sujeita às penalidades de suspensão e de demissão.

Parágrafo único. Constatada a hipótese de que trata este artigo, a exoneração efetuada nos termos do art. 35 será convertida em destituição de cargo em comissão."

[11] SILVEIRA. *Profissionalização da função pública.*

[12] Dentre os quais a aposentadoria no cargo público, por exemplo.

# 426 | Martha Lucía Bautista Cely, Raquel Dias da Silveira (Coord.)
Direito Disciplinário Internacional – *Derecho Disciplinario Internacional*

*Secundus* pelo fato de que o reconhecimento da aplicação do Direito Disciplinário pressupõe a existência de uma estrutura orgânica e *hierarquizada*, de índole legal ou contratual, como necessária ao exercício da função pública, por conta da qual a disciplina (interna) — manifestada nos termos da lei ou do contrato, do regulamento ou da ordem de serviço, ou mesmo de ordem superior — impõe obrigações, instala restrições e expõe a responsabilidades.

Segue-se que, onde não houver autoridade jurídica (de um sobre o outro) não se propõe qualquer exame e consideração atinente à hierarquia e à disciplina, de conseguinte a "dever de obediência",[13] o mesmo se dizendo em relação ao Direito Disciplinário e mesmo Disciplinar.

Assim se evidencia, portanto, a razão *lógico-jurídica* por conta da qual os agentes políticos aqui compreendidos como os Senadores, Deputados (federais e estaduais), Vereadores, Presidente da República, Governadores e Prefeitos (e seus vices) não se expõem a sanções disciplinares, o que não elide a perda do cargo (executivo) por crime de responsabilidade nos termos da lei (Lei nº 1.079/50) e do mandato (parlamentar) por quebra de decoro, consoante previsto na Constituição da República[14] e no regimento interno de cada Casa Legislativa.

---

[13] Marcelo Madureira Prates retrata o vínculo nos seguintes termos: "Trata-se de relação marcada pela hierarquia, que implica a existência, do lado da Administração, do poder de direção e, do lado dos subordinados, do dever de obediência, o que dá ensejo ao surgimento do poder administrativo disciplinar" (*Sanção administrativa geral*: anatomia e autonomia, p. 214-215).

[14] "Art. 54. Os Deputados e Senadores não poderão:
I - desde a expedição do diploma:
a) firmar ou manter contrato com pessoa jurídica de direito público, autarquia, empresa pública, sociedade de economia mista ou empresa concessionária de serviço público, salvo quando o contrato obedecer a cláusulas uniformes;
b) aceitar ou exercer cargo, função ou emprego remunerado, inclusive os de que sejam demissíveis 'ad nutum', nas entidades constantes da alínea anterior;
II - desde a posse:
a) ser proprietários, controladores ou diretores de empresa que goze de favor decorrente de contrato com pessoa jurídica de direito público, ou nela exercer função remunerada;
b) ocupar cargo ou função de que sejam demissíveis 'ad nutum', nas entidades referidas no inciso I, 'a';
c) patrocinar causa em que seja interessada qualquer das entidades a que se refere o inciso I, 'a';
d) ser titulares de mais de um cargo ou mandato público eletivo.
Art. 55. Perderá o mandato o Deputado ou Senador:
I - que infringir qualquer das proibições estabelecidas no artigo anterior;
II - cujo procedimento for declarado incompatível com o decoro parlamentar;
III - que deixar de comparecer, em cada sessão legislativa, à terça parte das sessões ordinárias da Casa a que pertencer, salvo licença ou missão por esta autorizada;
IV - que perder ou tiver suspensos os direitos políticos;
V - quando o decretar a Justiça Eleitoral, nos casos previstos nesta Constituição;
VI - que sofrer condenação criminal em sentença transitada em julgado.

O mesmo se diga em relação aos titulares de cargo integrantes do primeiro escalão do Poder Executivo nos três níveis da Federação e responsáveis pela condução de políticas públicas (Ministros de Estado, Secretários Distritais, Estaduais e Municipais), haja vista a falta de qualquer traço de subordinação hierárquica em relação ao Chefe do Executivo, o que se deflui, mui facilmente, do perfunctório exame de suas atribuições em qualquer caso.[15] [16] [17]

---

§1º - É incompatível com o decoro parlamentar, além dos casos definidos no regimento interno, o abuso das prerrogativas asseguradas a membro do Congresso Nacional ou a percepção de vantagens indevidas.

§2º - Nos casos dos incisos I, II e VI, a perda do mandato será decidida pela Câmara dos Deputados ou pelo Senado Federal, por voto secreto e maioria absoluta, mediante provocação da respectiva Mesa ou de partido político representado no Congresso Nacional, assegurada ampla defesa.

§3º - Nos casos previstos nos incisos III a V, a perda será declarada pela Mesa da Casa respectiva, de ofício ou mediante provocação de qualquer de seus membros, ou de partido político representado no Congresso Nacional, assegurada ampla defesa.

§4º A renúncia de parlamentar submetido a processo que vise ou possa levar à perda do mandato, nos termos deste artigo, terá seus efeitos suspensos até as deliberações finais de que tratam os §§2º e 3º."

[15] A título de exemplo, vide a Constituição Federal de 1988:
"Das Atribuições do Presidente da República
Art. 84. Compete privativamente ao Presidente da República:
I - *nomear e exonerar os Ministros de Estado*; (...)
Dos Ministros de Estado
Art. 87. Os Ministros de Estado serão escolhidos dentre brasileiros maiores de vinte e um anos e no exercício dos direitos políticos.
Parágrafo único. Compete ao Ministro de Estado, além de outras atribuições estabelecidas nesta Constituição e na lei:
I - exercer a orientação, coordenação e supervisão dos órgãos e entidades da administração federal na área de sua competência e *referendar os atos e decretos assinados pelo Presidente da República*;
II - expedir instruções para a execução das leis, decretos e regulamentos;
III - apresentar ao Presidente da República relatório anual de sua gestão no Ministério;
IV - praticar os atos pertinentes às atribuições que lhe forem outorgadas ou delegadas pelo Presidente da República." (grifos nossos)

[16] Anote-se, ainda, que pairam grandes dúvidas acerca da aplicação, ou não, da Lei nº 8.429/92 (Lei de Improbidade Administrativa) aos agentes políticos "em geral". Nada obstante o STF tenha assentado entendimento no sentido do descabimento, porque a eles se aplicaria apenas (*sic*) a Lei dos Crimes de Responsabilidade, como exigida no art. 102, I, "c", da CF/88 (Rcl nº 2.138/DF, Tribunal Pleno, Rel. Min. Nelson Jobim, j. 20.11.2002), o STJ tem reiteradamente entendido de modo diverso, a ponto de dar grande destaque ao informe no campo "notícias" de seu sítio oficial, em 19.11.2010 (http://www.stj.jus.br/portal_stj/publicacao/engine.wsp?tmp.area=398&tmp.texto=99860).
Chame-se atenção, ainda, para o fato de que aos prefeitos (que também são agentes políticos!) a Lei de Improbidade Administrativa tem sido aplicada sem restrições, porquanto alcançados, em termos de responsabilidade pelo exercício do cargo, pelo Decreto-lei nº 201/67, o que elidiria os efeitos da decisão proferida na Rcl nº 2.138/DF.

[17] "La responsabilidad disciplinaria, por el contrario, no se aplica a los funcionarios electivos o políticos, ni al personal eventual o de confianza política, a los que, en su caso, se cesa" (PARADA VÁZQUEZ. *Régimen jurídico de las administraciones públicas y procedimiento administrativo común*: estudio, comentarios y texto de la Ley 30/1992, de 26 de noviembre, p. 448).

## 6 O "direito disciplinar" sobre o manto do estatuto e da CLT: a retomada da peculiar Lei nº 8.745/1993 como exemplo e modelo

Mercê do exposto, é quase dispensável destacar, outra vez, que os servidores que titularizam cargos públicos e ocupam empregos públicos não apenas se obrigam, respectivamente, por força da lei estatutária e do contrato de trabalho, como assim o fazem voluntariamente. Portanto, reconhecendo os direitos e obrigações decorrentes do particularizado exercício da *função pública* marcada pela *hierarquia*, como "modelo de organização administrativa constituído por um conjunto de órgãos e agentes com atribuições comuns e competências diferenciadas, ligados por um vínculo jurídico que confere ao superior o poder de direcção e ao subalterno o dever de obediência".[18]

Donde, pois, é a *sujeição especial* (voluntária: legal ou contratual) que reclama um pouco mais de exame, na exata medida em que não apenas permite que o superior constitua o subalterno em obrigação "nova" relativa ao exercício da função, de modo geral ou individual, mediante norma abstrata ou de efeitos concretos, porém que seu eventual descumprimento revele o cometimento de um ilícito funcional, assim sujeitando o sujeito faltante a uma sanção disciplinar para cuja válida imposição e aplicação se dispensa qualquer intervenção judicial.

Mas não só. Muito antes de eventualmente exercitar a *potestade sancionadora disciplinar*[19] pode e deve (!) o hierarca, supervisionando, dirigir o atuar administrativo de todos os seus submissos (em abstrato; ou de apenas um, em concreto), de sorte a aperfeiçoar o funcionamento do aparato público mediante regular cumprimento dos atributos próprios do cargo ou do emprego.[20]

A dificuldade reside, entretanto, na verificação da possibilidade — ou não — de se juntar os dois vínculos profissionais, sabidamente tão

---

[18] AMARAL. *Curso de direito administrativo*, v. 1, p. 638.

[19] "(...) destacamos que, a nuestro juicio el fundamento de la potestad sancionadora disciplinaria — que se exterioriza en la imposición de sanciones — radica en lo siguiente: si los entes públicos tienen la obligación de asegurar el correcto funcionamiento de los servicios a su cargo, obviamente para lograrlo es menester que puedan exigir a sua agentes el cumplimiento estricto de sus deberes y, eventualmente, sancionar a quienes cometan faltas" (*In*: SARMIENTO GARCÍA. *Derecho público*: teoría del Estado y de la Constitución: derecho constitucional: derecho administrativo, p. 686).

[20] No mesmo sentido, "las medidas propias del derecho penal disciplinario no persiguen como fin la represión o prevención de la delincuencia, sino la protección del orden y disciplina necesarios para el ejercicio de las funciones administrativas" (CASSAGNE. *Derecho administrativo*, v. 1, p. 188-189).

diferentes, como o estatutário e o contratual, para o fim de se reconhecê-los como impregnados por características tão comuns a ponto de cogitar de sua submissão a um mesmo e mais amplo regime jurídico, calçado sobremaneira na *hierarquia* e na *disciplina* e nos princípios da *segurança jurídica*, da *lealdade* e da *boa-fé*, e da própria *dignidade da pessoa humana*, de cujas regras e princípios se possam extrair, também como marco caracterizador, sanções validamente aplicáveis sob a luz comum da Lei nº 8.112/90 e da CLT, *e.g.*

Em suma, dita necessidade (e não possibilidade) se extrai da própria Lei nº 8.745/93 que prevê a contratação de empregados públicos por prazo determinado e para os quais se exige, no exercício da (mesma!) função pública, o cumprimento quase idêntico de deveres e abstenções exigidos dos titulares de cargo público, sujeitando-os, ademais, às sanções de índole interna e disciplinar de similar aplicação à luz da CLT.[21]

Dessa feita, assim se evita a invocação das "ondas de terceirização no serviço público" como motivo supostamente *suficiente em si* para o trato dos empregados públicos e do regime jurídico a eles aplicável também em eventos de "Direito Administrativo", até mesmo porque assim já o fez, dentre outros, Fernando García Pullés, ao versar sobre "Algunos aspectos de la relación de empleo público en la Republica Argentina",[22] e que merece detido exame.

O que importa referir é que não é mais possível "fingir" que os empregados públicos, pela vinculação contratual, deixam de exercer

---

[21] Embora negue que a responsabilidade disciplinar se proponha em face dos empregados públicos, por conta do vínculo de cunho laboral, José Ramón Parada Vázquez assim percebe e critica a situação já vivida pela Espanha nos idos de 1992:
"La responsabilidad disciplinaria, por el contrario, no se aplica (...). Tampoco se aplica a los empleados laborales sometidos a las normas disciplinares del Derecho laboral, originando, por consiguiente, otra absurda duplicidad de regulación de la potestad sancionadora o disciplinaria una misma organización, lo que puede ser eventual causa de desigualdades notorias cuando de unos mismos hechos son, a la vez, responsables funcionarios y empleados laborales, lo que lleva también a una compleja determinación de la Jurisdicción competente, laboral o contencioso-administrativa, para conocer de los recursos que pudieran arbitrarse contra los actos sancionadores" (*Régimen jurídico de las administraciones públicas y procedimiento administrativo común*: estudio, comentarios y texto de la Ley 30/1992, de 26 de noviembre, p. 448).

[22] GARCÍA PULLÉS. Algunos aspectos de la relación de empleo público en la Republica Argentina. *In*: BACELLAR FILHO; SILVA (Coord.). *Direito administrativo e integração regional*: anais do V Congresso da Associação de Direito Público do Mercosul e do X Congresso Paranaense de Direito Administrativo, p. 235-259.
Essa mesma razão justifica dois outros ensaios e que igualmente integram a referida obra coletiva, porque relativos ao painel "Servidores Públicos": CAJARVILLE PELUFFO. Concepto de funcionario público en la constitución uruguaya y su desnaturalización legal; e FERREIRA. Direito público e direito privado na organização da Administração Pública brasileira: o caso dos "colaboradores" das autarquias profissionais.

*função pública profissionalizada*, o que exige sua recepção ao lado dos titulares de cargo público para fins de delimitação, *e por simples reconhecimento*, de um "novo" (*sic*) Direito Disciplinário e de um Direito Disciplinar, que alcance a todos os sujeitos indistintamente e que permeie, por igual, o exame do Direito Administrativo e do Direito do Trabalho, conferindo-lhes novas nuances, se ainda necessário.

Direito Disciplinar esse igualmente expressivo de um Direito Sancionador "Comum",[23] porém especializado a partir da *sujeição especial* de índole profissional que reclama o necessário exercício da competência regulamentar[24] com vistas à propiciação de um ambiente de trabalho sustentável, portanto sem espaço, por mínimo que seja, para surpresas, arbitrariedades, excessos e assédio de qualquer ordem.

Portanto, somente será possível reconhecer que um servidor estatal, titular de cargo público ou ocupante de emprego público, se viu incurso em infração disciplinar, sujeitando-se validamente à sanção correspondente, quando não apenas tiver descumprido o dever legal e/ ou contratual, porém quando assim se der mediante uma ação dirigida a um fim (conduta), tipicamente à margem da lei, sem qualquer causa de justificação (em Direito admitida) e que demande reprovabilidade *interna corporis* por conta da exigibilidade de conduta diversa no caso concreto.

Melhor dizendo, e como condição necessária, quando o servidor estatal tiver sido prévia e adequadamente "ambientado ao serviço público", ou seja, eficientemente treinado e reciclado para compreensão e regular exercício de seus misteres, mediante assunção e vigiado desempenho de atribuições crescentes em quantidade e grau de responsabilidade, expressivas da organização administrativa hierarquizada, impessoal e transparente, e no entorno de uma carreira que o dignifique como pessoa humana.

Em suma, no contexto próprio do *Direito Disciplinário*, que se revela, aqui e afinal, como o *Direito da Função Pública* — com todos os seus desdobramentos, inclusive de *disciplina*, preventiva e repressiva.

---

[23] "O que não se pode logicamente negar, pois é a existência de um mínimo regime jurídico sancionador, afeto à própria Teoria Geral do Direito e à noção de função pública, através do qual, independentemente da natureza da sanção (penal ou administrativa), reconhecem-se alguns princípios como sendo de cogente aplicação" (FERREIRA. *Sanções administrativas*, p. 86).

[24] Confira-se, na passagem, o que chamamos de *regulamento necessário* a partir do reconhecimento do princípio da legalidade como aplicável nos regimes de sujeição geral e especial (FERREIRA. *Sanções administrativas*, p. 94-102), bem como para atestação da *reprovabilidade administrativa* da *conduta* já reconhecida como tal, além de *típica* e *antijurídica* (FERREIRA. *Teoria geral da infração administrativa a partir da Constituição Federal de 1988*, p. 319-320).

# 7 À guisa de conclusão: "Direito Disciplinar" e "Direito Disciplinário"

Mercê do exposto, o reconhecimento do Direito Disciplinário como ramo didaticamente autônomo, ao que tudo aponta, não configura estultice, nem mesmo extravasamento em letras de um momento tresloucado nosso.

Se entendido em contrário, então resta a possibilidade de mudança de país, quem sabe para a Costa Rica e quiçá para melhor convívio acadêmico e social, porque naquele país não mais se está a *jogar a poeira para baixo do tapete*, haja vista o reconhecimento estatal operado desde muito no sentido de que há um Direito Disciplinar (e de um Direito Disciplinário correlato, por pressuposto), que se aplica indistintamente a titulares de cargos e de empregos públicos, plasmado na *hierarquia* e *disciplina* próprias da organização administrativa profissional, com base no qual se decidem as lides instaladas no âmbito administrativo e posteriormente submetidas ao Estado-Juiz:

**Res**: 1999-05445

**Sala Constitucional de la Corte Suprema de Justicia**. San José, a las catorce horas con treinta minutos del catorce de julio de mil novecientos noventa y nueve. (...)

**Del régimen disciplinario municipal y el funcionario a quien le corresponde su dirección**. Entiéndase por régimen disciplinario el conjunto de normas y principios tendentes a mantener el orden y la subordinación entre los miembros de un cuerpo o institución, con lo cual queda en evidencia el ligamen que debe existir entre los sujetos obligados al acatamiento de estos ordenamientos y la institución a la que pertenecen, cuyo objeto final en el sector público es la mantener y asegurar en forma preventiva el funcionamiento del servicio público, en tanto su aplicación se origina en el incumplimiento de los deberes funcionales de los empleados públicos (acción u omisión). En este sentido, los antecedentes jurisprudenciales de este Tribunal Constitucional han sido pocos en esta materia, sin embargo, sí han sido claros en unos puntos concretos. Así, en sentencia número 1264-95, de las quince horas treinta y tres minutos del siete de marzo de mil novecientos noventa y cinco, se señaló el fundamento jurídico-constitucional respecto de la potestad disciplinaria del Estado, como derivado de la potestad sancionatoria de la Administración, la cual en relación con los servidores públicos se desenvuelve de la siguiente manera:

"(...), se puede concluir que, las faltas cometidas por los funcionarios en el ejercicio de su cargo, quebrantando el orden interno de la administración, origina la responsabilidad disciplinaria, por cuanto la falta disciplinaria entraña un desajuste del empleado a su función, afectando la propia esencia de la ordenación administrativa: sin perjuicio de las responsabilidades penal y civil, todo con la salvedad que en relación a los hechos se señaló con anterioridad. Por ello, el fin de la responsabilidad disciplinaria es asegurar la observancia de las normas de subordinación y, en general, del exacto cumplimiento de todos los deberes de la función que se le tiene encomendada. Así, el derecho disciplinario presupone una relación de subordinación entre el órgano sometido a la disciplina y el órgano que la establece o aplica, más para castigar, para corregir, e incluso educar al infractor de la norma, de ahí el carácter correctivo de las sanciones disciplinarias."

De manera que la aplicación del régimen disciplinario se limita a las actividades del individuo en su carácter de agente o funcionario público, para compeler y asegurar, preventiva y represivamente, el cumplimiento de los deberes jurídicos del empleo, de la función o del cargo; (...).[25]

De outra banda, se reconhecido, pelo menos, que o assunto merece aprofundamento e mais amplo debate, então a tarefa a que nos propusemos está alcançada, porque o Direito exige, não poucas vezes, *desconstrução* para seu renovado conhecimento e reconhecimento.

Forçoso concluir, pois, que estamos apenas no começo do "descobrimento", da revelação, no Brasil e no mundo, do Direito Disciplinário; do Direito da Função Pública (profissionalizada), enfim.

## Referências

AMARAL, Diogo Freitas do. *Curso de direito administrativo*. Reimpr. Coimbra: Almedina, 1992. v. 1.

BANDEIRA DE MELLO, Celso Antônio. *Curso de direito administrativo*. 27. ed. rev. e atual. até a Emenda Constitucional 64, de 4.2.2010. São Paulo: Malheiros, 2010.

CAJARVILLE PELUFFO, Juan Pablo. Concepto de funcionario público en la constitución uruguaya y su desnaturalización legal. *In*: BACELLAR FILHO, Romeu Felipe; SILVA, Guilherme Amintas Pazinato da (Coord.). *Direito administrativo e integração regional*: anais do V Congresso da Associação de Direito Público do Mercosul e do X Congresso Paranaense de Direito Administrativo. Belo Horizonte: Fórum, 2010.

CASSAGNE, Juan Carlos. *Derecho administrativo*. 5. ed. actual. Buenos Aires: Abeledo-Perrot, 1996. v. 1.

---

[25] Disponível em: <http://www.poder-judicial.go.cr/salaconstitucional/revistadigital2009/1999-005445.html>. Acesso em: 31 mar. 2011.

CASTILLO BLANCO, Federico A. *Función pública y poder disciplinario del Estado.* Madrid: Civitas, 1992.

FERREIRA, Daniel. Direito público e direito privado na organização da administração pública brasileira: o caso dos "colaboradores" das autarquias profissionais. *In*: BACELLAR FILHO, Romeu Felipe; SILVA, Guilherme Amintas Pazinato da (Coord.). *Direito administrativo e integração regional*: anais do V Congresso da Associação de Direito Público do Mercosul e do X Congresso Paranaense de Direito Administrativo. Belo Horizonte: Fórum, 2010.

FERREIRA, Daniel. *Sanções administrativas.* São Paulo: Malheiros, 2001.

FERREIRA, Daniel. *Teoria geral da infração administrativa a partir da Constituição Federal de 1988.* Belo Horizonte: Fórum, 2009.

GARCÍA PULLÉS, Fernando. Algunos aspectos de la relación de empleo público en la Republica Argentina. *In*: BACELLAR FILHO, Romeu Felipe; SILVA, Guilherme Amintas Pazinato da (Coord.). *Direito administrativo e integração regional*: anais do V Congresso da Associação de Direito Público do Mercosul e do X Congresso Paranaense de Direito Administrativo. Belo Horizonte: Fórum, 2010.

LORENZO, Susana. *Sanciones administrativas.* Montevideo: Julio César Faira, 1996.

NIETO, Alejandro. *Derecho administrativo sancionador.* 2. ed. Madrid: Tecnos, 2000.

PARADA VÁZQUEZ, José Ramón. *Régimen jurídico de las administraciones públicas y procedimiento administrativo común*: estudio, comentarios y texto de la Ley 30/1992, de 26 de noviembre. Madrid: Marcial Pons, 1993.

PRATES, Marcelo Madureira. *Sanção administrativa geral*: anatomia e autonomia. Coimbra: Almedina, 2005.

SARMIENTO GARCÍA, Jorge Horacio. *Derecho público*: teoría del Estado y de la Constitución: derecho constitucional: derecho administrativo. Buenos Aires: Ciudad Argentina, 1997.

SILVEIRA, Raquel Dias da. *Profissionalização da função pública.* Belo Horizonte: Fórum, 2009.

---

Informação bibliográfica deste texto, conforme a NBR 6023:2002 da Associação Brasileira de Normas Técnicas (ABNT):

FERREIRA, Daniel. Direito disciplinário continente: direito disciplinar como parcela de conteúdo, aplicável nos regimes estatutário e contratual. *In*: BAUTISTA CELY, Martha Lucía; SILVEIRA, Raquel Dias da (Coord.). *Direito disciplinário internacional*: estudos sobre a formação, profissionalização, disciplina, transparência, controle e responsabilidade da função pública = *Derecho disciplinario internacional*: estudios sobre formación, profesionalización, disciplina, transparencia, control y responsabilidad de la función pública. Belo Horizonte: Fórum, 2011. v. 1, t. I, p. 419-433. v. 1: Título Português, t. I: Título Espanhol. ISBN 978-85-7700-446-1.

# Processo Administrativo como Instrumento do Direito Disciplinar

### Romeu Felipe Bacellar Filho

**Sumário**: **1** Introdução – **2** Administração Pública brasileira na Constituição de 1988 – **3** Procedimento e processo administrativo tributário – **4** Princípios de direito administrativo: fronteiras e implicações ou a principiologia da processualidade administrativa – **5** Conclusão – Referências

## 1 Introdução

A Administração Pública, considerada um aparelho regularmente constituído pelo Estado para satisfazer o bem comum na realização de seus serviços, deve ter realçada, em sua atuação, a compreensão de que o Estado é uma síntese de todos. A existência da Administração Pública só tem sentido em função de uma justa e equitativa distribuição entre os cidadãos dos direitos e encargos sociais. As elevadas e numerosas tarefas do Estado não resultariam exitosas sem a imposição de princípios de atuação capazes de oferecer garantias exigíveis de um Estado justo e igualitário.

Daqui decorrem duas ideias a serem desenvolvidas: (i) por um lado, se a Administração Pública submissa a uma atuação voltada ao cumprimento da juridicidade que compreende o cumprimento da legalidade somada a outros valores axiológicos deve estar atenta a eventuais anomalias no cumprimento desse desiderato; (ii) por outro, a apuração de eventuais atitudes reprováveis e a aplicação de sanção aos responsáveis implica, a um só tempo, em fator de desincentivo à eventuais condutas similares e exemplo de reprobabilidade na estrita medida da finalidade pública, atendendo-se por outro lado, a um conjunto de garantias dedicadas pela Constituição aos acusados em geral.

Neste contexto, o tema — *princípios de processo administrativo* — passa pela compreensão de que a Administração Pública no desempenho

Martha Lucía Bautista Cely, Raquel Dias da Silveira (Coord.)
Direito Disciplinário Internacional – *Derecho Disciplinario Internacional*

da atividade administrativa sugere a necessária confrontação, desses princípios, respeitando-se um campo próprio de autonomia, inseridos num conjunto de princípios aplicáveis a toda atividade administrativa, inseridos no art. 37, *caput*, da Seção I, Capítulo VII, "Da Administração Pública", Título III, "Da Organização do Estado".

## 2 Administração Pública brasileira na Constituição de 1988

A Constituição de 1988 inaugurou um capítulo dedicado à Administração Pública. Se uma das pedras de toque do Estado de Direito é a fixação de um regime jurídico-administrativo,[1] agora restou identificada a presença de um regime jurídico constitucional-administrativo, fundado em princípios constitucionais expressos: legalidade, impessoalidade, moralidade, publicidade e eficiência (art. 37, *caput*).[2]

A disciplina constitucional administrativa traz, então, novos arsenais jurídicos para alteração do quadro tradicional de uma Administração Pública marcada pela pouca atenção dispensada aos direitos e garantias integrantes do patrimônio do cidadão-administrado. Afeiçoado à visão da legalidade a qualquer custo, com desconsideração a outros valores (como, por exemplo, o contido no princípio da confiança), o Administrador atuou, por muito tempo, coberto pelo manto da incontestabilidade do interesse público.

É verdade que não se trata de inovação propriamente dita, mas de recepção dos reclames da doutrina que construiu, desde cedo, vias alternativas para elidir a aplicação mecânica da legalidade. Implementou-se, assim, o princípio da finalidade pública segundo o qual, na estipulação pela lei, de competências ao Administrador Público, tem-se em foco um determinado bem jurídico que deva ser suprido. Na apreciação da legalidade de um ato administrativo, é imperioso o exame da observância do escopo legal originário. Caio Tácito e Ruy Cirne Lima desenvolveram importante contribuição ao estudo da finalidade pública como parâmetro para avaliação da legalidade.[3]

---

[1] GARCÍA OVIEDO. *Derecho administrativo*, p. 476.

[2] O princípio da eficiência foi inserido pela recente reforma administrativa, operada pela Emenda Constitucional nº 19, de 1998.

[3] Segundo Ruy Cirne Lima, "é o fim e não a vontade que domina todas as formas de administração (...) preside, destarte, no desenvolvimento da atividade administrativa do Poder Executivo — não o arbítrio que se funda na força — mas a necessidade que decorre da natural persecução de um fim" (*Princípios de direito administrativo*, p. 21-22). Nesse sentido, Caio Tácito: "a regra de competência não é um cheque em branco" (*Direito administrativo*, p. 5).

A expressão poder, estigmatizada durante o período revolucionário, encontra-se melhor entendida como prerrogativa. Caso o Administrador Público utilize seu poder além dos limites que a lei lhe confere ou pratique desvio da finalidade pública, há abuso de poder na modalidade do excesso ou do desvio da finalidade. Se todo exercício de poder implica dose de sujeição, de coerção exercida pelo seu detentor sobre os destinatários, o poder não se auto-realiza, configura instrumento de trabalho adequado à realização das tarefas administrativas mediante o atendimento das aspirações coletivas.[4]

Com efeito, o princípio geral de toda atividade estatal exercida através da Administração Pública é o bem comum. O administrador que transgrida este preceito convulsiona, desarmoniza e desacredita a ação administrativa.

A atuação da Administração Pública não foge à incidência dos princípios implícitos e explícitos da Constituição Federal que acompanharão a dinâmica, no âmbito administrativo, da aplicação da lei ao caso concreto. É preciso esclarecer que o Direito Administrativo, na perspectiva do sistema constitucional, ocorre em sede de Direito Formal, justamente porque os princípios do procedimento e do processo administrativo incidirão, guardadas as peculiaridades do regime, sobre o procedimento e o processo administrativo tributário.

Em outro lugar,[5] já tivemos oportunidade de salientar a possibilidade e legitimidade da distinção entre Direito Administrativo Material e Direito Administrativo Formal como as duas faces da mesma unidade, ligados em uma relação de mútua complementaridade funcional.[6]

O mesmo fenômeno pode ser encontrado no sítio do direito tributário, por exemplo. Alberto Xavier critica a distinção formulada pela doutrina alemã entre Direito Tributário Material (relativo à obrigação tributária) e o Direito Tributário Formal (constituído de normas disciplinadoras da atividade administrativa de aplicação da lei fiscal, de fiscalização dos deveres tributários, dos meios administrativos e judiciais de garantia emergentes da relação jurídica tributária) como se o segundo fosse simplesmente acessório, auxiliar ou adjetivo do primeiro.[7]

---

[4] "A atividade administrativa não é um fenômeno que se exerça pelo administrador para os interesses da Administração Pública", nas palavras de Sérgio Ferraz (Instrumentos de defesa do administrado. *Revista de Direito Administrativo – RDA*, p. 22).

[5] BACELLAR FILHO. *Princípios constitucionais do processo administrativo disciplinar*.

[6] DIAS. *Direito processual penal*, v. 1, p. 23-28.

[7] XAVIER. *Do lançamento*: teoria geral do ato, do procedimento e do processo tributário, p. 6.

Martha Lucía Bautista Cely, Raquel Dias da Silveira (Coord.)
Direito Disciplinar Internacional – *Derecho Disciplinario Internacional*

O autor explica que a atrofia doutrinária do Direito Tributário Formal cedeu com a influência da obra de Enrico Allorio (*Diritto processuale tributario*), cuja primeira edição data de 1942. A partir daí, começou a difundir-se uma visão que atende mais de perto às relações de interdependência entre direito substancial e direito processual e entre a dinâmica da obrigação tributária e da atividade administrativa do Fisco.[8] Ainda, a influência doutrinária de Gian Antonio Micheli consolidou uma corrente de pensamento que tende a acentuar os aspectos dinâmicos, procedimentais da atividade tributária, centrada, antes, em torno de categorias estáticas como a relação jurídica e o fato tributário. A corrente corporizou-se na coletânea de estudos dirigidos por Micheli, *Studi sul procedimento amministrativo tributario*, onde os temas são o lançamento e seu processo formativo.[9]

## 3 Procedimento e processo administrativo tributário

A compreensão das linhas mestras dos princípios constitucionais da processualidade administrativa exige uma tomada de posição a respeito do que se entenda por procedimento e processo. Filiando-nos à doutrina de Elio Fazzalari na Itália,[10] e de Cândido Rangel Dinamarco e Odete Medauar no Brasil,[11] temos que o processo configura forma de exteriorização da função estatal (procedimento) qualificado pela participação dos interessados em contraditório, imposto diante da circunstância de se tratar de procedimentos celebrados em preparação a algum provimento (ato de poder imperativo por natureza e definição). Assim, todo processo é procedimento, porém a recíproca não é verdadeira, já que nem todo procedimento converte-se em processo. Ora, não é todo exercício de competência que envolve a atuação de interessados em contraditório.

O procedimento e o processo não estão restritos ao exercício da função jurisdicional. Um dos primeiros a defender esta ideia, no Direito Administrativo brasileiro, foi o Professor Manoel de Oliveira Franco Sobrinho. Já na década de 1970, compreendia o processo como forma de desenvolver a função administrativa, jurisdicional ou legislativa.[12]

---

[8] XAVIER. *Do lançamento*: teoria geral do ato, do procedimento e do processo tributário, p. 7.
[9] XAVIER. *Do lançamento*: teoria geral do ato, do procedimento e do processo tributário, p. 8.
[10] FAZZALARI. Processo: teoria generale. *In*: NOVISSIMO digesto italiano, v. 13.
[11] DINAMARCO. *A instrumentalidade do processo*; MEDAUAR. *A processualidade no direito administrativo*.
[12] FRANCO SOBRINHO. *Curso de direito administrativo*, p. 277.

Segundo Odete Medauar, "a adjetivação permite especificar a que âmbito de atividade estatal se refere determinado processo".[13]

A processualidade administrativa — compreendendo a modalidade do procedimento e do processo administrativo — deita raízes no sistema jurídico brasileiro. Não se trata de tomar a posição mais justa ou conveniente à ideologia do intérprete. Funda-se no Texto Constitucional que revela sua opção quando no art. 5º, inciso LV[14] junge o conceito de processo administrativo a litigantes e acusados, sob a égide do contraditório e da ampla defesa com os meios e recursos a ela inerentes. Quando a Constituição adota a expressão "processo administrativo" a escolha vai além de preferência terminológica. Comporta o reconhecimento expresso da exigência do regime jurídico processual nas atividades administrativas delimitadas pela Lei Fundamental.

É certo que a resistência à aceitação do "processo", no sítio da função administrativa, advém do receio de confusão com o processo jurisdicional.[15] Resistência que não deixa de ser uma renitência injustificada. Na estipulação de que o agir administrativo deve exercitar-se, em certos casos, mediante processo, extrai-se a possibilidade de ampliação das garantias processuais para mais um quadrante do poder estatal. Daqui emerge a possibilidade de assunção de um núcleo constitucional comum de processualidade.

O núcleo de processualidade é constitucional e pressupõe, mesmo no patamar da Constituição, o núcleo diferenciado derivado da função jurisdicional, legislativa ou administrativa e dos objetos de cada processo. Todavia, antes de ser jurisdicional ou administrativo, o processo é processo, com a identidade que a Constituição lhe fornece. Antecedendo qualquer consideração, se uma função estatal é exercitada processualmente é porque nela devem estar presentes o contraditório e a ampla defesa.

O processo administrativo[16] participará, portanto, do núcleo constitucional de processualidade administrativa, sem, contudo, descurar do núcleo diferenciado decorrente do específico objeto deste processo: a aplicação da lei tributária ao caso concreto.

---

[13] MEDAUAR. *A processualidade no direito administrativo*, p. 41.

[14] "Aos litigantes, no processo judicial e administrativo, e aos acusados em geral são assegurados o contraditório e ampla defesa, com os meios e recursos a ela inerentes."

[15] Carlos Ari Sundfeld espelha a preocupação de que o próprio Estado utilize-se deste recurso para substituir o processo judicial pelo administrativo quando a Constituição reclama o primeiro (A importância do procedimento administrativo. *Revista de Direito Público*, p. 73).

[16] A outra modalidade seria o processo judicial de cunho administrativo.

# 440 | Martha Lucía Bautista Cely, Raquel Dias da Silveira (Coord.)
Direito Disciplinário Internacional – *Derecho Disciplinario Internacional*

O processo administrativo constitui instrumento de tutela inspirado na efetividade, identificado não pelo nome, mas pelo conteúdo: contraditório e ampla defesa com os meios e recursos a ela inerentes. Agregada a esta ideia de "garantia de meios e de resultados",[17] a leitura do art. 5º, inciso LIV — "ninguém será privado da liberdade ou de seus bens sem o devido processo legal" — complementa o art. 5º, inciso LV. Na esfera administrativa, assim como em sede judicial não pode aplicação de sanção ou restrição patrimonial sem o cumprimento do *iter* processual.[18]

## 4 Princípios de direito administrativo: fronteiras e implicações ou a principiologia da processualidade administrativa

Quando nos defrontamos com as categorias do processo, sob o enfoque constitucional, não são poucas as vezes que nos deparamos com expressões do tipo "garantia do contraditório" e "princípio do contraditório". O que a princípio poderia parecer uma imprecisão de linguagem, representa, ao contrário, uma peculiar forma de compreensão dos direitos fundamentais. O processo — como direito fundamental — comporta uma evidente estrutura dualista: como direito subjetivo contra o Estado, consubstancia *garantia fundamental*; como norma principiológica, expressa um conteúdo axiológico, um sistema de valores, com validade para todos os âmbitos do Direito. E por isso que se fale, neste sítio, de "princípios-garantia".[19]

Os princípios constitucionais são normas constitucionais abertas que exigem um processo de densificação mais intenso e, logicamente, um maior comprometimento do intérprete para que não incida em arbitrariedade, atribuindo significados a partir de vontades preexistentes (vontade do legislador constitucional, vontade da Constituição).

---

[17] COMOGLIO; FERRI; TARUFFO. *Lezioni sul processo civile*, p. 61.

[18] Para Alberto Xavier, o fato de o contribuinte ser afetado na sua esfera jurídica, conduz ao reconhecimento que lhe seja conferida a faculdade de tutelar preventivamente os seus direitos patrimoniais, colaborando na descoberta da verdade dos fatos tributários ou reagindo contra providências que entenda ilegítimas.

[19] No direito alemão, cumpre citar a obra de BÖCKENFÖRDE. *Escritos sobre derechos fundamentales*. No direito português, CANOTILHO. *Direito constitucional*. No direito brasileiro, BARROSO. *Interpretação e aplicação da Constituição*: fundamentos de uma dogmática constitucional transformadora.

Caracterizam-se pela *generalidade, primariedade* e *dimensão axiológica*.[20] Bem por isso que a irradiação dos princípios constitucionais sobre o direito infraconstitucional encontra-se intimamente vinculada à abertura da Constituição. Fornecem aos concretizadores do Direito um núcleo mínimo de exigências constitucionais que permite separar o *constitucionalmente impossível* e o *constitucionalmente necessário*, sem quebra da originalidade do campo de conformação legislativa.

Da incidência dos princípios constitucionais da Administração Pública, sob a perspectiva procedimental, decorrerá, principalmente: (i) do *princípio da legalidade* estrita,[21] os princípios do *formalismo moderado* e da *oficialidade* do procedimento administrativo, (ii) do *princípio da impessoalidade*,[22] as garantias de objetividade do procedimento administrativo, (iii) do *princípio da moralidade*,[23] o *princípio da boa-fé e da lealdade* nas relações entre Administração e cidadão que importa a vedação da surpresa, (iv) do *princípio da publicidade*,[24] a publicização do procedimento administrativo, (v) do *princípio da eficiência*,[25] a necessidade da fixação de um sistema coerente de competências administrativas tributárias e o estabelecimento de procedimentos sumários, desenvolvidos em prol da tutela diferenciada. Da incidência dos princípios constitucionais do processo administrativo, decorrerá, principalmente, a aplicação do *princípio do contraditório*,[26] da *ampla defesa*,[27] do *juiz natural*[28] no processo administrativo.

---

[20] ROCHA. *Princípios constitucionais da Administração Pública*.

[21] Inteligência do art. 37 da Constituição Federal. O agente que transgrida este preceito convulsiona, desarmoniza e desacredita a ação estatal.

[22] Atuação isenta e não personalística da Administração Pública, inteligência do art. 37 da CF. O princípio da impessoalidade implica, para os agentes públicos, o dever de agir segundo regras objetivas e controláveis racionalmente. Desta forma, concretizando-se o princípio da igualdade acentua-se a funcionalidade do agir administrativo e propicia-se segurança jurídica.

[23] Obediência ao conjunto de regras e condutas extraídas da disciplina interior da Administração Pública, inteligência do art. 37 da CF. O princípio da moralidade, aplicado ao campo da Administração Pública, ao incorporar conteúdo ético, incide justamente na esfera do anseio de certeza e segurança jurídica, mediante a garantia da lealdade e boa-fé tanto da Administração Pública que recepciona os pleitos, instrui e decide, quanto do destinatário de seus atos.

[24] Combinação do art. 37, *caput*, com o inciso III e o §5º do art. 150, dentre outros inseridos no capítulo do sistema tributário nacional.

[25] Atenção ao art. 37, *caput*, de acordo com a Emenda Constitucional nº 19/98. A programação e execução do processo atenta a um procedimento apto, responderá aos critérios de eficiência e economia processual.

[26] Atuação ativa e crítica do processado num devido processo legal, conforme Art. 5º, incisos LIV e LV, da CF.

[27] Art. 5º, incisos LIV e LV, da CF.

[28] Órgão julgador pré-constituído conforme art. 5º, incisos XXXVII e LIII, da CF.

## 5 Conclusão

Acresça-se em definitivo, que a boa-fé e a lealdade têm um fértil campo de atuação no direito administrativo, podendo manifestar-se: (a) no exercício de poderes e faculdades com relação ao tempo, exigindo-se a fixação de prazos adequados para cumprimento da prestação, vedando a imposição de obstáculo resultante de um comportamento desleal;[29] (b) no estabelecimento de uma atuação procedimental leal em que a Administração e o cidadão relacionem-se de forma clara, a partir de capítulos e pontos numerados que não revelem uma pauta imprevisível; (c) no dimensionamento do procedimento a partir de um formalismo moderado a fim de evitar a sucessiva e interminável possibilidade de oposições; (d) na convalidação das nulidades sanáveis: os erros de procedimento devem ser corrigidos imediatamente.[30]

Tais princípios humanizam a relação entre Administração e o destinatário de seus atos sem que isto implique "quebra do princípio da impessoalidade".[31] Relembre-se que um dos pilares do Estado Democrático de Direito é a fixação de um regime jurídico-administrativo, com a Constituição de 1988 restou identificada a presença de um regime jurídico constitucional administrativo, fundado nos princípios antes arrolados.

A supremacia da Constituição sobre todas as normas impõe que o processo de produção legislativa e interpretação do Direito Administrativo seja levado a cabo conforme aqueles princípios constitucionais. Segundo Clèmerson Merlin Clève:

> (...) a compreensão da Constituição como norma, aliás norma dotada de superior hierarquia; a aceitação de que tudo que nela reside constitui norma jurídica, não havendo lugar para lembretes, avisos, conselhos ou regras morais; por fim, a compreensão de que o cidadão tem acesso à Constituição, razão pela qual o Legislativo não é o seu único intérprete, são indispensáveis para a satisfação da supremacia constitucional.[32]

---

[29] GONZÁLEZ PÉREZ. *La ética en la administración pública*, p. 102. A fixação de prazo adequado para o cumprimento dos atos administrativos processuais recebeu proteção no §2º, do art. 26, da Lei 9.784/99 que, embora não tenha caráter principiológico, pode ser aplicado subsidiariamente no processo administrativo disciplinar, na hipótese de ausência de regra específica: "A intimação observará a antecedência mínima de três dias úteis quanto à data de comparecimento".

[30] Com razão, Juarez Freitas sublinha a íntima relação do princípio da confiança ou boa-fé para solver o problema da imprescritibilidade e da eventualíssima não-decretação de nulidade dos atos administrativos, ambos em correlação temática, com o intuito de fixar limites à cogência anulatória de atos maculados por vícios originários (*O controle dos atos administrativos e os princípios fundamentais*, p. 75).

[31] GONZÁLEZ PÉREZ. *La ética en la administración pública*, p. 150.

[32] CLÈVE. *A fiscalização abstrata de constitucionalidade no direito brasileiro*, p. 27.

Já há algum tempo, abandonou-se a ideia de que as garantias fundamentais concretizadoras da igualdade e do respeito à pessoa humana encerram concepções abstratas de conteúdo programático, a exemplo de um manual de aspirações ou mesmo de um protocolo de intenções.

Nunca é demais insistir: a interpretação das leis não pode descurar de submeter-se ao princípio vetor de nossa ordem constitucional — a dignidade da pessoa humana — nem da existência de um núcleo mínimo dele emanado, que se revela na plena submissão a princípios éticos e morais, a garantir, entre outros, a sobranceira existência de um Estado Democrático de Direito.

A *ética* significa o estudo do agir humano, da conduta humana relacionada ao próprio fim do homem como indivíduo. O *Estado Democrático de Direito*, assim definido no preâmbulo de nossa Constituição, é destinado a assegurar o exercício dos direitos sociais e individuais, a liberdade, a segurança, o bem-estar, o desenvolvimento, a igualdade e a justiça como valores supremos de uma sociedade fraterna, pluralista e sem preconceitos, fundada na harmonia social e comprometida na ordem interna e internacional, com a solução pacífica das controvérsias.

No plano legislativo brasileiro, o art. 2º, inciso IV, da Lei nº 9.784/99 exige da Administração Pública, nos procedimentos administrativos, "atuação segundo padrões éticos de probidade, decoro e boa-fé". Os incisos I, do art. 3º e II, do art. 4º, da mesma Lei nº 9.784/99 consagram, respectivamente, como direito dos administrados, o de "ser tratado com respeito pelas autoridades e servidores, que deverão facilitar o exercício de seus direitos e o cumprimento de suas obrigações" e, ao mesmo tempo, como dever o de "proceder com lealdade, urbanidade e boa-fé".

A ética, incorporando outros valores é comportamento que pode ser adquirido. Mais forte que o poder das leis é o exemplo dignificante. A atividade disciplinar da Administração Pública, como aparelhamento integrado por agentes éticos, faz espargir atuação idônea que, irradiando bons exemplos, oferecendo resultados conducentes a implementar força evocativa significativamente maior do que as palavras da lei. Os bons exemplos — tal como pedra arremessada em lago plácido — desenham círculos concêntricos dinâmicos que evoluem de modo benfazejo e incessante para as bordas.

# Referências

ALLORIO, Enrico. *Diritto processuale tributario*. Milano: A. Giuffrè, 1942.

BACELLAR FILHO, Romeu Felipe. *Princípios constitucionais do processo administrativo disciplinar*. São Paulo: Max Limonad, 1998.

BARROSO, Luís Roberto. *Interpretação e aplicação da Constituição*: fundamentos de uma dogmática constitucional transformadora. São Paulo: Saraiva, 1996.

BÖCKENFÖRDE, Ernst-Wolfgang. *Escritos sobre derechos fundamentales*. Trad. de Juan Luis Requejo Pagés e Ignacio Villaverde Menéndez. Baden-Baden: Verlagsgesellschaft, 1993.

CANOTILHO, José Joaquim Gomes. *Direito constitucional*. 6. ed. rev. Reimpr. Coimbra: Almedina, 1995.

CLÈVE, Clèmerson Merlin. *A fiscalização abstrata de constitucionalidade no direito brasileiro*. São Paulo: Revista dos Tribunais, 1995.

COMOGLIO, Luigi Paolo; FERRI, Corrado; TARUFFO, Michele. *Lezioni sul processo civile*. Bologna: Il Mulino, 1995.

DIAS, Jorge de Figueiredo. *Direito processual penal*. Coimbra: Coimbra Ed., 1974. v. 1.

DINAMARCO, Cândido Rangel. *A instrumentalidade do processo*. 5. ed. rev. e atual. São Paulo: Malheiros, 1996.

FAZZALARI, Elio. Processo: teoria generale. *In*: NOVISSIMO digesto italiano. Torino: Unione Tipogr. Torinese, 1966. v. 13.

FERRAZ, Sérgio. Instrumentos de defesa do administrado. *Revista de Direito Administrativo – RDA*, n. 165, p. 11-22, jul./set. 1986.

FRANCO SOBRINHO, Manoel de Oliveira. *Curso de direito administrativo*. São Paulo: Saraiva, 1979.

FREITAS, Juarez. *O controle dos atos administrativos e os princípios fundamentais*. São Paulo: Malheiros, 1997.

GARCÍA OVIEDO, Carlos. *Derecho administrativo*. 5. ed. Madrid: Pizarro, 1955. 2 v.

GONZÁLEZ PÉREZ, Jesús. *La ética en la administración pública*. 2. ed. Madrid: Civitas, 2000.

LIMA, Ruy Cirne. *Princípios de direito administrativo*. 5. ed. São Paulo: Revista dos Tribunais, 1982.

MEDAUAR, Odete. *A processualidade no direito administrativo*. São Paulo: Revista dos Tribunais, 1993.

MICHELI, Gian Antonio (Dir.). *Studi sul procedimento amministrativo tributario.* Milano: A. Giuffrè, 1971.

ROCHA, Cármen Lúcia Antunes. *Princípios constitucionais da Administração Pública.* Belo Horizonte: Del Rey, 1994.

SUNDFELD, Carlos Ari. A importância do procedimento administrativo. *Revista de Direito Público*, v. 20, n. 84, p. 64-74, out./dez. 1987.

TÁCITO, Caio. *Direito administrativo.* São Paulo: Saraiva, 1975.

XAVIER, Alberto Pinheiro. *Do lançamento*: teoria geral do ato, do procedimento e do processo tributário. 2. ed. totalmente reform. e atual. Rio de Janeiro: Forense, 1998.

---

Informação bibliográfica deste texto, conforme a NBR 6023:2002 da Associação Brasileira de Normas Técnicas (ABNT):

BACELLAR FILHO, Romeu Felipe. Processo administrativo como instrumento do direito disciplinar. *In*: BAUTISTA CELY, Martha Lucía; SILVEIRA, Raquel Dias da (Coord.). *Direito disciplinário internacional*: estudos sobre a formação, profissionalização, disciplina, transparência, controle e responsabilidade da função pública = *Derecho disciplinario internacional*: estudios sobre formación, profesionalización, disciplina, transparencia, control y responsabilidad de la función pública. Belo Horizonte: Fórum, 2011. v. 1, t. I, p. 435-445. v. 1: Título Português, t. I: Título Espanhol. ISBN 978-85-7700-446-1.

# ¿La Tipicidad en Materia Disciplinaria, un Presupuesto Legal Arbitrario?

## Carmen Teresa Castañeda Villamizar

El artículo 42 del nuevo Código Disciplinario Único señala que las faltas disciplinarias se dividen en gravísimas, graves y leves, la calificación de las primeras, esta amparada por los principios de reserva legal y de legalidad,[1] por ello, esta clase de faltas, se encuentran taxativamente ubicadas, entre otros, en el artículo 48 del Código Disciplinario Único, por tal razón, han sido denominadas también de *numerus clausus*, y las faltas graves y leves, que son graduables de acuerdo con los criterios establecidos en el artículo 47 *ibídem*, son catalogados como de *numerus apertus*.

De acuerdo con lo anterior, es atinente afirmar que el legislador implementó una técnica que le permite al operador disciplinario, en punto de faltas graves o leves hacer posible procesos de adecuación típica propios para el derecho disciplinario, si en cuenta se tiene que es imposible describir *in extenso*, las conductas prohibidas a los servidores públicos, creando para el efecto tipos disciplinarios abiertos y en blanco que permiten acudir a otra normatividad para cerrar o complementar las descripciones disciplinarias.

---

[1] "El principio de reserva legal, implica en el Estado democrático de derecho, que él único facultado para producir normas de carácter sancionatorio es el legislador, pues además de ser esa su función natural en desarrollo del principio de división de poderes, en él se radica la representación popular, la cual es esencial en la elaboración de todas las leyes, pero muy especialmente en las de carácter penal.
Es claro que en el artículo 29 el Constituyente de 1991 consagró de manera expresa el denominado principio de legalidad, *nullum crimen, nulla poena sine lege*, principio tradicionalmente reconocido y aceptado como inherente al Estado democrático de derecho, sobre el cual se sustenta la estricta legalidad que se predica del derecho penal, característica con la que se garantiza la no aplicación de la analogía jurídica en materia penal, la libertad de quienes no infringen la norma, y la seguridad para quienes lo hacen de que la pena que se les imponga lo será por parte del juez competente, quien deberá aplicar aquélla previamente definida en la ley" (Sentencia de Exequibilidad C-739-00).

La ponencia para primer debate al proyecto de ley ante el Senado de la República, permite inferir la preocupación del legislador para establecer límites o parámetros a la actividad del operador disciplinario, sobre el particular en la Gaceta del Congreso,[2] los Ponentes advirtieron:

> Un mismo comportamiento puede dar lugar a una falta grave o leve, cuya graduación quedaría al capricho del investigador, se hace necesario armonizar los cambios anteriores con otra modificación al artículo 43, para consagrar exclusiva y concretamente aquellos criterios realmente útiles para la determinación de la gravedad o levedad de la conducta. Adicionalmente, para evitar desbordamientos del operador disciplinario se modificó el artículo 159, relacionado con el contenido del pliego de cargos, para incluir el deber de hacer una exposición fundamentada de los criterios tenidos en cuenta para determinar la gravedad o levedad de la falta, de conformidad con lo señalado en el artículo 43 de este código. De esta manera, se garantiza el principio de legalidad, también respecto de las faltas graves o leves.

Una mirada comparativa con el régimen disciplinario expirado,[3] permite advertir que la Ley 734 de 2002, como nuevo Estatuto Disciplinario, adoptó similar catalogo de criterios, al establecido por aquel, para calificar las faltas graves y leves, coincide el grado de culpabilidad, el grado de perturbación del servicio, la naturaleza esencial del servicio, la jerarquía y mando que el servidor público tenga en la respectiva institución, respecto del criterio relacionado con la naturaleza y efectos de la falta, las modalidades y circunstancias del hecho, los motivos determinantes teniendo en cuenta entre otros, se mantiene algunos criterios como la trascendencia social de la falta o el perjuicio causado, el cuidado empleado en su preparación, el nivel de aprovechamiento de la confianza depositada en el investigado, el grado de participación en la comisión de la falta, si fue inducido por un superior a cometerla, o si la cometió en estado de ofuscación originado en circunstancias o condiciones de difícil prevención y gravedad extrema, debidamente comprobadas, los motivos determinantes del comportamiento.

Se quedaron por fuera del nuevo estatuto disciplinario, la demostrada diligencia y eficiencia en el desempeño de la función pública, el confesar la falta antes de la formulación de cargos, procurar, por iniciativa propia, resarcir el daño o compensar el perjuicio causado, antes

---

[2] Gaceta del Congreso 315 de 2000, Ponencia para Primer Debate al proyecto de Ley 019-2000 Senado, por el cual se expide el Código Disciplinario Único.

[3] Ley 200 de 1995, vigente hasta el 7 de mayo de 2007.

de que le sea impuesta la sanción, este último criterio fue asumido de manera acertada por el legislador como factor para graduar la sanción.[4] En este orden de ideas, la tarea del operador disciplinario al calificar la gravedad o levedad de la falta disciplinaria, resulta ser netamente subjetiva. De allí, el interrogante planteado al titular este documento, ya que bajo el argumento de resultar imposible para el legislador describir todas las conductas prohibidas a los servidores públicos, se ha tomado como instrumento de disciplina esta modalidad de tipicidad, bajo el pretexto de que, no queden en la impunidad muchas conductas que no estén tipificadas como indisciplinadas.

Pero las razones que justifican la existencia de tipos disciplinarios abiertos, encuentra argumentos que se oponen diametralmente a los expuestos, como la inseguridad jurídica a la que se exponen los procesados que en una sin salida entienden que serán sancionados a como de lugar, ya que la estructura de estos tipos disciplinarios permiten que su conducta sea encuadrada en enunciaciones como por ejemplo: "cumplir con diligencia, eficiencia e imparcialidad el servicio que le sea encomendado".[5] Que comportamiento que se aparte de los deberes o de las prohibiciones no podría calzar perfectamente en esta descripción legal disciplinaria.

Si bien es cierto, el derecho disciplinario es una modalidad del derecho sancionador, cuya concepción hoy en día debe estar orientada por los principios del Estado social y democrático de derecho previstos en el artículo 1º de la Constitución, no es menos cierto, que el mismo debe garantizar el respeto a las garantías individuales como lo es el principio de legalidad, debido proceso y derecho de defensa, que en criterio personal están siendo desconocidos bajo el argumento de que deben primar los fines del Estado que, son materializados precisamente por los servidores públicos, a quienes de una o de otra forma se les debe sancionar.

Sobre los tipos abiertos en el derecho disciplinario el Tribunal Constitucional Nacional,[6] ya se había pronunciado de la siguiente manera:

> Con base en lo anterior, es de anotar como peculiaridad propia del derecho disciplinario, la posibilidad de que las conductas constitutivas

---

[4] Artículo 47 de la Ley 734 de 2002.

[5] Aparte del numeral segundo del artículo 34 de la Ley 734 de 2002, "De los deberes de los servidores públicos".

[6] SC-708 de 1999.

# 450 | Martha Lucía Bautista Cely, Raquel Dias da Silveira (Coord.)
Direito Disciplinário Internacional – *Derecho Disciplinario Internacional*

de faltas disciplinarias se encuadren en la forma de tipos abiertos. A diferencia de la materia penal, en donde la descripción de los hechos punibles es detallada, en la disciplinaria el *fallador cuenta con un mayor margen de valoración e individualización de las faltas sancionables* por la diversidad de comportamientos que pugnan contra los propósitos de la función pública y del régimen disciplinario (...). (énfasis suplido)

Ese mayor margen de valoración e individualización de las faltas sancionables señalado por la Corte Constitucional, es precisamente lo que se reprocha de la tipicidad abierta y de otro factor que se debe contabilizar en este momento y es el de la graduación de la gravedad o levedad de la falta disciplinaria, que en sentido común del operador disciplinario con sobrada razón asaltan la tranquilidad del operador disciplinario, al momento de calificar la falta disciplinaria, ¿porqué la configuración de uno solo de los criterios, como por ejemplo la jerarquía y mando que el servidor público tenga en la respectiva entidad, permiten que sea catalogada la falta *prima facie* como grave?, ¿por qué debe sumar como agravante el grado de culpabilidad, si este estudio se debe emprender desde la perspectiva de la valoración del presupuesto dogmático subjetivo exigido para la estructuración del ilícito disciplinario?, y ¿porqué el mismo debe ser nuevamente analizado al momento de graduarse la sanción disciplinaria? si en este momento procesal (fallo de primera o única instancia) ya se ha realizado todo un desarrollo jurídico de la configuración de dicho presupuesto, el cual permite a la postre demostrar la responsabilidad subjetiva del investigado en el hecho imputado e imponer sanción.

La ausencia de los tipos cerrados en el sistema disciplinario general de los servidores públicos en Colombia, crea problemas al operador disciplinario, ya que no existe un sistema cuantitativo o cualitativo que permitan otorgarle un *cuantum* específico a los criterios establecidos en el artículo 43 del CDU[7] para graduar la falta, si existiese una tarifa

---

[7] Artículo 43. *Criterios para determinar la gravedad o levedad de la falta.* Las faltas gravísimas están taxativamente señaladas en este código. Se determinará si la falta es grave o leve de conformidad con los siguientes criterios:
1. El grado de culpabilidad.
2. La naturaleza esencial del servicio.
3. El grado de perturbación del servicio.
4. La jerarquía y mando que el servidor público tenga en la respectiva institución.
5. La trascendencia social de la falta o el perjuicio causado.
6. Las modalidades y circunstancias en que se cometió la falta, que se apreciarán teniendo en cuenta el cuidado empleado en su preparación, el nivel de aprovechamiento de la confianza depositada en el investigado o de la que se derive de la naturaleza del cargo o función, el grado de participación en la comisión de la falta, si fue inducido por un superior a cometerla,

para cada uno de ellos podría auxiliarse la tarea de los funcionarios disciplinantes. Pero resultaría, más acertada la implementación de un sistema cerrado de faltas graves y leves como en contraposición existe en los regímenes disciplinarios especiales de la Policía Nacional y de las Fuerzas Militares.

Si la Carta Política de 1991 establece que los funcionarios públicos son responsables por infringir la Constitución y las leyes y por omisión o extralimitación en el ejercicio de sus funciones, y el establecimiento de un régimen disciplinario que corresponde al desarrollo del principio de legalidad propio de un Estado de derecho, en el que las autoridades deben respeto y observancia al ordenamiento jurídico y responden por las acciones con las que infrinjan las normas o por las omisiones al debido desempeño de sus obligaciones, ese Estado de derecho no puede desconocer las garantías que históricamente han sido conquistadas y elevadas a rango de derechos universales, como el de la dignidad humana que debe ser observado en cualquier clase de procedimiento sancionador, el principio de legalidad, el de tipicidad, el de defensa. De ahí, en que insista que la tipicidad cerrada en materia disciplinaria en punto de las faltas graves y leves sin desconocer la potestad punitiva del Estado, atendería y honraría, lo que en efecto constituye el concepto de Estado Social de Derecho.

Si con el derecho disciplinario se busca la buena marcha y el buen nombre de la administración pública y por ello sus normas se orientan a exigir a los servidores públicos un *determinado comportamiento* en el ejercicio de sus funciones, no se entiende la razón por la que a través de la garantía del principio de legalidad, no se puedan concretar determinadas conductas constitutivas de falta disciplinaria, sino por el contrario se formulen descripciones abiertas, generales y abstractas, que consecuencialmente ponen en desventaja a quienes resultan siendo investigados disciplinariamente.

Un antecedente nacional que contradice, la tipicidad abierta en materia disciplinaria, y que garantiza principios como el de la seguridad jurídica, derecho de defensa y dignidad humana, es precisamente la expedición de los estatutos disciplinarios especiales de la Policía

---

o si la cometió en estado de ofuscación originado en circunstancias o condiciones de difícil prevención y gravedad extrema, debidamente comprobadas.

7. Los motivos determinantes del comportamiento.

8. Cuando la falta se realice con la intervención de varias personas, sean particulares o servidores públicos.

9. La realización típica de una falta objetivamente gravísima cometida con culpa grave, será considerada falta grave.

Nacional y las Fuerzas Militares en donde los redactores y el legislador previeron la posibilidad de cerrar las descripciones legales, no solo de las faltas gravísimas, sino las grave y leves, y ello ha permitido contrario a los partidarios de descripciones abiertas, genéricas y abstractas, reprimir y sancionar las conductas que atentan contra la disciplina de la institucional policial[8] y militar.[9]

En fin, a través de este sencillo artículo, he querido plasmar algunas inquietudes en torno a la tipicidad como presupuesto de existencia de la falta disciplinaria, tarea que me asoma al gran compromiso de seguir comprendiendo que, todos estos cuestionamientos podrán ser amainados con la responsabilidad, el cuidado, la ponderación, la vivencia interna de valores y los principios éticos que deben imperar en todo operador disciplinario, en quien como lo ha expresado la Corte Constitucional, es materialmente un administrador de justicia. Sólo estas virtudes darán tranquilidad al investigado, pues con ellas se materializa y garantiza la prevalencia de la justicia y la efectividad del derecho sustantivo.

---

Informação bibliográfica deste texto, conforme a NBR 6023:2002 da Associação Brasileira de Normas Técnicas (ABNT):

CASTAÑEDA VILLAMIZAR, Carmen Teresa. ¿La tipicidad en materia disciplinaria, un presupuesto legal arbitrario?. In: BAUTISTA CELY, Martha Lucía; SILVEIRA, Raquel Dias da (Coord.). *Direito disciplinário internacional*: estudos sobre a formação, profissionalização, disciplina, transparência, controle e responsabilidade da função pública = *Derecho disciplinario internacional*: estudios sobre formación, profesionalización, disciplina, transparencia, control y responsabilidad de la función pública. Belo Horizonte: Fórum, 2011. v. 1, t. I, p. 447-452. v. 1: Título Português, t. I: Título Espanhol. ISBN 978-85-7700-446-1.

---

[8] Ley 1015 de 2006.

[9] Ley 836 de 2003.

# Aspectos sobre a Responsabilidade Civil do Servidor

## Clovis Beznos

Em decorrência de suas atividades, o servidor público pode causar danos a terceiros ou à própria pessoa, com quem mantém vínculo funcional. Pode em razão disso ser responsabilizado civilmente?

O desenvolvimento da responsabilidade do Estado, desde seus antecedentes, ao tempo em que era considerado irresponsável,[1] apresentava, como alude Celso Antônio Bandeira de Mello, temperamentos e um deles era a responsabilidade, que se atribuía ao *funcionário público*, pelos danos causado pelo Estado.

Com efeito, como ensina esse notável mestre, além do fato de que a responsabilidade do Estado ser reconhecida, diante de previsão de leis específicas, tais como no caso de danos causados por obras públicas, ou daquilo que se considerava a gestão do domínio privado pelo Estado, incidia um outro temperamento da irresponsabilidade estatal, consistente na responsabilidade do *funcionário*, quando o dano pudesse ser atribuível a um comportamento pessoal do mesmo.[2]

---

[1] "Na origem do Direito Público em geral vigia o princípio da irresponsabilidade do Estado. Vedel observa que: 'L'idée selon laquelle la puissance publique doit répondre des dommages qu'elle cause. Si naturelle qu'elle nous paraisse, ne s'est pas installée sans reecontrer de resistance. A l'origine elle se heurtait au principe selon lequel, l'Etat, etant souverain, ne pouvait mal faire, au moins lorsqu'il agissant pour voie d'autorité'" (BANDEIRA DE MELLO. *Curso de direito administrativo*, p. 1001).

[2] Entretanto, como ensina esse professor antes referido, revelava-se muito tênue essa responsabilidade do funcionário, eis que, por um lado restrito era seu patrimônio para responder pela danos causados pelo Estado, diante da dimensão que poderiam assumir, e de outra parte, pela existência de uma garantia que os socorria, instituída em França pelo art. 75 da Constituição do Ano VIII, 13.12.1799, que estabelecia que as ações em face destes perante os Tribunais Civis eram condicionadas à autorização prévia do Conselho de Estado, que normalmente não a concedia. Refere ainda o mestre que normas análogas vigiam na Alemanha, na Prússia, na Baviera e em Baden e Hesse, conforme a lição de Forsthof, que arrola. BANDEIRA DE MELLO. *Curso de direito administrativo*, p. 1001-1002.

No Brasil, ao nível constitucional, desde a Constituição do Império, de 1824, já se afirmava a responsabilidade dos *empregados públicos*, como se confere do seu art. 179, inciso XXIX.[3]

Nessa mesma linha, nossa primeira Constituição da República de 1891, no seu art. 82, estabelecia a responsabilidade dos *funcionários públicos*.[4]

Tenha-se presente, todavia, que nesses períodos, o Estado, embora não prevista sua responsabilidade ao nível da Constituição, não era dela isento, pois pela lei previa-se sua responsabilidade solidária, com a desses servidores, como *v.g.*, quanto aos danos causados por estradas de ferro, ou por instalações de linhas telegráficas, efetuada pelos correios.

O Código Civil de 1916, inaugurou um outro tipo de responsabilidade aos servidores públicos, eis que seu art. 15, enquanto previa a responsabilidade direta das pessoas jurídicas de direito público, pelos danos causados a terceiros, por seus representantes, por violação da lei por ação ou omissão, estabelecia pela primeira vez a responsabilidade regressiva, desses servidores.[5]

A nossa Constituição de 1934, de curta duração, estabeleceu a responsabilidade solidária, entre os *funcionários públicos* e a Fazenda Pública, por quaisquer prejuízos, decorrentes de atos e omissões decorrentes de dolo ou culpa.

Quanto ao aspecto processual fixou a necessidade da citação do *funcionário*, em qualquer ação proposta, em face da Fazenda Pública, alçando-o à condição de litisconsorte necessário.

Finalmente, estabeleceu que, em caso de execução da sentença, contra a Fazenda Pública, caber-lhe-ia promover a execução contra o funcionário *culpado*.

Era o que dispunham o art. 171, e parágrafos 1º e 2º dessa Carta.[6]

---

[3] "Os Empregados Públicos são strictamente responsáveis pelos abusos, e omissões praticadas no exercício das suas funcções, e por não fazerem effectivamente responsáveis aos seus subalternos."

[4] "Os funcionários públicos são estritamente responsáveis pelos abusos e omissões em que incorrerem no exercício de seus cargos, assim como pela indulgência ou negligência em não responsabilizarem efetivamente os seus subalternos."

[5] "As pessoas jurídicas de direito público são civilmente responsáveis por atos dos seus representantes que nessa qualidade causem danos a terceiros, procedendo de modo contrário ao direito ou faltando a dever prescrito por lei, salvo o direito regressivo contra os causadores do dano".

[6] "Art 171. Os funcionários públicos são responsáveis solidariamente com a Fazenda nacional, estadual ou municipal, por quaisquer prejuízos decorrentes de negligência, omissão ou abuso no exercício dos seus cargos.
§1º Na ação proposta contra a Fazenda pública, e fundada em lesão praticada por funcionário, este será sempre citado como litisconsorte.

A Carta Constitucional de 1937 limitou-se a estabelecer a responsabilidade solidária entre os *funcionários públicos* e a Fazenda Pública, por ação ou omissão, culposa ou dolosa, conforme o previsto em seu art. 158.[7]

A Constituição da República de 1946 inovou decisivamente, quanto ao aspecto da responsabilidade estatal no Brasil, vez que introduziu entre nós a responsabilidade objetiva do Estado, pelos danos causados por seus *funcionários*.

Com efeito, estabeleceu a Constituição a responsabilidade das pessoas jurídicas de direito público interno, pelos danos que seus funcionários, atuando nessa qualidade, causassem a terceiros, fixando, de outra parte, a responsabilidade regressiva dos mesmos, em caso de atuação com culpa. Era o que dispunham o art. 194 e seu parágrafo único dessa Carta.[8]

Nesse diapasão, a Constituição de 1967 estabeleceu a responsabilidade objetiva do Estado, pelos danos causados a terceiros por seus *funcionários*, fixando também a responsabilidade regressiva do causador do dano, acrescentando expressamente, o que já se encontrava implícito na redação da Constituição de 1946, como pressuposto dessa ação regressiva o dolo, além da culpa, conforme a previsão do art. 105 e parágrafo único dessa Carta Política.[9]

A Emenda Constitucional nº 1/69 manteve exatamente as mesmas disposições em seu art. 107, e parágrafo único.

A Constituição de 1988 trouxe grandes novidades quanto ao aspecto Responsabilidade do Estado, e uma substancial diferença, quanto ao aspecto da responsabilidade dos agentes causadores dos danos, ao que respeita às pessoas jurídicas de direito público, o que é, aliás, o que se pretende demonstrar com o presente estudo.

Com efeito, a primeira novidade a salientar consiste na inclusão das pessoas jurídicas de direito privado, prestadoras de serviços

---

§2º Executada a sentença contra a Fazenda, esta promoverá execução contra o funcionário culpado".

[7] "Os funcionários públicos são responsáveis solidariamente com a Fazenda nacional, estadual ou municipal por quaisquer prejuízos decorrentes de negligência, omissão ou abuso no exercício dos seus cargos."

[8] "Art. 194. As pessoas jurídicas de direito público interno são civilmente responsáveis pelos danos que os seus funcionários, nessa qualidade, causem a terceiros.
Parágrafo único. Caber-lhes-á ação regressiva contra os funcionários causadores do dano, quando tiver havido culpa destes."

[9] "Art 105. As pessoas jurídicas de direito público respondem pelos danos que seus funcionários, nessa qualidade, causem a terceiros.
Parágrafo único. Caberá ação regressiva contra o funcionário responsável, nos casos de culpa ou dolo."

públicos, ao lado das pessoas jurídicas de direito público, ao que tange á responsabilidade objetiva, pelos danos causados por seus agentes.

Quanto ao mais permanece a *responsabilidade regressiva*, contra o responsável, em casos de dolo ou culpa, na ação causadora do dano. É o que dispõe o §6º do art. 37 da Constituição de 1988.[10]

Desde a previsão estabelecida na Constituição de 1946, sobre a responsabilidade regressiva contra o *funcionário* causador do dano, surgiu entre nós a discussão, sobre a possibilidade de ser o mesmo responsabilizado isolada e diretamente, independentemente da alocação da pessoa jurídica no polo passivo da demanda, ou ainda, em litisconsórcio passivo com ela, ou ainda sobre a possibilidade de ser o mesmo denunciado à lide.

Tal questão transformou-se em uma discussão acadêmica clássica, valendo recordar, pela expressão desses autores, as posições contrárias de Hely Lopes Meirelles e de Celso Antônio Bandeira de Mello.

Com efeito, Hely sustentava a impossibilidade da ação direta em face do *funcionário*, ao argumento de necessitar o mesmo de uma proteção, que lhe assegurasse não se ver intimidado com a ameaça de ação, para não se transformar em um agente temeroso, tíbio e acovardado.[11]

Celso Antônio, de sua parte, em sentido contrário, afirmava, como afirma, que a responsabilidade preconizada pelo Ordenamento objetiva fundamentalmente a garantia do administrado, e que por isso o agente poderia ser responsabilizado, nos termos em que o Estatuto Civil assegura a responsabilidade de qualquer um, pelos danos causados a outrem.[12]

---

[10] "Art. 37. A administração pública direta e indireta de qualquer dos Poderes da União, dos Estados, do Distrito Federal e dos Municípios obedecerá aos princípios de legalidade, impessoalidade, moralidade, publicidade e eficiência e, também, ao seguinte: (...)
§6º As pessoas jurídicas de direito público e as de direito privado prestadoras de serviços públicos responderão pelos danos que seus agentes, nessa qualidade, causarem a terceiros, assegurado o direito de regresso contra o responsável nos casos de dolo ou culpa."

[11] De fato, o §6º do art. 37 estabelece a *responsabilidade sem culpa*, por isso denominada de *objetiva*, das entidades de Direito Público (União, Estados, Distrito Federal, Municípios, suas autarquias e fundações públicas de Direito Público) e de Direito Privado prestadoras de serviços públicos pelos prejuízos causados por seus agentes a terceiros em decorrência da atividade administrativa. Todavia, o dispositivo constitucional veda a transferência dessa responsabilidade ao servidor imputável, impondo seu chamamento a juízo não pelo lesado, mas pela entidade interessada em ressarcir-se, a qual, para tanto, deverá demonstrar a *culpa* do referido servidor, em ação autônoma" (MEIRELLES. *Direito administrativo brasileiro*, p. 497).

[12] "Ocorre perguntar se o terceiro lesado por comportamento do Poder Público poderia mover a ação e indenização diretamente contra o agente, prescindindo de responsabilizar o Estado ou quem lhe faça as vezes, se poderia buscar responsabilização solidária de ambos, ou se o agente responde apenas perante o Estado, em ação de regresso, descabendo ao lesado acionar o indivíduo que o agravou, seja conjunta ou separadamente com o Estado. (...) Estamos

Ao que respeita à possibilidade de denunciação à lide, nos termos do art. 70, inciso III, do Código de Processo Civil, Celso Antônio culminou por acolher a posição sustentada por Weida Zancaner, que sempre perfilhou o entendimento de sua impossibilidade, porque isso significaria impor-se à vítima um prejuízo, com a procrastinação da solução de seus danos, fazendo com que a garantia da responsabilidade objetiva, na prática desaparecesse, colocando-a sob a dependência da solução de um outro conflito de entre Estado e servidor, pertinente à culpa ou dolo do agente.[13]

Nesse sentido, o Superior Tribunal de Justiça, ao julgamento do Recurso Especial nº 1.089.955/RJ, Relatora a Ministra Denise Arruda decidiu que, em hipótese de responsabilidade objetiva a denunciação à lide não é obrigatória, exatamente pela demora que isso ocasionaria em prejuízo da vítima.[14]

Concordamos com essa conclusão, mas somente na medida em que a denunciação da lide não pode ocorrer, quando a causa de pedir da ação se contenha na responsabilidade objetiva, tal como pensa Raphael Americano Câmara, em seu artigo "O Estado em juízo e a denunciação à lide de agente público".[15]

---

em que o vitimado é quem deve decidir se aciona apenas o Estado, se aciona conjuntamente a ambos, ou se aciona unicamente o agente".

[13] BANDEIRA DE MELLO. *Curso de direito administrativo*, p. 1041-1042.

[14] "A denunciação à lide do servidor público nos casos de indenização fundada na responsabilidade objetiva do Estado não deve ser considerada como obrigatória, pois impõe ao autor manifesto prejuízo à celeridade na prestação jurisdicional. Haveria em um mesmo processo, além da discussão sobre a responsabilidade objetiva referente à lide originária, a necessidade da verificação da responsabilidade subjetiva entre o ente público e o agente causador do dano, a qual é desnecessária e irrelevante para o eventual ressarcimento do particular. Ademais, o direito de regresso do ente público em relação ao servidor, nos casos de dolo ou culpa, é assegurado no art. 37, §6º, da Constituição Federal, o qual permanece inalterado ainda que inadmitida a denunciação da lide."

[15] CÂMARA. O Estado em juízo e a denunciação à lide de agente público. *Jus Navigandi*. Nesse interessante artigo, o autor declina a posição de vários autores contrários à denunciação à lide do servidor, entre eles Celso Antônio Bandeira de Mello, nossa amiga sempre lembrada Lúcia Valle Figueiredo, Weida Zancaner e Vicente Greco Filho, que, entre outros argumentos, salientam que o agente não é garante do ente a que está vinculado, seja pela lei seja por força de contrato. De sua parte sustenta tese que acolhemos integralmente, consistente no raciocínio decorrente do fato de que a sentença que acolher o pedido de ressarcimento contra o denunciante, não determinará automaticamente a responsabilidade do denunciado, há que se questionar sobre a relação nova advinda com a denunciação, pertinente à culpa ou dolo do agente. E conclui:
"Por isso entendo que a denunciação à lide, em casos que tais, fica adstrita à causa de pedir declinada pelo autor, considerando-a pelo fato e pelos fundamentos jurídicos do pedido. Se em sua causa de pedir restar evidenciada a culpa do agente e, maus que isso, nos fundamentos de seu pedido estarem presentes elementos deduzidos na culpa subjetiva do agente por ato doloso ou culposo seu, é evidente que a instrução poderá, em havendo denunciação, trazer à tona a culpa subjetiva do agente.

Ao que respeita à possibilidade de ser o agente acionado diretamente, discordamos desse entendimento, porque ao nosso ver nenhuma responsabilidade lhe pode ser atribuída diretamente, por dano causado, pela atuação de servidor, que nessa qualidade não se personifica individualmente, mas tão somente movimenta e confere a vontade à pessoa pública.

Em relação a terceiros o agente não é pessoa, mas integra órgão. Somente é pessoa em suas relações com a pessoa pública.

Com efeito, segundo a lição de Celso Antônio Bandeira de Mello:[16]

> O Estado não possui, nem pode possuir, um querer e um agir psíquico e físico, por si próprio, como entidade lógica que é, sua vontade e sua ação se constituem na e pela vontade e atuação dos seres físicos prepostos à condição de seu agentes, na medida em que se apresentam revestidos dessa qualidade.

Os órgãos públicos, na visão do autor:

> (...) configuram unidades abstratas que sintetizam os vários círculos de atribuições do Estado. Estes devem ser expressados pelos agentes investidos dos correspondentes funcionais, a fim de exprimir na qualidade de titulares deles, a vontade estatal.

Afastando a vetusta ideia da representação, anota Celso Antônio que na atuação estatal não existem duas vontades, como existiria a do representante e do representado, mas uma única vontade, afirmando:

> A vontade do agente é imputada diretamente ao Estado, ou seja, é havida como sendo própria do Estado e não de alguém diferente dele, distinto dele. O que o agente queira, no exercício de sua atividade funcional — pouco importa se bem ou mal desempenhada — entende-se ser o que o Estado naquele instante quis, ainda que haja querido mal. O que o agente nestas condições faça é o que o Estado fez. Nas relações externas não se considera se o agente obrou bem ou mal. Considera-se, isso sim, se o Estado agiu bem ou mal. Em suam não se biparte Estado e agente (como se fossem representante e representado) mas, pelo contrário, são considerados como uma unidade.

---

Em outras palavras, não é permitida, na denunciação da lide, a intromissão de fundamento novo, ausente da demanda originária, que não seja a responsabilidade direta decorrente da lei e do contrato. Assim, não se tratando 'de caso de futura ação regressiva, fundada em garantia a que se obrigará o terceiro, mas de defesa fundada em culpa de outrem' (JTACSP 98/122), não cabe a denunciação".

[16] BANDEIRA DE MELLO. Apontamentos sobre a teoria dos órgãos públicos. *Revista de Direito Público*, p. 30-37.

Esse é exatamente o sentido do princípio da impessoalidade, que informa que o agente jamais pode ser considerado como pessoa, quando expressa a vontade estatal, conferindo ao Estado força anímica, incorporando esse verdadeiro "avatar", sendo uno e indivisível com o ser incorporado.

A impessoalidade significa que o agente movimenta e integra o órgão, que com ele se confunde, que assim pode desempenhar as suas atribuições, fazendo-o como o próprio ser estatal, a que dá vida, vontade e ação.

Significa a impessoalidade que, nessas condições, abandona o agente a sua condição de pessoa, para ser parte de outra, em uma relação exclusivamente orgânica, em que a sua vontade como pessoa jamais pode ser ativada, a não ser para configurar exclusivamente a vontade do Estado.

Esse significado do princípio da impessoalidade foi apreendido por José Afonso da Silva, quando averbou:

> O *princípio* ou *regra da impessoalidade* da Administração Pública significa, em primeiro lugar, a neutralidade da atividade administrativa, que só se orienta no sentido da realização do interesse público. Significa também que os atos e provimentos administrativos são imputáveis não ao funcionário que os pratica, mas ao órgão ou entidade administrativa em nome do qual age o funcionário. Este é um mero agente da Administração Pública, de sorte que não é ele o autor institucional do ato. Ele é apenas o órgão que formalmente manifesta a vontade estatal. Por conseguinte, o administrado não se confronta como funcionário "x" ou "y", que expediu o ato, mas com a entidade cuja vontade foi manifestada por ele.[17]

Por essa razão, não há qualquer sentido em promover-se ação de ressarcimento de danos, em face do servidor público, eis que na qualidade de órgão, não pode ser responsabilizado em juízo, devendo a ação ser efetivamente dirigida contra a pessoa pública, que tenha atuado, pela ação do servidor, na qualidade de agente.

De outra parte, o servidor, em sua relação funcional com o Estado, ao contrário, é pessoa, e por isso cabe a sua responsabilidade regressiva, nos casos de ação dolosa ou culposa, causadora de danos a terceiros.

Nesse sentido, decidiu o Supremo Tribunal Federal, ao julgamento do Recurso Extraordinário nº 327.904-1/SP, Relator o Ministro Carlos

---

[17] SILVA. *Comentário contextual à Constituição*, p. 335.

Ayres Brito, que examinando especificamente a viabilidade de ser o agente público acionado diretamente, pelos danos causados, recusou tal possibilidade, valendo referir, que a fundamentação de seu voto vencedor sustenta-se no princípio da impessoalidade, eis que chama à colação o seguinte tópico da obra já referida de José Afonso da Silva, nos seguintes termos:

> A obrigação de indenizar é da pessoa jurídica a que pertencer o agente. O prejudicado há que mover a ação de indenização contra a Fazenda Pública respectiva ou contra a pessoa jurídica privada prestadora de serviço público, não contra o agente causador do dano. O princípio da impessoalidade vale aqui também.[18]

## Referências

BANDEIRA DE MELLO, Celso Antônio. Apontamentos sobre a teoria dos órgãos públicos. *Revista de Direito Público*, v. 4, n. 16, p. 30-37, abr./jun. 1971.

BANDEIRA DE MELLO, Celso Antônio. *Curso de direito administrativo*. 27. ed. rev. e atual. até a Emenda Constitucional 64, de 4.2.2010. São Paulo: Malheiros, 2010.

CÂMARA, Raphael Americano. O Estado em juízo e a denunciação à lide de agente público. *Jus Navigandi*, Teresina, ano 9, n. 491, 10 nov. 2004. Disponível em: <http://jus.uol.com.br/revista/texto/5921>. Acesso em: 1º abr. 2011.

MEIRELLES, Hely Lopes. *Direito administrativo brasileiro*. 36. ed. atual. por Eurico de Andrade Azevedo, Délcio Balestero Aleixo e José Emmanuel Burle Filho até a Emenda Constitucional 64, de 4.2.2010. São Paulo: Malheiros, 2010.

SILVA, José Afonso da. *Comentário contextual à Constituição*. São Paulo: Malheiros, 2005.

---

Informação bibliográfica deste texto, conforme a NBR 6023:2002 da Associação Brasileira de Normas Técnicas (ABNT):

BEZNOS, Clovis. Aspectos sobre a responsabilidade civil do servidor. *In*: BAUTISTA CELY, Martha Lucía; SILVEIRA, Raquel Dias da (Coord.). *Direito disciplinário internacional*: estudos sobre a formação, profissionalização, disciplina, transparência, controle e responsabilidade da função pública = *Derecho disciplinario internacional*: estudos sobre formación, profesionalización, disciplina, transparencia, control y responsabilidad de la función pública. Belo Horizonte: Fórum, 2011. v. 1, t. I, p. 453-460. v. 1: Título Português, t. I: Título Espanhol. ISBN 978-85-7700-446-1.

---

[18] SILVA. *Comentário contextual à Constituição*, p. 349.

# Sobre os Autores

**Ana Fernanda Neves (Portugal)**
Doutora em Direito pela Faculdade de Direito da Universidade de Lisboa. Professora Auxiliar Convidada nos cursos de graduação, pós-graduação *lato senso* e Mestrado na Faculdade de Direito da Universidade de Lisboa. Professora de cursos de pós-graduação *lato senso* em Direito do Trabalho e Direito do Emprego Público da Universidade de Coimbra. Professora do curso de pós-graduação *lato senso* em Direito das Autarquias Locais e Urbanismo na Faculdade de Direito do Porto. Assessora do Provedor de Justiça.

**Belmiro Valverde Jobim Castor (Brasil)**
PhD em Administração Pública pela *University of Southern California*, Los Angeles, EUA, 1982. Professor Titular da Universidade Federal do Paraná. Professor do Corpo Permanente do Programa de Doutorado em Administração da PUCPR. Membro do Corpo Docente da *Brazilian Business School* de São Paulo. Ex-Secretário de Estado do Planejamento do Paraná (1974-1979, 1983-1984). Secretário de Estado da Educação do Paraná (1988-1989). Diretor Internacional (1989-1992) e Diretor Superintendente do Bamerindus (1992-1996). Presidente do Centro de Educação João Paulo II (associação sem fins lucrativos) e consultor de instituições públicas e privadas.

**Carlos Arturo Gómez Pavajeau (Colômbia)**
Doutor em Direito. Professor Titular de Direito Penal e Direito Disciplinário na *Universidad Externado de Colombia* nos cursos de Graduação, Pós graduação e Mestrado. Membro fundador e conselheiro acadêmico do *Instituto Colombiano de Derecho Disciplinario*. Membro fundador e Vice-presidente da *Confederación Internacional de Derecho Disciplinario*.

**Carlos Luis Carrillo Artiles (Venezuela)**
Especialista em Direito Administrativo e Doutorando em Direito pela *Universidad Central de Venezuela*. Professor de Direito Administrativo e Direito Constitucional da *Universidad Central de Venezuela*. Membro investigador do *Instituto de Derecho Público* da *Universidad Central de Venezuela*. Professor de Direito Constitucional Comparado na *Universidad Libre de Colombia*. Presidente da *Asociación Venezolana de Derecho Disciplinario*. Membro honorário fundador da *Confederación Internacional de Derecho Disciplinario*.

**Carmen Teresa Castañeda Villamizar (Colômbia)**
Especialista em Direito Constitucional, Direito Penal e Direito Disciplinário. Servidora pública da *Procuraduría General de la Nación*.

### Carolina Zancaner Zockun (Brasil)
Mestre e Doutoranda em Direito do Estado pela Pontifícia Universidade Católica de São Paulo. Professora da Pontifícia Universidade Católica de São Paulo. Procuradora da Fazenda Nacional.

### Clovis Beznos (Brasil)
Mestre e Doutor em Direito do Estado pela Faculdade de Direito da Pontifícia Universidade Católica de São Paulo. Professor Doutor da Cadeira de Direito Administrativo no Bacharelado e no Mestrado da Pontifícia Universidade Católica de São Paulo. Coordenador dos Cursos de Especialização em Direito Administrativo da PUC/COGEAE. Procurador do Estado de São Paulo aposentado. Advogado militante em São Paulo. Presidente do Instituto Brasileiro de Direito Administrativo (IBDA).

### Daniel Ferreira (Brasil)
Mestre e Doutor em Direito Administrativo pela PUC-SP. Professor Titular de Direito Administrativo, Membro do Corpo Docente Permanente e Coordenador do Mestrado em Direito Empresarial e Cidadania do Centro Universitário Curitiba (UNICURITIBA). Advogado em Curitiba/PR.

### Domingo J. Sesin (Argentina)
Doutor em Direito. Professor Titular de Direito Processual Administrativo da *Faculdad de Derecho y Ciencias Sociales da Universidad Nacional de Córdoba*. Presidente da Sala Contencioso Administrativo do Tribunal Superior de Justiça da Província de Córdoba (República Argentina). Vice-Presidente da *Asociación Argentina de Derecho Administrativo*.

### Edgardo José Maya Villazón (Colômbia)
Doutor em Direito. Procurador-Geral da Colômbia.

### Florivaldo Dutra de Araújo (Brasil)
Mestre e Doutor em Direito Administrativo pela Universidade Federal de Minas Gerais. Professor Associado de Direito Administrativo na graduação e de Direito da Função Pública na graduação e na pós graduação *stricto senso* (Mestrado e Doutorado) da Universidade Federal de Minas Gerais. Procurador da Assembleia Legislativa do Estado de Minas Gerais.

### Javier Ernesto Sheffer Tuñón (Panamá)
Advogado militante. Membro fundador do *Foro Iberoamericano de Derecho Administrativo*, em 2002, em Santa Cruz de la Sierra (Bolívia). Secretário-Geral da *Asociación Iberoamericana de Derecho Público y Administrativo "Professor Jesús González Pérez"*, constituída no México no ano de 2000. Professor de Direito Processual Administrativo da *Universidad del Istmo*, Panamá.

### Jesús Alejandro Garzón Rincón (Colômbia)
Doutor em Direito. Secretário-Geral do *Instituto Colombiano de Derecho Disciplinario*.

**Jorge Enrique Martínez Bautista (Colômbia)**
Membro do Conselho Diretor do *Instituto Colombiano de Derecho Disciplinario*.

**Leonardo Carneiro Assumpção Vieira (Brasil)**
Mestre em Direito pela Universidade Federal de Minas Gerais. Professor de Direito Administrativo. Advogado. Vice-Presidente da Comissão de Precatórios da Ordem dos Advogados do Brasil, Seccional de Minas Gerais.

**Luis Manuel Fonseca Pires (Brasil)**
Mestre e Doutor em Direito Administrativo pela Pontifícia Universidade Católica de São Paulo. Professor da graduação e da pós graduação *lato senso* da Pontifícia Universidade Católica de São Paulo. Juiz de Direito do Estado de São Paulo.

**Luísa Cristina Pinto e Netto (Brasil)**
Mestre em Direito Administrativo pela Universidade Federal de Minas Gerais. Doutoranda em Direito pela Universidade de Lisboa. Procuradora do Estado de Minas Gerais. Professora da Pontifícia Universidade Católica de Minas Gerais.

**Mara Angelita Nestor Ferreira (Brasil)**
Mestre em Direito do Estado pela UFPR. Professora de Direito Administrativo. Advogada da Companhia Paranaense de Energia (COPEL).

**Martha Franch i Saguer (Espanha)**
Doutora em Direito. Professora de Direito Administrativo na *Universidad Autónoma de Barcelona*. Directora da Pós-Graduação em Contratação Administrativa e do Mestrado em Gestão Imobiliária e Urbanística.

**Martha Lucía Bautista Cely (Colômbia)**
Advogada, assessora, conferencista e tratadista em matéria disciplinária na Colômbia. Fundadora, Vice-presidente e Diretora Executiva do *Instituto Colombiano de Derecho Disciplinario*. Fundadora e Secretária-Geral da *Confederación Internacional de Derecho Disciplinario*.

**Miriam Mabel Ivanega (Argentina)**
Doutora em Direito e Ciências Sociais. Consultora Executiva da *Confederación Internacional de Derecho Disciplinario*.

**Ney José de Freitas (Brasil)**
Mestre em Direito pela Pontifícia Universidade Católica do Paraná. Doutor em Direito pela Universidade Federal do Paraná. Professor de Direito Administrativo (licenciado) da Pontifícia Universidade Católica do Paraná. Desembargador Presidente do Tribunal Regional do Trabalho da 9ª Região.

**Pablo Eleazar Moreno Moreno (México)**
Presidente do *Colegio de Derecho Disciplinario, Control Gubernamental y Gestión Pública, A.C.* Diretor Geral Adjunto de *Dictaminación y Consulta* na *Procuradoría General de la República*.

### Rafael Enrique Ostau de Lafont Pianeta (Colômbia)
Presidente do Conselho de Estado da Colômbia. Presidente da *Confederación Internacional de Derecho Disciplinario*.

### Raquel Dias da Silveira (Brasil)
Advogada em Curitiba/PR. Vice-Presidente da Comissão de Gestão Pública da Ordem dos Advogados do Brasil, Seccional do Paraná. Mestre e Doutora em Direito Administrativo pela Universidade Federal de Minas Gerais. Professora e Coordenadora Geral de Pós-Graduação *lato sensu* das Faculdades Integradas do Brasil (UniBrasil), Paraná. Membro honorário representante do Brasil na *Confederación Internacional de Derecho Disciplinario*.

### Rodrigo Pironti Aguirre de Castro (Brasil)
Mestre em Direito Econômico e Social. Professor de Direito Administrativo. Presidente da Comissão de Gestão Pública da OAB/PR. Vice-Presidente do Fórum Mundial de Jovens Administrativistas – Seccional Brasil.

### Rogério Gesta Leal (Brasil)
Doutor em Direito. Desembargador do Tribunal de Justiça do Estado do Rio Grande do Sul. Professor Titular da Universidade de Santa Cruz do Sul. Professor Visitante da *Università Túlio Ascarelli – Roma Trè*, *Universidad de La Coruña – Espanha*, e *Universidad de Buenos Aires*. Professor da Escola Nacional de Formação e Aperfeiçoamento da Magistratura (ENFAM). Membro da Rede de Direitos Fundamentais (REDIR) do Conselho Nacional de Justiça (CNJ), Brasília. Coordenador Científico do Núcleo de Pesquisa Judiciária, da Escola Nacional de Formação e Aperfeiçoamento da Magistratura (ENFAM), Brasília.

### Romeu Felipe Bacellar Filho (Brasil)
Doutor em Direito do Estado pela Universidade Federal do Paraná. Professor Titular da Universidade Federal do Paraná e Professor Titular da Pontifícia Universidade Católica do Paraná. Presidente da Associação de Direito Público do Mercosul.

Esta obra foi composta em fonte Palatino Linotype, corpo 10
e impressa em papel Offset 75g (miolo) e Supremo 250g (capa)
pela Edelbra Gráfica Ltda.
Erechim/RS, maio de 2011.